思想的・睿智的・獨見的

經典名著文庫

學術評議

丘為君　吳惠林　宋鎮照　林玉体　邱燮友

洪漢鼎　孫效智　秦夢群　高明士　高宣揚

張光宇　張炳陽　陳秀蓉　陳思賢　陳清秀

陳鼓應　曾永義　黃光國　黃光雄　黃昆輝

黃政傑　楊維哲　葉海煙　葉國良　廖達琪

劉滄龍　黎建球　盧美貴　薛化元　謝宗林

簡成熙　顏厥安（以姓氏筆畫排序）

策劃　楊榮川

五南圖書出版公司 印行

經典名著文庫

學術評議者簡介（依姓氏筆畫排序）

經典名著文庫034

美學 第一卷

Vorlesungen über die Ästhetik I

[德]黑格爾 著
(Hegel, G. W. F.)
朱光潛 譯

經典永恆・名著常在

五十週年的獻禮・「經典名著文庫」出版緣起

總策劃 楊榮川

五南，五十年了。半個世紀，人生旅程的一大半，我們走過來了。不敢說有多大成就，至少沒有凋零。

五南忝爲學術出版的一員，在大專教材、學術專著、知識讀本已出版逾七千種之後，面對著當今圖書界媚俗的追逐、淺碟化的內容以及碎片化的資訊圖景當中，我們思索著：邁向百年的未來歷程裡，我們能爲知識界、文化學術界做些什麼？在速食文化的生態下，有什麼值得讓人雋永品味的？

歷代經典・當今名著，經過時間的洗禮，千錘百鍊，流傳至今，光芒耀人；不僅使我們能領悟前人的智慧，同時也增深我們思考的深度與視野。十九世紀唯意志論開創者叔本華，在其「論閱讀和書籍」文中指出：「對任何時代所謂的暢銷書要持謹慎的態度。」他覺得讀書應該精挑細選，把時間用來閱讀那些「古今中外的偉大人物的著作」，閱讀那些「站在人類之巔的著作及享受不朽聲譽的人們的作品」。閱讀就要「讀原著」，是他的體悟。他甚至認爲，閱讀經典原著，勝過於親炙教誨。他說：

> 「一個人的著作是這個人的思想菁華。所以，儘管一個人具有偉大的思想能力，但閱讀這個人的著作總會比與這個人的交往獲得更多的內容。就最重要的方面而言，閱讀這些著作的確可以取代，甚至遠遠超過與這個人的近身交往。」

爲什麼？原因正在於這些著作正是他思想的完整呈現，是他所有的思考、研究和學習的結果；而與這個人的交往卻是片斷的、支離的、隨機的。何況，想與之交談，如今時空，只能徒呼負負，空留神往而已。

三十歲就當芝加哥大學校長、四十六歲榮任名譽校長的赫欽斯（Robert M. Hutchins, 1899-1977），是力倡人文教育的大師。「教育要教眞理」，是其名言，強調「經典就是人文教育最佳的方式」。他認爲：

> 「西方學術思想傳遞下來的永恆學識，即那些不因時代變遷而有所減損其價值

的古代經典及現代名著，乃是眞正的文化菁華所在。」

這些經典在一定程度上代表西方文明發展的軌跡，故而他爲大學擬訂了從柏拉圖的「理想國」，以至愛因斯坦的「相對論」，構成著名的「大學百本經典名著課程」。成爲大學通識教育課程的典範。

歷代經典．當今名著，超越了時空，價值永恆。五南跟業界一樣，過去已偶有引進，但都未系統化的完整舖陳。我們決心投入巨資，有計畫的系統梳選，成立「經典名著文庫」，希望收入古今中外思想性的、充滿睿智與獨見的經典、名著，包括：

- 歷經千百年的時間洗禮，依然耀明的著作。遠溯二千三百年前，亞里斯多德的「尼各馬科倫理學」、柏拉圖的「理想國」，還有奧古斯丁的「懺悔錄」。
- 聲震寰宇、澤流遐裔的著作。西方哲學不用說，東方哲學中，我國的孔孟、老莊哲學，古印度毗耶娑（Vyāsa）的「薄伽梵歌」、日本鈴木大拙的「禪與心理分析」，都不缺漏。
- 成就一家之言，獨領風騷之名著。諸如伽森狄（Pierre Gassendi）與笛卡兒論戰的「對笛卡兒『沉思』的詰難」、達爾文（Darwin）的「物種起源」、米塞斯（Mises）的「人的行爲」，以至當今印度獲得諾貝爾經濟學獎阿馬蒂亞・森（Amartya Sen）的「貧困與饑荒」，及法國當代的哲學家及漢學家余蓮（François Jullien）的「功效論」。

梳選的書目已超過七百種，初期計劃首爲三百種。先從思想性的經典開始，漸次及於專業性的論著。「江山代有才人出，各領風騷數百年」，這是一項理想性的、永續性的巨大出版工程。不在意讀者的眾寡，只考慮它的學術價值，力求完整展現先哲思想的軌跡。雖然不符合商業經營模式的考量，但只要能爲知識界開啓一片智慧之窗，營造一座百花綻放的世界文明公園，任君遨遊、取菁吸蜜、嘉惠學子，於願足矣！

最後，要感謝學界的支持與熱心參與。擔任「學術評議」的專家，義務的提供建言；各書「導讀」的撰寫者，不計代價地導引讀者進入堂奧；而著譯者日以繼夜，伏案疾書，更是辛苦，感謝你們。也期待熱心文化傳承的智者參與耕耘，共同經營這座「世界文明公園」。如能得到廣大讀者的共鳴與滋潤，那麼經典永恆，名著常在。就不是夢想了！

二〇一七年八月一日

導讀
從藝術終結到解放：Hegel《美學》

國立中央大學哲學研究所教授　蕭振邦

德國思想界昇起的巨星——Hegel

德國哲學家Georg Wilhelm Friedrich Hegel（1770-1831）一生浸淫學術，望重士林。二十三歲（一七九三）開始擔任教職；二十九歲（一七九九）其父過世得獲不少遺產，因而得以再投入學術經營；三十一歲（一八〇一）任教大學，直至過逝於大學校長任內。

Hegel爲世人稱道的成就，即在有生之年建構了一套超邁時代的哲學體系，而以「絕對觀念論」（absolute idealism）❶形態成爲思想界的巨大庇蔭。要之，Hegel的整體哲學特色在於由認識外在世界回到對人自身的探究，而由認識人自身開始，理性地全面關注整個社

❶ 其實在Hegel的著作中並沒有提及這個字，容或在《大邏輯》（《邏輯學》，*The Science of Logic*，亦稱爲《大邏輯》〔*Greater Logic*〕，有別於《哲學百科》的《小邏輯》〔*Lesser Logic*〕）的若干評論中，Hegel表達了這種意思，而學者專家或更能接受的是「辯證的邏輯」(dialectical logic)。總之，Hegel以這種思維方式克服了主客二分的二元論難題，他呈現的殊勝思想，不是「主觀唯心論」，也不是「客觀唯心論」，而是「絕對觀念論」。另，"idea/*Idee*"一般皆譯爲「理念」，我還是認爲轉譯成「觀念」爲是。

會、政治、文化、宗教、藝術課題，並強調要在特定的脈絡中呈現其眞理，因而，從來不能「去—脈絡化」（de-contextualize），但畢竟可以跨—脈絡化（cross-contextualize），而這也是Hegel哲學極具創意的基本特質。

再者，綜觀Hegel的哲學體系，《現象學》（*Phänomenologie des Geistes*, 1807）可謂是其導論，包括了三大部分：⑴邏輯學；⑵自然哲學；⑶精神哲學。其中，「精神哲學」又分而爲三：⑴主觀精神；⑵客觀精神；⑶絕對精神；Hegel的「藝術哲學」或「美學」即構成其「絕對精神」哲學的第一個階層（「宗教哲學」與「哲學史」繼之），但重要的是，Hegel的「藝術哲學」啓動了「精神哲學」的辯證發展。

Hegel在世出版的著作中，論及美學思想者見諸《哲學百科》（*Enzyklopädie der philosophischen Wissenschaften*, 1830），餘則見諸《美學演講錄》（《美學》，*Vorlesungen über die Ästhetik*, 1835）——文本是由他的學生依手稿和筆記編輯而成。[2] Hegel當年講述「美學」時，歐洲正盛行浪漫主義，社會上瀰漫著頹廢及反動風潮，且過於重視「自我」。這種主觀主義、唯我論猖獗發展的時況，Hegel固難實現其嚮往的具普遍性、合理性的社會理想。於是，他倡言「藝術的終結」，總成其系統美學陳構（formulation），而這一套美學思想終究形成了德國觀念論的巔峰發展，Hegel也成爲德國思想界的偉大巨星。

美學重建者 Paul Crowther 的反思

Paul Crowther[3]（1953-）是位深度感受到英美形式主義美學遭受歐陸美學全面批判的英國思想家，他重構了英美藝術理論，把「生態論」和「自由地歸屬於這個世界」的觀點引入英美美學，從而發展出一種可以與陸歐美學抗衡的「後—分析現象學」（post-analytic phenomenology）進路的美學理論建構。

他認爲，[4]藝術即形成爲「令人感到官覺上享受的副本」（'sensuous manifolds'）的有象徵意味的形式（symbolically significant form），或透過「令人感到官覺上享受的副本」

---

❷ Hegel透過在海德堡和柏林大學的四次講座，發展了他的美學。講稿分爲三大部分，題爲《美學演講錄》，由他的學生Heinrich Hotho 在Hegel死後四年彙整、編輯成書。然而，現在我們最容易看到的Hegel美學文本則是英國哲學家Thomas Malcolm Knox (1900-1980)譯的《Hegel藝術演講錄》：Hegel, *Aesthetics. Lectures on Fine Art*, trans. T. M. Knox, 2 vols. (Oxford: Clarendon Press, 1975)。本文在論述Hegel的《美學》思想時，同時參考了：Stephen Houlgate, 2016/02/02, "Hegel's Aesthetics," Stanford Encyclopedia of Philosophy, URL = https://plato. stanford.edu/entries/hegel-aesthetics/.

❸ Paul Crowther (1953-)現任愛爾蘭國立大學哲學系主任，2014年在愛爾蘭國家美術館因策展《喚醒美》(*Awakening Beauty*)國際藝術大展而聞名於世，其研究著作以視覺藝術、現象學、美學及藝術史研究著稱。

❹ Paul Crowther, *Art and Embodiment: From Aesthetics to Self-Consciousness* (New York: Oxford University Press, 1993)，pp. 4-5.

而成爲有象徵意味的形式。然而事實上，當藝術成爲一種具體的人工製品時，它如何發揮前述功能呢？答案是，透過藝術的創造和鑑賞。❺要之，就藝術作品而言，我們面對的是一種具體的個殊物，它充滿了語意的和概念的能量，也因而整個融合了令人感到官覺上的享受者和概念攝受者，使藝術能夠以避開抽象思維的方式——譬如哲學——來表現特定身體—把握（body-hold）的深度感和豐富性。❻

基於這樣的推想，Crowther提示：「正如Hegel指出的，促使藝術顯得如此獨特的原因是，它是一種理解模式（a mode of understanding），而這種理解是置身於物質表象的具體個殊性和純綷思維的抽象概括性之間的中途（half-way）。」❼如是，Crowther把這種「（藝術的）重要意味」視同爲藝術表現「存有論之相互性」（ontological reciprocity）的一種能力，更且，這也是一種「自己—意識」本身的需求（a need of “self-consciousness” itself）。❽

再者，Crowther在其〈Hegel美學探索〉（“Art, Architecture, and Self- Consciousness: An Exploration of Hegel's Aesthetics”）中提及：❾

> 對Hegel而言，藝術品的內容擁有思維的普遍性，但是它依靠藝術家之個體的最終決定，具體化了令人感到官覺上享受的（sensuous）意象。因此，我們要求藝術品是一種「令人感到官覺上享受」的呈現，並從其物質本性間架中解放，因此，藝術品的令人感到官覺上享受的面相，與事物在自然界中的直接現象相比較，也就被提升到一個純粹的

表象，成爲介乎當下令人感到官覺上的享受和理想思維中間的特定作品。[10]

Crowther強調，[11]審美經驗與自己—意識的需求的必然嵌結（connection），就Hegel而言，這項洞察意指審美與自己—意識的嵌結正是以下述事實作爲基礎，亦即，就藝術的歷史轉型來看，它反映了（reflects），也因此，粹煉了（refines）我們對自己的看法（conception of self）。

基於Crowther以上的主張，我們可以推想Hegel的美學闡述，正是要人們回到自身，重新審視人與世界的關係，並透過心靈的光照揭示了人類既有限又無限的超昇之路，從而爲世

---

❺ Paul Crowther, *Art and Embodiment: From Aesthetics to Self-Consciousness*, p. 4.

❻ Paul Crowther, *Art and Embodiment: From Aesthetics to Self-Consciousness*, p. 5.

❼ Paul Crowther, *Art and Embodiment: From Aesthetics to Self-Consciousness*, p. 5.

❽ Paul Crowther, *Art and Embodiment: From Aesthetics to Self-Consciousness*, p. 5.

❾ Paul Crowther, *Art and Embodiment: From Aesthetics to Self-Consciousness*, p. 119.

❿ G. W. F. Hegel, G. W. F. Hegel's *Aesthetics*, trans. T. M. Knox (New York: Oxford University Press, 1975), p. 38. Paul Crowther, *Art and Embodiment: From Aesthetics to Self-Consciousness*, p. 40.

⓫ Paul Crowther, *Art and Embodiment: From Aesthetics to Self-Consciousness*, p. 150.

人建構一套嵌結了美自身及個殊藝術的先驗推述（a priori derivation）。

從哲學到美學：Hegel的思想梗概

Hegel哲學的關鍵術語是精神（spirit），它並非簡單地意指「思想」或「思維主體」，要之，存有是自己—決定的理性或「觀念」（self-determining reason or "Idea"），當生命變成自己—意識的（self-conscious），亦即，可以自由地想像、使用語言、思維和運動，Hegel稱呼這種自己—意識的生命爲「精神」(spirit)。當理性或觀念採取了自己—意識之精神的形式，即成爲完全自己—決定的與合理的。總之，這是Hegel思想的核心，而這整個進程發生在人類存在的突現（the emergence of human existence）歷程。超乎人類存有，即無自己—意識，人類即理性自身，即自然中固有的理性。

再者，Hegel在《小邏輯》中提示，眞理意指承認一個對象（object）與我們對它的看法（conception）一致（agreement），或者，眞理可以用一般的抽象術語描述爲與其自身符合的一個思想—內容（thought-content）。這些看法包容了Hegel的兩大信條（tenets）：(1)任何眞理判斷都需要有一位作出判斷的主體；(2)表面上看來對象具有自足性和確定性，但事實上是思想塑造了諸對象且建構了它們。

最後Hegel指出，如果哲學地思考這個有限世界的所有事實和矛盾，那麼我們就會發現，那種世界只能被解釋成某種無限物的體現（the embodiment of something infinite）——

絕對精神（Ablolute Spirit）。然而，絕對的無限性，畢竟不是時間—空間的，反之，它是自己—決定的，不依賴於與其自身之外的任何他者的關係而存在。Hegel的哲學體系就在陳構如何獲得關於「絕對」的知識，他強調，世界依其眞理被揭露的形式，而顯示爲一個自足系統，其中的所有項目和關係皆必然相互關聯，且每一者的單獨存在理由都將成爲絕對精神自己—理解進程的一個元素。Hegel哲學正是絕對的思辨和充分的理解自身，它是絕對的知識。

進而言之，Hegel的美學則是促使前述思想體系得以體現的啟動因子（trigger）。Hegel把藝術闡釋成一種絕對精神呈現的方式，並概括地界定爲其外在存在的眞理立即向意識示現，而它所保持的概念也立即與外在表象統合爲一，這種觀念不只爲眞，也爲美。美被決定爲可感覺的觀念之閃現。

Hegel的美學被認爲是自Aristotle以來最偉大的美學理論，許多學者專家都受其思想影響，諸如，德國社會學家及哲人Theodor W. Adorno、現象學及存有論大師Martin Heidegger、匈牙利馬克思主義哲學家和文藝批評家 György Lukács、法國解構主義大師Jacques Derrida和美哲Arthur Coleman Danto。

依 Hegel 的闡釋，其美學分爲三個部分：

1. 普遍的部分（universal part）——把藝術美視同爲一種普遍的觀念及普遍的理想。
2. 分殊的部分（particular part）——檢視這種理想在三個不同階段實現其自身的梗概：

(1) 象徵藝術——包括了古代希臘藝術之前的所有事物
(2) 經典藝術——希臘、羅馬時代的藝術
(3) 浪漫藝術——隨著基督教出現世界舞臺而突現的藝術

3. 獨特的部分（singular part）——依其所具有的「向內性」（inwardness，本性）由小至大的順序檢視五種主要藝術：建築、雕刻、繪畫、音樂和詩歌。

如是，Hegel把他的美學觀——藝術的內容即觀念，藝術的形式即令人感到官覺上享受的形象，藝術正是把這兩者調和成一種自由統一的整體——系統地予以揭示。

Hegel的藝術觀

Hegel的美學本身帶有一種科際整合的（interdisciplinary）、跨學科的（transdisciplinary）進路，這是第一個試圖將美學聚焦於藝術的哲學嘗試，並藉由他所闡述的「世界精神」的發展，而開展爲三個藝術時期：

象徵藝術：以波斯、印度和埃及古文化爲代表
經典（古典）藝術：以希臘、羅馬文化爲代表
浪漫藝術：以中世紀到現代西方文化（occidental culture）爲代表

以上也就是Hegel所謂的三種藝術形式或美的事物的形式（form of the beautiful），而由其一到其二的發展，Hegel稱之爲藝術史（history of art）。

在Hegel看來，會形成這三種不同的藝術形式，是因爲介乎藝術內容和它的呈現模式之間的關係不斷改變所致——就象徵藝術而言，其內容被抽象地設想爲：它不能適當地透過令人感到官覺上享受的、可見的形式來顯示它自己；就經典藝術而言，它被設想爲其內容是以能夠在令人感到官覺上享受的、可見的形式中找到完美的表達方式；就浪漫藝術而言，其內容則是以能夠在令人感到官覺上享受的、可見的形式中找到適當的表達，而最終畢竟也超越了令人感到官覺上享受的、可見的境界（realm）的方式而被設想。

藝術擁有許多功能，但對Hegel而言，它的決定性要點在於藉由表達美（giving expression to Beauty）來回答「精神的需求」（need of spirit）。要之，就Hegel的觀點來看，精神是通過與他者的相互作用而實現和揭示的自己—意識。重點是，自然正是他者性（Otherness）的一個面相，爲了讓自己—意識透過它在通往絕對知識的道路上被充分地獲得，人類精神必須同時反對自然且與自然和解。這種對立與和解的歷程歸屬於美和藝術領域，而這也正是Hegel的藝術觀要闡明的重點。

是此，在這個歷程，藝術涉及一種自然形成的語意激發式的令人感到官覺上的享受。這也就是說，它同時闡述了一些觀念和想法，並讓我們覺察到這項意義已經透過一位理性的能動者的技巧投注而有所創造，而這種發乎自然的精神內容的闡發，就是美。若就相關體驗而言，我們透過它而以令人感到官覺上享受的形式際遇了眞理。

朱光潛帶給我們的啟發

當我們試圖概括地把握Hegel的藝術觀或美學時，終必明白橫亙其中在「細節研究」上的高難度挑戰。簡言之，「試圖理解Hegel美學」這件事，並非一時半刻能夠成辦的，反之，它需要長時間的浸淫和細部玩味，而正是這種感觸讓我們看到了朱光潛Hegel《美學》譯著的可貴性。要之，朱光潛的譯著是依德文本*Vorlesungen über die Ästhetik* (1835-1838)轉譯爲中文的，他平實的譯文和詳盡的註解，讓我們終能完整地親近Hegel的美學講述，並從容裕如地細細品嚐其中深味。

通過朱光潛的轉譯，我們大致能夠體會Hegel給出的世紀性美學轉捩點：

第一，全譯本讓我們體會Hegel《美學》彰顯了三個向度：(1)理想美；(2)歷史中採取之美的不同形式；(3)在歷史中際遇美的各種藝術。這是非常值得我們深入了解，並循以再創發的洞察。

第二，多數學者習用Johann Gottlieb Fichte (1762-1814)的看法，認爲「Hegel主張現實、物質是由觀念、精神所產生的『絕對唯心論』主張，是『頭足顚倒』的」，顯然並不恰當。主要原因是，眾人皆採用當代存有論進路的解讀模式來詮釋Hegel思想體系，而衍生了不當理解故。只要細讀《美學》，當可體察Hegel的「絕對觀念論」（主觀和客觀的統一）的諦義是說，若由人的體驗來看，所有的現實皆來自於人的體現（embodiment）之謂，這是一種超邁人類思想進程三百年的創見。

第三，藝術畢竟是一種圍繞著觀念發展的精神活動，它起始於由感性啟動理性，從而開啟了觀念的閃耀，並進而得以歌頌完美的形象，最後衍生爲感性機能的過度擅揚，也導致「藝術的終結」——Hegel認爲眞理的內容（亦即，「精神」）將依次以藝術、宗教、哲學的形式呈現，而如浪漫藝術所示，只能停留在人類普遍精神的感性階段，最終會被宗教和哲學取代，在其形態的最高處走向終結。究其實，這並非意味藝術死亡——「藝術的終結」即是一種藝術的解放，故反而是全面揭示人可以回到人自身充分反思其深味，並重新有以創發，因爲這畢竟是一種十足自己—意識的精神開展活動。

第四，Hegel在《美學》最末一段寫道，他循其哲學方法把藝術編成花環，這無非暗示他試圖邀約、歡迎眾人進入他所鄭重推薦的思想界域，並以藝術來重新開啟絕對精神的發揚，這也充分顯示Hegel的哲學是一種極端重視體現，並以體驗爲主軸的形上思辨，它爲我們耕耘了一處認識自己、開拓自我的原鄉。

蕭振邦
寫於國立中央大學哲學研究所

目錄

全書序論

這些演講是討論美學的；它的對象就是廣大的美的領域，說得更精確一點，它的範圍就是藝術，或則毋寧說，就是美的藝術❶。

對於這種對象，「伊斯特惕克」（Ästhetik）❷這個名稱實在是不完全恰當的，因爲「伊斯特惕克」的比較精確的意義是研究感覺和情感的科學。就是取這個意義，美學在沃爾夫學派之中❸，才開始成爲一種新的科學，或則毋寧說，哲學的一個部門；在當時德國，人們通常從藝術作品所應引起的愉快、驚贊、恐懼、哀憐之類情感去看藝術作品。由於「伊斯特惕克」這個名稱不恰當，說得更精確一點，很膚淺，有些人想找出另外的名稱，例如「卡力斯惕克」（Kallistik）❹。但是這個名稱也還不妥，因爲所指的科學所討論的並非一般的美，而只是藝術的美。因此，我們姑且仍用「伊斯特惕克」這個名稱，因爲名稱本身對我們並無關宏旨，而且這個名稱既已爲一般語言所採用，就無妨保留。我們的這門科學的正當名稱卻是「藝術哲學」，或則更確切一點，「美的藝術的哲學」。

壹　美學的範圍和地位

1. 自然美和藝術美

根據「藝術的哲學」這個名稱，我們就把自然美除開了。從一方面看，我們這樣界定對象的範圍，好像有些武斷，好像以為每一門學科都有權任意界定它的範圍。但是我們把美學局限於藝術的美，並不應根據這種了解。在日常生活中我們固然常說美的顏色、美的天空、美的河流，以及美的花卉、美的動物，尤其常說的是美的人。我們在這裡姑且不去爭辯在什麼程度上可以把美的性質加到這些對象上去，以及自然美是否可以和藝術美相提並論，不

---

❶ 舊譯為「美術」；「美術」一般不包括詩歌文學，甚至不包括建築，而「美的藝術」卻包括這些。

❷ 「美學」在西文為「伊斯特惕克」。

❸ 沃爾夫（Christian von Wolff, 1679-1754），德國理性派哲學家，他的門徒鮑姆嘉通（Alexander Gottlieb Baumgarten, 1714-1762）在一七五〇年出版「美學」，首先用「Ästhetik」這個名稱。

❹ 希臘文Kallos即「美」。

過我們可以肯定地說，藝術美高於自然。因爲藝術美是由心靈[5]產生和再生的美，心靈和它的產品比自然和它的現象高多少，藝術美也就比自然美高多少。從形式看，任何一個無聊的幻想，它既然是經過了人的頭腦，也就比任何一個自然的產品要高些，因爲這種幻想見出心靈活動和自由。就內容來說，例如太陽確實像是一種絕對必然的東西，而一個古怪的幻想卻是偶然的，一縱即逝的；但是像太陽這種自然物，對它本身是無足輕重的，它本身不是自由的、沒有自意識的；我們只就它和其他事物的必然關係來看待它，並不把它作爲獨立自爲的東西來看待，這就是，不把它作爲美的東西來看待[6]。

如果我們只是普泛地說：心靈和它的藝術美高於自然美，這就等於還沒有說出什麼，因爲所謂「高於」還是完全不確定的說法，還是把自然美和藝術美左右並列地擺在同一觀念範圍裡，所指的還只是一種量的分別，因此，還只是一種表面的分別。心靈和它的藝術美「高於」自然，這裡的「高於」卻不僅是一種相對的或量的分別。只有心靈才是眞實的，只有心靈才涵蓋一切，所以一切美只有在涉及這較高境界[7]而且由這較高境界產生出來時，才眞正是美的。就這個意義來說，自然美只是屬於心靈的那種美的反映，它所反映的只是一種不完全、不完善的形態，而按照它的實體，這種形態原已包含在心靈裡。

此外，把美學局限於美的藝術也是很自然的，因爲儘管人們常談到各種自然美——古代人比現代人談得少些——從來卻沒有人想到要把自然事物的美單提出來看，就它來成立一種科學，或作出有系統的說明。人們倒是單從效用的觀點，把某些自然事物提出來研究，成立了一種研究可用來醫病的那些自然事物的科學，即藥物學，描繪對醫療有用的礦物、化學產品、植物和動物；但是人們從來沒有單從美的觀點，把自然界事物提出來排在一起加以比較研究。我們感覺到，就自然美來說，概念既不確定，又沒有什麼標準，因此，這種比較研究就不會有什麼意思。

以上這番話討論自然美和藝術美，它們之間的關係，以及我們何以要把自然美排除於美學範圍之外，這番話的用意在消除一種誤解，以爲我們對美學作這樣的界定是任意武斷。目前我們還不能就這些關係加以證明，因爲這就是美學本身所要做的事，所以只有待將來再去討論和證明。

2. 對一些反對美學的言論的批駁

如果我們暫把研究對象局限於藝術美，這頭一步就要使我們碰上一些新的困難。

---

❺ Geist，法譯作「精神」（Esprit），英譯有時作「精神」（Spirit），有時作「心靈」（Mind）。

❻ 黑格爾所謂「絕對」、「自由」、「無限」、「自在自爲」，其實都是一回事，即一個獨立自在的整體，不受與其他事物的關係所限制，只有把一個對象看作一個獨立自在的整體，即理念與現象的統一體，它才是絕對的、無限的、自由的、自在自爲的，也才是美的。「自爲」就是自覺，與存在而不自覺的「自在」對立，是心靈的特徵。

❼ 「較高境界」即指心靈。

首先我們就遇到這樣一個疑問：美的藝術是否值得作爲科學研究的對象？在生活的一切活動中，美和藝術誠然像一個友好的護神，把內外一切環境都裝飾得更明朗些，對生活的嚴肅和現實的糾紛可以起緩和作用，以娛樂的方式來排除厭倦，雖然不能帶來什麼好的東西，至少可以代替壞的東西，這究竟還是聊勝於無。但是儘管藝術到處都顯出它的令人快樂的形象，從野蠻人的粗糙的裝飾到莊嚴華麗的廟宇，這些形象本身究竟還是與人生的眞正目的無關。藝術形象雖然也無害於這些嚴肅的目的，甚至於至少就消除醜惡這一點來說，還有助於這些嚴肅的目的，但是說到究竟，藝術不過是精神的鬆弛和閒散，而人生重要事業卻需要精神的緊張。因此，要想以科學的嚴肅來對待本身無重要性的東西，就未免不很合適而且有些學究氣。照這樣看來，縱使玩賞美所可引起的心靈的軟化不是一種有害的使人軟弱的影響，藝術究竟是一種多餘的東西。既然假定了美的藝術是一種奢侈，人們就常感到有必要去就這些藝術與實踐方面的需要的關係，特別就它們與道德和宗教的關係，去替它們辯護。既然不能證明這些藝術完全無害，至少也得教人相信這種精神方面的奢侈究竟是利多於害。從這個觀點出發，人們就認爲藝術也自有嚴肅的目的，往往稱許藝術可以調和理性與感性、願望與職責之類互相劇烈鬥爭和衝突的因素。但是人們也可以說，縱使藝術有這樣嚴肅的目的，理性與職責也不能從這種調和的企圖得到什麼好處，因爲按照它們的不夾雜質的本質，理性與職責是不容許有這種調和的，它們要求維持它們本身固有的純潔性。而且藝術也不能因爲有這種調和的作用，就值得成爲科學研究的對象，因爲藝術究竟要同時服侍兩個主子，一方面要服務於較崇高的目的，一方面又要服務於閒散和輕浮的心情，而且在這種服務之中，藝術只能作爲手段，本身不能就是目的。最後，縱使藝術眞是服從較嚴肅的目的，發生較嚴肅的效果，它用來達到這種目的的手段卻總是有害的，因爲它用的是幻相。美的生命在於顯現（外形）❽。很容易看到，一個本身眞實的目的不應該通過幻相去達到，儘管用幻相有時可以達到某種目的，那究竟只可偶一爲之，即使在偶一爲之的場合，幻相也還不能算是好的手段。手段應該配得上目的的尊嚴。產生眞實的東西本身就必眞實，不能只是顯現或幻相。科學也是如此，它也應該按照現實的眞實情況和理解現實的眞實方式，去研究心靈的眞實旨趣❾。

從此可以看出：美的藝術似不配作爲科學研究的對象，因爲它們只是一種愉快的遊戲；縱然它們也有些較嚴肅的目的，實際上它們卻和這些目的的嚴肅性相矛盾。它們對上述遊戲和嚴肅的目的，都只是處於服務的地位，而且，它們之所以成爲藝術，以及它們用來產生藝術效果的手段，都只能靠幻相和顯現（外形）。

其次，我們還可以這樣看：縱使美的藝術可以供一般的哲學思考，卻仍不是眞正科學研

---

❽ Schein亦可譯「現形」或「形象」。依黑格爾，理念「顯現」於現象，成爲具體的統一體，才有美。譯「顯現」似較妥，因爲它含有動詞意味。

❾ Interesse一般譯「興趣」，意指「利害攸關的事」、「關心的事」。

究的適宜對象。因爲藝術美是訴之於感覺、感情、知覺和想像的，它就不屬於思考的範圍，對於藝術活動和藝術產品的了解就需要不同於科學思考的一種功能。還不僅此，我們在藝術美裡所欣賞的正是創作和形象塑造的自由性。無論是創作還是欣賞藝術形象，我們都好像逃脫了法則和規律的束縛。我們離開了規律的謹嚴和思考的陰森凝注，去在藝術形象中尋求靜穆和氣韻生動，拿較明朗、較強烈的現實去代替觀念的陰影世界。最後，藝術作品的源泉是想像的自由活動，而想像就連在隨意創造形象時也比自然較自由。藝術不僅可以利用自然界豐富多彩的形形色色，而且還可以用創造的想像，自己去另外創造無窮無盡的形象。在這種豐富無比的想像和想像的產品的面前，思考就好像不得不喪失它的勇氣，不敢把這樣豐富的東西完全擺在自己面前去研究，把它們納入一些普遍公式裡。

就另一方面說，人們都承認科學按照它的形式來說，只能就無數個別事例進行抽象思考，因此，從一方面看，想像及其偶然性和任意性——這就是藝術活動和藝術欣賞的功能——是不能歸入科學領域的；從另一方面看，藝術既灌注生氣於陰暗枯燥的概念，彌補概念對現實所進行的抽象和分裂，使概念再和現實成爲一體了，這時純粹思考性的研究如果闖入，它就會把使概念再和現實成爲一體的那個手段本身取消了、毀滅了。又把概念引回到它原有的不結合現實的簡單狀態和陰影似的抽象狀態了。其次，按照它的內容來說，科學所研究的是本身必然的東西。美學既然把自然美拋開，我們就不僅顯然得不到什麼必然的東西，而且離開必然的東西反而愈遠了。因爲自然這個名詞馬上令人想起必然性和規律性，這就是說，令人想起一種較適宜於科學研究、可望認識清楚的對象。但是一般地說，在心靈領域裡，尤其是在想像領域裡，比起自然界來，顯然是由任意性和無規律性統治著的，這些特性就根本挖去了一切科學的基礎。

從這些觀點看來，美的藝術按照它的起源、效果和範圍各方面來看，都不適宜於科學的努力，而且像是和思考的控制根本牴觸，不宜作爲眞正科學研究的對象。

對美的藝術進行眞正的科學研究所引起的這一類的顧慮，是從一些流行的見解、觀點和研究中搜來的。這些意見的較詳盡的闡述，在一些論美和論美的藝術的舊著作裡（特別是法國的）是讀不完的，令人讀得膩味的。這裡面有一部分也包含一些相當確實的事實，也有一部分包含乍看似很言之成理的論證。例如以下就是一個事實：美的形象是豐富多彩的，而美也是到處出現的；從這個事實出發，人們就可以推論：人類本性中就有普遍的愛美的要求；還可以進一步推論：對於美的看法是非常複雜的，幾乎是各人各樣的，所以關於美和審美的鑒賞力，就不可能得到有放皆準的普遍規律。

在回到我們的本題之前，我們有必要先解決一個任務，就是對上述那些見解和顧慮作一番簡短的初步的討論。

第一，關於藝術值不值得作爲科學研究的對象。毫無疑問，藝術確實可以用來作爲一種飄忽無常的遊戲，爲娛樂和消遣服務，美化我們的環境，給生活情況的外表蒙上愉快的氣氛，把一些其他事物裝飾得更輝煌。就這個意義說，藝術確實不是無所依賴的、自由的，而是服從於某種目的的。但是我們所要討論的藝術無論是就目的還是就手段來說，都是自由的藝術。藝術一般地固然可以服從其他目的，可以只是一種遊戲，但是這種情形是藝術與一般思考所共同的。因爲從一方面看，科學，作爲服從其他目的的思考，也是可以用來實現特殊目的、作爲偶然手段的；在這種場合，它就不是從它本身而是從對其他事物的關係得到它的定性[10]。從另一方面看，科學也可以脫離它的從屬地位，提升到自由獨立的地位，達到眞理，在這種地位，它就無所依賴，只實現它自己所特有的目的。

只有靠它的這種自由性，美的藝術才成爲眞正的藝術，只有在它和宗教與哲學處在同一境界，成爲認識和表現神聖性、人類的最深刻的旨趣以及心靈的最深廣的眞理的一種方式和手段時，藝術才算盡了它的最高職責。在藝術作品中各民族留下了他們的最豐富的見解和思想；美的藝術對於了解哲理和宗教往往是一個鑰匙，而且對於許多民族來說，是唯一的鑰匙。這個定性是藝術和宗教與哲學所共有的，藝術之所以異於宗教與哲學，在於藝術用感性形式[11]表現最崇高的東西，因此，使這最崇高的東西更接近自然現象，更接近我們的感覺和情感。思想所窮探其深度的世界是個超感性的世界，這個世界首先就被看作一種彼岸，一種和直接意識和現前感覺相對立的世界；正是由於思考認識是自由的，它才能由「此岸」，即感性現實和有限世界，解脫出來。但是心靈在前進途程中所造成的它自己和「此岸」的分裂，是有辦法彌補的；心靈從它本身產生出美的藝術作品，藝術作品就是第一個彌補分裂的媒介，使純然外在的、感性的、可消逝的東西與純粹思想歸於調和，也就是說，使自然和有限現實與理解事物的思想所具有的無限自由歸於調和。

至於說到一般藝術的要素，即顯現（外形）和幻相是無價值的，這種指責只是在把顯現看成無實在性時，才有些道理。但是顯現本身是存在所必有的，如果眞實性不顯現於外形，讓人見出，如果它不爲任何人、不爲它本身，尤其是不爲心靈而存在，它就失其爲眞實了。所以一般顯現（外形）是無可非議的，所可非議的只是藝術表現眞實時所取的那特殊形式的顯現（外形）。如果說藝術用來使它的意匠經營的東西具體化爲客觀存在的那種顯現（外形）就是幻相，這種非議也只有在拿顯現和外在現象世界的直接的物質性作比較，並且考慮到顯現和我們自己的情感的，即內在感性世界的關係時，才有意義。在經驗生活中，在我們自己的現象生活中，我們把這外在現象世界和內在感性世界通常稱之爲「現實」、「眞實」和「實在」，以爲藝術卻不然，它就沒有這種實在和眞實。但是這整個的外在和內在的經驗世界其實並不是眞正實在的世界，比藝術還更名副其實地可以稱爲更空洞的顯現和更虛假的幻相。只有超越了感覺和外在事物的直接性，才可以找到眞正實在的東西。因爲眞正實在的

⓾ Bestimmung，確定某物之所以爲某物的性質。概念體現於具體事物，與其他事物發生關係，因而受這種關係的限定，這就是受到定性。

⓫ Sinnlich，指可用感官察覺的，爲簡便起見，本書一律譯爲「感性」。與精神性對立，實即物質的。

東西只有自在自爲的東西[12]，那就是自然和心靈中的有實體性的東西，這種有實體性的東西雖是現前的客觀存在，而在這種客觀存在中仍然是自在自爲的東西，所以只有它才是眞正實在的。藝術所挑出來表現的正是這些普遍力量[13]的統治。日常的外在和內在的世界固然也現出這種存在本質，但它所現出的形狀是一大堆亂雜的偶然的東西，被感性事物的直接性以及情況、事態、性格等等的偶然性所歪曲了。藝術的功用就在使現象的眞實意蘊從這種虛幻世界的外形和幻相之中解脫出來，使現象具有更高的由心靈產生的實在。因此，藝術不僅不是空洞的顯現（外形），而且比起日常現實世界反而是更高的實在，更眞實的客觀存在。

也不能說藝術的描繪比起歷史著作的所謂更眞實的描繪，顯得是一種較虛幻的顯現。因爲歷史著作所描繪的因素也並不是直接的客觀存在，而是直接的客觀存在的心靈性的顯現，它的內容也還是不免於日常現實世界以及其中事態、糾紛和個別事物等等的偶然性。至於藝術，它給我們的卻是在歷史中統治著的永恆力量[14]，拋開了直接感性現實的附贅懸瘤以及它的飄忽不定的顯現（外形）[15]。

又有人說，比起哲學思想，以及宗教的和道德的原則，藝術形象的表現方式就是一種幻相。思想領域中一種內容所獲得的表現方式固然是最眞實的實在，但是比起直接感性存在的顯現以及歷史敘述的顯現，藝術的顯現卻有這樣一個優點：藝術的顯現通過它本身而指引到它本身以外，指引到它所要表現的某種心靈性的東西；至於直接的現象雖不是看作虛幻而是看作眞實的，不過這眞實卻被直接的感性因素所汙損了、隱蔽了。比起藝術作品，自然和日常世界有一種堅硬的外殼，使得心靈較難於突破它而深入了解理念。

我們一方面雖然給予藝術以這樣崇高的地位，另一方面也要提醒這個事實：無論是就內容還是就形式來說，藝術都還不是心靈認識到它的眞正旨趣的最高的絕對的方式。按照藝術的形式來說，藝術不免要局限於某一種確定的內容。只有一定範圍和一定程度的眞實才能體現於藝術作品；這種眞實要成爲藝術的眞正內容，就必須依它本有的定性轉化爲感性的東西，使這感性的東西能恰好適合它自己，例如希臘的神就是這樣。此外，對眞實還有一種較深刻的了解，在這種了解中，眞實對感性的東西就不再那樣親善，不再能被這種感性的材料很適合地容納進去並且表現出來。基督教對於眞實的了解就是屬於這一種；特別是我們現代世界的精神，或則說得更恰當一點，我們的宗教和理性文化，就已經達到了一個更高的階段，藝術已不復是認識絕對理念的最高方式。藝術創作以及其作品所特有的方式已經不再能滿足我們最高的要求；我們已經超越了奉藝術作品爲神聖而對之崇拜的階段；藝術作品所產

⓬ Anundfürsichseiende，自在自爲的東西，只有具有心靈的人類才是既自在又自爲的，自爲就是自覺，自然事物只是自在的。

⓭ 「普遍力量」指有實體性的人生理想，詳見第三章第二部分。

⓮ 即上文所謂「普遍力量」。

⓯ 黑格爾的這個看法，和亞里斯多德的「詩比歷史更眞實」的看法一致。

生的影響是一種較偏於理智方面的，藝術在我們心裡所激發的感情需要一種更高的測驗標準和從另一方面來的證實。思考和反省已經比美的藝術飛得更高了。歡喜抱怨譴責的人可以把這種現象看成一種衰頹，把它歸咎於情慾和自私動機的得勢，說這種情慾和自私動機使藝術喪失了它原有的嚴肅和喜悅。人們也可以把現時代的困難歸咎於社會政治生活中的繁複情境，說這種情境使人斤斤計較瑣屑利益，不能把自己解放出來，去追求藝術的較崇高目的，連理智本身也隨著科學只服務於這種需要和瑣屑利益，被迫流放到這種乾枯空洞的境地。

不管這種情形究竟是怎樣，藝術卻已實在不再能達到過去時代和過去民族在藝術中尋找的而且只有在藝術中才能尋找到的那種精神需要的滿足，至少是宗教和藝術聯繫得最密切的那種精神需要的滿足。希臘藝術的輝煌時代以及中世紀晚期的黃金時代都已一去不復返了。我們現代生活的偏重理智的文化迫使我們無論在意志方面還是在判斷方面，都緊緊抓住一些普泛觀點，來應付個別情境，因此，一些普泛的形式、規律、職責、權利和規箴，就成爲生活的決定因素和重要準則。但是藝術興趣和藝術創作通常所更需要的卻是一種生氣，在這種生氣之中，普遍的東西不是作爲規則和規箴而存在，而是與心境和情感契合爲一體而發生效用，正如在想像中，普遍的和理性的東西也需和一種具體的感性現象融成一體才行。因此，我們現時代的一般情況是不利於藝術的[16]。至於實踐的藝術家本身，不僅由於感染了他周圍盛行的思考風氣，就是愛對藝術進行思考判斷的那種普遍的習慣，而被引入歧途，自己也把更多的抽象思想放入作品裡，而且當代整個精神文化的性質使得他既處在這樣偏重理智的世界和生活情境裡，就無法通過意志和決心把自己解脫出來，或是藉助於特殊的教育，或是脫離日常生活情境，去獲得另一種生活情境，一種可以彌補損失的孤獨。

從這一切方面看，就它的最高的職能來說，藝術對於我們現代人已是過去的事了。因此，它也已喪失了眞正的眞實和生命，已不復能維持它從前的在現實中的必須和崇高地位，毋寧說，它已轉移到我們的觀念世界裡去了。現在藝術品在我們心裡所激發起來的，除了直接享受以外，還有我們的判斷，我們把藝術作品的內容和表現手段以及二者的合適和不合適都加以思考了。所以藝術的科學在今日比往日更加需要，往日單是藝術本身就完全可以使人滿足。今日藝術卻邀請我們對它進行思考，目的不在把它再現出來，而在用科學的方式去認識它究竟是什麼。

在願意接受這種邀請的時候，我們就碰到上文已經提到的那種顧慮，就是認爲藝術雖或可供一般哲學思考，但是作爲系統科學研究的對象卻不適宜。這種顧慮首先就包含一個錯誤的觀念，仿佛以爲哲學思考可以是非科學的。關於這一點，只消這樣簡單地說：不管旁人對於哲學和哲學思考怎樣看，我卻認爲哲學思考是完全不能和科學性分開的。因爲哲學要按照必然性去研究一個對象，當然不僅是按照主觀方面的必然性或是表面的序列和分類等等，而

⑯ 參看馬克思在《剩餘價值學說史》裡關於資本主義的生產方式不利於詩和藝術的話。

是要按照對象的內在本質的必然性，去就對象加以闡明和證明。一般說來，只有這樣的闡明才能使一種研究具有科學價值。但是因爲對象的客觀必然性基本上在於它的邏輯的和形而上學的性質[17]，對藝術所進行的孤立的研究就不免要放鬆科學的謹嚴，因爲藝術在它的內容方面和在它的媒介因素方面，都需假定許多先決條件，這就使藝術常落到偶然現象的邊緣。因此只有揭示藝術內容和表現手段的內在本質的發展，才能見出藝術形象構成的必然性。

有人說，美的藝術作品不能作爲科學思考的對象，因爲它們起源於無規律的幻想和心情，而且以無限錯綜複雜的方式，專門對情感與想像發揮它們的作用。這種非難好像也有些道理，因爲藝術美實際上是用一種顯然和抽象思考相對立的方式來表現，抽象思考爲著要按照它所特有的方式去活動，對這種藝術美的形式就不得不破壞。這個看法和另一個看法是一致的，就是認爲一般實在界，即自然和心靈的生命，通過理解就會遭到損壞；理解性的思考不但不能使實在界和我們更接近，反而使它和我們更疏遠，所以人用思考爲手段去理解生命，簡直就不能達到目的。關於這種看法，我們在這裡不能詳細討論，只指出一個論點來消除這個困難、這個麻煩。

人們至少要承認，心靈能觀照自己、能具有意識，而且所具有的是一種能思考的意識，能意識到心靈本身，也能意識到由心靈產生出來的東西。構成心靈的最內在本質的東西正是思考。在這種意識到自身又意識到自身的產品的能思考的意識裡，心靈就是按照它自己的本性在活動，儘管這些產品總不免有很大的自由性和任意性，只要它們裡面眞正有心靈存在，情形就是如此。藝術和藝術作品既然是由心靈產生的，也就具有心靈的性格，儘管它們的表現也容納感性事物的外形，把心靈滲透到感性事物裡去。照這樣看法，藝術比外在的無心靈的自然就較接近於心靈和它的思想；在藝術作品裡心靈只是在做它本身的事。藝術作品雖然不是抽象思想和概念，而是概念從它自身出發的發展，是概念到感性事物的外化⓲，但是這裡面還是顯出能思考的心靈的威力，不僅以它所特有的思考認識它自己，而且從它到情感和感性事物的外化中再認識到自己，即在自己的另一面（或異體）中再認識到自己，因爲它把外化了的東西轉化爲思想，這就是使這外化了的東西還原到心靈本身。能思考的心靈這樣忙於思索它自己的另一面，並非不忠實於自己，忘去自己或是抛開自己，它也並非那樣無能，認識不到和它自己相異的東西，而是認識到自己，又認識到自己的對立面。因爲概念就是普遍性，這種普遍性就含在它自己的特殊事例裡，統攝了它自己和自己的另一面，所以它有能力活動，去取消它所轉入的外化。藝術作品是由思想外化來的，所以也屬於領悟的思考領

⓱ 黑格爾所謂「形而上學的」指「從哲學原理看的」，與我們現在所了解的「形而上學的」不同。

⓲ 外化（Entäusserung），黑格爾所了解的概念雖是普遍性的東西，但需在個別事物中表現出來，才有眞實性。概念實現於現象，便是概念的「外化」，所以現象或感性事物就是概念的「另一面」或「異體」（Ander），亦即「外化了的東西」，亦即下文的「對立面」。「外化」亦即「外現」。過去也有譯爲「異化」的。

域，而心靈在對藝術作品進行科學研究時，其實只是滿足自己的最基本的本質的需要。因爲心靈的本質和概念就在思考，所以只有當心靈用思考深入鑽研了自己活動的一切產品，因而把它們第一次眞正變成它自己的東西時，它才終於得了滿足。但是，我們將來還會看得更清楚，藝術還遠不是心靈的最高形式，只有科學[19]才眞正能證實它。

此外，藝術也不因爲它具有無規律的任意性，就不能作爲哲學研究的對象。因爲像上文已經說過的，藝術的眞正職責就在於幫助人認識到心靈的最高旨趣。從此可知，就內容方面說，美的藝術不能在想像的無拘無礙境界飄搖不定，因爲這些心靈的旨趣決定了藝術內容的基礎，儘管形式和形狀可以千變萬化。形式本身也是如此，它們也並非完全聽命於偶然現象。不是每一個藝術形狀都可以表現和體現這些旨趣，都可以把這些旨趣先吸收進來而後再現出去；一定的內容就決定它的適合的形式。

根據上述理由，我們在好像多至不可駕御的藝術作品和形式中，仍然可以按照思考的需要而找到正確的方向。

我們這樣就已說明我們所要專門討論的這門科學的內容了，同時也就說明了美的藝術並非不配作哲學研究的對象，而且這種哲學研究也並非不能認識到美的藝術的本質。

貳　美和藝術的科學研究方式

談到科學研究的方式，我們就遇到兩個相反的方式，每一個方式好像都要排除另一個方式，都不能讓我們得到圓滿的結果。

一方面，我們看到藝術的科學只圍繞著實際藝術作品的外表進行活動，把它們造成目錄，擺在藝術史裡，或是對現存作品提出一些見解或理論，爲藝術批評和藝術創作提供一些普泛的觀點。另一方面，我們看到藝術的科學單就美進行思考，只談些一般原則而不涉及藝術作品的特質，這樣就產生出一種抽象的美的哲學。

1. 經驗作為研究的出發點

前一種研究方式是把經驗作爲出發點。每個人要想成爲藝術學者，都必須走這條路。現在每個人儘管不是專門學物理學，卻仍然想要獲得一些物理科學的基本知識，一個有文化教養的人也是如此，他多少需要有一些藝術的知識，想有資格做一個藝術愛好者和鑒賞家的要

⓳ 黑格爾所謂「科學」就是「哲學」。

求是相當普遍的。

(1)如果這種知識眞正足夠使一個人配稱爲學者，它就必須是方面很多，範圍很廣的。首先的要求就是對範圍無限的古今藝術作品有足夠的認識，這些作品有些實際上已經喪亡了，有些是屬於外國或地球上遼遠角落的，因而是我們無法親眼看到的。還不僅此，每種藝術作品都屬於它的時代和它的民族，各有特殊環境，依存於特殊的歷史的和其他的觀念和目的，因此，藝術方面的博學所需要的不僅是淵博的歷史知識，而且是很專門的知識，因爲藝術作品的個性是與特殊情境聯繫著的，要有專門知識才能了解它、闡明它。最後，藝術方面的博學不僅需要有很好的記憶力，像其他每門學問一樣，而且還需要有銳敏的想像力，才能緊緊掌握住藝術形象的一切特色，尤其重要的是：才能拿它和其他藝術作品比較。

(2)在這種主要是歷史的研究裡，會出現不同的觀點，在研究藝術作品時，爲著要根據它們來下判斷，就不能忽視這些觀點。像在其他從經驗出發的科學裡一樣，這些觀點經過挑選和彙集之後，就形成一些一般性的標準和法則，經過進一步的更側重形式的概括化，就形成各門藝術的理論。這種文獻無須在這裡詳述，只消極概括地提到一些著作。例如亞里斯多德的《詩學》，其中關於悲劇的理論在現在還是可以引起興趣的，在古人之中，賀拉斯的《詩藝》和朗吉努斯的《論崇高》更可以概括地說明這種理論工作是如何進行的。這些著作中所做出的一些一般性的公式是作爲門徑和規則，來指導藝術創作的，特別是在詩和藝術到了衰頽的時代，它們就被人們奉爲準繩。但是這些藝術醫生的處方對於藝術所收的治療功效還不如一般醫生所開的。

關於這些理論，我只消這樣說：在細節方面它們雖然含有許多有教益的東西，但是它們的根據卻是一個很狹小範圍的藝術作品，這些作品儘管是最好的，在藝術領域中卻只是一小部分。此外，這些公式之中有一部分只是很瑣屑的感想，由於一般化，不能解決個別具體問題，而解決具體問題卻是眞正要做的事。例如上文所已提到的賀拉斯的書簡[20]就充滿著這樣的公式，因此，它成爲人人必讀的書，但是也正因此而包含許多不重要的東西，例如：

> 得到普遍讚賞的是融會實益和樂趣的人，
> 他教讀者同時得到快感和教訓。

這就像「安居樂業，老實過活」之類格言，看作一般化的話，倒是很正確的，可是沒有指出具體的辦法，而具體的辦法才是行動的根據。另一種藝術論著用意並不在幫助產生眞正的藝術作品，而在用這些理論來培養對藝術作品的判斷力，特別是培養鑒賞力，例如荷姆的《批評要素》，巴托的論著以及冉姆勒的《美的藝術引論》[21]，在當時都因爲這個緣故而爲

---

[20] 賀拉斯（Horace）的《詩藝》原名《給庇梭斯的書簡》。

[21] 荷姆（Henry Home, 1696-1782），蘇格蘭心理學家，他的《批評要素》在一七六二年出版。巴托（Charles Batteaux, 1713-1780），法國批評家，著有《文學原理》。冉姆勒（Karl Wilhelm Ramler, 1725-1798），德國詩人。

許多人所傳誦。這裡，所謂「鑒賞力」要注意的事就是安排、處理、分寸、潤色之類有關藝術作品外表的東西。在鑒賞力原則之外，又加上一些當時流行的心理學的觀點，即關於心靈的功能和活動，各種情緒及其可能的強度，承續次第等等的經驗性的觀察。但是一般情形總是這樣：每個人都按照他的見解和胸襟的深度與寬度，去了解人物、行動和事件，上述鑒賞力的培養既然只關藝術的外表和不重要的方面，而且所定的規則又只根據狹小範圍的作品和狹隘的思想和情感的教養，它的影響範圍也就很小，不能深入了解藝術的內在的與眞實的方面，不能使了解這些方面的眼光更加銳敏。

像一切其他非哲學性的科學一樣，上述理論都是按照普泛方式來建立的。它們所研究的內容是從現成的流行觀念吸收來的。於是進一步就要追問這些觀念的性質，就有必要把它們弄得更加明確，替它們下一些定義。但是要這樣做，我們就處在一種不穩實的爭辯多端的境地。乍看起來，美好像是一個很簡單的觀念。但是不久我們就會發現：美可以有許多方面，這個人抓住的是這一方面，那個人抓住的是那一方面；縱然都是從一個觀點去看，究竟哪一方面是本質的，也還是一個引起爭論的問題。

要解決這些問題，有人認爲要把各種關於美的定義都加以介紹和批評，才算達到科學的完備。我們在這裡既不想追求歷史的完備，把許多微妙的定義都加以研究，也不想去滿足歷史的興趣，只想就最近的一些較有意義的看法之中略舉數例，這些看法對於美的理念究竟是什麼，這個問題的答案是較近於眞理的。抱著這樣的目的，我們首先應提到歌德的美的定義。邁約[22]在他的《希臘造型藝術史》裡曾採用了這個定義，同時也介紹了希爾特[23]的看法，不過沒有提到希爾特的名字。

希爾特是現代一位最大的藝術鑑賞家，他在〈論藝術美〉一文（見「*Horen*」雜誌[24]，一七九七年第七期）裡，在討論了各種藝術的美之後，做總結說，正確地評判藝術美和培養藝術鑑賞力的基礎就在於特性的概念[25]。他替美下的定義是：「美就是『完善』，可以作爲，或是實在作爲眼、耳或想像力的一個對象。」再進一步他又替「完善」下了這樣的定義：「完善就是符合目的，符合自然或藝術在按照一個事物的種類去造成那個事物時所懸的目的。」因此，要下美的判斷，我們必須把一切注意力都投到組成本質的那些個別標誌上去。因爲正是這些標誌組成那個個別事物的特性。所以他把作爲藝術原則的特性了解爲「形式、運動、姿勢、儀容、表現、地方色彩、光和影，濃淡對照，以及體態所由分辨的那種確定的個性，這種分辨當然要按照所選事物的具體條件。」比起其他定義，這個定義是比較切

㉒ 邁約（Hans Heinrich Meyer, 1760-1832），瑞士藝術家，歌德的朋友，他的《希臘造型藝術史》於一八二四年出版。

㉓ 希爾特（Hirt, 1759-1839），德國文人，古代藝術研究者。

㉔ 「*Horen*」，《時神》，是詩人席勒主編的月刊。

㉕ Charakteristische，或譯「特徵」，近於「典型的」。

實的。如果我們追問這種特性究竟是什麼，我們就會看到它首先包含一種內容，例如某種情感、境界、事件、行動、個別人物；其次它包含表現內容的那種方式。「特性」這個藝術原則所涉及的正是這種表現的方式，因爲它要求表現方式中一切個別因素都要有助於明確地顯出內容，成爲這表現中的一個組成部分。所以希爾特對於特性所下的抽象的定義所指的就是：藝術形象中個別細節把所要表現的內容突出地表現出來的那種妥帖性。如果把這個意思加以通俗的說明，我們可以把它所包含的界定說成這樣：姑舉戲劇爲例，組成內容的是動作（或情節），戲劇要表現出這種動作是如何發生的。人們有各色各樣的舉動，交談、吃飯、睡覺、穿衣、說這話、說那話，諸如此類等等。但是在這些舉動之中，凡是和作爲劇本眞正內容的那個動作沒有直接關係的，就應該一律拋開不要，這樣才能使劇中一切對於那個動作都有意義。就連某一頃刻的場面也可以包括外在世界的錯綜複雜中的許多環境、人物、情境和事件。但是它們在這一頃刻中與劇中動作毫無關係，就不能有助於顯示這動作的特性。根據上文特性的定義，只有適合於照實表現恰恰某一確定內容的東西才應該納入藝術作品，不應該有什麼顯得是無用的或是多餘的。

這個定義是很重要的，而且從某一個觀點看，它是有道理的。邁約在上述著作中卻以爲希爾特的這種看法已完全消逝了，並且以爲它的消逝對藝術只有好處，因爲這種看法很可能導致漫畫作風。邁約的這種批評包括一種謬見，仿佛以爲替美下這樣的定義就可以「導致」什麼。其實藝術哲學沒有任務要替藝術家開方劑，而是要闡明美一般說來究竟是什麼，它如何體現在實際藝術作品裡，卻沒有意思要訂出方劑式的規則。關於這種批評，不錯，希爾特的定義確實包括漫畫作風在內，因爲漫畫作風也可以是具有特性的；但是另一方面我們必須這樣反駁這種批評：在漫畫裡所寫的特性是被誇張了的，簡直可以說是特性的泛溢。但是這種泛溢卻不是爲著表現特性所正當要求的，它成了一種累贅的重複，使特性本身受到歪曲。還有一層，漫畫作風所表現的是醜的特性，醜總是一種歪曲。就它本身來說，醜更與內容有關，所以我們可以說，特性原則也要包括醜和醜的表現作爲它的基本屬性的一部分。關於在藝術作品中什麼才應該受到特性化，什麼不應該，這就是說，關於美的內容，希爾特的定義卻沒有明確地解釋，他在這方面只提出一種形式的定義，裡面也有些眞理，不過是用抽象的方式表達出來的。

還有一個問題：邁約既然反對希爾特的藝術原則，他自己拿什麼來代替它呢？他所談的首先只是古代藝術的原則，這裡面當然要包含美這一個要素。他趁便提到了門斯[26]和溫克爾曼[27]兩人關於「理想」（Ideal）的定義，並且說他對於這個美的原則既不否定，也不完全接受，但是他毫不遲疑地贊成一位有教養的藝術大師（歌德）的看法，因爲它是很明確的，

---

[26] 門斯（Mengs, 1728-1779），德國名畫家。

[27] 溫克爾曼（Winckelmann, 1717-1768），德國研究希臘藝術的學者，他的《古代藝術史》對德國文藝思想的影響很大。

而且好像能更精確地解決問題。歌德說：「古人的最高原則是意蘊，而成功的藝術處理的最高成就就是美。」[28]如果我們細看一下這句話的意義，就會看到這裡也有兩方面，即內容或題材和表現的方式。遇到一件藝術作品，我們首先見到的是它直接呈現給我們的東西，然後再追究它的意蘊或內容。前一個因素——即外在的因素——對於我們之所以有價值，並非由於它所直接呈現的；我們假定它裡面還有一種內在的東西，即一種意蘊，一種灌注生氣於外在形狀的意蘊。那外在形狀的用處就在指引到這意蘊。因爲一種可以指引到某一意蘊的現象並不只是代表它自己，不只是代表那外在形狀，而是代表另一種東西，就像符號那樣，或則說得更清楚一點，就像寓言那樣，其中所含的教訓就是意蘊。文字也是如此，每個字都指引到一種意蘊，並不因它自身而有價值。同理，人的眼睛、面孔、皮肉乃至於整個形狀都顯現出靈魂和心胸，這裡意蘊總是比直接顯現的形象更爲深遠的一種東西。藝術作品應該具有意蘊，也是如此，它不只是用了某種線條、曲線、面、齒紋、石頭浮雕、顏色、音調、文字乃至於其他媒介，就算盡了它的能事，而是要顯現出一種內在的生氣、情感、靈魂、風骨和精神，這就是我們所說的藝術作品的意蘊。

所以這種要求藝術作品要有意蘊的看法，是和希爾特的特性原則沒有多大分別的。

按照這種理解，美的要素可分爲兩種：一種是內在的，即內容，另一種是外在的，即內容所藉以現出意蘊和特性的東西。內在的顯現於外在的；就藉這外在的人才可以認識到內在的，因爲外在的從它本身指引到內在的[29]。

在這裡我們對這一點暫且不能再加詳論。

(3)上述那些建立理論和制定實踐規則的方式，在目前德國已被人斷然拋棄了——這主要地由於有一種眞正有生命的詩歌興起來了——人們把天才的權利、天才的作品以及天才作品的效果捧出來，反對那些規則的專橫和理論的空泛。由於這個本身眞正具有心靈性的藝術，以及人們對這種藝術的同情和鑽研，就產生了一種敏感和自由，使人們能夠認識而且欣賞近代、中世紀乃至於古代外族人民（例如印度人）的久已存在的偉大藝術作品。這些作品由於時代久遠或是國度遼遠，對於我們固然總是有些生疏奇異，但是它們使全人類都感到興趣的內容，卻超越了而且掩蓋了這生疏奇異的一面，只有固執理論成見的人才會誣衊它們是野蠻低劣趣味的產品。這些作品都是超出過去理論抽象化所根據的那些作品的範圍和方式的，對於這些作品的承認首先就造成對於一種特別類型的藝術——即浪漫藝術——的承認，因此就有必要把美的概念和本質了解得比上述那些理論所了解的更深刻些。與此相聯繫的還

㉘「意蘊」原文是das Bedeutende，意思是「有所指」或「含有用意」的東西，近於漢語「言之有物」的「物」，因譯「意蘊」。黑格爾在本書中通常把它叫做「內容」（Gehalt）。

㉙在這節裡，黑格爾用希爾特的特性說和歌德的意蘊說來印證他自己的「美是理念的感性顯現」說。理念就是內容；感性顯現就是直接呈現於感覺的外在形狀，就是表現的方式。這兩方面——理性的和感性的——統一，才能見出美。

有一個因素：概念作用本身，思考的心靈，在哲學裡也得到了更深刻的認識，這就直接使它能更深刻地理解藝術的本質[30]。

由於一般歷史演變中的這些因素，上述那些對於藝術的思想，那種理論方式所得到的原則以及那些原則的實施都已變成陳腐了。只有藝術歷史方面的學問還保留它原有的價值，特別是由於上述心靈接受力的進步在各個方向都擴大了這門學問的視野。它的任務在於對個別藝術作品作審美的評價，以及認識從外面對這些藝術作品發生作用的歷史環境。這種評價，如果是用全副心靈和感覺作出來的，如果又有歷史的知識可爲佐證，就是澈底了解藝術作品個性的唯一途徑，例如歌德關於藝術和藝術作品所寫下的許多見解。這種研究方式的目的並不在眞正建立理論，儘管它也往往涉及抽象原則和範疇，不自覺地落到建立理論的窠臼裡。不過我們如果不停留在這種窠臼裡而把眼光專放在具體作品上面，我們至少可以對藝術哲學提供一些眼睛可以見到的證據，至於其中個別事例的歷史細節卻不是哲學所應研究的。

以上所說的就是藝術研究的第一個方式，它是從現存的個別作品出發的。

2. 理念作為研究的出發點

另一種研究方式和上述方式基本不同而且相對立，這就是完全運用理論思考的方式，它要認識美本身，深入理解美的理念。

大家都知道，柏拉圖是第一個對哲學研究提出更深刻的要求的人，他要求哲學對於對象

（事物）應該認識的不是它們的特殊性而是它們的普遍性，它們的類性，它們的自在自爲的本體。他認爲眞實的東西並不是個別的善的行爲，個別的眞實見解、個別的美的人物或美的藝術作品，而是善本身、美本身和眞本身。美既然應該從它的本質和概念去認識，唯一的路徑就是通過思考的概念作用，無論是一般理念的邏輯的和形而上學的性質，還是美這種特殊的理念，都要通過這種思考的概念作用才能進入思考者的意識。但是柏拉圖的這種從美的理念或美本身出發的研究方式，很容易變成一種抽象的形而上學，儘管他被認爲理念研究的奠基人和引路人，他的抽象的方法已不復能滿足我們，就連在美這個邏輯理念究竟是什麼的問題上也是如此。我們對於美這個邏輯理念必須更深刻地、更具體地去了解，因爲柏拉圖式的理念是空洞無內容的，已經不復能滿足我們現代心靈的更豐富的哲學要求。不錯，我們在藝術哲學裡也還是必須從美這個理念出發，但是我們卻不應該固執柏拉圖式理念的抽象性，因爲那只是對美進行哲學研究的開始階段的方式[31]。

---

[30] 這段說明藝術理論的轉變，是由於浪漫主義文藝和德國古典哲學的興起。

[31] 在黑格爾哲學裡，「概念」（Begriff）指事物的普遍性和本質，但是片面的、抽象的。普遍性與特殊性統一，本質與現象統一，成爲具體的客觀存在之後，概念才變爲「理念」（Idee），理念是主觀理解的，也是客觀存在的。柏拉圖的「理念」雖也是客觀的，卻仍是抽象的，它與現象對立。黑格爾的「理念」是具體的，即概念與現象的統一。例如抽象的人之所以爲人的特性是概念，體現於感覺的人是感性現象，感性現象和概念統一成爲具體的人，才是人的「理念」。

3. 經驗觀點和理念觀點的統一

要至少是初步地說明美的哲學概念的眞正性質是什麼，我們就必須把美的哲學概念看成上述兩個對立面的統一，即形而上學的普遍性和現實事物的特殊定性的統一。只有這樣，我們才是按照它的眞實性來理解它。因爲從一方面看，美的哲學概念與空洞的片面抽象的思考相反，它本身是豐產的，因爲按照它的概念，它必須發展爲一些定性的整體，而它的概念本身及其在生發中所得到的定性，都含有一種必然性，它必然要有它的特殊個體以及這些特殊個體的發展和互相轉化。從另一方面看，轉化所成的這些特殊個體，也包含著概念的普遍性和本質，它們就作爲這普遍性和本質所特有的特殊個體而出現。上述兩種研究方式都離開了這兩方面，因此只有這裡所說的完整的概念才能導向實體性的必然的和統攝整體的原則㉜。

參 藝術美的概念

在這些初步討論之後，我們現在就可以進到本題，即藝術美的哲學了。我們要用科學的方法去進行研究，所以我們就必須從研究藝術美的概念開始。只有把這個概念闡明了之後，我們才能把這門科學的各部分劃分開來，因而把它的全部計畫定出。這種劃分如果要避免非科學性的研究那樣只從表面進行，我們就應該從對象的概念本身找出這種劃分的原則。

根據這樣的要求，我們馬上就碰到一個問題：我們從哪裡得到這種概念呢？如果我們從藝術美的概念本身開始，這個概念馬上就變成一個前提和純然假定，可是純然假定是哲學方法所不容許的；按照哲學方法，必須證明這個概念是眞實的，這就是說，必須證明它是必然的。

㉜ 經驗派美學從經驗出發，著重個別感性現象而忽視普遍概念；理性派美學從邏輯或概念分析出發，著重普遍概念而忽視個別感性現象。黑格爾認爲眞正的美學需把這兩種片面的研究方式統一起來，因爲按照他對於理念的看法，普遍概念必然體現於個別感性現象，個別感性現象也必包含普遍概念。這就是「理在事中」而「事亦在理中」的看法，也就是理性與感性統一的看法。

對每門哲學進行孤立的研究，在序論中都必定遇到這個困難，我們在這裡只準備很簡略地談一談。

就對象來說，每門科學一開始就要研究兩個問題：第一，這個對象是存在的；其次，這個對象究竟是什麼。

關於第一個問題，在普通的科學裡這並不發生多大困難。例如在天文學和物理學裡，如果有人要求把太陽、星群、磁性現象等等的存在加以證明，這就一望而知其爲可笑的。在這些研究感性事物的科學裡，對象都是從對外在界的經驗中取來的，沒有必要去證明這些對象的存在，只消把它們指出就夠了。不過即使在非哲學性的科學裡，某些對象是否存在仍是引起懷疑的，例如在心靈的科學即心理學裡，人們很可以懷疑心靈或精神是否存在，是否確有一種不同於物質而獨立自在的主觀的東西。在神學裡人們也可以懷疑神是否存在。還有一層，如果那些對象是主觀性的，即只存在於心靈，而不是作爲外在界的感性事物而存在的，那麼，我們知道，在心靈中存在的只有心靈通過它的活動所產生的東西。因此就有這樣一個揣測：人們是否製造了他們心裡這種觀念或知覺？如果是他們製造的，人們還可以有這樣的疑問：他們是否使得這種觀念產生之後又消逝，是否至少把它貶低成爲一種純然主觀的觀念，其內容並非一種自在自爲的存在[33]？例如美就是如此，人們就往往把美看作在觀念裡並不是自在自爲地必然的[34]，而是一種純然主觀的快感，一種完全偶然的感覺。就連我們對於外在界的直覺、觀察和知覺，也往往是虛幻的、錯誤的，對於內在界的觀念更是如此，儘管它們是非常生動的，能激發起我們無法抵抗的那樣強烈的情慾。

一般內在界的觀念和知覺的對象是否存在？這種對象是否由主觀意識創造的？主觀意識把這種對象擺在自己面前省視的方式，是否符合對象的自在自爲的實質？正是像上文已經說過的，這種疑問和揣測引起了人們提出一個更高的科學要求，這就是：縱然我們好像覺得一個對象是存在的，或是有這麼一個對象，我們還必須按照這個對象的必然性來把它加以說明或證明。

這種證明如果眞正是按照科學方法做出的，就會同時回答另一個問題：對象究竟是什麼？在這裡我們還不能詳細剖析這個道理，暫且指出以下幾點。

如果要說明我們的對象（即藝術美）的必然性，我們就必須證明藝術或美是某些前提或先行條件的結果，這些先行條件，如果按照它們的眞實概念來推演，就會以科學的必然性生發出美的藝術的概念。但是我們現在是從藝術、藝術的概念以及這概念的實在性出發，而不是從藝術概念按其本質所必用爲推演根據的先行條件出發，所以對於我們，藝術作爲一種特殊科學對象，需先有所假定，這個假定卻不在我們的研究範圍之內，而是另一種科學的內

---

33 鮑申葵英譯本作：「沒有自然的獨立的存在。」意味主觀的觀念不是客觀存在的東西。

34 鮑申葵英譯本作：「在我們的觀念裡不是自然地、獨立地、必然的。」

容，屬於另一個哲學部門的。因此，我們沒有別的辦法，只好闕疑待查式[35]地採用藝術的概念。一切個別部門的哲學如果孤立地研究，都不免有這種情形。只有全體哲學才是對宇宙作爲一個有機整體的知識，這整體是從它自己的概念中自生發出來的，並且由於它的自對自的必然性，又還原到它自己而成爲一個整體，這樣就把自己和自己結在一起，成爲一個眞實世界[36]。在這種科學必然性的花冠上面，每一個別部分都一方面是一個回到自己的圓圈，另一方面也和其他部分有必然聯繫——這種必然聯繫是一種向後的聯繫，從這向後的聯繫裡它自己生發出來；也是一種向前的聯繫，從這向前的聯繫，它自己推動自己[37]，因爲它很豐富多產地從它本身又產生出其他東西，這樣就讓科學認識一直進展下去。因此，我們現在的目的不在證明我們所用爲出發點的美的概念，這就是說，不在說明這概念所自生的娘胎，不是從它的假定、它的先行條件，按照它的必然性把它推演出來。這種工作屬於綜合哲學及其各個部門的百科大全式的發展。對於我們來說，美和藝術的概念是由哲學系統供給我們的一個假定。我們現在既然不能討論這個哲學系統以及它和藝術的關係，我們就還不能以科學方式來認識美的概念，我們所掌握的只是這個概念的一些因素和一些方面，像現在和過去一般人對於美和藝術的觀念所了解的。從這裡出發，我們以後再對這些觀念作較深刻的研究。這樣做我們可以得到這樣一個好處：首先可以對我們的對象得到一種普泛的觀念，其次藉簡短的批判，初步地認識到我們在下文所要研究的一些較高的原則。這樣辦，我們的最後一部分序論就會成爲正式討論本題的序曲，對本題的討論可以揭示一個大輪廓和方向。

一、一些流行的藝術觀念

我們所知道的流行的關於藝術作品的觀念可分以下三項：

- 藝術作品不是自然的產品，而是由人的活動所造成的。
- 它基本是爲人而做的，而且是訴之於人的感官的，多少是從感性世界吸取源泉的。
- 它本身有一個目的。

1. 藝術作品作為人的活動的產品

第一個論點，即藝術作品是人的活動的產品，產生了以下幾種看法：

(1) 這種活動既然是產生一種外在對象的有意識的創作，它就可以認識和說明，就可以

㉟ Lemmatisch，採用一個字，暫不問其本義，待將來查考。

㊱ 全體哲學把整個宇宙按照概念自生發的原則，把它的各部分各階段說清楚，然後再就所生發的各部分、各階段，按照必然的內在聯繫貫串起來，還原到整個宇宙。按照黑格爾的哲學，這種生發和還原的辯證過程，不僅在人的思考裡而且在現實界進行著，這才是眞實的世界。「自對自的必然性」即宇宙整體中各部分的內在聯繫，「自己和自己結合在一起」即一個整體中各對立面的統一，例如概念與現象的統一。這個看法肯定了思維與存在的統一。

㊲ 作者把宇宙整體的內在必然性的關係網比成一個花冠，其中每一部分既獨立自足，又與其他部分密切聯繫。向後的聯繫是來因，向前的聯繫是去向。簡單地說，科學的必然性前有所繼承，後有所生發。

由旁人學習和仿效。因爲一個人所做的，另一個人只要學會了做的方法，好像也就可做或是跟著做（摹仿），一般人只要知道了藝術創作的規則，他們就都可以隨意依樣畫葫蘆，製造出藝術作品來。上文所說到的那些制定規則的理論，以及它們爲實際摹仿所開的方劑都是從這種想法產生出來的。但是凡是按照這種指示做出來的東西只能是拘泥形式的、機械的。因爲這樣只關外表的東西只能是機械的，要了解它和應用它，只消有完全空洞的意志力和熟練技巧就行了，不需要具體的東西，或是一般規則所不能規定的東西來補充。如果把這種方劑不只用在外表的和機械的方面，而且還擴充到眞正藝術的意蘊和豐富的心靈活動方面去，這裡所說的道理就最爲明顯了。在這方面，規則只包括一些含糊的空泛的話，例如說，「主題應該是有趣的，每個人物說話，都應該符合他的地位、年齡、性別和情況」之類。如果規則在這裡能適用的話，它所開的方劑就應該十分明確，不消用什麼心靈活動，只要完全按照這些規則所規定的辦法去辦就行了。但是這種規則在內容方面既是抽象的，它們就完全不能像人們所吹噓的那樣，可以支配藝術家的意識，因爲藝術創作並不是按照這些規定而進行的形式的活動；作爲心靈的活動，它就必須由它本身生發，把抽象規則所無法支配的那些更豐富的內容和範圍更廣的個別藝術形象，拿到心眼前觀照。如果這種規則是明確的，它們固然也有一些實用，但是至多也只適用於藝術作品的外表方面。

(2) 因此，人們就完全放棄了上面所說的方向，而走到另一極端。藝術作品不是看作一種盡人皆有的活動的產品，而是看作完全是資稟特異的心靈的創作。這種心靈只消聽任它的特殊天賦力量的特質，不但完全無須服從普遍規律，無須讓有意識的思考滲入它的本能的創作過程，而且還應該防備這些，因爲這種意識對它的創作只能發生污染和歪曲的作用。根據這個看法，人們把藝術作品看作才能或天才的產品，特別強調才能和天才的自然方面[38]。這個看法也有一部分眞理，因爲才能是某個別方面的能力，天才是普遍的能力，都不是人單靠自覺的活動所能得到的。關於這一點，我們將來還要更詳細地討論。

這裡我們只要指出這個看法的錯誤方向，就是以爲在藝術創作中一切對於自己的活動的意識不僅是多餘的，而且是有害的。天才和才能的創作過程好像只是一種狀態，或是說得更確切一點，靈感狀態。據說天才有時可以由一個對象激發到這種狀態，有時又可以憑意志達到這種狀態，例如酒的作用也沒有被人忘掉。在德國，這個看法流行於所謂「天才時代」，這是由歌德的早期詩篇開始而後又由席勒的作品推波助瀾的。這兩位詩人在他們的早期作品中[39]拋開了過去製造的一切規則，故意破壞那些規則，一切都重新開始，而成績卻遠遠超過了旁人。我不準備更詳細討論過去盛行的關於靈感和天才兩概念，以及現在還盛行的單靠靈感就可以解決一切的看法所造成的一些混亂。我們只要緊緊抓住一個眞正重要的看法：那就

---

[38] 「自然」在西文中有「天生的」意思。

[39] 這個時代即浪漫主義的初期的「狂飆突進」時代，其中重要的作品是歌德的《葛茲·馮·貝利欣根》（1773）和席勒的《強盜》（1781）。

是藝術家的才能和天才雖然確實包含有自然的因素，這種才能和天才卻要靠思考，靠對創造的方式進行思索，靠實際創作中的練習和熟練技巧來培養。因爲除才能和天才以外，藝術創作還有一個重要的方面，即藝術外表的工作，因爲藝術作品有一個純然是技巧的方面，很接近於手工業；這一方面在建築和雕刻中最爲重要，在圖畫和音樂中次之，在詩歌中又次之。這種熟練技巧不是從靈感來的，它完全要靠思索、勤勉和練習。一個藝術家必須具有這種熟練技巧，才可以駕御外在的材料，不致因爲它們不聽命而受到妨礙。

還不僅此，一個藝術家的地位愈高，他也就愈深刻地表現出心情和靈魂的深度，而這種心情和靈魂的深度卻不是一望而知的，而是要靠藝術家沉浸到外在和內在世界裡去深入探索，才能認識到。所以還是要通過學習，藝術家才能認識到這種內容，才能獲得他運思所憑藉的材料和內容。

各種藝術需要有意識地掌握內容的程度當然彼此不同。例如音樂，它所要做的只是用好像不摻雜思想的那種情感的音調，去表現很游離恍惚的內在心靈的動態，所以不很需要或完全不需要意識到什麼心靈性的內容。因此，音樂的才能往往在頭腦空洞、心情還未很發動的幼年就已顯現，甚至在心靈和生活都還沒有什麼經驗的時候，就已達到很顯著的高度；我們常看到在作曲和演奏方面都達到高度熟練的音樂家在心靈和性格方面卻非常凡庸貧乏。在詩歌方面，情形卻不如此。詩歌要靠內容，要靠對於人、人的深心願望，以及鼓動人的種種力量，做出內容充實意義豐富的表現，所以理智和情緒本身都必須經過生活經驗和思考的鍛鍊，經過豐富化和深湛化，然後天才才可以創造出成熟的、內容豐富的、完善的作品。歌德和席勒的早年作品就有些不成熟，甚至有些生硬粗野，不免令人生厭。這些早年嘗試大部分簡直是乾燥無味的，有時是很平凡呆板的。這個事實就足以證明靈感與少年熱情不可分的看法是錯誤的。只有當他們成熟的年齡，歌德和席勒這兩位天才才替德國創造出第一流詩歌、才成為德國的民族詩人，才拿出他們的深刻的、純正的、眞正出於靈感而形式又完美的作品作爲禮物送給我們德國人民。荷馬也是到了老年才作出他的不朽詩篇的。

(3) 還有一種第三個看法也把藝術作品看作人的活動的產品。這個看法特別著重藝術作品和自然中外在現象的關係。在這方面一般人認爲人的藝術作品要低於自然的產品，因爲藝術作品本身沒有什麼情感，不是一種通體貫注著生命的東西，作爲一種外在事物看，它是死的。我們通常把活的東西看得比死的東西高。我們當然應該承認：藝術作品本身沒有生命，不能運動。自然界活的東西在內外一切大小部分都形成一種有機的組織，而藝術作品只是在外表才有生氣的顯現，至於內部卻是普通的石頭、木料或畫布，或是像在詩裡，只是用語言文字表現出來的觀念。但是這外在的方面並不足以使一個作品成爲美的藝術作品，只有從心靈生發的，仍繼續在心靈土壤中長著的、受過心靈洗禮的東西，只有符合心靈的創造品，才是藝術作品。藝術作品抓住事件、個別人物以及行動的轉變和結局所具有的人的旨趣和精神價值，把它表現出來，這就比起原來非藝術的現實世界所能體現的，更爲純粹，也更爲鮮明。因此，藝術作品比起任何未經心靈滲透的自然產品要高一層。例如一幅風景畫是根據藝術家的情感和識見描繪出來的，因此，這樣出自心靈的作品就要高於本來的自然風景。一切心靈性的東西都要高於自然產品。此外，藝術可以表現神聖的理想，這卻是任何自然事物所不能做到的。

心靈不僅能把它的內在生活納入藝術作品，它還能使納入藝術作品的東西，作爲一種外在事物，能具有永久性。個別的有生命的自然事物總不免轉變消逝，在外形方面顯得不穩定，而藝術作品卻是經久的——儘管藝術作品所以眞正優於自然界實在事物的並不單靠它的永久性，而且還要靠心靈所灌注給它的生氣。

但是一般人還有一種反對把藝術作品擺在較高地位的看法。據說自然和它的產品都是神的作品，是按照神的美德和智慧而創造出來的，而藝術作品卻只是一種凡人的作品，是用人手按照人的見識而製造出來的。這是把自然事物看作神的創造，把人的活動看作只是有限的東西，又把它們二者對立起來，這種看法是由於一種誤解，以爲神的活動範圍只限於自然，他不是就在人身上而且憑藉人來施行他的威力。我們如果想深入了解藝術的眞正概念，就必須拋棄這個錯誤的見解，而且堅信與此相反的論點，那就是：從心靈所創造的東西，比從自然所產生和形成的東西，神還能得到更高的光榮。因爲不僅人有神性，而且神性在人身上比在自然中所取的活動形式也更高、更符合於神的本質。神就是心靈，只有在人身上，神性所由運行的媒介才具有自生自發的有意識的心靈形式，而在自然中，這種媒介卻只是無意識的、感性的、外在的，這在價值上就遠遜於意識。在藝術作品中，神的活動方式是和在自然現象中一模一樣的，但是在藝術作品中所見出的神性，因爲是從心靈產生的，卻替它的存在獲得了一種符合它本性的顯現，至於自然界無意識的感性的客觀存在卻不是一種符合神性的顯現形式。

(4)如果把藝術作品看作人的心靈的產品，我們爲著要從上文的話得出更深刻的結論，最後還要問：是什麼需要使得人要創造藝術作品呢？從一方面看，藝術創造可以看成一種可有可無的偶然事件和幻想的遊戲，因爲藝術所要達到的目的還有其他較好的手段可以去達到，而且人也還有比藝術所能滿足的更高更重要的旨趣。但是從另一方面看，藝術又好像出於一種較高的推動力，它所要滿足的是一種較高的需要，有時甚至是最高的、絕對的需要，因爲藝術是和整個時代與整個民族的一般世界觀和宗教旨趣聯繫在一起的。關於藝術的需要不是偶然的而是絕對的這個問題，我們在這裡還不能詳答，因爲它比我們在現階段所能回答的較爲具體。所以目前我們只能提出以下幾點。

就它的形式方面[40]來說，藝術的普遍而絕對的需要是由於人是一種能思考的意識，這就是說，他由自己而且爲自己造成他自己是什麼和一切是什麼。自然界事物只是直接的、一次的，而人作爲心靈卻複現他自己，因爲他首先作爲自然物而存在，其次他還爲自己而存在，

---

[40]「即從一般來看，不涉及個別藝術家的願望乃至於私人的目的。」（鮑申葵英譯本注）

觀照自己、認識自己、思考自己，只有通過這種自爲的存在，人才是心靈。人以兩種方式獲得這種對自己的意識：第一是以認識的方式，他必須在內心裡意識到他自己，意識到人心中有什麼在活動，有什麼在動盪和起作用，觀照自己，形成對於自己的觀念，把思考所發現爲本質的東西凝定下來，而且在從他本身召喚出來的東西和從外在世界接受過來的東西之中，都只認出他自己。其次，人還通過實踐的活動來達到爲自己（認識自己），因爲人有一種衝動，要在直接呈現於他面前的外在事物之中實現他自己，而且就在這實踐過程中認識他自己。人通過改變外在事物來達到這個目的，在這些外在事物上面刻下他自己內心生活的烙印，而且發現他自己的性格在這些外在事物中複現了。人這樣做，目的在於要以自由人的身分，去消除外在世界的那種頑強的疏遠性，在事物的形狀中他欣賞的只是他自己的外在現實[41]。兒童的最早的衝動就有要以這種實踐活動去改變外在事物的意味。例如一個小男孩把石頭拋在河水裡，以驚奇的神色去看水中所現的圓圈，覺得這是一個作品，在這作品中他看出他自己活動的結果。這種需要貫串在各種各樣的現象裡，一直到藝術作品裡的那種樣式的在外在事物中進行自我創造（或創造自己）。不僅對外在事物人是這樣辦的，就是對他自己，他自己的自然形態，他也不是聽其自然，而要有意地加以改變。一切裝飾打扮的動機就在此，儘管它可以是很野蠻的、醜陋的，簡直毀壞形體的，甚至很有害的，例如中國婦女纏足或是穿耳、穿唇之類。只有到了有教養的人，形狀舉止以及外表一切樣式的改變才都是從精神文化出來的。

藝術表現的普遍需要所以也是理性的需要，人要把內在世界和外在世界作爲對象，提升到心靈的意識面前，以便從這些對象中認識他自己。當他一方面把凡是存在的東西在內心裡化成「爲他自己的」（自己可以認識的），另一方面也把這「自爲的存在」實現於外在世界[42]，因而就在這種自我複現中，把存在於自己內心世界裡的東西，爲自己也爲旁人，化成觀照和認識的對象時，他就滿足了上述那種心靈自由的需要。這就是人的自由理性，它就是藝術以及一切行爲和知識的根本和必然的起源[43]。關於拿藝術比政治的和道德的行爲，比宗教觀念和科學知識，藝術所以異於它們的那種特殊需要是什麼，我們待將來再討論。

2. 藝術作品作為訴之於人的感官的，從感性世界吸取源泉的作品

以上我們討論藝術作品，專就它是人所造作的那一方面來說，現在我們要進一步來討論第二方面：它是爲人的感官而造作的，因此它多少要從感性世界吸取源泉。

---

[41] 外在事物的形狀只是他自己實踐活動的結果，所以可以看成他自己的外在現實，在這裡面他可以認識到自己。

[42] 「自爲的存在」即客觀世界在意識裡的反映，亦即思想。把思想實現於外在世界，就是實踐，也就是黑格爾所謂「自我複現」或「自我創造」。

[43] 這一節的要義在證明藝術的需要是理性的，不僅是情感的。藝術對於認識和實踐的意義在這裡很明確地指出來了。可以參考馬克思、恩格斯關於認識與實踐所說的話。

(1)這個想法引起了這樣一個考慮：美的藝術用意在於引起情感，說得更確切一點，引起適合我們的那種情感，即快感。從這個觀點出發，人們把關於美的藝術的研究變爲關於情感的研究，並且追問：哪些情感才是藝術所應該引起的？例如恐懼和哀憐；這些情感怎麼能成爲快感？例如看到災禍怎麼能使人滿意？特別是從摩西．曼德爾生㊹以來，這種想法就已流行，人們在曼德爾生的著作裡就可以找到許多這樣的論調。但是這種研究是走不到多遠的，因爲情感是心靈中的不確定的模糊隱約的部分；所感到的情感只是蒙在一種最抽象的個人的主觀感覺裡，因此情感之中的分別也只是很抽象的，而不是事物本身的分別。例如恐懼、焦急、憂慮和驚惶都是同一類型的情感所現的各種變化，一部分只是深淺程度的差別，一部分只是無關內容的形式上的差別。例如在恐懼裡，現前有一種事物是當事人所感到興趣的，但是同時他看到有一種反面的東西臨近了，勢將消滅那個事物，於是他立刻發現他的興趣和否定他的主觀願望的那個反面的東西混在一起。這種恐懼，單就它本身來說，卻不是取決於某一定內容的，極不同的乃至極相反的內容都可以引起恐懼。情感就它本身來說，純粹是主觀感動的一種空洞的形式。誠然，這種形式有時本身可以是很複雜的，例如希望、哀傷、歡樂和欣慰；有時這些複雜的情感可以涉及種種不同的內容，例如正義感、道德的情感、崇高的宗教情感等等；但是這種內容儘管出現於不同形式的情感，它的基本的確定的性質卻不因此就顯現出來，仍然僅僅是我的一種主觀感動，在這主觀感動裡面，具體的內容消逝了，就像蹲在最抽象的圓裡一樣㊺。因此，關於藝術所引起或應引起的情感的研究就停留在不明確的狀態，只是一種抽象研究，把眞正的內容和它的具體本質和概念都拋開了。因爲關於情感的思索只滿足於觀察主觀感動及其特點，不能深入研究所應研究的對象，即藝術作品，而在研究所應研究的對象時，也就必得拋開單純的主觀狀態及其情境。在情感裡，這種空洞的主觀狀態不僅是被保持住，而且被擺在主要的地位，所以人們很樂意發生情感。因此，這種研究不免由於它的不明確和空洞而使人厭倦，由於它注意瑣屑的主觀方面的特點而令人嫌惡。

(2) 藝術作品之所以爲藝術作品，既然不在它一般能引起情感（因爲這個目的是藝術作品和雄辯術、歷史寫作、宗教宣揚等等所共同的，沒有什麼區別），而在它是美的，所以過去就有些人想到替美找出一種特別的審美的情感，還要找出一種特別的審美的感官。後來不久人們就看出：這樣一種感官並不是生來就很確定的盲目的本能，單靠這本能是不能辨別出美的。所以人們又說這種審美的感官需要文化修養，把這種有修養的美感叫做趣味或鑑賞力，這種鑑賞力雖然要藉修養才能了解美、發現美，卻仍應是直接的情感[46]。我們在上文已

---

44 摩西．曼德爾生（Moses Mendelssohn, 1729-1786），德國猶太籍哲學家，萊辛的朋友。

45 「我的私人情感比作一個小圓，道德、正義等等可以在這小圓裡存在，但是沒有地位可以顯出它們的性質。情感不是可以下定義的。」（鮑申葵英譯本注）

46 直接的情感，對象直接引起的情感，如修養發生作用，那便是間接的。

談到儘管抽象的理論怎樣設法培養這種鑒賞的感官，而這種感官卻還是外表的和片面的。在這種鑒賞感官說流行的時代，批評在普遍原則上既有缺點，而對個別藝術作品所作的具體批評，其目的與其說是要從原則上證明一個更明確的判斷——當時還沒有這種條件——還不如說是要提高一般鑒賞力的修養。因此，這種鑒賞力的修養也還是停留在不明確的狀態，只忙於通過思考去把情感作爲審美的感官來培養，以爲無論何時何地，只要有美存在，就可以憑這審美的感官去直接發現它。但是事物的深刻方面卻仍不是單憑這種鑒賞力所能察覺的，因爲要察覺這種深刻方面所需要的不僅是感覺和抽象思考，而是完整的理性和堅實活潑的心靈，而當時的鑒賞力只涉及外在的浮面，各種情感也只在這種外在的浮面上活動，片面的規箴在這上面也就行得通。因此，所謂好的鑒賞力一碰到藝術的較深刻的效果就張惶失措，一遇到眞正重要的東西成爲問題的關鍵，而外表的次要的東西消失的時候，就啞口無言了。因爲一遇到偉大心靈的深刻的情緒和激動顯示出來的時候，我們就無暇計較鑒賞力所分辨出的細微分別和瑣屑細節了；鑒賞力就會覺得天才遠遠越過了這種範圍，在這天才威力的面前，自慚形穢，往後退縮，不知所措了。

(3) 因此，人們又改變看法了，在藝術作品研究中不只注意鑒賞力的培養和說明鑒賞力本身了，憑藉鑒賞力的藝術批評家的地位就被藝術學者取而代之了。我們前已說過，藝術學問的積極方面，就其對於一件藝術作品的全部個別特點[47]需有深刻的認識而言，對於藝術研究確是必要的。因爲藝術作品在本質上既是物質的個別的，基本上是從多種多樣的特殊條件產生出來的，特別是產生的時間和地點，藝術家的特有的個性，更重要的是那門藝術在當時所已達到的技巧修養。爲著對於一件藝術作品有明確的深刻的認識乃至於能欣賞，所有這些方面都是必須考慮到的。藝術學問主要地就要研究這些方面，它在這些方面的成就是應該以感激的心情去接受的。但是這種學問儘管應該看作基本的東西，卻還不應看作心靈對一個藝術作品以致對一般藝術的唯一的乃至最重要的因素。因爲就它的缺點來說，這種學問可能停留在僅僅是對外表方面的認識，例如技巧的和歷史的細節等等，而對於藝術作品的眞正性質則只有模糊的認識，甚或毫無所知；它甚至可以低估較深刻的研究的價值，以爲它比不上一些純粹關於事實的、技巧的和歷史的知識。但是儘管如此，如果藝術學問走的路是正確的，它至少要有明確的根據、見聞，以及有見識的判斷，用來對於一件藝術作品的各個不同的，儘管有些是外表的方面，作較精確的分析和適當的評價。

(4)藝術作品作爲感性對象，它和作爲感覺主體的人有一個基本的關係，上述研究方式就是從這個關係方面來看。關於這種研究方式我們已經作了一些說明，現在我們要研究這一方面對藝術本身的更基本的關係，這可以分爲兩部分：㈠一部分就藝術作爲對象來看；㈡一部分就藝術家的主觀方面的情形，例如他的天才、才能等等來看。凡是只有從對於藝術的普

㊼「藝術作品的一切積極的方面或關係，例如時代、階段、藝術家生平等等。」（鮑申葵英譯本注）

遍概念的認識才能推演出來的東西，我們現在還不能涉及，因爲我們目前還不是眞正站在科學的基礎上，還剛達到僅就外表來思考的範圍。

①藝術作品當然是訴之於感性掌握的。它是訴之於外來的或內部的感覺，訴之於感性的知覺和想像的，正如我們周圍的外在自然，或是我們自己的內在的情感生活訴之於感性知覺和想像那樣。比方說，就連一篇演說也可以訴之於感性的想像和情感。儘管如此，藝術作品卻不僅是作爲感性對象，只訴之於感性掌握的，它一方面是感性的，另一方面卻基本上是訴之於心靈的，心靈也受它感動，從它得到某種滿足。

藝術作品訴之於心靈這個道理，可以說明它絕不是一種自然產品，不是按照它的自然方面而具有自然的生命[48]，不管我們把自然產品看作比僅僅是一件藝術品的東西（人們用這種鄙夷的口氣稱呼藝術作品）較高還是較低。藝術作品中的感性因素之所以有權存在，只是因爲它是爲人類心靈而存在的，並不是僅僅因爲它是感性的東西而就有獨立的存在[49]。

如果我們更仔細地研究一下感性的東西是怎樣爲人而存在的，我們就會發現感性的東西對於心靈可以有以下各種不同的關係。

a. 最低級的而且最不適合心靈特色的掌握方式就是單純的感性掌握。這種掌握首先只是單純的看、單純的聽、單純的觸之類，就像在精神緊張的時候，走來走去、心裡什麼也不想，在這裡聽一聽、在那裡看一看，如此等等活動對於許多人通常是一種娛樂。但是心靈並不停留於只憑視聽去從外在事物得到單純的感性掌握，還要使這些事物成爲心靈內在本性的對象，這心靈內在本性於是被迫以相應的感性形式，在這些事物裡實現它自己，換句話說，使它自己以欲望的身分和這些事物發生關係。在這種對外在世界起欲望的關係之中，人是以感性的個別事物的身分去對待本身也是個別事物的外在對象，他不是以思考者的身分，用普遍觀念來對待這些外在事物，而是按照自己的個別的衝動和興趣去對待本身也是個別的對象，用它們來維持自己，利用它們、吃掉它們、犧牲它們來滿足自己。在這種消極的關係之中，欲望所需要的不僅是外在事物的外形，而是它們本身的感性的具體存在。欲望所要利用的木材或是所要吃的動物如果僅是畫出來的，對欲望就不會有用。同理，欲望也不可能讓對象自由存在，因為欲望的衝動就是要消滅外在事物的獨立存在和自由，要表明這些事物之所以在那裡，就是為著被消滅被利用的。但是同時主體（人）自己既然被欲望的一些個別的窄狹的庸俗的興趣所束縛，他本身也不是自由的，因為他不是根據他的意志中本質應有的普遍性和理性來決定自己的欲望。其次，就他對外在世界的關係來看，他也是不自由的，因為欲望基本上是被事物決定的，與事物發生關係的。㊿

㊽ 藝術作品的自然方面就是雕像用的石頭、繪畫用的顏色線條之類媒介。一座雕像不是按照它所用的石頭的性質而具有石頭的那種自然生命。

㊾ 例如雕像所呈現的人形是感性因素，這人形有權存在，是因為它是一件藝術作品而不是因為它眞正是一個人。

㊿ 在這段裡，黑格爾指出人對外在事物的最低級的感性關係是欲望的關係。人按照他的本能需要，要消滅或利

人對藝術作品的關係卻不是這種欲望的關係。他讓藝術作品作爲對象而自由獨立存在，對它不起欲望，把它只作爲心靈的認識方面的對象。因此，藝術作品儘管有感性的存在，卻沒有感性的具體存在、沒有自然生命；它也不應該停留在這種水準上，因爲它只應滿足心靈的旨趣，必然要排除一切欲望。從此可知，從實踐欲望出發的人爲什麼把有機界和無機界中可以利用的自然事物看得比藝術作品較高，因爲藝術作品是不能供欲望利用的，而是滿足心靈的其他方面要求的。

b.外在現實對於心靈還可以有第二種關係，和個別的感性觀照與實踐欲望是相對立的，那就是它對於理智的純粹的認識性的關係。對事物的認識性的觀照並無意要消滅事物的個體或是從事物得到感官的滿足，或是利用它們來維持自己的生命，而是要學會認識事物的普遍性，找出它們的本質和規律，理解它們的概念。因此，這種認識性的興趣讓個別事物依舊存在，不管它們的感性方面的特殊細節，因爲這些並不是理智所要尋求的。理性的理智並不像欲望那樣只屬於單純的個別主體，而是屬於既是個別的而又含有普遍性的主體。人在按照這種普遍性對事物發生關係時，那就是他的普遍的理性在設法在自然中找到它自己，從而把事物的內在本質重新顯示出來[51]，感性存在雖然是根據這種內在本質，卻不能把它直接顯示出來。這種認識性的興趣就是靠科學的工作來滿足的，就它的這種科學形式來說，它與藝術很少有共同處，正如藝術與對普通事物的單純實踐性的欲望衝動很少有共同處一樣。科學固然也可以從個別的感性事物出發，對於個別事物如何以它的特殊顏色、形狀、大小等等直接呈現出來，先獲得一個觀念。但是這種孤立的感性事物，就其爲孤立的感性事物而言，對心靈就沒有進一步的關係，因爲理智所探求的是對象的普遍性、規律、思想和概念，所以它不僅把個別事物丟在後面，而且把它轉化爲內在的，從一個感性的具體的東西轉化爲一種抽象的思考的東西，這就是把它轉化爲和感性現象根本不同的東西。藝術的興趣和科學不同，它不這樣做。正如藝術作品藉顏色、形狀、聲音等方面直接的感性的個別定性，顯現爲外在對象一樣，藝術觀照也不離開它所直接接觸的對象，不去把對象作爲普遍概念來理解，像科學那樣。

由此可知，藝術興趣和欲望的實踐興趣之所以不同，在於藝術興趣讓它的對象自由獨立存在，而欲望卻要把它轉化爲適合自己的用途，以至於毀滅它；另一方面，藝術觀照和科學理智的認識性的探討之所以不同，在於藝術對於對象的個體存在感到興趣，不把它轉化爲普遍的思想和概念。

用外在事物來維持生命。在這種關係中，外在事物喪失了它的存在和自由，而人本身受欲望驅遣，也是不自由的。下段說明人對藝術作品的關係不如此。

㊶ 人以個別主體的身分對事物起欲望，他所希求的不是人人都希求的，沒有普遍性；人以普遍主體（有理性的主體）的身分認識事物的普遍性，他所認識的是人人可以認識的，有普遍性。認識到事物的普遍性，就是認識到它們的理性或內在本質，就是理性在事物中找到它自己，找到了就把它顯示出來。

c. 從此可知：藝術作品固然要用感性事物，但是這種感性事物只應以它們的外表或外形顯現出來。因爲心靈在藝術作品中的感性事物之中所要尋找的既不是物體的具體物質，即欲望所要求的那種經驗性的內充實而外有體積的有機體，也不是普遍性的純然觀念性的思想，而是感性事物現形的顯現（外形），這顯現雖仍是感性的，卻不應還是單純的物質。因此，藝術作品中的感性事物，比起自然物的直接存在，是被提升了一層，成爲純粹的顯現（外形）；藝術作品所處的地位是介乎直接的感性事物與觀念性的思想之間的。它還不是純粹的思想，但是儘管它還是感性的，它卻不復是單純的物質存在，像石頭、植物和有機生命那樣。藝術作品中的感性事物本身就同時是一種觀念性的東西，但是它又不像思想的那種觀念性，因爲它還作爲外在事物而呈現出來。如果心靈讓對象自由存在，不去深入探索它的內在本質（這樣做，對象對於心靈就完全失其爲個別外在的東西了），感性事物的這種顯現（外形）就會以形色聲音等等面貌從外面現給心靈看。因此，藝術的感性事物只涉及視、聽兩個認識性的感覺，至於嗅覺、味覺和觸覺則完全與藝術欣賞無關。因爲嗅覺、味覺和觸覺只涉及單純的物質和它的可直接用感官接觸的性質，例如嗅覺只涉及空氣中飛揚的物質，味覺只涉及溶解的物質，觸覺只涉及冷熱平滑等等性質。因此，這三種感覺與藝術品無關，藝術品應保持它的實際獨立存在，不能與主體只發生單純的感官關係。這三種感覺的快感並不起於藝術的美。從藝術的感性方面來說，它有意要造出只是一種由形狀、聲音和意象所組成的陰影世界，我們卻不能因此就說，在創造藝術作品之中，人由於他的無能和局限性，才只會表現出感性事物的外表、只會拿出一種示意圖。在藝術裡，這些感性的形狀和聲音之所以呈現出來，並不只是爲著它們本身或是它們直接現於感官的那種模樣、形狀，而是爲著要用那種模樣去滿足更高的心靈的旨趣，因爲它們有力量從人的心靈深處喚起反應和迴響。這樣，在藝術裡，感性的東西是經過心靈化了，而心靈的東西也藉感性化而顯現出來了。

②因此，只有通過心靈而且由心靈的創造活動產生出來，藝術作品才成其爲藝術作品。這就引起另一個有待解答的問題：藝術所必須的感性因素在作爲創造主體的藝術家身上，怎樣發揮作用呢？這種創造，就其爲主體活動而言，正是包括我們已經發現客觀存在於藝術作品的那些定性；它必須是一種心靈的活動，而這種心靈的活動又必須同時具有感性和直接性的因素。它一方面既不是單純的機械工作，例如單憑感覺的熟練手腕所達到的那種漫不經心的輕巧操作，或是按照學來的規矩所達到的那種熟練動作，另一方面它也不是從感性事物轉到抽象觀念和思想，完全運用純粹思考的那種科學創造。在藝術創造裡，心靈的方面和感性的方面必須統一起來。拿詩的創作爲例來說，人們可以把所要表現的材料先按散文的方式想好，然後在這上面附加一些意象和韻腳，結果這些意象就好像是掛在抽象思想上的一些裝飾品。這種辦法只能產生很壞的詩，因爲本來只有統一起來才可以在藝術創造中發生效用的兩種活動，在這裡卻拆散爲兩種分立的活動了。眞正的創造就是藝術想像的活動。這種活動就是理性的因素，就其爲心靈的活動而言，它只有在積極企圖湧現於意識時才算存在，但是要把它所含的意蘊呈現給意識，卻非取感性形式不可。所以這種活動具有心靈性的內

容（意蘊）52，但是卻把這種內容放在感性形式裡，因爲這種內容（意蘊）只有放在感性形式裡，才可以被人認識。這可以拿這樣一個人的情形來作譬喻。這人很有生活經驗，也很聰明伶俐。儘管他完全了解生活的要素是什麼、使人與人團結在一起的是什麼、驅遣人的是什麼、人有什麼內在的力量，但是他自己既沒有把這類內容了解成爲普遍的規律，也不會用普遍思想形式把它解釋給旁人聽，而總是要藉眞實的或是假造的個別事例以及適當的例證，才能把他所意識到的東西說清楚，讓自己和旁人知道；在他的觀念裡一切東西都需形成有一定時間和地點的具體的意象，所以不能沒有名稱和其他一切外在的情況。但是這種方式的想像只是追憶已往生活過的情境和經歷過的事物，而它本身並不是創造性的。這種記憶把發生過的個別事故的外貌以及一切相關的情境都保持住，並且可以重新回想起來，但是不能把普遍性顯示出來。藝術家的創造的想像卻不如此，它是一個偉大心靈和偉大胸襟的想像，它用圖畫般的明確的感性表像去了解和創造觀念和形象，顯示出人類的最深刻最普遍的旨趣。從此可知，這種想像，從一方面看，當然要靠天生資稟、要靠才能，因爲它的創造方式要用感性的媒介。我們固然也常提到科學的「才能」，但是科學只需要普遍的思考能力，這種思考能力不像想像那樣運用天生的本領，而是要拋開一切天生本領的活動，所以我們可以說，天生資稟意義的科學才能並不存在。想像卻不然，它有一種本能式的創造力，因爲藝術作品的基本特質，即形象鮮明性和感官性，必須與藝術家主體方面的天生氣質和天生衝動的形式相適應，這些特質是以無意識的方式起作用的，所以必然要靠人類天生資稟來掌握。才能和天才當然也並不是全靠天生資稟組成的，實際上藝術創造同時也是運用智力的自覺的活動，但是這種智力卻必須含有天生的善於創造畫境和形象的本領。因此，雖然幾乎每一個人都可能在某種藝術上達到一定的水準，但是要想超過這個水準——這其實只是藝術的眞正的起點——較高的天生藝術才能卻是必要的。

作爲天生資稟，這種才能大半早在年輕的時代就顯現出來，它在主體身上表現爲一種騷動不寧的心情，使得他要憑藉某一種感性材料，來鼓足幹勁、創造形象，並且抓住這種表現和傳達的方式作爲他的唯一的或最適合的方式。而這種早熟的，在一定程度上不費力的技巧熟練也是一種天生才能的標誌。對於一個雕刻家，一切都轉化爲形象，他馬上就抓住石膏把它雕塑出來。一般說來，有這種才能的人一遇到心中有什麼觀念，有什麼在感發他、鼓動他，他就會馬上把它化爲一個形象、一幅素描、一曲樂調或是一首詩。

③第三，藝術內容在某種意義上也終於是從感性事物、從自然取來的；或則說，縱使內容是心靈性的，這種心靈性的東西（例如人與人的關係）也必須藉外在現實中的形象，才

---

[52] 德文Gehalt和Inhalt都有「內容」的意思，所以英譯和俄譯一律作「內容」，但Inhalt所指的內容比Gehalt所指的較具體，Gehalt有「意蘊」的意思，因譯「內容（意蘊）」，以別於Inhalt（「內容」）。它所指的就是藝術作品的主題思想，黑格爾往往把它叫做「有實體性的東西」、「普遍力量」、「神性」等等，詳見第三章。

能掌握住，才能表現出來。

3. 藝術的目的

現在還有一個問題：人們在創造這種內容並且把它納入藝術形式時，他抱有怎樣的旨趣或目的呢？這就是我們對於藝術作品所提出的第三個觀點，對這方面的仔細討論就會終於使我們能轉到藝術的眞正概念本身。如果我們看一看關於這方面的普通見解，就會想到下面的這個流行的看法：

A. 摹仿自然說

按照這個看法，藝術的基本目的就在摹仿，而所謂摹仿就是完全按照本來的自然形狀來複寫，這種酷肖自然的表象如果成功，據說就可以完全令人滿意。

(1) 這個定義首先只提到一個純是形式的目的，就是由人把原已在外在世界裡存在的東西，按其本來面貌，就他所用媒介所可能達到的程度，再複製一遍。

①這種複製可以說是多餘的，因爲圖畫、戲劇等等用摹仿所表現出來的東西——例如動物、自然風景、人的生活事件之類——在我們的園子裡、房子裡或是遠近熟習的地方都是原來已經存在著的。

②要仔細地看一看，這種多餘的費力也可以看成一種冒昧的遊戲，因爲它總是要落在自然後面。藝術在所用的媒介方面是有局限性的，它只能產生片面的幻相，比方說，只能把

現實的外形提供給某一種感官。而且如果藝術的形式方面的目的只在單純的摹仿，它實際所給人的就不是眞實生活情況而是生活的冒充。所以土耳其人——因爲他們是穆罕默德信徒——不准有圖畫和人物畫像之類。哲姆士・布魯斯[53]到阿比西尼亞遊歷的時候，拿一幅畫的魚給一個土耳其人看，那人首先大爲驚訝，不久就問：「到了最後審判的日子，如果這條魚站起來控訴你，說『你替我造了屍體，卻沒有給我一個活的靈魂』，那時你準備怎樣替自己辯護呢？」根據伊斯蘭教聖經外書所傳的，先知者穆罕默德本人聽到娥米・哈比巴和娥米・塞爾瑪兩位婦人談述愛提阿庇亞教堂裡的圖畫之後，就向她們說：「這些圖畫到了最後審判的日子會起來控訴創作它們的人。」完全使人誤信以爲眞的摹仿確實是有例證可舉的。宙克西斯[54]畫的葡萄從古到今都被公認爲藝術的勝利，同時也被公認爲摹仿自然原則的勝利，因爲眞有活的鴿子啄食這些畫的葡萄。除掉這個古老的例子，我們還可以引一個新近的例子：畢特涅[55]的猴子把洛色爾的《昆蟲樂趣》一書中畫的甲殼蟲咬成碎片。猴子的主人看到他的珍本書籍這樣遭到損壞，卻沒有懲罰它，因爲這足以證明插圖的精工。這些以及其他類似的

---

[53] 哲姆士・布魯斯（James Bruce, 1730-1794），英國探險家，著有《尼羅河窮源記》。

[54] 宙克西斯（Zeuxis），西元前四世紀希臘大畫家。

[55] 畢特涅（Büttner, 1716-1801），德國昆蟲學家；洛色爾（Rösel, 1705-1759），德國昆蟲學家，著有《昆蟲樂趣》，以插圖著名。

例證可以馬上使我們想到：這種連鴿子、猴子也欺騙到的藝術作品值不得讚賞，而那些只會把這樣庸俗的效果捧爲藝術最高成就，認爲這樣就可以抬高藝術的人都理應受到譴責。總之，我們應該說：靠單純的摹仿，藝術總不能和自然競爭，它和自然競爭，那就像一隻小蟲爬著去追大象。

③ 仿本既然經常比不上自然的藍本，藝術要造出逼肖自然的東西來，那就只可供娛樂了。人們用自己的工作，熟練技巧和勤勉去複製原已存在的東西，固然也可藉此得到一些樂趣。但是仿本愈酷肖自然的藍本，這種樂趣和驚賞也就愈稀薄、愈冷淡，甚至於變成膩味和嫌厭。有人說得很俏皮，有些畫像逼眞得討人嫌。關於這種單純從摹仿得來的快感，康德還舉了這樣一個例子：我們對於摹仿夜鶯的歌聲完全逼眞的人——確有這樣的人——很快地就感到膩味，因爲一發現唱的是人，這種歌聲馬上就顯得討厭。我們在那裡面所認識到的既不是自然的自由流露，又不是藝術作品，而只是一種巧戲法；我們絕不指望人的自由創造力就產生這樣一種音樂，這種音樂，例如夜鶯的歌聲，只有在從鶯自己的生命源泉中不在意地自然流露出來，而同時又酷似人的情感的聲音時，才能使人感到興趣。一般地說，摹仿的熟練所生的樂趣總是有限的，對於人來說，從自己所創造的東西得到樂趣，就比較更適合於人的身分。就這個意義說，每一件微細的技術品的發明在價值上也要比摹仿高，一個人發明了斧頭釘子之類的東西，比起做了一個摹仿的巧戲法，也應該更值得驕傲。這種在摹仿上爭一技之長的勾當，就好比一個人學會百無一失地把豆粒擲過小孔的那種把戲。這人有一次在亞歷

山大面前獻技，亞歷山大爲了酬勞他的這種空洞無用的把戲，就賞了他一斗豆子。

(2)還有一層，摹仿原則既然純粹是形式的，如果把它看作目的，它裡面就無所謂客觀的美了。因爲既以摹仿爲目的，問題就不在於所應摹仿的東西有怎樣的性質，而在於它摹仿得是否正確。美的對象和內容就被看成毫不重要了。如果人們還可以就動物、人、地點、行動、性格等等作美醜的分別，那麼，按照摹仿原則，這種分別就是一種與藝術本身無關的分別，因爲對於藝術，人們只留下抽象的摹仿一個原則。因此，在選擇對象並就對象分別美醜時，由於缺乏一個標準，可以適用於自然的無窮形式，主觀趣味就成爲最後的標準了，這種主觀趣味的標準是既不能定爲規律，又不能容許爭辯的。事實上如果人們按照他們的趣味，從他們所認爲美或醜，認爲值得藝術摹仿的東西之中，去選擇表現的對象，那麼，整個自然界就無須什麼挑選，就沒有什麼東西找不到一個愛好者。人們之中往往有這種情形，所以假如不能說每個丈夫都覺得他的妻子美，至少可以說每個未婚夫都覺得他的未婚妻美，而且世上只有她美；關於這種美的主觀趣味是沒有嚴密規則的，這對於男女雙方可以說都是巧運。如果我們丟開個別的人和他們的偶然性的興趣，推廣一點去看看各民族的趣味，我們也會發現差別和對立是很大的。我們常聽人說，一個歐洲美人不會叫一個中國人乃至非洲霍騰套特族人喜愛，因爲中國人的美的概念和黑人的不同，而黑人的美的概念和歐洲人的又不同，如此等等。如果我們看一看歐洲以外各民族的藝術作品，例如他們的神像，這些都是作爲崇高的值得崇拜的東西由他們想像出來的，而對於我們卻會是最兇惡的偶像。他們的音樂在我們聽來會是最可怕的噪音，反之，我們的雕刻、圖畫和音樂在他們看來也會是無意義的或是醜陋的。

(3) 如果我們不承認藝術有一個客觀的原則，如果美仍然要藉個人主觀趣味來決定，我們不久就會發現，即使從藝術本身來看，摹仿自然雖然像是一個普遍的原則，而且是許多偉大權威人士擁護的原則，卻至少是不能就它的這樣一般的完全抽象的形式來接受的。因爲我們如果看一看各門藝術，我們就會發現繪畫和雕刻所表現的對象，雖然像是逼肖自然的或是基本上是從自然假借來的，而建築（這也屬於美的藝術）和詩卻都很難看作自然的摹仿，因爲這兩種藝術都不限於單純的描寫。無論如何，如果我們堅持這個摹仿觀點也適用於建築和詩，我們就勢必繞些大彎路，替這個原則定出各色各樣的條件，說在某些條件下它才適用，於是所謂摹仿的眞實就至少要變成或然的。談到或然，我們在判定什麼是或然的和什麼不是或然的時候，還是要遇到很大的困難，而且還不僅此，人們總不願而且也不能把一切完全隨意任性的、想像的虛構都從詩裡排除出去。

因此，藝術的目的一定不在對現實的單純的形式的摹仿，這種摹仿在一切情況下都只能產生技巧方面的巧戲法而不能產生藝術作品。藝術作品當然也要靠自然形狀爲它的一種基本要素，因爲它要用外在形狀來表現，也就是要用自然現象來表現。例如繪畫，一個重要的功夫就在充分認識到而且精確地摹仿出各種顏色中的相互關係、光線效果、返光等等，乃至於對象形狀的極細微的分別。就是在繪畫這方面，特別是在近代，自然摹仿和逼肖自然的原則又普遍流行起來了，其目的在於把這門墮落成爲軟弱模糊的藝術，引回到自然界的生動和明確，或則說，在於提倡自然界中的整齊、直截了當，以及融貫那些特點，藉以擺脫藝術所已陷入的迷途，就是那種既不藝術又不自然的純粹任意的裝腔作勢和死守陳規。應該承認，這種企圖有它的正確的一方面，但是它所要求的逼肖自然，就其本身來說，並不是藝術基礎中首要的東西。所以儘管自然現實的外在形態也是藝術的一個基本因素，我們卻仍不能把逼肖自然作爲藝術的標準，也不能把對外在現象的單純摹仿作爲藝術的目的。

B. 激發情緒說

因此，需進一步追問：藝術的內容究竟是什麼？爲什麼目的要把這內容表現出來？這裡我們就想到一種流行的見解，以爲藝術的任務和目的就在把一切在人類心靈中占地位的東西，都拿來提供給我們的感覺、情感和靈感。據說藝術應該在我們身上實現「凡是屬於人的東西對我都不生疏」那句格言[56]。因此藝術的目的就被規定爲：喚醒各種本來睡著的情緒、願望和情慾，使它們再活躍起來；把心填滿；使一切有教養的或是無教養的人都能深切感受到，凡是人在內心最深處和最隱密處所能體驗和創造的東西、凡是可以感動和激發人心的最深處無數潛在力量的東西、凡是心靈中可以滿足情感和觀照的那些重要的高尚的思想和觀

56 拉丁成語，出於喜劇家普洛圖斯，是一句著名的人道主義的信條。

念，例如尊嚴、永恆和眞實那些高貴的品質；並且還要使不幸和災難、邪惡和罪行成爲可理解的；使人深刻地認識到邪惡、罪過以及快樂幸福的內在本質；最後還要使想像在製造形象的悠閒自得的遊戲中來去自如、在賞心娛目的觀照和情緒中盡情歡樂。藝術據說應該掌握這四方八面的豐富的內容，一方面爲著要彌補我們對客觀存在的自然經驗，另一方面也爲著要普遍激發上文說過的那些情緒，使得我們對人生經驗不致無動於衷，而是對一切現象都有靈敏的感受力。但是這種情緒的激發不是通過現實現象本身，而是通過現實現象的外形，這就是通過藝術所用以代替現實世界的幻相作品。通過藝術的外形來產生幻相之所以可能，是由於一切現實必須藉知覺和觀念才可以達到人的腦裡，此外就無法浸潤到人的情感和意志裡。這過程可以有兩種情形：或是由直接外在現實本身引起人的注意，或是通過另一個途徑，就是通過包括而且表現這種現實內容的圖畫、符號和觀念，來引起人的注意。人能夠把本來不實在的東西想像成爲好像是實在的。因此，使我們認識到一種情境、一種關係或任何一種生活內容的東西是外在現實本身，還只是它的外形，對於我們的情緒來說，這兩種途徑都是一樣的，都可以按照內容的性質使我們憂、使我們喜、使我們感動或震驚，使我們親歷身受憤怒、痛恨、哀憐、焦急、恐懼、愛、敬、驚贊、榮譽之類的情緒和熱情。

按照上述見解，一切情感的激發，心靈對每種生活內容的體驗，通過一種只是幻相的外在對象來引起這一切內在的激動，就是藝術所特有的巨大威力。

但是依這樣看，藝術拿來感動心靈的東西就可好可壞，既可以強化心靈，把人引到最高尙的方向，也可以弱化心靈，把人引到最淫蕩、最自私的情慾，所以上述見解替藝術所規定的任務仍然完全是形式的，藝術還是沒有一個確定的目的，對一切可能的內容和意蘊就只能提供一種空洞的形式。

C.更高的實體性[57]的目的說

藝術確實也有這個形式的方面，這就是說，它確實能把一切可能的材料都穿上藝術的外衣，呈現給知覺和情感，就像推理的思考也可以運用一切可能的對象和行動方式，替它們找到根據和理由。但是這種內容的複雜性馬上就使我們看出：藝術所應激發或鞏固的各種不同的情感和觀念不免彼此交叉、互相矛盾，乃至於互相抵消。從這方面去看，藝術愈喚起彼此對立的情緒，它也就愈擴大各種情緒和情慾彼此之間的矛盾，把人弄得如醉如癲、昏頭轉向，或是就像思辨一樣，使人陷入詭辯和懷疑主義裡去。因此，這種材料的複雜性本身就逼得我們不能滿足於上述那樣的形式的[58]定義，因爲理性在深入到這種五花八門的複雜內容時，不免要求從這些互相矛盾的因素中找出一個更高更普遍的目的，並且知道怎樣去實現這個目的。正如人們也說社會和國家的目的在於使一切人類的潛能以及一切個人的能力，在一

---

[57] 「實體」（Substang），即推動人物行動的普遍的力量或理想，參看下文第三章注[83]。

[58] 「『形式的』在這裡如同平常一樣，意指空洞的或一般的，不考慮到形式所依附的內容多麼複雜。」（鮑申葵英譯本注）

切方面和一切方向都可以得到發展和表現。但是這種形式的看法不久就會引起這樣的疑問：有什麼統一體能把這些複雜的構造集中起來呢？它們應該有怎樣的單一的目的作爲它們的基本的概念和最終的目的呢？藝術的概念正如國家的概念一樣，既需要有一個爲各個別方面所共同的目的，又需要有一個較高的實體性的目的。

談到這樣實體性的目的，人們首先就會想到一個看法，就是以爲藝術有能力也有責任去緩和情慾的粗野性。

(1) 關於這第一個看法，要解決的問題是：藝術有哪一種特性，使它能夠消除粗野性，馴服並且涵養衝動、願望和情慾呢？粗野性的根源在於情慾一般是完全自私的、一縱即發、不顧一切、只顧自己得到滿足。情慾愈專注、愈狹隘、愈占領著整個的人，它也就愈粗野蠻橫，使得當事人失去控制，沒有能力把本有普遍人性的自己和這強烈的情慾分開，意識不到自己是一個具有普遍人性的人。在這種情形之下，當事人往往說：「情慾比我自己還更強有力。」從這句話雖然可以看出在他的意識裡抽象的「我」是和那個情慾分開來了，但是這只是形式地分開，因爲這種分開只不過表明：作爲有普遍人性的「我」絲毫沒有力量抵抗那情慾的勢力。所以情慾的粗野性，就在於作爲有普遍人性的「我」和情慾的狹隘內容合而爲一，以致當事人除掉爲滿足那種特殊情慾以外，不再能行使意志。藝術對於情慾的這種粗野性和未經馴服的暴力，首先就起著緩和的作用，因爲藝術把當事人在這種情況下所感所行化爲意象擺在他面前，使他可以看到。儘管藝術僅限於把情慾的圖形擺在當事人面前，讓他觀照，儘管那圖形是奉承他的，那裡面也還是有一種緩和的力量，至少是它使當事人因此意識到他不藉這種圖形就意識不到的他自己的直接存在[59]。他因此就觀察到他的衝動和意向，本來這些衝動和意向驅遣著他，使他無暇反省，現在他已經看到它們作爲外在對象和自己對立，因而獲得了自由，不再受它們控制了。因爲這個緣故，藝術家常遇到這樣情形：他感到苦痛，但是由於把苦痛表現爲形象，他的情緒的強度就緩和了、減弱了。甚至在眼淚裡也藏著一種安慰；當事人原來沉沒在苦痛裡，苦痛完全占領了他，現在他至少可以把原來只在內心裡直接感受的情感表現出來。如果用文字、圖畫、聲音和形象把內心的感受表達出來，緩和的作用就會更大。因此，有一個很好的老風俗，在喪葬的時候雇用一些代哭喪的婦人，以便把痛苦顯現爲外在形象，可以觀照。旁人對他表示同情，也可以把當事人的苦痛的內容擺在他面前，使他重複地省察和思索，因此苦痛也就緩和下去了。所以自古以來，儘量哭出來和說出來都被看成解除愁苦的沉重負擔，或是至少是暫時寬慰心胸的一種辦法。情慾的力量之所以能緩和，一般是由於當事人解脫了某一種情感的束縛，意識到它是一種外在於他的東西（對象），他對它現在轉到一種觀念性的關係[60]。藝術通過它的表象，儘管它還是在感性

---

[59] 直接存在，沒有自意識的生活，指情慾中的生活。

[60] 情感在當事人的心裡成了一種觀念，所以失去原來的辛辣性，對於藝術功用的這種看法基本上就是尼采和叔本華的看法。

世界的範圍裡，卻可以使人解脫感性的威力。當然，人們常愛說：人應與自然契合成爲一體。但是就它的抽象意義來說，這種契合一體只是粗野性和野蠻性，而藝術替人把這契合一體拆開，這樣，它就用慈祥的手替人解去自然的束縛。人對藝術品的專心致志純粹是認識性的，因此，儘管藝術首先只培養人注意所表現的形象，後來卻進一步培養人注意那些形象的意義，培養他拿它們和其他內容作比較，就它們作全盤考慮以及認識全盤考慮時可採取的各種觀點的能力。

(2) 與上述特徵密切聯繫的還有一個第二種特徵，被人看作藝術的實體性的目的，那就是情慾的淨化、教訓和道德上的進益。因爲藝術應約束粗野性和涵養情慾那個特徵還完全是抽象的、普泛的，這種教養究竟有什麼明確的形式和實體性的目的也就成爲還待解決的問題。

① 這個淨化情慾說[61]和前一個緩和欲望說固然有同樣的缺點，但是它至少更突出地表明藝術的表現需要一個標準來衡量它是否有價值。這個標準就在藝術表現能否在情慾中把純與不純的部分分別開來。因此，這個標準需要有一種能起淨化作用的內容，產生淨化效果既然看作藝術的實體性的目的，這產生淨化效果的內容究竟有什麼普遍性和實體，也就應該被人認識到才行。

② 因此，人們常說藝術的目的在教訓。這樣就有兩方面的看法：從一方面看，藝術的特徵在於情緒的激動以及這種激動——縱使是恐懼、哀憐、苦痛和震驚等的激動——所產生

的滿足，這就是在於情緒和情慾的滿足，也就是說，在於對藝術品及其表現和效果所引起的快慰和欣賞；但是從另一方面看，這種目的據說卻只有在教訓，在「有教訓意義的寓言」，在藝術作品對人所發生的效益裡，才能找到它的更高的標準。在這方面，賀拉斯的「詩人既求教益又求娛樂」一句言簡意賅的箴言[62]到後來經過無窮的推演和沖淡，以致變成一種最俗濫最膚淺的藝術論。關於這種教訓說，我們要問：這教訓應該是直接地還是間接地、明說地還是暗寓地含在藝術作品裡呢？如果所談的一般是一個普遍的而不是偶然的目的，那麼，由於藝術在本質上是心靈性的，這個終極的目的也就必須是心靈性的，那就是說，不能是偶然的，而是自在自爲的。如果教訓的目的是這樣的，藝術作品就應該把一種自在自爲的本質上是心靈性的內容擺在意識面前，使它認識。從這個觀點看，應該說，藝術愈高，它就愈需採用這樣的內容，而且只有從這內容的本質上才可以找到判斷藝術表現是否妥當的標準。實際上藝術是各民族的最早的教師。

但是如果把教訓的目的看成這樣：所表現的內容的普遍性是作爲抽象的議論、乾燥的感想、普泛的教條直接明說出來的，而不是只是間接地暗寓於具體的藝術形象之中的，那麼，由於這種割裂，藝術作品之所以成爲藝術作品的感性形象就要變成一種附贅懸瘤，明明白白

---

[61] 淨化說起於亞里斯多德的悲劇淨化恐懼和哀憐說，在歐洲有悠久的歷史。

[62] 羅馬詩人賀拉斯在《詩藝》（即《與庇梭斯的書簡》）裡所說的話。

擺在那裡當作單純的外殼和外形。這樣，藝術作品的本質就遭到歪曲了。因爲藝術作品所提供觀照的內容，不應該只以它的普遍性出現，這普遍性需經過明晰的個性化，化成個別的感性的東西。如果藝術作品不是遵照這個原則，而只是按照抽象教訓的目的突出地揭出內容的普遍性，那麼，藝術的想像的和感性的方面就變成一種外在的多餘的裝飾，而藝術作品也就被割裂開來，形式與內容就不相融合了。這樣，感性的個別事物和心靈性的普遍性相就變成彼此相外（不相謀）了。

還不僅此，如果藝術的目的被窄狹化爲教益，上文所說的快感、娛樂、消遣就被看成本身無關重要的東西了，就要附庸於教益，在那教益裡才能找到它們的存在理由了。這就等於說，藝術沒有自己的定性，也沒有自己的目的，只作爲手段而服務於另一種東西，而它的概念也就要在這另一種東西裡去找。在這種情形之下，藝術就變成用來達到教訓目的的許多手段中的一個手段。這樣，我們就走到了這樣一種極端：把藝術看成沒有自己的目的，使它降爲一種僅供娛樂的單純的遊戲，或是一種單純的教訓手段。

③ 如果我們追問：要淨化情慾和教訓人類，究竟是爲了怎樣一種最高的目的呢？這時上述極端就顯得最突出了。在近代人看，這最高的目的就在道德的提高，藝術的目的據說是涵養各種情緒和衝動，使它們便於達到道德的提高。這個看法就把教訓和淨化合而爲一了，因爲藝術使人認識眞正的道德的善，這就是說，通過教訓，就同時產生淨化；因此，只有改善人類才是藝術的用處，才是藝術的最高的目的。

關於藝術改進人類道德的說法，上文對藝術目的在教訓說的批評也可以適用到這裡。不難看出，藝術在原則上不應以追求不道德和提倡不道德爲目的。但是把追求不道德看作藝術表現的明確目的是一回事，不把追求道德看作藝術表現的明確目的卻另是一回事。從每一件眞正的藝術作品裡都可以抽繹出一個很好的道德教訓，但是這要看對它所作的解釋是怎樣，也要看抽繹這道德教訓的人是誰。我們常聽到人替不道德的描繪作辯護說，我們要認識罪惡，才能依道德行事；可是也有人說過相反的話：對於先犯罪而後懺悔的抹大拉的馬利亞那位美人[63]的描繪曾經引誘過許多人犯罪，因爲藝術把懺悔表現得那麼美，要懺悔就要先犯罪。但是道德教訓說，如果按照邏輯推演，還不只是要求從一個藝術作品裡可以抽繹出一種道德教訓，而且要求把闡明彰明較著的道德教訓看作藝術實體性的目的，而且只准有意地描寫道德的事物、道德的性格、行爲和事件。因爲藝術有選擇對象的自由，不像歷史或科學只能運用既定的材料。

如果要從根本上來批判這個藝術以道德爲目的的說法，我們就要追問這個說法所依據的道德觀點究竟是什麼。如果按照現代所用的這個名詞的最好的意義來了解道德觀點，我們馬上就會發現：道德概念並不完全就是我們通常所說的「德行」、「正派」、「正直」之類。

---

63 見《馬太福音》二十七章和《路加福音》第八章。傳說她原是妓女，後來改過自新，成爲耶穌的虔誠的信徒。歐洲繪畫中常用她爲題材，讚揚懺悔。

一個德行好的正派人並不一定就是一個道德的人[64]，因爲道德要靠思考，要明確地認識到什麼才是職責，要按照這種認識去行事。職責本身就是意志的法律，是人憑自己自由地建立的法律，人決定要完成這職責，就依據這職責和它需完成的道理，這就是說，他先有這是善事的信心，然後才去做這善事。這種法律——這種依據自由的信心和內在的良心，爲著職責的緣故，選擇來作爲生活準繩而去完成的職責——就它自身來說，就是意志的抽象的普遍性，它是和自然、感性的衝動、自私的旨趣、情慾以及凡是人們統稱之爲情緒和情感的東西直接對立的。在這對立中，對立的兩面是看作互相否定的，因爲對於主體來說，兩面都存在他身上而卻互相對立著，所以他需自作決定，在兩面中選擇一面來服從。所以按照這裡所說的觀點，這樣的決定以及按照它而發出的行爲之所以是道德的，只是因爲一方面它是出於對職責的自由的信心，另一方面它不但克服了個別的意志、自然的衝動、傾向、情慾等等，而且也克服了較高尚的情緒和較高級的衝動。因爲近代倫理學說的出發點是意志的兩方面的堅強對立，一方面是它的心靈性的普遍性，另一方面是它的感性的自然的特殊性，道德並不在於這兩對立面的完全調和，而在它們的互相鬥爭，這鬥爭就產生這樣一個要求：各種和職責相衝突的衝動都應屈服於職責。

這種對立不僅在道德行爲的窄狹範圍裡可以看到，而且在一切自在自爲的眞理與外在現實存在之間的那種本質的分別和衝突中也可以看到。抽象地去了解，這就是普遍性與特殊性的對立，普遍性要保持獨立存在，不依存於特殊性，特殊性也要獨立存在，不依存於普遍性；更具體地說，這種對立在自然界中就是各有特性的抽象規律與雜多個別現象之間的對立，在心靈界中就是人的心靈性與感性的對立，靈與肉的衝突；爲職責而職責的要求，即冷靜的道德意志的命令，與個人的利害打算、情慾、感官傾向和衝動，以及一般個人癖性之間的對立；內心的自由與外在自然界的必然性之間的尖銳矛盾；也就是本身空洞的死的概念和具體的活生生的現實之間的矛盾，即認識和主觀思維與客觀存在和客觀經驗之間的矛盾。

這些對立或矛盾都不是由精微的思考或是經院派哲學見解所發明的，而是從古以來就以各色各樣的方式占領著並且攪擾著人類的意識；不過只有近代文化教養才把它們推演成爲最尖銳、最劇烈的矛盾。偏重知解力的文化教養，或則說，近代的知解力，在人心中造成了這種對立，使人成爲兩棲動物，因爲他要同時生活在兩種互相矛盾的世界裡，所以連意識本身在這種矛盾裡也徘徊不定，從一方面被拋擲到另一方面，在任何一方面都找不到滿足。因爲從一方面看，我們看到人囚禁在尋常現實和塵世的、有時間性的生活裡，受到需要和窮困的壓迫，受到自然的約束，受到自然衝動和情慾的支配和驅遣，糾纏在物質裡，在感官欲望和它們的滿足裡。但是從另一方面看，人卻把自己提升到永恆的理念，提升到思想和自由的領域；把普遍的法則和定準定爲自己的意志，把世界的生動繁榮的現實剝下來，分解成一些抽

---

64 「道德（Moralität）幾乎等於良心或道德顧慮。」（鮑申葵英譯本注）。黑格爾意味從原則出發，自覺地奉行道德的人才算是道德的人。

象的觀念；因爲心靈只有在虐待自然和剝奪自然的權利中，才能維持它自己的權利和價值，他需把從自然方面所受到的壓迫和暴力去回敬自然。生活和意識之間的這種分裂替近代文化和近代知解力帶來了一個要求，就是這種矛盾必須解決。但是理解還不能使自己從這些頑強的矛盾中解放出來，所以對於意識來說，矛盾的解決還只是一種單純的「應該」，而現實還是永遠來回動盪不寧，想找到一種和解而找不到。於是問題就來了：這種到處存在的本質上的矛盾，既然還只是停留在「應該」解決和假定可以解決的情況裡不能自拔，它是否就是自在自爲的眞實[65]、就是一般的最高的目的呢？如果一般文化都落到這種矛盾裡，解決這種矛盾就成爲哲學的任務了，這就是說，哲學就應該指出：矛盾的任何一方面，只要還是抽象的片面的，就還不能算眞實，但是矛盾兩方面本身就已含有解決矛盾的力量；只有在雙方面的和解與調停裡才有眞實，這種調停並不只是一種假定或要求，而是一種既已自在自爲地實現，並且永遠在實現的過程中。事實上這個看法是和一般天眞的信念和意願相符合的，因爲天眞的信念和意願總是著眼到這種解決了的矛盾，在行動中把它作爲目的來實現。哲學所要做的事，只是就這種矛盾的本質加以思考的洞察，指出眞實只在於矛盾的解決，所謂解決並非說矛盾和它的對立面就不存在了，而是說它們在和解裡存在[66]。

前面所說的最終目的，即道德教益，既然要涉及一種更高的觀點，我們現在就要說明這種更高的觀點也可應用到藝術方面。從這更高的觀點看，我們上文所提到的那個錯誤的觀念就不能成立了；按照那個觀念，藝術要作爲一種手段，藉教訓和改善，去達到道德的目的以及世界的一般的道德目的，這樣，藝術的實體性的目的就不在它自身而在另一種事物上面。這個觀念既然不能成立，我們如果還繼續談什麼目的，我們首先就必須拋開「目的在哪

---

65 鮑申葵英譯本作：「眞正的完全的眞實。」「自在自爲的」即「絕對的」。

66 黑格爾在這一節裡扼要說明他的辯證邏輯和形式邏輯的區別。形式邏輯是思維的初級階段，根據亞里斯多德的同一、矛盾、排中三律，只能見出等同和差異，不能見出對立面的統一，即只能見出靜止狀態，不能見出發展變化過程。它只是常識和經驗科學的武器，所用的只是分析事物的知解力（Verstand），是低一級的理智功能。辯證邏輯用的是與知解力相對立的理性（Vernunft），是哲學思考的武器，是思維的最高階段。它以對立面統一爲基礎，能見出事物的內在聯繫和發展變化。事物本身都含有自己的對立面，即都有內在矛盾。例如概念本身就含有體現它的實際客觀存在，單是概念還只是抽象的普遍性，個別客觀存在也還是抽象的特殊性，二者統一才成爲含有普遍性的具體特殊事物，即否定了原來的抽象的片面的普遍性和特殊性，卻又在較高階段保存了雙方的本質。這才是眞實、才是理念。這個過程第一步是否定，即事物本身的對立面否定事物本身的片面性。第二步是否定的否定，即雙方統一又否定了對立面的片面性，理體現於事、事表現了理，相反相成。黑格爾把這否定過程稱爲Aufheben，含有「棄」與「揚」兩層意思，「棄」是否定，「揚」是否定的否定，即「自肯定」。黑格爾又把這過程分爲正（事物本身）、反（對立面）和合（統一）三階段。他又把「合」叫做「矛盾的解決」，又叫做「和解」。黑格爾的這種辯證邏輯的合理內核在肯定事物本身有內在矛盾，發展全由內因決定；其錯誤在於他雖認識到有矛盾就有鬥爭，卻堅持這鬥爭必以和解來解決，所以他的辯證法以一分爲二開始，以合二而一告終。這是不符合馬克思主義辯證法的，反映了剝削階級畏懼鬥爭鼓吹妥協的心理。

裡？」以及附帶的「用處在哪裡？」這些問題所包含的謬見。其所以爲謬見，是由於它把藝術作品看成追求另一件事物，這另一件事物是作爲本質的於理應有的東西而呈現於意識的；這樣一來，藝術作品的意義就僅在於它是一個有用的工具，去實現藝術領域以外的一個自有獨立意義的目的。與此相反，我們要肯定的是：藝術的使命在於用感性的藝術形象的形式去顯現眞實，去表現上文所說的那種和解了的矛盾，因此藝術有它自己的目的，這目的就是這裡所說的顯現和表現。至於其他目的，例如教訓、淨化、改善、謀利、名位追求之類，對於藝術作品之爲藝術作品，是毫不相干的，是不能決定藝術作品概念的[67]。

二、從歷史演繹出藝術的眞正概念[68]

從上文用思考性的研究所揭發的觀點來看，我們要理解藝術的概念，就必須按照藝術的內在必然性來理解，而從歷史看，對藝術的眞正欣賞與了解也正是從這個觀點[69]開始。因爲上文所提到的那種矛盾不僅在一般偏重思考的文化裡令人感到，而且在哲學本身裡也令人感到，哲學只有在懂得怎樣根本地克服這種矛盾之後，它才能理解哲學本身的概念，因此也才能理解自然與藝術的概念。

所以這個觀點不但標誌著一般哲學的再醒覺，也標誌著藝術科學的再醒覺，正是由於這種再醒覺，美學才眞正開始成爲一門科學，而藝術也才得到更高的估價。

因此，我想約略談一下這個轉變[70]的歷史，不僅因爲它有歷史的重要性，而且也因爲這樣辨就可以更清楚地說明我們用作研究基礎的一些重要的觀點。按照它的最一般性的定義來說，這個基礎就是這樣一個原則：藝術美要看作幾種手段中的一種手段，去解決單就本身看都是抽象的心靈與自然之間的對立和矛盾，使它們歸到統一，無論這種矛盾是在外在現象中，還是在主觀的情感與情緒的內在現象中。

1. 康德哲學

康德哲學不僅早就感覺到這種統一觀點的需要，而且對這觀點有明確的認識，把它闡明了出來。一般地說，康德無論是對於理智，還是對於意志，都把自相融貫的合理性、自由，以及自己認識自己爲無限的那種自意識看作基礎。儘管康德哲學還有些缺陷，這種對理性本身絕對性的認識——這是近代哲學的轉捩點——這種絕對出發點，卻是應該承認而不容批駁的。但是因爲康德依舊把主觀思維與客觀事物之間的對立以及意志的抽象的普遍性與意志的

---

[67] 黑格爾在批判藝術目的在道德教訓說的基礎上，從辯證的觀點提出了他的基本論點：藝術自有內在的目的，即在具體感性形象中顯現普遍性的眞實，亦即理性與感性的矛盾統一。這是「爲藝術而藝術」論。

[68] 在這一節裡，黑格爾所說的「歷史」主要地指近代德國古典哲學史。

[69] 即黑格爾在上節所說的辯證觀點。

[70] 即轉變到辯證的觀點。

感性的特殊性之間的對立，看成是固定不變的，所以他把上文所提到的道德方面的對立[71]推演到極尖銳的限度，因為他還把心靈的實踐方面看得比認識的方面更高，在這種通過知解力而認識到的固定的對立面前，康德沒有別的辦法，只好把統一說成只取理性的主觀觀念的形式，沒有一個恰當的實在界和這形式對應[72]，此外康德還把這種統一看作基於一些「假定」（Postulate），這些假定，依康德看，固然是可以從實踐理性推演出來的，但是它們的內在本質卻是不能通過思考去認識的，它們在實踐方面的實現也還止於一種單純的「應該」[73]，可以推延到無限的未來才實現。因此，康德雖然使和解了的矛盾成為可理解的觀念，他對於這和解了的矛盾的本質卻沒有加以科學的闡發，也沒有把這和解了的矛盾看成是真正的唯一的真實。康德在他所謂「直覺的知解力」[74]中重新找到了所要求的統一，就這一點來說，他確實是推進了一步；但是在這一點上他還是停留在主觀與客觀的對立，因此他雖然抽象地提到概念與現實、普遍性與特殊性、知解力與感覺這些對立面之間的矛盾的解決，因而接近於認識到理念，但是他還是把這種解決與和解看成只是主觀的，而不是自在自為真實的[75]。關於這一點，他的《判斷力批判》一書——在這書裡他討論了美感判斷力和目的的判斷力——是很有啓發性的、值得注意的。由於把自然和藝術中美的對象，和適應目的的自然產品聯繫起來，康德接近於了解到有機體與生命的概念，不過他考慮這些對象和產品，卻純粹從判斷它們的主觀方面的思考著眼。康德替判斷力下了一個一般的定義，說它是「把個別的東西附屬在普遍的東西之下而去思考它的一種能力」，「如果只知道個別的東西，判斷力要據此去推求它所附屬的那普遍的東西」，這種判斷就叫做「反思的判斷」。要做到這一層，判斷力需有一個由自己加在自己身上的法律或原則，康德把目的性看作這種法律。關於實踐理性的自由概念，目的的實現仍然停留在單純的「應該」；但是談到對有生命的東西所下的目的判斷，康德開始從這樣的原則去看有生命的東西：在有生命的東西裡，概念或普遍性包含特殊性在內。作爲目的，這普遍性不是自外而是自內決定著個別的和外在的東西，決定著有機體各部分的構造，這就是說，個別的方面自然而然地就適應目的。但是用這種判斷仍不能使人認識到對象的客觀性質，它只表現一種主觀的反思方式。康德對於審美的判斷也是這樣了解

---

71 即上節所提到的意志的抽象的普遍性與感性的特殊性的對立，亦即「無條件的命令」（有理性的最高的道德意識）和個別欲望之間的對立。

72 康德把對立的統一看成只是主觀觀念上的統一，實在界卻沒有這種統一。

73 康德在認識論方面，「假定」了一些先驗範疇如時空因果之類，在實踐理性或倫理學方面「假定」了一種「應該」（Sollen），即責任感或「無條件的命令」，亦即人心中憑普遍理性在某種情境覺得「應該」怎樣做才合理的道德感。

74 依康德，知識的內容來自感覺，知識對象的形式是知解力憑先驗範疇對感性材料加以綜合而成的。所謂「直覺的知解力」則介乎感覺力與知解力之間，它不但創造對象的形式，而且創造對象的內容。

75 鮑申葵英譯本作：「不是在它的本質上而且按照它本身的價值而成爲眞實與現實的。」「自在自爲眞實」即「絕對眞實」。

的，審美的判斷既不單純地出自知解力，即不出於概念的功能，又不單純地出自感覺和感覺到的豐富多彩的東西，而是出自知解力與想像力的自由活動。就在這兩種認識功能的這種協調一致裡，對象就和主體以及主體的愉快和滿足的情感發生了關係[76]。

(1) 這種滿足首先要沒有任何利益念頭（興趣）[77]，這就是說，沒有對欲念功能的關係。例如我們如果有好奇這樣一個利益念頭，或是要滿足感官需要的一種感官方面的利益念頭，一種要占領和利用的欲念，對象對於我們之所以重要，就不是因爲它本身，而是因爲我們的需要。在這種情況之下，存在的東西之所以有價值，只是由於這種需要；情形就成了這樣：一方面是對象，另一方面是和對象不同的一種屬性，但是我們卻要使這對象和這屬性發生關係。比方說，我要把一個對象吃掉來獲得營養，這個利益念頭只是在我心裡，對於那對象本身卻是不相干的。按照康德的主張，我們和美的關係並不是這樣的。審美的判斷允許現前外在事物自由獨立存在，它是由對象本身就可以引起的快感出發的，這就是說，這快感允許對象本身自有目的。我們已經說過，這是一個重要的看法。

(2) 其次，康德說，美應該是這樣一種性質：它不藉概念，即不藉知解力所用的範疇，而被感覺爲一種引起普遍快感的對象。要評判美，就要有一個有修養的心靈；平常人對於美是不能下判斷的，因爲這種判斷要有普遍正確性。普遍的東西就其爲普遍的來說，固然是一種抽象，但是凡是自在自爲地眞實的東西，都包含有普遍地正確這一個屬性和要求。就這個意義來說，美也應該得到普遍的承認，儘管美的判斷不憑只是來自理解的概念。舉例來說，個別行爲的善或正直是要統攝於普遍概念之下的，這行爲如果符合這些概念，就可以說是善的。美卻不然，它應該不假道於這種概念而直接引起普遍的快感。這就無異於說，在審美時，我們並不意識到美這種概念和把這美的東西附屬在美這個概念之下，而且不容許像其他形式的判斷那樣把個別對象和普遍概念分開。

(3)第三，美應該具有目的性的形式，但僅限於這樣的意義：我們雖感覺到對象的目的性，心裡對這目的卻沒有一個明確的觀念。這實際上只是複述上文已經說過的道理。一切自然產品，例如一枝花或是一個動物，都是按照目的性的原則而構造成的，而這種目的性對於我們是很直接的，我們在意識裡並沒有一個目的的觀念，與當前現實對象分裂開、區別開。美也應以這種方式顯現爲具有目的性的。在有限的目的性裡[78]，目的與手段是彼此外在的；

[76] 判斷一般是結合普遍原則與個別事例來進行的。康德認爲「這是美的」型判斷並不根據什麼普遍原則，他把這種判斷叫做「反思的判斷」。下這種判斷時，人覺得對象對他是適合的、愉快的。這種感覺雖是主觀的，卻有普遍性。康德的解釋是：由於對象的形式引起人的知解力與想像力的自由而和諧的活動，它適合一般人的心理機能，所以使一般人都能感到愉快。這就足見審美對象的目的性，它適合人類心理機能活動的某一種彷彿是神意預定的安排。所以康德把審美的判斷和目的論聯在一起來講。

[77] Interesse，一般譯「興趣」，康德指的是「利益念頭」或「利害打算」。

[78] 「這就是說，在我們用來實現一個目的（這目的是明確地作爲一個觀念而擺在我們面前的）的手段裡。刀不含『割』，鍬不含『掘』，但是刀是按照割的目的，鍬是按照掘的目的而製造出來的。但是人卻含『活』，不活著就不是人了。」（鮑申葵英譯本注）美也應作爲有生命的東西看待，目的和手段不能分裂。

因爲目的與實現目的所用的物質手段之中並沒有內在的本質的關係。在這種情形之下，目的本身的觀念和目的所藉以實現的那個對象是有分別的。美卻不然，它是作爲本身具有目的性的東西而存在著，目的和手段不能分裂成爲彼此有別的兩方面。比方說，生物的手足的目的就是實際存在於這手足本身的生命；如果把這生命拆開，手足就失其爲手足了。因爲在有生命的東西裡，目的與實現目的的物質手段是直接融成一體的。這東西之所以存在，就因爲它的目的就包含在它本身裡面。依康德看，如果從這個觀點看美，美的目的性並不是一種附加到美上去的外在形式，而見出目的性的內外相應一致才是美的對象的內在本質。

(4) 第四，依康德的看法，美應該被人不藉概念而認識出它是一種引起必然快感的對象。必然性是一個抽象的範疇，它指的是兩方面之間的這樣一種內在本質的關係：只要這一方面存在，而且因爲這一方面存在，另一方面也就因而存在。這一方面在它的本質裡就同時包含著另一方面，比方說，離開結果而談原因，就是毫無意義的。美所引起的快感就應該有這樣的必然性，同時又和概念完全沒有關係，這就是說，和知解力所用的範疇沒有關係。比方說，有規律的東西[79]很容易引起快感，所謂「有規律」，仍是來自知解力的一種概念，但是康德卻認爲如果要引起這種快感，只是來自知解力的概念如「整齊」、「平衡」之類是無濟於事的。

總之，我們在康德的這些論點裡所發現的就是：通常被認爲在意識中是彼此分明獨立的東西，其實有一種不可分裂性。美消除了這種分裂，因爲在美裡普遍的與特殊的，目的與手段，概念和對象，都是完全互相融貫的。所以康德把藝術美也看成是特殊事物按照概念而存在的那種協調一致[80]。特殊的東西，就其爲特殊的而言，是偶然的。無論就它們對其他特殊東西的關係來看，還是就它們對普遍東西的關係來看，都是如此；而正是這偶然的東西，例如感覺、情感、情緒、脾氣、願望之類，在藝術美裡不是只是附屬於知解力所用的普遍範疇之下，被抽象的普遍概念所支配著的，而是與普遍的東西融成一體，它們這些特殊的東西是內在於這普遍的東西的，對這普遍的東西是絕對適合的。因此，藝術美成爲一種思想的體現，而所用的材料不是由這思想自外來決定，而是本身自由地存在著；這就是說，自然的、感性的事物以及情感之類東西本身具有尺度、目標與諧和一致，而知覺與情感也被提升到具有心靈的普遍性，思想不僅打消了它對自然的敵意，而且從自然裡得到歡欣；這樣，情感、快感和欣賞就有了存在理由而得到認可，所以自然與自由、感性與概念都在一個統一體裡找到了它們的保證和滿足。但是談到究竟，這種像是完全的和解，無論就判斷來說，還是就創造來說，都還只是主觀的，本身還不是自在自爲的眞實。

就它們目前與我們的討論有關來說，康德的「批判」的主要的結果如上所述。對於了解

[79] 例如對稱。

[80] 一般判斷都是建立個別事例與普遍概念之間的關係。這裡所謂「按照概念而存在」不是取一般意義，它是指符合引起心理機能的和諧活動那個普遍的「目的」。

藝術美的眞實概念，康德的學說確是一個出發點，但是只有把康德的缺點克服了[81]，我們才能憑藉這種概念去對必然與自由、特殊與普遍、感性與理性等對立面的眞正統一，得到更高的了解。

2. 席勒、溫克爾曼、謝林

應該承認：有一位心靈深湛而同時又愛作哲理思考的人[82]，早就走在狹義的哲學之前，憑他的藝術感，要求而且闡明了整體與和解的原則，用它來反對那些永無止境的抽象的思考，反對那種爲職責而職責的號召，反對把自然與現實、感覺與情感看作只是一種局限和敵對因素的那種抽象的理解。席勒的大功勞就在於克服了康德所了解的思想的主觀性與抽象性，敢於設法超越這些局限，在思想上把統一與和解作爲眞實來了解，並且在藝術裡實現這種統一與和解。席勒在他的美學研究裡不只是謹守藝術和藝術的興趣而不顧它們與專門哲學的關係，而是拿哲學原則來衡量他對藝術美的興趣。只有從哲學原則出發，而且藉助於哲學原則，他才能更深刻地了解美的性質和概念。我們感覺到席勒在他的創作生活中某個時期在思想上下過很多的功夫——也許這對藝術作品的純樸的美並不大利。在他的許多詩裡，我們可以看出他有意地進行抽象思考，甚至表現出他對哲學概念所感到的興趣。有人因此譴責他，特別是在拿他和歌德的寧靜的不糾纏在概念裡的純樸性和客觀性作對比時，他總不免遭到非難。作爲詩人，席勒在這一點上是代他的時代受過，但是犯這種罪過[83]正是這位具有崇高心靈和深湛情思的詩人的榮譽，而科學知識也因此得到裨益。就在同一時代，歌德也曾受到科學的吸引而離開他的特殊領域——詩歌。席勒所專心探討的是人類心靈的深處，而歌德的特殊興趣則在於藝術的自然方面[84]，即外在自然，例如植物構造、動物構造、結晶體、雲的形成、顏色之類。歌德把他的偉大的見識應用到這方面的科學研究，推翻了過去純靠推理的研究及其錯誤的結論；至於席勒則反對過去純靠知解力對意志和思想所進行的研究，他證明了美是一種自然的整體。席勒寫過一系列的著作，發揮他對於藝術本質的眞知灼見，特別是他的《美感教育書簡》。在這部書裡，席勒的基本出發點是：每一個人都有本領去實現理想的人性。代表這種眞實人性[85]的是國家，國家是客觀的、普遍的、正常的形式，藉國家這種形式，許多個別的人團結成爲一個統一整體。有時間性的人有兩種方式可以和有理念性

---

81 黑格爾這段批評康德的話要義在於：康德見到普遍性與特殊性、概念與對象、目的與手段等對立面的統一，所以很接近於關於理念的辯證的看法；但是康德的缺點在於他認爲這種統一只是在思想中完成的，所以純粹是主觀的。黑格爾自己進一步證明這種統一不僅在人的思想中，而且在現實世界中一直在進行著，所以是主觀的也是客觀的。這就是思維與存在的統一。

82 即下文所說的席勒。

83 這種罪過指愛作抽象的哲學思考。

84 鮑申葵英譯本作「物理方面」。

85 眞實人性即理想的人性，亦即人的普遍的理性，亦即下文「有理念性的人」。

的人合而爲一，一種方式是由代表道德、法律和理智之類種族共同性的國家把個性否定掉；另一種方式是由個人把自己提升到他的種族，就是由有時間性的人提升到有理念性的人。理性要求統一，要求種族共同性；自然要求雜多、要求個性，人需同時服從這兩種法令權威。在這些對立面的衝突之中，美感教育所要做的正是實現調停與和解的要求。因爲按照席勒的看法，美感教育的目的就是要把欲念、感覺、衝動和情緒修養成爲本身就是理性的，因此理性、自由和心靈性也就解除了它們的抽象性，和它的對立面，即本身經過理性化的自然，統一起來，獲得了血和肉。這就是說，美就是理性與感性的統一，而這種統一就是眞正的眞實。席勒的這種看法在他的《秀美與尊嚴》裡以及他的詩篇裡已可略見一斑。他在詩裡特別讚美婦女，因爲他看到了而且指出了在婦女性格中，自然而然地實現了心靈與自然的統一。

席勒把這種普遍性與特殊性、自由與必然、心靈與自然的統一科學地了解成爲藝術的原則與本質，並且孜孜不倦地通過藝術和美感教育把這種統一體現於現實生活。他又進一步把這種統一看作理念本身，認爲它是認識的原則，也是存在的原則，並且承認這個意義的理念是唯一的眞實。因爲有了這個承認，到了謝林，哲學才達到它的絕對觀點；藝術雖然早已在人類最高旨趣中顯出它的特殊性質和價值，可是只有到了現在，藝術的眞正概念和科學地位才被發現出來，人們才開始了解藝術的眞正的更高的任務，儘管從某一方面來看，這種了解還是不很正確的（關於這一點，這裡暫不能詳談）。此外，比這還更早，溫克爾曼就已從觀察古代藝術理想得到啓發，因而替藝術欣賞養成了一種新的敏感，把庸俗的目的說和單純摹仿自然說都粉碎了，很有力地主張要在藝術作品和藝術史裡找出藝術的理念。我們應該說，溫克爾曼在藝術領域裡替心靈發現了一種新的機能和一種新的研究方法。不過在藝術的理論和科學知識方面，他的學說的影響卻較小。

3. 滑稽[86]說

我們現在約略談一下進一步的發展過程。靠近哲學思想復興的時期，威廉和弗列德里希・施萊格爾弟兄[87]喜愛新奇，追求突出驚人的事物。他們在性格上本來並不近於哲學而主要地近於批評，所以就按照他們性格所能接受的程度，接受了當時的一些哲學概念。在玄理思考方面，他們都不能享什麼盛名，但是由於具有批評的才能，他們接近了理念觀點，並且以直率的語言和革新的勇氣，縱然以很貧乏的哲學裝備，向傳統的看法進行了尖銳的攻擊，因此他們在各門藝術裡都宣導了一種新的判斷標準和新的觀點，比他們所攻擊的那些看法確實要高明些。不過由於他們雖長於批評，對於他們所用的標準卻沒有透澈的哲學認識，這種

---

[86] 德文Ironie一般譯「諷刺」，德國浪漫派文藝理論家用這字，不指一般的諷刺，而是指藝術家對現實世界形象的自由玩弄的心情，所以譯「滑稽」較妥。黑格爾在本書第二卷第三部分所說的「幽默」亦指「浪漫式的滑稽」，爲避免與一般意義的「幽默」相混，所以用「滑稽」。

[87] 威廉和弗列德里希・施萊格爾（August Wilhelm und Friedrich V. Schlegel），兄威廉（1767-1845），弟弗列德里希（1772-1829），德國著名的文學史家和文學理論家。

標準就有些不明確、搖擺不定，因此他們所做的有時太過、有時不及。儘管他們以熱愛的心情介紹和表揚了一些爲當時所忽視的像是過時的作品，例如義大利和荷蘭的古畫，《尼伯龍根之歌》之類，並且抱著熱情去學習和宣揚人們向來不很知道的作品，例如印度的詩歌和神話，儘管我們應該承認他們在這些方面有很大的功勞，他們對這些時期作品的估價畢竟不免過高，有時稱讚很平庸的作品，例如霍爾堡[88]的喜劇，把只有相對價值的東西看成有普遍的價值，甚至把一種乖戾的傾向和第二流的觀點熱烈地讚揚爲最高的成就。

所謂「滑稽」說的各種各樣的形式，就是從這種乖戾的傾向，特別是從弗列德里希·施萊格爾的見解和學說發展出來的。就它的許多方面中的一方面來說，「滑稽」說的更深的根源是費希特[89]的哲學，即費希特哲學中關於藝術的一些原則。弗列德里希·施萊格爾和謝林一樣，都是從費希特的觀點出發，謝林完全超越了這個觀點，而施萊格爾則始而按照自己的方式去發揚它，終於脫離了它。關於費希特的學說和「滑稽」說的一個傾向之間的密切關係，我們在這裡只需指出這一點：費希特把「自我」——當然只是完全抽象的形式的「自我」——看作一切知識、一切理性和一切認識的絕對原則。

其次，由於這一點，這種「自我」在本身上是很單純的；從一方面看，每個特性、每個屬性、每個內容在這種「自我」裡都被否定了，因爲一切積極的內容都淹沒到這種抽象的自由和統一裡而被消滅了；從另一方面看，每個對於「自我」有意義的內容都只有通過「自我」才得到它的地位和承認。凡是存在的東西都只有通過「自我」才存在；凡是通過「自我」而存在的東西，「自我」也可以把它消滅掉。如果我們停留在這種由抽象「自我」的絕對性所產生的一些空洞的形式上，世間就沒有什麼東西是自在自爲的，可以看作本身有價值的了，一切東西都只能看作由「自我」的主觀性的產品了。既然如此，「自我」就成爲一切事物的主宰；在道德和法律的領域裡，在人和神、世俗和神聖的領域裡，都沒有任何東西不是通過「自我」才產生，又可以由「自我」去消滅的。這就無異於把一切自在自爲的東西都看成只是一種顯現（外形），並不因爲它本身，通過它本身，它才眞實，只是一種由「自我」而來的形影，完全聽「自我」的權力任意自由擺布。讓它有意義，或是把它消滅掉，都全靠「自我」是否高興，這種「自我」本身就已經是一種絕對自我了。

第三[90]，這種「自我」是有生命的活動的個體，而他的生命就在於能把自己的個性顯現到自己的意識和旁人的意識裡，就在於能表現自己，使自己成爲現象。因爲每個人在活著的時候，都在設法實現自己，而且也確實在實現自己。就美和藝術來說，這種自我實現的意思就是：他要作爲藝術家而生活，要按照藝術的方式去表現他的生活。但是按照這個滑稽原

[88] 霍爾堡（Holberg, 1684-1754），丹麥詩人和喜劇作家。

[89] 費希特（Johann Gottlieb Fichte, 1762-1814），德國唯心哲學家。

[90] 「所說的三點是：㈠這種『我』是抽象的，㈡對於這種『我』，一切事物都只是顯現（外形），㈢這種『我』自身的行動也只是顯現（外形）」。（鮑申葵英譯本注）

則，當我的一切活動和一般的表現——就它們與任何內容有關而言——對於我只是一種顯現（外形），它們所取的形狀完全由我支配時，我才是作爲藝術家而生活著。所以無論是對於這種內容，還是對於它的一般的表現和實現，我所抱的都不是眞正嚴肅的態度。因爲眞正嚴肅的態度都起於一種有實體性的旨趣，一種本身有豐富內容的東西，例如眞理、道德之類，這就是說，引起嚴肅態度的內容就它本身來說，對於我就是有實體性的，所以只有我沉浸在這種內容裡，在我的全部知識和行動裡都和這種內容吻合，我才感覺到我自己有實體性。如果按照滑稽說，藝術家就是自由建立一切又自由消滅一切的「我」，對於這個「我」沒有什麼意識內容是絕對的和自爲自在的，而只顯現爲由我自己創造並且可以由我自己消滅的顯現（外形），如果照這樣看，這種嚴肅的態度就不能存在，因爲除掉「我」的賦予形式作用以外，一切事物都沒有意義。別人對待我的顯現（在這顯現裡我把自己現給他們看）固然可以抱嚴肅的態度，可以認爲我是在認眞地對待它，但是他們這樣想，實在是受了欺騙，他們都是些見解狹隘的可憐蟲，沒有才能去了解我的觀點[91]、去達到我的觀點的高度。這就使我認識到：不是每個人都能像我這樣自由（這就是說，形式的[92]自由），能把凡是人所認爲珍貴、尊嚴和神聖的東西，看成只是他自己隨意創造的產品，他可以隨意讓它們有或是沒有意義，有或是沒有確定的充實的內容。一個滑稽的藝術家在生活中所表現的這種巧妙本領，就被了解成爲一種神人似的神通廣大，對於這種神通廣大，一切事物都只是一種無實體的創造品，而自知不受一切事物拘束的創造者卻不受這創造品的約束，因爲他能創造它，也能消滅它。誰達到了這種神通廣大的觀點，誰就能憑高俯視一切其餘的人們，把他們看作狹隘呆板的人，因爲他們把法律、道德之類還看成固定不移的，有約束性的而且有實在價值的東西。這樣過著藝術家生活的人固然還是和旁人發生關係，例如他和朋友、姘婦之類在一起過活，如此等等，但是作爲天才，他卻把這些對周圍現實的關係，對他自己的行動的關係，以及對自在自爲的普遍的事物的關係，都看成虛幻的，他對這一切都抱著滑稽的態度。

神通廣大的滑稽態度的一般意義就是如此，它就是自我集中於自我本身，對於這自我，一切約束都撕破了，他只願在自我欣賞的福境中生活著。這就是弗列德里希·施萊格爾先生所發明的「滑稽」，許多人跟著他吹噓過，最近還有人在跟著他吹噓。

這種滑稽否定態度可以約略從兩方面來看。從一方面來看，它認爲一切有事實根據的、道德的，本身有眞實意蘊的東西都是無聊的，一切客觀的自在自爲的東西都是虛幻的。如果「自我」停留在這種觀點，一切事物都會顯得虛幻無價值，有價值的只有「自我」本身的主體性，而這主體性其實也就因此變成空洞無聊的。從另一方面來看，這種「自我」在這種自我欣賞中也許得不到滿足，也許覺得自身有缺陷，因而感到一種渴望，想要找到一些堅實

---

91 即把一切看成虛幻的滑稽觀點。

92 「形式的自由是超然於一切之外，或是（表面的）隨意取捨的能力；與此相反，眞正的自由是自我與能滿足自我的東西的同一。」（鮑申葵英譯本注）

的、明確的、有實體性的旨趣。這種情形就產生一種不幸和矛盾：一方面主體想深入了解眞實，渴望追求客觀性，但是另一方面，他又無法離開這種孤獨自閉的情況，擺脫這種未得滿足的抽象的內心生活，因此他就患一種精神上的饑渴病。我們見過，這種病也是從費希特哲學產生出來的。不滿足於這種靜止和軟弱無能狀態的心情怕有所作爲，怕沾惹任何東西，因爲它怕這樣就會攪擾內心的和諧，所以儘管它想望達到眞實與絕對，它卻仍是空虛的，不管它本身是多麼純粹。就是這種心情產生了病態的心靈美和精神上的饑渴病。一個眞正的美的心靈總是有所作爲而且是一個實實在在的人。但是上述那種精神上的饑渴病就是主體空虛的感覺，這主體毫無能力自拔於這種空虛，用有實體性的內容來充實自己。

但是就把這種滑稽變成藝術形式來說，滑稽的藝術家並不滿足於用藝術形象把自己的生活和特殊個性表現出來，而是在他自己的行爲等等所表現的藝術品之外，藝術家還必須憑藉他的想像來創造外在的藝術品。創造這種藝術品的原則還是把神聖的表現爲滑稽的——這種原則主要地只能應用於詩的領域。這種滑稽態度，作爲天才的個性來說，就是高貴、偉大、輝煌的東西的自毀滅；因此就連客觀的藝術形象也還只是表現絕對主觀性的原則，凡是對人有意義、有價値的東西都被表現爲在它們自毀滅過程中變成空無。這就是說，不僅是對法律、道德、眞理都不持嚴肅的態度，而且就連最高尚最優美的品質也都是空幻的，因爲在通過個別人物、性格和行動來顯示這種品質之中，這種品質就否定了並且毀滅了自己，因此這種滑稽對它自己也採取了滑稽態度。抽象地看，這種形式很接近於喜劇的原則，但是儘管有這種類似，喜劇性在本質上卻與滑稽有別。因爲喜劇只限於使本來不値什麼的、虛僞的、自相矛盾的現象歸於自毀滅，例如把一陣奇怪的念頭、一點自私的表現、一種任性使氣的態度，拿來與一種熱烈的情緒相對照，甚至把一條像是可靠而實在不可靠的原則，或是一句貌似精確而實空洞的格言顯現爲空洞無聊，那才是喜劇的。但是如果把實際上確是一個道德的行爲、一個眞理、一個本身有眞實內容的東西表現於某個人身上，而又藉這個人證實它們是空虛的，這就是和喜劇的情況不一樣了。因爲這樣一個人在性格上本來就是空虛可鄙的，而表現出來的就是他的孱弱和缺乏性格。所以滑稽的和喜劇的在本質上的分別就在於被毀滅的那東西的內容究竟如何。凡是不能堅持重要的目的，而輕易地拋棄它們，讓它們自歸於毀滅的人就是些不道德的壞人。我們現在所說的「滑稽」所喜愛的正是這種缺乏性格的滑稽。至於眞正的性格，一方面需抱有具有重要內容（意蘊）的目的，另一方面又要堅持這種目的。如果一個人輕易拋棄這種目的，他就完全喪失了他的個性。性格的基調就在於這種堅定和穩實。卡托[93]只有作爲一個羅馬人和共和黨人才能生活。如果把滑稽態度作爲藝術表現的基調，那就是把最不藝術的東西看作藝術作品的眞正原則了。結果不外三種，第一是形象平滑呆板，其次是內容意義空泛，因爲它們的實體性被證明是虛幻的；第三就是上文所說的

[93] 卡托（Cato），西元前一世紀羅馬政治人物，爲維護自由，反抗凱撒大帝，失敗自刎，以性格堅強著名，作羅馬人和共和黨人就是他的重要目的。

那種精神上的饑渴病和心情上的未經解決的矛盾。這種表現不可能引起眞正的興趣。正是因爲這個緣故，提倡這種滑稽的人常常埋怨群眾沒有深刻的感覺、藝術的見解和天才，不能了解這樣高度的滑稽；這就是說，群眾所不喜歡的正是這種庸俗、這種既平滑而又缺乏性格的東西。幸而這種沒有實體性的患精神上饑渴病的性格不能討人歡喜，這種惡劣和虛僞的東西得不到贊許，而人們所喜見樂聞的卻是豐富而眞實的旨趣，以及忠實堅持人生重大理想的性格。

還有一個歷史的事實需提一提：把滑稽看作藝術最高原則的特別是索爾格和路德維希·蒂克[94]兩人。

索爾格本來值得詳細討論，但是我在這裡只能約略地談一談。索爾格不像其餘的人那樣只滿足於膚淺的哲學修養，他的內心最深處的眞正的思辨的需要，使得他深入了解到哲學的理念。在這方面他認識到理念的辯證因素，認識到我所稱爲「無限的絕對的否定」的那個觀點：即認識到理念的活動否定了理念本身的無限性與普遍性，以便轉化爲有限的與特殊的東西，於是再取消這否定，因而在這有限的與特殊的東西之中，把普遍的與無限的東西重新建立起來[95]。索爾格沒有從這種否定再向前走。這種否定當然是思辨的理念中的一個因素，但是如果把它了解爲無限與有限的單純辯證的騷動與解決，它就還只是理念的一個因素而不是整個的理念，像索爾格所想的。索爾格不幸早死，來不及對哲學的理念作具體的闡發。所以他只停留在上述的否定，這種否定與用滑稽態度去消除有限事物和本身實在事物那種活動有些類似，所以索爾格在這種否定裡見出藝術活動的原則。但是在他的實際生活中，索爾格的性格是堅定的、嚴肅的、英勇的，所以不是上述意義的滑稽的藝術家，而且他由長期藝術研究所培養成的對眞正藝術作品的深刻的敏感也不是滑稽的。索爾格在生活、哲學和藝術三方面都不應與上述那些滑稽說的宣導者混爲一談。以上這番話就足以替他辯護了。

至於路德維希・蒂克，他的觀點也是在耶拿成爲文學中心的時期形成的[96]。他和其他要人都愛談滑稽說而卻不說明他們所談的話究竟是什麼意思。他口頭上老是要求滑稽，但是臨到他評判偉大的藝術作品時，他對它們偉大成就的認識與描繪卻是很深刻的。人們也許認爲《羅密歐與茱麗葉》那樣的作品最便於說明滑稽說，可是不然，在批評這種作品時，蒂克卻不提滑稽這回事。

---

94 索爾格（Karl W. F. Solger, 1780-1819），德國哲學家，滑稽說的宣導者，蒂克的朋友。蒂克（Ludwig Tieck, 1773-1853），德國耶拿派浪漫主義的代表人物之一，小說家和文藝理論家。

95 這句話最簡賅地說明了客觀唯心主義者所看到的「否定的否定」的辯證過程。抽象的「人性」否定了它自己的抽象的無限性和普遍性，才可以轉化爲具體的個別的人，這個別的人又見出普遍的無限的「人性」，這才達到普遍性與特殊性、無限性與有限性的對立面的統一或矛盾的解決。

96 耶拿派浪漫主義作家團體成立於十八世紀九〇年代，代表人物是施萊格爾兄弟和蒂克等，都屬於消極的浪漫派。

肆 題材的劃分

在以上一番序論之後，我們現在就可以進一步討論我們的研究對象本身了。但是我們的序論還沒有完，而在說明對象這方面，序論只能對我們將要做的科學研究全部進程作一種鳥瞰。我們既已把藝術看成是由絕對理念本身生發出來的，並且把藝術的目的看成是絕對本身的感性表現，我們在這鳥瞰中就應該至少能概括地說明本課程中各個部分如何從藝術即絕對理念的表現這個總概念推演出來。因此，我們應該先使讀者對這總概念有一種很概括的認識。

上文已經說過，藝術的內容就是理念，藝術的形式就是訴諸感官的形象。藝術要把這兩方面調和成爲一種自由的統一的整體。這裡第一個決定因素就是這樣一個要求：要經過藝術表現的內容必須在本質上適宜於這種表現。否則我們就會只得到一種很壞的拼湊，其中內容根本不適合於形象化和外在表現，偏要勉強被納入這種形式，題材本身就枯燥無味，偏要勉強把一種在本質上和它敵對的形式作爲它的表現方式。

第二個要求是從第一個要求推演出來的：藝術的內容本身不應該是抽象的。這並非說，它應該像感性事物那樣具體——這裡所謂「具體」，是就它和看作只是抽象的心靈性和理智性的東西相對立而言。因爲在心靈界和自然界裡，凡是眞實的東西在本身就是具體的，儘管它有普遍性，它同時還包含主體性和特殊性[97]。例如我們說神是單純的「太一」，是最高的存在本身，我們就是根據非理性的知解力把神看成一種死的抽象品。這種不是按照神的具體眞實性來理解的神，就不能作爲藝術的內容，尤其不能作爲造型藝術的內容。猶太人和土耳其人的神還說不上是這種根據知解力所形成的抽象觀念，所以他們就不能像基督教那樣用藝術把他們的神很明確地表現出來。基督教的神卻是按照他的眞實性來理解的，所以就是作爲本身完全具體的、作爲人身、作爲主體，更精確地說，作爲精神（或心靈）來理解的。作爲精神的神把他自己顯現爲三身[98]於宗教的領會，而這三身卻同時是一體。這裡有本體、有普遍性、有特殊性，也有這三者的和解了的統一[99]，只有這種統一體才是具體的。一種內容如

---

[97] 黑格爾所說的「具體」不僅與「抽象」對立，也與「片面」、「不眞實」對立。「具體」就是完整，寓普遍（理）於特殊（事），也就是眞實。所以哲學史家往往用「具體的普遍」（Concrete universal）來概括他的「對立面統一」的學說。

[98] 基督教的神或上帝是「三身一體」，所謂三身即聖父上帝、聖子耶穌和聖靈。所謂「聖靈」是就上帝顯現於人時而言，例如聖靈憑附聖瑪利而生耶穌。

[99] 有神的本體和普遍性，也有特殊的存在，即作爲人的耶穌，三者的統一才是具體的神，即所謂「三身一體」。

果要顯得眞實，就必須這樣具體，藝術也要求這樣的具體性，因爲純是抽象的普遍性，本身就沒有辦法轉化爲特殊事物和現象以及普遍性與特殊事物的統一體。

第三，一種眞實的也就是具體的內容，既然應該有符合它的一種感性形式和形象，這種感性形式就必須同時是個別的，本身完全具體的、單一完整的。藝術在內容和表現兩方面都有這種具體性，也正是這種兩方面同有的具體性，才可以使這兩方面結合而且互相符合。拿人體的自然形狀爲例來說，它就是這樣一種感性的具體的東西，可以用來表現本身也是具體的心靈，並且與心靈符合。因此，我們就應該拋棄這樣一種想法：以爲採取外在世界中某一實在的現象來表達某種眞實的內容，這是完全出於偶然的。藝術之所以抓住這個形式，既不是由於它碰巧在那裡，也不是由於除它以外，就沒有別的形式可用，而是由於具體的內容本身就已含有外在的、實在的，也就是感性的表現作爲它的一個因素。但是另一方面，在本質上是心靈性的內容所藉以表現的那種具體的感性事物，在本質上就是訴諸內心生活的，使這種內容可爲觀照知覺對象的那種外在形狀，就只是爲著情感和思想[100]而存在的。只有因爲這個道理，內容與藝術形象才能互相吻合。單純的具體的感性事物，即單純的外在自然，就沒有這種目的[101]作爲它的唯一的所以產生的道理。鳥的五光十彩的羽毛無人看見也還是照耀著，牠的歌聲也在無人聽見之中消逝了；曇花[102]只在夜間一現而無人欣賞，就在南方荒野的森林裡萎謝了，而這森林本身充滿著最美麗最茂盛的草木，和最豐富最芬芳的香氣，也悄然枯謝而無人享受。藝術作品卻不是這樣獨立自足地存在著，它在本質上是一個問題，一句向起反應的心弦所說的話，一種向情感和思想所發出的呼籲。

就以上這一點來說，藝術的感性化雖不是偶然的，卻也還不是理解心靈性的具體的東西的最高方式。比這種通過具體的感性事物的表現方式更高一層的方式是思想；在相對的意義下，思想固然是抽象的，但是它必須不是片面的而是具體的思想，才能成爲眞實的、理性的思想。如果拿希臘的神和基督教所了解的神來比較，我們馬上就可以看出一種是既定的內容可以用感性的藝術形式恰當地表現出來，還是在本質上就需要一種更高的更富於心靈性的表現方式這二者之間的分別。希臘的神不是抽象的，而是個別的、最接近人的自然形狀的；基督教的神固然也有具體的人身，但是這人身是看作純粹心靈性的，他需作爲心靈（或精神）而被認識，而且需在心靈中被認識。他所藉以存在的基本上就是內心的知識（領悟），而不是外在的自然人體形狀，用這種形狀就不能把他完全表現出來，就不能按照他的概念的深度把他表現出來。

因爲藝術的任務在於用感性形象來表現理念，以供直接觀照，而不是用思想和純粹心靈

---

100 Gemüt und Geist，英譯本作heart and mind，前者是管情感方面功能的心，後者是管思想意識方面功能的心，姑譯「情感和思想」。

101 這種目的指「訴諸心靈」和「爲著情感思想而存在」。

102 Fackeldistel，原意爲火炬薊，不是曇花，譯「曇花」較便於了解。

性的形式來表現，因爲藝術表現的價值和意義在於理念和形象兩方面的協調和統一，所以藝術在符合藝術概念的實際作品中所達到的高度和優點，就要取決於理念與形象能互相融合而成爲統一體的程度。

藝術科學各部分的劃分原則就在於這一點，就在於作爲心靈性的更高的眞實得到了符合心靈概念的形象。因爲心靈在達到它的絕對本質的眞實概念之前，必須經過植根於這概念本身的一些階段的過程，而這種由心靈自生發的內容的演進過程，就和直接與它聯繫的藝術表現的演進過程相對應，在這些藝術表現的形式中，藝術家的心靈使自己能認識到自己。

這種在藝術心靈以內的演進過程，按照它的本質來說，又有兩方面。第一方面就是：這種演進本身就是一種心靈性的、普遍的演進，因爲先後相承的各階段的確定的世界觀，是作爲對於自然、人和神的確定的但是無所不包的意識而表現於藝術形象的。第二方面就是：這種內在的藝術演進需使自己有直接感性存在，而各種確定形式的感性的藝術存在，本身就是一整套的必然的藝術種類差異——這就是各門藝術[103]。藝術表現以及它的種類差異從一方面看，即從它們的心靈性看，固然都有一般性，不限於某一種材料，而感性存在本身也是千差萬別的；但是由於感性存在本身，正如心靈一樣，以概念爲它的內在靈魂，所以從另一方面看，某些感性材料卻與某種心靈性的差異和藝術表現種類有密切的關係和內在的一致[104]。

我們的科學總共分爲三個主要的部分：

第一，是一般的部分。它的內容和對象就是藝術美的普遍的理念——藝術美是作爲理想來看的——以及藝術美對自然和藝術美對主體藝術創造這雙方面的更密切的關係。

第二，從藝術美的概念發展出一個特殊的部分，即這個概念本身所包含的本質上的分別演化成爲一系列的特殊表現形式。[105]

第三，還有一個最後的部分，它所要討論的是藝術美的個別化，就是藝術進展到感性形象的表現，形成各門藝術的系統以及其中的類與種。

1. 藝術美的理念或理想

關於第一、第二兩部分，爲著便於了解下文，我們首先就要提醒一個事實：就藝術美來說的理念，並不是專就理念本身來說的理念，即不是在哲學邏輯裡作爲絕對來了解的那種理念，而是化爲符合現實的具體形象，而且與現實結合成爲直接的妥帖的統一體的那種理念。

---

103 「這裡所指的兩方面的演進，第一方面是某時代和某民族，例如埃及、希臘、基督教等時代，對於自然、人和神的一種特殊的看法，特別就這看法對藝術的關係來看；第二種是各門藝術，例如雕刻、音樂、詩歌之類，每種有它自己的基礎，從它們對第一種演進的關係來看。」（奧斯瑪斯通英譯本注）

104 「作者追問聲音或顏色之類何以適應某一類型的藝術，如在理論上所界定的——這在骨子裡是理智的而不是感性的——他回答說，這些媒介作爲自然事物來看，自有一種意蘊和目的，雖然不像在藝術作品裡那樣明顯。它們各特別適宜於某些類型的藝術，這就足見它們所隱含的意蘊和目的。」（鮑申葵英譯本注）

105 即三種藝術類型。

因爲就理念本身來說的理念雖是自在自爲的眞實，但是還只是有普遍性，而尚未化爲具體對象的眞實；作爲藝術美的理念卻不然，它一方面具有明確的定性，在本質上成爲個別的現實，另一方面它也是現實的一種個別表現，具有一種定性，使它本身在本質上正好顯現這理念。這就等於提出這樣一個要求：理念和它的表現，即它的具體現實，應該配合得彼此完全符合。按照這樣理解，理念就是符合理念本質而現爲具體形象的現實，這種理念就是理想[106]。這種符合首先可能很形式地了解成爲這樣的意思：理念不拘哪一個都行，只要現實的形象（也不拘哪一個都行）恰好表現這個既定的理念，那就算是符合。如果是這樣，理想所要求的眞實就會與單純的正確相混，所謂單純的正確，是指用適當的方式把任何意義內容表現出來，一看到形象就可以直接找到它的意義。理想是不能這樣了解的。因爲任何內容都可以按照它的本質的標準很適當地表現出來，但不因此就配稱爲理想的藝術美。比起理想美，這種情形就連在表現方面也顯得有缺陷。關於這一點，我們先要提到一個到將來才能證明的道理：藝術作品的缺陷並不總是可以單歸咎於主體方面的技巧不熟練，形式的缺陷總是起於內容的缺陷。例如中國、印度、埃及各民族的藝術形象，例如神像和偶像，都是無形式的，或是形式雖明確而卻醜陋不眞實，他們都不能達到眞正的美，因爲他們的神話觀念、他們的藝術作品的內容和思想本身仍然是不明確的，或是雖明確而卻低劣，不是本身就是絕對的內容。就這個意義來說，藝術作品的表現愈優美，它的內容和思想也就具有愈深刻的內在眞實。在考慮這一點時，我們不應只想到按照當前外在現實來掌握自然形狀，和摹仿自然形狀所表現的技巧熟練的程度。因爲在某些發展階段的藝術意識和藝術表現裡，對自然形狀的歪曲和損壞並不是無意的，並不是由於技巧的生疏和不熟練，而是由於故意的改變，這種改變是由意識裡面的內容所要求和決定的。從這個觀點來看，一種藝術儘管就它的既定的範圍來說，在技巧等方面是十分完善的，而作爲藝術，它仍然可以是不完善的，如果拿藝術概念本身和理想來衡量它，它仍然是有缺陷的。只有在最高的藝術裡，理念和表現才是眞正互相符合的，這就是說，用來表現理念的形象本身就是絕對眞實的形象，因爲它所表現的理念內容本身也是眞實的內容。前已提過，這個原則還包含一個附帶的結論：理念必須在它本身而且通過它本身被界定爲具體的整體，因而它本身就具有由理念化爲特殊個體，和確定爲外在現象這個過程所依據的原則和標準。例如基督教的想像只能把神表現爲人的形狀和人的心靈面貌，因爲神自身在基督教裡是完全作爲心靈來認識的。具有定性好像是使理念顯現爲形象的橋梁。只要這種定性不是起於理念本身的整體，只要理念不是作爲能使自己具有定性，和把自己化爲特殊事物的東西來了解的，這種理念就還是抽象的，就還不是從它本身，而是從本

---

106 黑格爾所用的「理想」（Ideal）與一般所說的「理想」不同，它就是「具體的理念顯現於適合的具體形象」，也就是眞正的藝術作品。黑格爾所說的「理想」包括一般所說的「典型」（見出普遍性與本質的個別事物形象），但比「典型」較廣，因爲整個藝術是「理想」，不僅是人物或情境。譯文爲清楚起見，有時把「理想」譯爲「藝術理想」。

身以外得到它的定性，也就是從本身以外得到一個原則，去決定某種顯現方式對它才是唯一適合的。因此，如果理念還是抽象的，它的形象也就還不是由它決定的，而是外來的。本身具體的理念卻不如此，它本身就已包含它採取什麼顯現方式所依據的原則，因此它本身就是使自己顯現爲自由形象的過程。從此可知，只有眞正具體的理念才能產生眞正的形象，這兩方面的符合就是理想。107

2. 理想發展為藝術美的各種特殊類型——象徵型藝術、古典型藝術與浪漫型藝術108

理念既然是這樣具體的統一體，這個統一體就只有通過理念的各特殊方面的伸展與和解，才能進入藝術的意識；就是由於這種發展，藝術美才有一整套的特殊的階段和類型。我們既已把藝術作爲自在自爲的東西研究過了，現在就要看看完整的美如何分化爲各種特殊的確定形式。這就產生出本書第二部分，即關於藝術類型的學說。這些類型之所以產生，是由於把理念作爲藝術內容來掌握的方式不同，因而理念所藉以顯現的形象也就有分別。因此，藝術類型不過是內容和形象之間的各種不同的關係，這些關係其實就是從理念本身生發出來的，所以對藝術類型的區分提供了眞正的基礎。因爲這種區分的原則總是必須包含在有待分化和區分的那個理念本身裡。

我們在這裡要研究的是理念和形象的三種關係。

(1)第一，理念在開始階段，自身還不確定、還很含糊，或則雖有確定形式而不眞實，就在這種狀況之下它被用作藝術創造的內容。既然不確定，理念本身就還沒有理想所要求的那種個別性；它的抽象性和片面性使得形象在外表上離奇而不完美。所以這第一種藝術類型與其說有眞正的表現能力，還不如說只是圖解的嘗試。理念還沒有在它本身找到所要的形式，所以還只是對形式的掙扎和希求。我們可以把這種類型一般稱爲象徵藝術的類型。在這種類型裡，抽象的理念所取的形象，是外在於理念本身的自然形態的感性材料[109]，形象化的過程就從這種材料出發，而且顯得束縛在這種材料上面。一方面自然對象還是保留它原來的樣子而沒有改變，另一方面一種有實體性的理念又被勉強黏附到這個對象上面去，作爲這個對象的意義，因此這個對象就有表現這理念的任務，而且要被了解爲本身就已包含這理念。

---

[107] 黑格爾在這一節裡提出了他的藝術美的基本觀點：一，內容（理念）決定形式（顯現的形象）；二，只有本身眞實的內容表現於適合內容的眞實形式，才能達到藝術美。

[108] 黑格爾所說的某種藝術類型代表三個時代的不同的世界觀，與藝術流派有別。象徵型藝術代表藝術的原始階段，主要代表是東方藝術，與法國十九世紀的象徵主義和象徵派有別；古典型藝術代表藝術發展成熟的階段，主要代表是希臘藝術，與十七、十八世紀歐洲（特別是法國）的古典主義或新古典主義有別；浪漫型藝術代表藝術開始解體的階段，主要代表是中世紀西方基督教藝術，與十八、十九世紀的歐洲浪漫主義運動有別。

[109] 例如原始民族用自然的木塊或石頭象徵神，或是這木石雖經加工，但還是非常粗糙的，顯不出他們的神的概念。

這種情形之所以發生，是由於自然事物本有能表現普遍意義的那一方面。但是既然還不可能有理念與形象的完全符合，理念對形象的關係就只涉及某一個抽象屬性，例如用獅子象徵強壯。

另一方面，這種關係的抽象性也使人意識到理念對自然現象是自外附加上去的，理念既然沒有別的現實來表現它，於是就在許多自然事物形狀中徘徊不定，在它們的騷動和紊亂中尋找自己，但是發現它們對自己都不適合。於是它就把自然形狀和實在現象誇張成為不確定、不勻稱的東西，在它們裡面昏頭轉向、發酵沸騰，勉強它們、歪曲它們，把它們割裂成為不自然的形狀，企圖用形象的散漫、龐大和堂皇富麗來把現象提高到理念的地位。因為這裡的理念仍然多少是不確定的、不能形象化的，而自然事物在形狀方面卻是完全確定的。

由於兩方面互不符合，理念對客觀事物的關係就成為一種消極的關係，因為理念在本質上既然是內在的，對這樣的外在形狀就不能滿足，於是就離開這些外在形狀，以這些形狀的內在普遍實體的身分，把自己提升到高出於這些不適合它的形狀之上。由於這種提升，自然現象和人的形狀和事蹟就照它們本來的樣子接受過來、原封不動，但是同時又認為它們不適合它們所要表現的意義，這種意義本來是被提升到遠遠高出於人世一切內容之上的。

一般地說，這些情形就是東方原始藝術的泛神主義的性格，這種藝術一方面拿絕對意義強加於最平凡的對象，另一方面又勉強要自然現象成為它的世界觀的表現，因此它就顯得怪誕離奇，見不出鑒賞力，或是憑仗實體的無限的但是抽象的自由，以鄙夷的態度來對待一切現象，把它們看成無意義的、容易消逝的。因此，內容意蘊不能完全體現於表現方式，而且不管怎樣希求和努力，理念與形象的互不符合仍然無法克服。這就是第一種藝術類型，即象徵型藝術，以及它的希求，它的騷動不寧、它的神祕色彩和崇高風格。

(2)在第二種藝術類型裡——我們把它叫做古典型藝術——象徵型藝術的雙重缺陷都克服了。象徵型藝術的形象是不完善的，因爲一方面它的理念只是以抽象的確定或不確定的形式進入意識；另一方面這種情形就使得意義與形象的符合永遠是有缺陷的，而且也純粹是抽象的。古典型藝術克服了這雙重的缺陷，它把理念自由地妥當地體現於在本質上就特別適合這理念的形象，因此理念就可以和形象形成自由而完滿的協調。從此可知，只有古典型藝術才初次提供出完美理想的藝術創造與觀照，才使這完美理想成爲實現了的事實。

古典型藝術中的概念與現實的符合，卻也不能單從純然形式的意義去了解爲內容和外在形象的協調，就像理想也不應這樣去了解一樣。否則每一件摹仿自然的作品，每一個面容、風景、花卉、場面之類在作爲某一表現的內容時，只要達到這種內容與形式的一致，就算是古典型藝術了。相反地，古典型藝術中的內容的特徵在於它本身就是具體的理念，唯其如此，也就是具體的心靈性的東西；因爲只有心靈性的東西才是眞正內在的。所以要符合這樣的內容，我們就必須在自然中去尋找本身就已符合自在自爲心靈的那些事物。必須有本原的[110]概念，先把適合具體心靈性的形象發明出來，然後主體的概念——在這裡就是藝術的精

---

[110] 鮑申葵英譯本作「絕對的」，附注說：「上帝或宇宙發明了人作爲心靈的表現；藝術找到了人，使他的形狀適應個別心靈的藝術體現。」

神——只需把那形象找到，使這種具有自然形狀的客觀存在（即上述形象）能符合自由的個別的心靈性[111]。這種形象就是理念——作爲心靈性東西，亦即作爲個別的確定的心靈性——在顯現爲有時間性的現象時即需具有的形象，也就是人的形象。人們固然把人格化和擬人作用[112]譴責爲一種對心靈性的屈辱，但是藝術既然要把心靈性的東西顯現於感性形象以供觀照，它就必須走到這種擬人作用，因爲只有在心靈自己所特有的那種身體裡，心靈才能圓滿地顯現於感官[113]。從這個觀點看，靈魂輪迴說是一個錯誤的抽象的觀念[114]，生理學應該建立這樣一條基本原則：生命在他的演進中必然要達到人的形象，因爲人的形象才是唯一的符合心靈的感性現象。

人體形狀用在古典型藝術裡，並不只是作爲感性的存在，而是完全作爲心靈的外在存在和自然形態，因此它沒有純然感性的事物的一切欠缺，以及現象的偶然性與有限性。形象要這樣經過純潔化，才能表現適合於它的內容；另一方面如果意蘊與形象的符合應該是完滿的，作爲內容的心靈性的意蘊也就必須能把自己完全表現於人的自然形狀，不越出這種用感性的人體形狀來表現的範圍。因此，心靈就馬上被確定爲某種特殊的心靈，即人的心靈，不只是絕對的永恆的心靈[115]，因爲這後一意義的心靈只能作爲心靈性本身來認識和表現[116]。

這最後一點又是一種缺陷，使得古典型藝術歸於瓦解，而且要求藝術轉到更高的第三種類型，即浪漫型藝術。

(3) 浪漫型藝術又把理念與現實的完滿的統一破壞了，在較高的階段上回到象徵型藝術所沒有克服的理念與現實的差異和對立。古典型藝術達到了最高度的優美，盡了藝術感性表現所能盡的能事。如果它還有什麼缺陷，那也只在藝術本身，即藝術範圍本來是有局限性的。這個局限性就在於一般藝術用感性的具體的形象，去表現在本質上就是無限的具體的普遍性，即心靈，使它成為對象，而在古典型藝術裡，心靈性的存在與感性的存在二者的完全融合就成為二者之間的符合[117]。事實上在這種融合裡，心靈是不能按照它的眞正概念達到表現的。因為心靈是理念的無限主體性[118]，而理念的無限主體性既然是絕對內在的，如果還需以身體的形狀作為適合它的客觀存在，而且要從這種身體形狀中流露出來，它就還不能自由

---

[111] 實即個別人物的心靈。

[112] 把人代表某一抽象概念，如戲劇中「正直」或「虛榮」可以成為角色，這叫做「人格化」；把動植物當作人來描寫，像《伊索寓言》裡所做的，這叫做「擬人作用」。

[113] 人體是心靈特有的感性表現，古典型藝術特重人體雕刻，所以黑格爾著重地談人體最適宜於體現心靈。

[114] 輪迴說認為人的靈魂可以降級，附到動物身體上去，這不合黑格爾的進化觀念，看下句自明。

[115] 按照黑格爾的客觀唯心哲學，整個宇宙都有一種絕對的永恆的心靈，個別心靈只是它的一種特殊存在。這種絕對的永恆的心靈只能作為哲學思考的對象，不能表現於藝術。

[116] 即只能為哲學思考的對象，不能為藝術表現的對象。

[117] 因為古典型藝術用人的身體表現心靈。「符合」原文是「對應」。

[118] 理念有主客體兩方面，客體方面就是外在現實，主體方面就是心靈，它是絕對的，所以是無限的。這句話就等於說，「因為心靈是理念的無限的主體的一方面」。

地把自己表現出來[119]。由於這個道理，浪漫型藝術又把古典型藝術的那種不可分裂的統一取消掉了，因爲它所取得的內容意義是超出古典型藝術和它的表現方式範圍的。用大家熟悉的觀念來說，這種內容意義與基督所宣稱的神就是心靈的原則是一致的，而與作爲古典型藝術的基本適當內容的希臘人的神的信仰是迥然不同的。在古典型藝術裡，具體的內容是人性與神性的自在的[120]統一，這種統一既然是直接的和自在的，就可以用直覺的感性的方式妥當地表現出來。希臘的神是純樸觀照和感性想像的對象，所以他的形狀就是人體的形狀，他的威力和存在的範圍是個別的、特殊的[121]，而對於主體[122]，他是一種實體和威力，主體的內在心靈和這種實體和威力只是處於自在的統一，本身還不能在內在的主觀方面認識到這種統一[123]。古典型藝術的內容只是自在的統一，可以用人體來完滿地表現，比這較高的階段就是對這種自在的統一有了知識[124]。這種由自在狀態提升到自覺的知識就產生了一個重大的分別，正是這種非常大的分別才把人和動物分開。人本是動物，但是縱然在他的動物性的機能方面，人也不像動物那樣停留在自在狀態，而是意識到這些機能，學會認識它們，把它們——例如消化過程——提升到自覺的科學。就是由於這個緣故，人才消除了他的直接的自在狀態的局限，由於他自知是一個動物，他就不再是動物，而是可以自知的心靈了。

如果人性與神性是這樣由前一階段的自在的直接的統一提升爲可以意識到的統一，能夠表現這種內容現實的媒介就不再是人體形狀，即心靈的感性直接存在，而是自己意識到的內心生活了。基督教把神理解爲心靈或精神，不是個別的特殊的心靈[125]，而是在精神和實質上都是絕對的心靈。正因爲這個緣故，基督教從感性表象退隱到心靈的內在生活，它用以表現它的內容的材料和客觀存在也就是這內在生活而不是身體形狀。人性與神性的統一也成爲一種可以意識到的統一，只有通過心靈知識而且只有在心靈中才能實現的統一。這種統一所獲得的新內容，並不是被束縛在好像對它適合的感性表現上面，而是從這種直接存在[126]中解放出來了，這種直接存在必須看作對立面而被克服，被反映在心靈性的統一體裡。從此可知，浪漫型藝術雖然還屬於藝術的領域，還保留藝術的形式，卻是藝術超越了藝術本身[127]。

---

119 理念既是無限的、絕對內在的，就不能完全靠有限的身體形狀表達出來。

120 鮑申葵英譯本作：「潛在地，不是明白表出地」。只是「自在的」就還不是「自爲的」，即不是自覺的。

121 神用人體表現，所以是個別的有特殊性的神。

122 鮑申葵英譯本注：「主體即有意識的個人」。

123 希臘人不像基督教徒那樣自覺人神感通合一，即人與神還沒有達到自覺（自爲）的統一。

124 較高階段即指浪漫型藝術階段，「有了知識」即「自在的」變爲「自爲的」或「自覺的」。

125 像希臘的神那樣。

126 「直接存在」即指上文「感性表現」。

127 藝術本是理念的感性顯現，但是浪漫型藝術的內容主要是內心生活，就不能完全由感性形象顯現出，所以說「藝術超越了藝術本身」。例如典型的浪漫型藝術——詩歌和音樂——主要地就不是藉感性形象來表現，而是藉情感的節奏運動引起內心世界的情感的反應。

我們因此可以簡略地說，在這第三階段，藝術的對象就是自由的具體的心靈生活，它應該作爲心靈生活向心靈的內在世界顯現出來。從一方面來說，藝術要符合這種對象，就不能專爲感性觀照，就必須訴諸簡直與對象契合成爲一體[128]的內心世界，訴諸主體的內心生活，訴諸情緒和情感，這些既然是心靈性的，所以就在本身上希求自由，只有在內在心靈裡才能找到它的和解。就是這種內心世界組成了浪漫型藝術的內容，所以必須作爲這種內心生活，而且通過這種內心生活的顯現，才能得到表現。內在世界慶祝它對外在世界的勝利，而且就在這外在世界本身以內，並且藉這外在世界作爲媒介，來顯現它的勝利，由於這種勝利，感性現象就淪爲沒有價值的東西了。

但是從另一方面來說，這個類型的藝術[129]，也像一切其他類型一樣，仍然要用外在的東西來表現。由於心靈生活從外在世界以及它和這外在世界的直接的統一中退出來，退到它本身裡，所以感性的外在的具體形象，如同在象徵型藝術裡那樣，是看作非本質的容易消逝的東西而被接受和表現的；主體方面的有限的心靈和意志，包括個別人物、性格、行動等等，以及情節的錯綜複雜等等也都是這樣接受、這樣表現的。客觀存在方面被看成偶然的，全憑幻想任意驅遣，這幻想隨一時的心血來潮，可以把現前的東西照實反映出來，也可以歪曲外在世界，把它弄得顚倒錯亂、怪誕離奇。因爲這外在的因素已不像在古典型藝術裡那樣自在自爲地具有它的概念和意義[130]，而是要從情感生活裡去找它的概念和意義，而這種情感生活要從它本身而不是從外在事物及其現實形式裡找到顯現；並且這種情感生活可以從一切偶然事故裡，一切災難和苦惱裡，甚至從犯罪的行爲裡維持或恢復它與它自身的和解[131]。

從此就重新產生出象徵型藝術的那種理念與形象之間的漠不相關，不符合和分裂，但是有一個本質上的分別：在象徵型藝術裡，理念的缺陷引起了形象的缺陷，而在浪漫型藝術裡，理念需顯現爲自身已完善的思想情感，並且由於這種較高度的完善，理念就從它和它的外在因素的協調統一中退出來，因爲理念只有從它本身中才能找到它的眞正的實在和顯現。

概括地說，這就是象徵型藝術、古典型藝術和浪漫型藝術作爲藝術中理念和形象的三種關係的特徵。這三種類型對於理想，即眞正的美的概念，始而追求、繼而到達、終於超越[132]。

---

128 觀照的主體與觀照的對象不分，同是心靈。

129 即浪漫型藝術。

130 鮑申葵英譯本作：「在它自己的範圍裡和在它自己的媒介裡找到它的概念和意義。」其實這裡「自在自爲地」即「絕對地」，古典型藝術達到了理念與形象的完全統一，所以形象自身有絕對意義；在浪漫型藝術和在象徵型藝術裡一樣，形象都或多或少地是「象徵」或「符號」，要從它所表現的內容裡才得到它的意義。

131 「它與它自身的和解」即它本身對立面的統一。

132 依黑格爾的看法，藝術的理想是理念與形象（即理性與感性）的統一。達到這種理想的是古典型藝術，即希臘雕刻。在前一階段象徵型藝術，以古代東方建築爲代表，理念本身不確定，形象也不確定，二者的關係只是象徵型的關係。到了近代浪漫型藝術——以繪畫、詩歌、音樂爲代表——對於內心生活的側重又引起了理念與形象的不一致，形象不足以表現理念，理念溢出了形象。由此發展下去，依黑格爾看，宗教和哲學就要代替藝術。

3. 各門藝術的系統——建築、雕刻、繪畫、音樂、詩歌等

本書的第三部分和第一、二兩部分的不同，在於第三部分假定理想的概念和一般藝術類型的問題都已解決了，剩下的只是如何用某種感性材料去實現那理想和類型。所以我們現在所要做的不是按照藝術美的普遍的基本原則，去研究藝術美的內在發展，而是研究這些原則如何轉化爲客觀存在，它們在外表上彼此有哪些分別，以及美概念中每個因素如何分別地實現爲藝術作品，而不只是實現爲一種一般的類型。但是藝術所要轉化爲外在存在的，就是美的理念本身固有的一些分別[133]，所以一般的藝術類型在這第三部分區分和界定各門藝術的原則中也還可以見出；換句話說，各門藝術之間的本質上的分別也和我們前已見到的一般藝術類型之間的分別是一樣的。這些類型通過感性的材料，也就是特殊的材料，所得到的外在客觀存在，使得這些類型分化爲一些獨立的特殊的表現方式，即各門藝術，因爲每種類型之所以有它的確定的性格，是由於它所用的是某一種確定的外在的材料，以及這種特殊材料所決定的使它得到充分實現的表現方式。但是從另一方面看，這些類型儘管各有定性，卻仍是一般的類型，所以它們也可以衝破它們各有一門藝術爲其特殊表現方式的局限，通過其他門類藝術得到表現，不過這只是次要的表現方式。所以從一方面看，每門藝術都各特屬於一種藝術類型，作爲適合這種類型的表現；從另一方面看，每門藝術也可以以它的那種表現方式去表現上述三種類型中的任何一種[134]。

因此，一般地說，我們在這第三部分所要研究的是，藝術美如何在各門藝術及其作品中展開爲一個實現了的美的世界。這個世界的內容就是美的東西，而眞正的美的東西，我們已經見到，就是具有具體形象的心靈性的東西，就是理想，說得更確切一點，就是絕對心靈，也就是眞實本身。這種爲著觀照和感受而用藝術方式表現出來的神聖眞實的境界，就是整個藝術世界的中心，就是獨立的、自由的、神聖的形象，這種形象完全掌握了形式與材料的外在因素，把它們作爲顯現自己的手段。但是美在這種境界裡既然顯現爲客觀現實，而且在這過程中分化爲一些特殊的各自獨立的方面和因素，所以這個中心就有和它自己對立的實現於特殊現實的兩極端。一個極端就是無心靈的客觀性相，即神所創造的單純的自然環境。在這一極端，單純的外在因素獲得具體形象，成爲一種本身並沒有心靈性的目的和內容，而需從另一事物獲得它的心靈性的目的和內容的東西[135]。

另一個極端就是內在的認識到的神聖性，即神所轉化的各種特殊的主體存在：這也就是

---

[133] 「即種類。」（鮑申葵英譯本注）

[134] 「類型」指象徵的古典的浪漫的三種，「門類」指各門藝術，如繪畫、建築、雕刻等等。每門藝術特屬於一種類型，但是也可以出現在其他類型裡。例如建築雖特屬於象徵型藝術，但是也可以表現古典型藝術和浪漫型藝術。

[135] 例如建築的目的和內容不在建築本身，而在供人居住和敬神等等。

在個別主體的感覺、情緒和心靈中活動和起作用的眞實，這種眞實並不凝結在它的外在形狀裡，而是退到主體的個別的內心世界裡。在這種狀態中，神聖性不同於它的單純的顯現，即有神格的神，它轉化爲屬於一切個別主體的知識、感覺、知覺和情感範圍之內的那些雜多的特殊事物。藝術到了最高的階段是與宗教直接相聯繫的，在宗教這個類似的領域裡，我們對於這裡所說的分別是這樣了解的：首先把塵世的自然的生命看作是有限的，單獨站在一邊的；其次一步，意識就把神變成它的對象，在這對象裡客體性與主體性的分別被消除了；最後到了第三步，我們從神本身進到信士群眾的虔誠膜拜，這就是說，進到在主體意識中活著和顯現著的神。在藝術世界中也有這三種主要的分別在獨立發展著[136]。

(1) 按照各門藝術的這個基本原則，我們需首先研究的一種就是美的建築。建築的任務在於對外在無機自然加工，使它與心靈結成血肉因緣，成爲符合藝術的外在世界。它的素材就是直接外在的物質，即受機械規律約制的笨重的物質堆；它的形式還沒有脫離無機自然的形式，是按照憑知解力認識的抽象的關係，即對稱關係來布置的。用這種素材和形式並不能實現作爲具體心靈性的理想，因此，在這種素材和形式裡所表現的現實尙與理念對立，外在於理念而未爲理念所滲透，或是對理念還僅有抽象的關係。因此，建築藝術的基本類型就是象徵藝術類型。建築爲神的完滿實現鋪平道路，在這種差事中它在客觀自然上辛苦加工，使客觀自然擺脫有限性的糾纏和偶然機會的歪曲。建築藉此替神鋪平一片場所，安排好外在環境，建立起廟宇，作爲心靈凝神觀照它的絕對對象的適當場所。它還替他的信士群眾的集會建築一堵圍牆，可以避風雨、防野獸，並且顯示出會眾的意志，顯示的方式雖是外表的，卻是符合藝術的。建築能用這種內容意蘊灌注到它的素材和形式裡，其多寡程度就取決於它在上面加工的那種確定的內容有無意義，是抽象的還是具體的，是深刻的還是膚淺的。在這方面建築可以達到很高的成就，甚至於能用它的素材和形式把上述內容意蘊完滿表現為藝術品。但是到了這一步，建築就已經越出了它自己的範圍而接近比它高一層的藝術，即雕刻。因為建築的特徵正在於內在的心靈還是與它的外在形式相對立的，因此建築只能把充滿心靈性的東西當作一種外來客指點出來。

(2) 如上所說，建築把無機的外在世界淨化了，使它得到了對稱的秩序，並且使它和心靈結成血肉因緣了，於是神的廟宇，也是他的信士群眾的房屋，就建立完成了。第二步就是神自己走進這座廟宇，以個性的閃電似的光芒照耀著並且滲透到那無生氣的物質堆裡，不再只是用對稱的形式，而是用心靈本身的無限形式[137]，把相應的身體性相集中起來而且表現出來。這就是雕刻的任務。因為建築只能從外面指點出來的那種心靈內在生活，在雕刻裡卻像安居在感性形象及其外在材料裡，並且因為這兩方面顯得契合無間，沒有哪一方面壓倒另一方面，所以雕刻以古典藝術類型為它的基本類型。因此，在雕刻裡感性因素本身所有的表現

---

[136] 黑格爾所了解的神就是絕對心靈，或絕對理念，就等於眞實界。

[137] 「即本身完滿的形式。」（鮑申葵英譯本注）

都同時是心靈因素的表現，反之，任何心靈性的內容如果不是完全可以用身體形狀呈現於知覺的，也就不能在雕刻裡得到完滿的表現。雕刻應該把心靈表現於它的身體形狀，使心靈與身體形狀直接統一起來，安靜地、幸福地站在那裡，而形式也應該受心靈個性的內容灌注生氣。所以雕刻在外在的感性素材上加工，不再是只按照它的笨重的物質堆的機械的性質去處理，也不是用無機物的形式，也不是不管著色或不著色等等，而是要把感性素材雕刻成人體的理想形式，而且還要把人體表現爲立體。就最後這一點來說，我們必須謹記住：只有在雕刻裡，內在的心靈性的東西才第一次顯現出它的永恆的靜穆和本質上的獨立自足。能和這種靜穆以及這種自己與自己的統一相對應的，只有本身也具有這種靜穆和統一的外在形象。符合這種條件的就是抽象空間的形象[138]。雕刻所表現的心靈在本身就是堅實的，不是受偶然機會和情慾的影響而變成四分五裂；所以它的外在形狀也不是顯現爲各種各樣的現象，而是在它的全部立體中都只現出抽象的空間性。

(3) 建築已把廟宇建立起來了，雕刻家的手把神像擺到廟裡去了，於是第三步就是這個顯現於感官的神，在他廟裡寬廣的大廳裡面對著他的信士群眾。這些信士群眾就是那個感性的客觀存在[139]在他們本身上的心靈性的反映，就是起灌注生氣作用的主體性和內在生活，有了這種主體性和內在生活，所以無論對於藝術內容來說，還是對於表現內在生活於外在形象所用的材料來說，特殊化[140]、個別化及其連帶的主體性才成爲賦予定性的原則[141]。到了這個階段，原來在雕刻裡，神所具有的那種堅實的統一就分裂成爲許多個人的內在生活，而這許多個人的內在生活的統一卻不是感性的而是觀念性的[142]。只有到了這個階段，只有在神開始這樣往復轉化，這樣由他本身以內的統一轉到既在個人主觀認識中實現他自己，也在具有共同性而團結在一起的人群的主觀認識中實現他自己的階段[143]，神才成爲眞正的心靈——在他的信士群眾中的心靈。在這些信士群眾中，神一方面解脫了還未展開的自己與自己的統一的抽象性，一方面也解脫了直接沉浸在身體形相中的那種情況[144]，像他在雕刻中被表現的那樣；這樣神就被提升到心靈生活和知識裡，即提升到在本質上是內在的作爲主體生活而顯現

---

138 「只作爲占空間的一種事物的形象。」（鮑申葵英譯本注）「抽象的空間性」即單看空間性，不管物質的其他屬性，例如抽象地專看線條起伏的形式。

139 即顯現於感官的神，成爲信士群眾心裡的神。

140 鮑申葵在「特殊化」後在括弧裡附注說：「分化爲各種形狀、屬性、事件等等。」「特殊化」就是化爲個別事物的性相。黑格爾所謂「特殊化」，其實就是「個別化」。

141 經過特殊化或個別化，藝術內容（意蘊）和素材（媒介）才得到它們所特有的定性。

142 鮑申葵英譯本注：「組成一個教會或國家的許多個人的統一是看不見的，只存在於共同情緒、目的等以及對集團的認識裡。」「觀念性的」即作爲觀念而存於心裡的，不是直接由感官接觸到的。

143 神本身以內的統一即抽象的普遍的神性，在個人或群眾的主觀意識中實現，普遍的神性（例如忠貞、英勇）便個別化，即具體化爲個人或群眾的情緒、理想等等。

144 即感性存在狀態。

的那種反映裡。因此，這較高的內容現在是心靈性的東西，而且是絕對心靈性的東西；不過由於上文所說的分化，這絕對心靈性的東西同時也顯現爲個別的心靈生活，即個別的心情；由於在這階段現爲主要的東西不復是神的無憂無慮的泰然自足，而特別是他的顯現，即爲他人的存在，亦即自我顯現[145]，所以在現階段，多種多樣的在活躍的運動和行動之中的主體生活，例如人的情慾、動作、事變，總之，人類情感意志以及對情感意志的節制的廣大領域，就有成爲藝術表現對象的獨立資格。要符合這種內容，藝術的感性因素就也要化爲本身是個別的事物，便於表現主體內在生活。符合這種要求的材料有顏色、聲音以及只對內在知覺和觀念起暗示作用的聲音，用這些材料來表現上述那種內容意蘊的方式有圖畫、音樂和詩。在這幾門藝術裡感性素材又分化爲各種，一般都是看作觀念性的[146]，所以它最符合一般是心靈性的藝術內容意蘊，而心靈性的內容意蘊與感性素材之間的關係，在這幾門藝術裡也比在建築和雕刻裡較爲密切。不過這樣得到的統一是一種較內在的統一，重點是擺在主觀方面的，而且因爲形式與內容不得不經過具體分化而得到純然觀念性的存在，所以只有犧牲內容的客觀普遍性以及這普遍性與直接感性因素的融合，才能達到這種統一。

這幾門藝術的形式與內容既提高到觀念性，拋棄了建築的象徵性和雕刻的古典理想，所以它們就以浪漫藝術類型爲它的基本類型，因爲它們最宜於用浪漫型藝術的表現方式。它們形成了一整套的藝術，因爲浪漫型藝術本身是最具體的。

這第三個領域中的個別藝術可以依下列方式去劃分：

(1)緊跟著雕刻後面的第一種藝術是繪畫。繪畫用作內容的材料和表現內容的媒介是純粹可由肉眼看見的，這就是說，繪畫的特徵是它從顏色得到它的定性。建築和雕刻的材料固然也是肉眼可見的和著色的，但是這不像在繪畫裡，不是單就可見性而言的可見性[147]，不是由單純的光與黑暗既對立而又統一所形成的顏色[148]。這種可見性是本身經過主觀化的，看作觀念性的，它既不像在建築裡需要在笨重物質裡起作用的那種抽象的機械的體積屬性，也不像在雕刻裡需要立體空間所有的全部感性的屬性——儘管在雕刻裡這些屬性是集中於有機體形狀的。繪畫方面的可見性和實現可見性的方式所特有的質的分別在於它是比較觀念性的，

---

[145] 這些都指神顯現於人的意識裡。神把自己顯現給他人看，所以是「爲他人的存在」。

[146] 鮑申葵英譯本注：「例如音樂是『觀念性的』，是說它作爲藝術作品只是在記憶裡存在，實際聽到它的那一頃刻是一縱即逝的；一幅畫就它是立體來說，也是由觀者推斷出來的；至於詩則幾乎完全是觀念性的，因爲它幾乎不用感性因素而完全訴諸在心中存在的東西。」換句話說，音樂只有在一頃刻中是實際聽到的（是感性的），在這一頃刻以前所聽到的音樂是記憶起來的（是觀念性的）；圖畫只視平畫，立體是推斷出來的（即觀念性的）；詩中儘管也有感性因素（如色、聲、形等），但是不直接呈現於感官，而是通過語言文字引起觀念的。

[147] 即抽象的可見性，只考慮到可見性，不管與它相關的其他屬性，如體積或立體空間性。

[148] 這是根據歌德的顏色說，這個顏色說是不正確的。依近代光學和心理學，不同顏色感覺是由不同波長的光線所決定的。只有紅、藍、黃三色是原色，其餘的顏色都是混合色。

在於顏色的特殊性，在於它使藝術解脫了物質需完全占住感性空間的情況，因爲它只局限於平面。

從另一方面看，繪畫的內容也得到廣泛的特殊化（分化）。凡是可以在人心中占地位的東西，例如情感、觀念、目的等，凡是可以引起行動的，這一切繁複的材料都可以組成繪畫的豐富多彩的內容。整個的殊相世界，從心靈的最高品質到最孤立的自然事物，在繪畫裡都可以找到地位。因爲連有限自然界[149]的個別場面和個別現象都可以表現在藝術裡，只要有任何一點可以指引到心靈因素的東西使它們和思想情感結成血肉因緣就行了。

(2) 浪漫型藝術所藉以實現的第二種藝術是與繪畫相對立的音樂。音樂的材料雖然仍是感性的，卻發展到具有更深的主觀性和特殊化。音樂也是把感性因素看作觀念性的，這可以從這一點見出：繪畫對於空間的綿延還保留其全形，並且著意加以摹仿；音樂則把這種空間的綿延取消或否定了，並且把它觀念化爲一個個別的孤立點[150]。作爲這種否定[151]，這個點本身就是物質屬性以內的一個具體的積極的否定過程，表現爲物體在本身以內以及在對本身的關係上的運動和震動。物質的這種初步的觀念性[152]——不再是空間的觀念性，而是時間的觀念性[153]——就是聲音，是一種否定了的感性因素，這感性因素的抽象的可見性已轉化爲可聞性，聲音好像把觀念內容從物質囚禁中解放出來了——這種最初灌注到物質裡去的內在性和心靈性提供了材料，去表現心靈中本身還沒有確定的內在性和心靈性，使心境以及它的全部情感和情慾在它的聲音裡得到表現。所以音樂成爲浪漫型藝術的中心，正如雕刻成爲建築與幾種主體性的浪漫型藝術之間的橋梁一樣；音樂也成爲由繪畫所用的抽象的空間感性到詩的抽象的心靈性之間的轉捩點。像建築一樣，音樂本身就有一種符合理解的量的關係，也有聲音及其匯合承續的嚴格的規律性作爲它的基礎，這是與音樂所表現的情感生活和內在生活相矛盾的[154]。

---

149 「黑格爾所指的主要是山水風景。」（鮑申葵英譯本注）

150 「否定空間是音樂的一種屬性。音階上各部分是和一個判斷的各部分一樣不占空間的。黑格爾把這個事實說成音樂對空間加以觀念化，把空間集中到一個點。」（鮑申葵英譯本注）聲音的承續是線形的，每一刻所聽到的聲音都只占住這條線上的一點，所以說把空間集中到一個點。

151 即否定空間。

152 「物質的觀念性：一種發音體的顯著的物質的屬性，即它的體積，只是藉改變音的性質間接地或憑推測地出現於它的聲音，所以它是經過『觀念化』的。」（鮑申葵英譯本注）例如大小提琴的體積不同可以從它們的聲音中聽出。

153 「時間上的承續比空間上的並存更是『觀念性』的，因爲時間上的承續要憑記憶。」（鮑申葵英譯本注）

154 關於繪畫和音樂這兩節，黑格爾講得很抽象。我們需抓住兩層意思：一、萊辛在《拉奧孔》裡指出造型藝術與詩的分別在於前者是運用空間上的並存，後者是運用時間上的承續。此後德國美學家常用時空爲標準來區分各門藝術。黑格爾在這裡也受到這個影響。依他看，雕刻用立體，繪畫用平面，音樂則把面化成點。二、他認爲藝術愈不受物質的束縛，愈現出心靈的活動，也就愈自由、愈高級。從建築經過雕刻、繪畫到音樂和詩，物質的束縛愈減少，觀念性愈增強，所以也就愈符合藝術的概念。

(3)關於浪漫藝術類型的第三種，即它的最富於心靈性的表現，我們需在詩方面去找。詩的特徵在於它能使音樂和繪畫已經開始使藝術從其中解放出來的感性因素，隸屬於心靈和它的觀念。因爲詩所保留的最後的外在物質是聲音，而聲音在詩裡不再是聲音本身所引起的情感，而是一種本身無意義的符號，而且這符號所代表的觀念是本身已變成具體的，而不僅是不明確的情感以及它的各種深淺程度和等級[155]。聲音就這樣變成了字，變成在本身已是分節發出的音，它的意義在於標示觀念和概念，因爲音樂所已達到的那種本身還是否定性的點，現在已進展爲完全的具體的點，這個點就是心靈，也就是有自意識的個人，這個人從它自身產生出觀念的無限空間，把這無限空間和聲音的時間性結合起來。這種感性因素在音樂裡還是直接與內心生活合而爲一的，而在詩裡它卻和意識的內容分開了，心靈自己爲自己把這內容確定成爲觀念，爲著要表現這種觀念，心靈固然也使用聲音，但是只把這聲音當作本身無價值無意義的符號來用。這樣看來，聲音可以變成只是字母，因爲可聞的東西像可見的東西一樣，都降爲心靈的一種單純標記了。因此詩的適當的表現因素[156]，就是詩的想像和心靈性的觀照本身，而且由於這個因素是一切類型的藝術所共有的，所以詩在一切藝術中都流注著，在每門藝術中獨立發展著。詩藝術是心靈的普遍藝術，這種心靈是本身已得到自由的，不受爲表現用的外在感性材料束縛的，只在思想和情感的內在空間與內在時間裡逍遙遊蕩。但是到了這最高的階段，藝術又超越了自己，因爲它放棄了心靈藉感性因素達到和諧表現的原則，由表現想像的詩變成表現思想的散文了。

這些就是各門藝術的分類的整體：建築，外在的藝術；雕刻，客觀的藝術；繪畫、音樂和詩，主體的藝術。人們過去嘗試過作許多其他分類，因爲藝術作品有許多方面，人們可以時而用這方面，時而用那方面，作爲分類的基礎，實際上人們往往是用這樣的辦法去分類。例如感性材料就可以用作分類標準。依這個標準，建築就被看成結晶，雕刻就被看成是就材料的感性和空間性的整體，把材料刻畫爲有機體的形狀，繪畫就被看成著色的平面和線條；而在音樂裡，空間就轉變爲時間的點，本身自有內容；以致最後在詩裡，外在素材完全降到沒有價值的地位。此外，各種藝術的分別也可以從它們的時間和空間的抽象屬性去看。藝術作品的這種抽象的差別，正如感性材料一樣，固然可以按照它的特點來加以貫串的研究，但是它們不能看作最後的基本規律，因爲任何這樣的一方面本身需根據一個更高的原則，所以就要受那個更高的原則統制。我們發現這種更高的原則就是象徵的、古典的和浪漫的藝術類型——這些類型就是美概念本身的普遍的階段或因素。

---

155 這些話都是拿詩和音樂對比。黑格爾認爲聲音在音樂裡可以直接引起情感（儘管是不明確的），在詩裡卻只起符號的作用，引起觀念，間接由觀念引起情感。有些詩論家（例如純詩論者）認爲聲音在詩中離開意義而本身自有作用和價值。這種看法是黑格爾所反對的，他認爲聲音在詩裡離開觀念或意義就沒有本身的意義和價值。

156 Element，鮑申葵英譯本作「媒介」，但在下句仍譯「因素」，前後不一律。

這些類型對具有具體形式的各門藝術的關係是這樣：各門藝術組成了藝術類型的眞實存在。象徵型藝術在建築裡達到它的最適合的現實和最完善的應用，能完全按照它的概念發揮作用，還沒有降爲其他藝術所處理的無機自然；古典型藝術在雕刻裡得到完滿的實現，它把建築只看作圍牆，但是還不能發展繪畫和音樂，來作爲表現它的內容的絕對形式[157]；最後，浪漫型藝術抓住繪畫和音樂作爲它的獨立的絕對的形式，詩的表現也包括在內；但是詩卻適合美的一切類型，貫串到一切類型裡去，因爲詩所特有的因素是創造的想像，而創造的想像對於每一種美的創造都是必要的，不管那種美屬於哪一個類型。

所以各門藝術在個別藝術作品中所實現的，按照它們的概念來說，只是自生發的美理念所顯出的那些普遍的類型。廣大的藝術之宮就是作爲這種美的理念的外在實現而建立起來的。它的建築師和匠人就是日漸自覺的美的心靈。但是要完成這個藝術之宮，世界史還要經過成千成萬年的演進。

[157] 「絕對的即完滿的，有永久價値的。」（鮑申葵英譯本注）

第一卷

藝術美的理念或理想

序論

從全書序論轉到對我們的對象作科學的研究，我們首先應該簡略地說明藝術美在現實領域裡一般所占的地位，以及美學對於哲學其他部門的關係，以便建立眞正的美的科學的出發點。

要達到這個目的，好像先要把過去對美進行思考的種種嘗試列舉出來，加以分析和批判。不過這種工作我們在全書序論裡已經做過，並且如果只檢查旁人所已經做過的工作，無論它是否正確，或是如果只從旁人學習，這對於眞正的科學研究並沒有多大幫助。在這裡倒不如提一下這個事實：許多人都認爲美，正因爲是美，是不能用概念來理解的，所以對於思考是一個不可理解的對象。對於這種主張，我們在這裡只作這樣一個簡短的答覆：儘管現在有些人認爲一切眞實的東西都是不可理解的，可理解的只是些有限現象和有時間性的偶然事物❶，其實這話是不對的，只有眞實的東西才是可理解的，因爲眞實是以絕對概念，即理念，爲基礎的。美只是眞實的一種表現方式，所以只要能形成概念的思考眞正有概念的威力武裝著，它就可以澈底理解美。在近代，沒有什麼概念比概念本身，即自在自爲的概念，遭到更嚴重的誤解，因爲人們慣於把概念了解爲單憑知解力的抽象的和片面的觀念或見解，用這種抽象的片面性的觀念或見解當然既不能認識眞實的整體，也不能認識本身具體的美。像我們已經說過而將來還要詳說的，美不是這種知解力的抽象品，而是本身就是具體的絕對概念，或則說得更明確一點，就是絕對理念融合在符合它自身的現象中。

如果我們要按照它的眞正的實質去簡略地說明絕對理念，我們就應該說，它就是心靈，當然不是有限的受約制受局限的心靈，而是普遍的無限的絕對的心靈，這絕對的心靈根據它本身去確定眞實之所以爲眞實。如果我們省察我們的日常的意識，心裡就會浮起這樣一種觀念，以爲心靈和自然好像是對立的，因而把它們看成有同等價值，但是這樣把自然和心靈看作都是本質的兩個領域，彼此並立而互相關聯，就是從心靈的有限性與局限性去了解心靈，不是從心靈的無限性和眞實性去了解心靈。因爲自然本來並不是以具有同等價值的身分，與心靈分疆對立；自然所處的地位是由心靈決定的，因此它是一種產品，對心靈沒有作爲界限和局限的能力。同時，絕對心靈是應該作爲絕對活動來理解的，因此，也作爲它的絕對的自我分化來理解的。心靈把自身分化爲另一體，這另一體從一方面看來就是自然，心靈本著善意把它自己的全部本質付給它的這個另一體。因此，我們需把自然理解爲自身含有絕對理念的，但是只有在絕對心靈把自然設立爲它自己的另一體這個形式裡，自然才是理念。就是在這個意義上，我們才把自然叫做一種產品。自然的眞實因此就是那設立者本身，即作爲具有理念性與否定作用的心靈，因爲心靈雖然自分化和自否定了，卻同時把它的這種分化和否定作爲由它自己所設立的東西「取消」了，它不是在這種分化和否定中碰到界限和局限，而是自己和自己的另一體在自由的普遍性裡融合在一起。就是這種理念性和無限的否定作用形

❶ 這是康德的本體不可知論。

成了心靈的主體性的深刻概念。作爲主體性，心靈首先只是自在地是自然的眞實，因爲心靈還沒有認識到自己的眞正的概念。自然和心靈對立著，不是作爲由心靈設立而又可以使它與自己回到統一的另一體，而是作爲未經克服的起界限作用的另一存在，心靈作爲認識生活和實踐生活中的主體，只是把這另一存在作爲一個原已發現的對象，這就是說，心靈只可以成爲自然的另一面或對立面❷。屬於這個範圍裡的有認識的心靈和實踐的心靈的有限性，即認識的局限性和實現善所依據的單純的「應該」❸。在心靈裡像在自然裡一樣，現象還不夠表現它的眞正的本體，我們還只模糊地看到技能、情慾、目的、意見和才能，這些東西互相追逃、互相輔助和阻礙、互相錯綜，而在它們的希求、掙扎、意圖和思考之中，無數形狀的起輔助或阻礙作用的偶然事故就紛紛湧現出來。有限的、有時間性的、矛盾的，因此也是消逝的、不滿足的、非幸福的心靈，才有這種情況。因爲這種心靈所能得到的滿足，由於還是有限的，總不免是狹隘的、混亂的、相對的、分立的。因此，意識、意志和思考就不得不努力克服這種情況，在無限和眞實裡去找它的眞正的普遍性，統一和滿足，這種統一與滿足，這種由心靈憑推動的理性轉化有限物質所達到的統一和滿足，才能眞正地揭示現象世界的本質。心靈認識到它的有限性，這本身就是對它自己的否定，因此就獲得它自己的無限。有限心靈的這種眞實就是無限心靈——但是在這種形式裡❹，心靈只有作爲絕對否定，才變成實在的；心靈在它本身中設立了它的有限性然後把它取消掉。因此心靈在它的這個最高的領域裡，把自己變成自己的知識和意志的對象。絕對本身變成了心靈的對象，因爲心靈上升到了意識的階段，就在它本身中分辨出知識主體以及與此對立的知識的絕對對象❺。從前一種觀點看，即把心靈看成有限的那個觀點來看，這種心靈能把絕對作爲對立的無限對象來認識，所以可以界定成爲與這無限對象有別的有限心靈。但是根據較高的思辨哲學的看法，正是絕對心靈本身爲著要成爲自己對自己的知識，就在自身中分化，因而設立心靈的有限性，在這心靈的有限性之中，心靈就變成自己對自己的知識的絕對對象。這樣，它在它的集團中❻就是絕對心靈，在心靈和自我認識的地位就是有現實性的絕對。

在藝術哲學裡我們就要以上述原則爲出發點。在爲藝術美既不是邏輯的理念，即自發展爲思維的單純因素的那種絕對觀念，也不是自然的理念，而是屬於心靈領域的，同時卻又不停留在有限心靈的知識和行動上。美的藝術的領域就是絕對心靈的領域。其所以如此的理由

---

❷ 依黑格爾，心靈在自在狀態，只是自然，自然與心靈還是對立著；心靈在自爲或自覺狀態，自然與心靈才達到具體的統一。

❸ 還不是哲學的認識和根據理性的意志行動。「應該」（Sollen）即康德所說的「無條件的命令」，一切道德行爲的最高原則。

❹ 鮑申葵英譯本作：「這種自意識的形式裡。」

❺ 有自意識的心靈既是認識的主體，又是認識的對象。

❻ 英譯本注：「似應作『在它的領域中』。」（原文是Gemeinde〔集團〕，英譯者疑這是Gebiete〔領域〕之誤。）

我們在這裡只能約略指出；科學的證明卻有待於前面說過的那些哲學部門，即專門研究絕對理念本身的邏輯學、自然哲學以及研究心靈的有限領域的哲學。因爲這些科學不僅要研究邏輯的理念按照它所特有的概念如何轉化爲自然界的存在，而且還要研究它如何解脫這外在性，從自然轉化爲心靈，以後又解脫這心靈的有限性而轉化到永恆眞實的心靈。

從這個觀點看——藝術就它的最高的眞實價值來說，就要從這個觀點來看——我們馬上就可以看出：藝術是和宗教與哲學屬於同一領域的❼。在絕對心靈的一切範圍裡，心靈都解脫了它的客觀存在的窄狹局限，拋開它的塵世存在的偶然關係和它的目的與旨趣的有限意蘊，以便轉到省察和實現它的自在自爲的存在。❽

1. 藝術對有限現實的關係

對於藝術在自然生活與心靈生活的整個領域裡的地位，我們可以更確切、更具體地說明如下：

只要檢閱一下人類生存的全部內容，我們就可以看出在我們的日常意識裡種種興趣和它們的滿足有極大的複雜性。首先是廣大系統的身體方面的需要，規模巨大組織繁複的經濟網，例如商業、航業和工藝之類，都是爲著滿足這些需要而服務的。比這較高一層的就是權利、法律、家庭生活、等級劃分，以及整個的龐大國家機構。接著就是宗教的需要，這是每個人心裡都感覺到而從教會生活中得到滿足的。最後就是分得很細的科學活動，包羅萬象的知識系統。藝術活動，對美的興趣，以及美的藝術形象所給的精神滿足也是屬於這個範圍的。這裡就有這樣一個問題：聯繫到世界中其他生活部門，這種需要有什麼內在必然性呢？首先我們看到這些範圍❾的需要只是存在面前的事實。但是按照科學的要求，我們就得深入

---

❼ 在黑格爾哲學系統裡，藝術與宗教爲對立面，統一成爲哲學，只有這三種活動才屬於絕對心靈的領域。

❽ 這一節原文艱晦，英法俄譯也不一致。要旨在進一步說明「理念的感性顯現」這個美的定義。首先批判美不是可以憑思維來理解的流行說法。這是混淆概念與理念的分別，亦即形式邏輯與辯證邏輯的分別（參看全書序論注66）。憑知解力的形式邏輯及其抽象概念，確實不可能認識美；憑理性的辯證邏輯，美必然是可以理解的。其次，黑格爾肯定了理念就是絕對，就是心靈或精神，不是某個別人的心靈而是彌漫宇宙的普遍的絕對的無限心靈。這絕對心靈是自在自爲的，憑自己的活動而自生自發自確定的。它不斷在活動、在發展。它是認識和實踐的主體，它的認識和實踐的對象或客體不是外來的，而是由它自己生發或「設立」的。心靈這個主體和它的對象或客體既是對立的，又是統一的。客體是主體在它自身中設立的另一體，在設立之中就否定了有限心靈的抽象性和片面性，同時也否定了個別具體事物的抽象性和片面性。所以主體與客體、心靈與自然互相否定，也互相成全（相反相成）。經過否定和否定的否定，雙方統一了，就形成了理念。從感性形象見出理念就見出美，這是藝術的事；從理性思維見出理念就見出眞，這是哲學的事。在這兩方面，黑格爾都否定了康德的有限與無限的絕對對立論和不可知論。

黑格爾所用的Subjekt和Objekt即指心靈和自然，不宜譯爲「主觀」和「客觀」，因爲不指看待事物的兩種對立的態度。所以本譯文一般譯爲「主體」和「客體」，所謂「主體性」（Subjektivität）實際上就是自在自爲的心靈的性格或功能。

❾ 「藝術範圍和社會生活範圍首先被看成只是各自獨立的活動範圍。」（英譯本注）

研究它們的本質上的內在聯繫和彼此之間的必然性。因爲它們不只是藉效用就能聯繫在一起，而是相輔相成，這個範圍的活動要高於那個範圍的活動；因此，較低範圍的活動努力要超出本範圍，只有通過較廣興趣的較深滿足，原先在較低範圍裡不能實現的到此才得到完滿的解決。這才是它們的內在聯繫的必然性。

如果我們回憶一下我們關於美和藝術的概念所已經建立的原理，我們就會看出這個概念裡有兩重因素：首先是一種內容、目的、意蘊；其次是表現，即這種內容的現象與實在——第三，這兩方面是互相融貫的，外在的特殊的因素只現爲內在因素的表現。在藝術作品裡，除掉在本質上與內容相關的並且能表現內容的東西之外，就沒有什麼別的東西了。我們所稱爲「內容」和「意蘊」的本身只是很簡單的提要，就是最扼要的，儘管含義很廣的題材，和完成的作品不同。例如一本書的內容可以用幾個字或幾句話總結起來，除掉這種內容提要裡所已經有的之外，書中不應該插入其他題外話。這種簡單提要，這種形成創作基礎的題材還只是抽象的，只有完成的作品才是具體的。

但是這兩對立面並不是彼此不相干的，彼此只有外在的並立關係的，不像三角形或橢圓形之類幾何圖形單就其簡單內容來說，是不隨外表上大小、顏色等等而有什麼不同的。在藝術裡，作爲簡單內容的抽象意義卻有一種定性，逼得它要實現於創作，並且在創作中變成具體的。因此，在這裡本質上有一種「應該」。儘管內容自有它的意義，我們還是不滿足於這種抽象的形式，而希求更進一步。起初這只是一種未得滿足的需要，就主體方面說，這是一種令人不滿的欠缺，這就產生一種希求，要克服這種欠缺，達到滿足。在這個意義上我們可以說，內容本來是主體的，只是內在的；客體的因素和它相對立，因而產生一種要求，要把主體的變爲客體的。這種主體與客體的對立以及取消這種對立的「應該」，乃是一個貫穿一切的普遍原則或定性。我們的身體方面的生活，尤其是我們的心靈方面的目的與旨趣，都要依靠這種要求：要把本來只是主體的和內在的東西變爲客觀存在，而且只有在這種完滿的客觀存在裡才能得到滿足。因爲目的與旨趣的內容本來只以主體因素的片面形式出現，而片面性就是一種局限，這個缺陷馬上就造成一種不安、一種痛苦、一種否定面作爲否定面，它就需被取消（否定），就要彌補感覺到的缺陷，越過認識到的想到的局限。這並非說，對於主體方面，只是那另一面，即客體方面有所欠缺，而是指一種更確定的聯繫，指這種欠缺在主體方面本身，而且對主體方面本身就是一種缺陷、一種否定，要求再經過否定。這就是說，在它本身，按照它的概念，主體就是整體不只是內在的，而且要在外在的之中，並且通過外在的，來實現這內在的。如果主體片面地以一種形式而存在，它就會馬上陷入這個矛盾：按照它的概念，它是整體，而按照它的存在情況，它卻只是一方面。只有藉取消這種自身以內的否定，生命才能變成對它本身是肯定的。經歷這種對立、矛盾和矛盾解決的過程是生物的一種大特權；凡是始終都只是肯定的東西，就會始終都沒有生命。生命是向否定以及否定的痛苦前進的，只有通過消除對立和矛盾，生命才變成對它本身是肯定的。如果它停留在單純的矛盾上面，不解決那矛盾，它就會在這矛盾上遭到毀滅。

我們在這裡所需要的界定原則，從它的抽象方面去看，就是如此。

主體方面所能掌握的最高的內容可以簡稱爲「自由」。自由是心靈的最高的定性。按照它的純粹形式的方面來說，自由首先就在於主體對和它自己對立的東西不是外來的，不覺得它是一種界限和局限，而是就在那對立的東西裡發現它自己。就是按照這種形式的定義，有了自由，一切欠缺和不幸就消除了，主體也就和世界和解了，在世界裡得到滿足了，一切對立和矛盾也就已解決了。但是說得更確切一點，自由一般是以理性爲內容的：例如行爲中的道德，和思想中的眞理。但是因爲自由本身本來只是主體的，還沒有實現的，就還有不自由，就還有作爲自然必須的純然客體的東西，跟主體對立，這就產生一種要求，要使這種對立歸於和解。從另一方面看，內在主體方面也有類似的對立。自由一方面包括本身就是普遍的、獨立自在的東西，例如關於法律、道德、眞理等的規律，另一方面也包括人類的種種動力，例如情感、意向、情慾以及一切使個別的人動心的東西。這種對立也在增長，導致鬥爭、導致矛盾，而一切焦急情緒、最深的痛苦，以及煩惱和失望都是在這場鬥爭中產生的。動物彼此之間以及與周圍事物都和平相處，而人的心靈性卻釀成兩面性和分裂，他就圍困在這種矛盾中。因爲人從單純的內在生活、從純粹的思考、從規律與普遍性的世界，還不能得到安身之所，他還需要有感性的存在，要有情感情緒等等。哲學對由此而生的對立加以思考，按照它的涵蓋一切的普遍性如其本然地加以思考，然後進一步以同樣普遍的方式把這對立取消掉；而人卻要從直接生活中找到直接的滿足。這種通過解決上述矛盾而得到的滿足可以首先從感性需要的系統中找到例證。饑、渴、倦、吃、喝、飽、睡眠就足以例證感性需要範圍裡的矛盾和矛盾的解決。但是在人類生活的這種自然需要範圍裡，這種滿足在內容上還是有限的、窄狹的；這種滿足還不是絕對的，因此它無止境地引起新的需要，今天吃飽睡足，饑餓和睏倦到明天還是依舊來臨。所以再進一步走到心靈的領域，人就努力從知識和意志，從學問和品行裡去找一種滿足和自由。無知者是不自由的，因爲和他對立的是一個陌生的世界，是他所要依靠的在上在外的東西，他還沒有把這個陌生的世界變成爲他自己使用的，他住在這世界裡面不是像居在自己家裡那樣。好奇心的推動、知識的吸引，從最低級的一直到最高級的哲學見識，都只是發源於一種希求，就是要把上述不自由的情形消除掉，使世界成爲人可以用觀念和思考來掌握的東西。在行爲的領域裡，自由是以相反的方式進行的，結果使意志的理性得到實現。這種理性由意志實現在國家生活裡。在一個眞正按照理性來劃分生活各部門的國家裡，一切法律和措施都只是按照自由的本質的定性來實現自由。既然如此，所以每個公民都發現這種制度恰恰是他個人理性的實現，在服從這些法律時，不是把它們當作外人，而是把它們當作心腹。人們往往把任性也叫做自由，但是任性只是非理性的自由，任性的選擇和自決都不是出於意志的理性，而是出於偶然的動機以及這種動機對感性外在世界的依賴。

總之，人的身體方面的需要以及知識和意志事實上，都在這世界裡得到一種滿足，以自由的方式消除主體與客體的衝突，消除內在的自由與現存的外在的必然性的衝突。但是這種自由和滿足仍然是受到局限的，所以這自由和自滿仍是有限的。哪裡還有有限性，哪裡就會不斷地重新發生對立和矛盾，滿足就還不能超出有限的範圍。例如在法律和它的現實裡，我的理性、我的意志以及這意志的自由固然得到了承認，我是一個人，作爲人，我受到尊重；我有財產，這財產應由我保管；如果它遭到危害，法庭就保護我的權利。但是這種承認和自由永遠只限於個別的有關方面以及它的個別的對象：這座房子、這筆錢、這個確定的權利法律等等，總之，這是個別的行爲和個別方面的現實。意識在這裡所察覺到的只是些個別現象，這些個別現象固然是彼此相關，組成一種關係網的，但是本身卻只是些相對的範疇，受多種多樣的條件的約制，在這些條件統治之下，可以暫時得到滿足，也可以簡直得不到滿足。更進一層，國家生活確實是形成一個整體，一個本身完滿的有機體：君主、政府、法庭、軍隊、公民團體的安排、社交等等，權利和義務，目的和它的實現，前已提到的那些行爲方式，以及使這整個機器常川開動的措施——這樣結合起來的有機體在一個眞正的國家裡是圓滿的，在自身以內實現了的。但是國家生活所體現的，以及人所依據以尋求他的滿足的那個基本原則，不管它包含多麼繁複的內在的和外在的因素，在它本身卻還是片面的和抽象的。在這原則裡只有意志的理性的自由得到發展；只有在國家裡，而且只有在某一個別國家裡，而且只有在存在中某一特殊領域以及這領域裡個別方面的現實裡，自由才能實現。所以人不免感覺到，這些部門裡的權利和義務以及它們的塵世的，因而還是有限的存在方式還是不能令人完全滿足的，無論在它們的客觀存在上還是在它們對主體的關係上，它們都還需要一種更高的證實和批准。

人從各方面遭到有限事物的糾纏，他所希求的正是一種更高的、更有實體性的眞實境界，在這境界裡，有限事物的一切對立和矛盾都能找到它們的最後的解決，自由能找到它的完全的滿足。這就是絕對眞實而不是相對眞實的境界。最高的眞實、本然的眞實，就是最高的對立與矛盾的解決。在最高的眞實裡，自由與必然、心靈與自然、知識與對象、規律與動機等的對立都不存在了，總之，一切對立與矛盾，不管它們採取什麼形式，都失其爲對立與矛盾了。從此可知，單就自身而言的主體的自由而且是和必然割裂開來的自由，既不是絕對眞實的，而單就自身而言的孤立化的必然也不應被看作是眞實的。日常的意識卻不能克服這種對立，或是糾纏在矛盾裡而感到絕望，或是把它拋開，另想逃避的辦法。哲學卻深入互相矛盾的定性中心，按照這些定性的概念去認識它們，這就是說，把它們的片面性看成不是絕對的而是自「取消」（否定）的，把它們放在和諧與統一裡。眞實界就是這種和諧與統一。理解眞實的這種概念就是哲學的任務。哲學固然在一切中認識出概念，因此它是唯一能領悟眞理的眞實的思考，但是概念，即自在的眞實，和符合或不符合這種眞實的存在卻不是一回事。在有限現實[10]裡，屬於眞實的各種定性顯得是彼此並立相外的，即按照其眞實性爲不可

[10] 「有限現實」即「現象界」或「自然」。

分裂的東西現在被分裂開來了。例如生物是個體，但是作爲主體，它就和周圍的無機自然相對立。概念當然也包括這些對立方面，但是這些對立方面在概念裡是和解了的；有限存在卻把這些方面割裂開，使它們彼此疏離，因而是一種不合概念與眞實的實在。照這樣看，概念是無所不在的；但是需弄清楚的是這概念是否按照它的眞實性實現於這樣一種統一裡，在這種統一裡兩特殊方面及其對立不復堅持眞正的獨立性和固定性，而只是觀念性的⓫，成爲和解了的兩因素的自由協調。只有這種最高的統一體的實在界才是眞實、自由和滿足的境界。這種境界裡的生活，這種對眞實的心滿意足，作爲情感，這就是享受神福；作爲思想，這就是領悟，這種生活一般地可以稱爲宗教的生活。因爲宗教正是這樣一種普遍領域，其中那唯一的具體的整體是既作爲人本身的實質，又作爲自然的實質而進到人的意識，只有這種唯一眞實的實在，才使人覺得它是統制個別有限事物的最高威力，由於這種威力，一切本來分裂對立的東西都還原到高一層的絕對的統一。

2. 藝術對宗教與哲學的關係

藝術從事於眞實的事物，即意識的絕對對象，所以它也屬於心靈的絕對領域，因此它在內容上和專門意義的宗教以及和哲學都處在同一基礎上。因爲哲學除神以外也沒有別的對象，所以其實也就是理性的神學，並且就它對眞理服務來說，它也就是永遠對神服務。

除掉內容上的這種類似，絕對心靈的這三個領域的分別只能從它們使對象，即絕對，呈現於意識的形式上見出。

這些形式的分別伏源於絕對心靈這概念本身。心靈就其爲眞正的心靈而言，是自在自爲的，因此它不是一種和客觀世界對立的抽象的東西，而是就在這客觀世界之內，在有限心靈中提醒一切事物的本質⑫；它是自己認識到自己的本質的那種有限事物，因此它本身也就是本質的和絕對的有限事物。這種認識的第一種形式是一種直接的也就是感性的認識，一種對感性客觀事物本身的形式和形狀的認識，在這種認識裡絕對理念成爲觀照與感覺的對象。第二種形式是想像（或表象）的意識，最後第三種形式是絕對心靈的自由思考。

(1)感性觀照的形式是藝術的特徵，因爲藝術是用感性形象化的方式把眞實呈現於意識，而這感性形象化在它的這種顯現本身裡就有一種較高深的意義，同時卻不是超越這感性體現使概念本身以其普遍性相成爲可知覺的，因爲正是這概念與個別現象的統一才是美的本質和通過藝術所進行的美的創造的本質。在藝術中這種統一的實現固然不僅靠感性的外在事

---

⑪ 例如「有」與「無」對立，統一爲「變」，在這「變」（統一體）裡，「有」與「無」都不堅持本來的對立，因此，這兩方面只是「觀念性的」，即必須在觀念中假定有對立的「有」和「無」，才可理解它們統一而成的「變」。

⑫ 原文是im endlichen Geiste die Erinnerung des Wesens aller Dinge，英譯Erinerung作recollected presence（回想起的出現形狀），俄譯作Воспроизведение（再造，再現），均不易解。

物，而且也靠觀念的因素特別是在詩裡；不過就連在詩這門最富於心靈性的藝術裡也還需有意義及其個別形象的統一——儘管這種統一是呈現於起觀念作用的那種意識的——而每個內容也還是先以直接方式去掌握而後呈現於觀念的。在一般情形之下，還必須說，藝術既以眞實，即心靈，爲其特有的對象，它就不能通過個別的自然事物本身，如日、月、地、星之類，來產生對這對象的觀照。這些事物當然是感性的存在，但也只是孤立的感性的存在，單靠它們本身還不能產生對心靈性事物的觀照。

我們既然把藝術擺在這種絕對的地位，就明白地抛開了前面已經提到的一個看法，以爲藝術可以運用許多其他性質的內容，爲一些與藝術不相干的旨趣服務。話雖如此說，宗教卻往往利用藝術，來使我們更好地感到宗教的眞理，或是用圖像說明宗教眞理以便於想像；在這種情形之下，藝術確是在爲和它不同的一個部門服務。但是只要藝術達到了最高度的完善，它所創造的形象對眞理內容就是適合的、見出本質的。例如古希臘藝術就是希臘人想像神和認識眞理的最高形式。所以詩人和藝術家們對於希臘人來說，就是他們的神的創造者，這就是說，藝術家們替希臘民族建立了關於神的事蹟、生活和影響的明確觀念，因此也就是替他們建立了明確的宗教內容。這並非說，在詩以前，這些觀念和教訓已經以由思考產生的一般宗教格言和定義的形式，抽象地存在於意識中，藝術家們只是把形象附加到那些格言和定義上面去，或是用詩把它們裝飾起來；而是說，在這種藝術創造裡，那些詩人只能用這種藝術和詩的形式，把他們心裡醞釀成的東西表達出來。在宗教意識的其他階段，宗教意蘊就不那樣適合於藝術表現，在這種情形之下，藝術的作用就比較小些。

藝術作爲心靈的最高旨趣的本來眞正的地位就是如此。

但是藝術在自然中和生活的有限領域中有比它較前的一個階段，也有比它較後的一個階段，這就是說，也有超過以藝術方式去了解和表現絕對的一個階段。因爲藝術本身還有一種局限，因此要超越這局限而達到更高的認識形式。這種局限說明了我們在現代生活裡經常所給藝術的地位。我們現在已不再把藝術看作體現眞實的最高方式。大體說來，人類思想很早就已反對藝術，說它只是對神聖的東西作圖解式的表現，例如猶太人和伊斯蘭教徒都是這樣看，就是希臘人也還是這樣看，柏拉圖就很反對荷馬和赫西俄德所描寫的神。每個民族文化的進展一般都要達到藝術指向它本身以外的一個時期。例如基督教的歷史因素，如基督的復活、他的生和死之類，都提供藝術，特別是繪畫，以無數形象化的機會，而教會本身不是保護藝術，就是任它自由；但是知識與探討的欲望以及對內在心靈性的要求促進了宗教改革，於是宗教表現就離開了感性因素而回到內在的情感和思想。這樣，後於藝術的階段就在於心靈感到一種需要，要把它自己的內心生活看作體現眞實的眞正形式，只有在這種形式裡才找到滿足。在起始階段，藝術還保留一些神祕因素，還有一種隱密的預感和一種悵惘，因爲它的形象還沒有把它的完滿的內容完滿地表現出來供形象的觀照。但是到了完滿的內容完滿地表現於藝術形象了，朝更遠地方瞭望的心靈就要擺脫這種客體性相而轉回到它的內心生活。這樣一個時期就是我們的現在。我們儘管可以希望藝術還會蒸蒸日上，日趨於完善，但是藝術的形式已不復是心靈的最高需要了。我們儘管覺得希臘神像還很優美，天父、基督和瑪利亞在藝術裡也表現得很莊嚴完善，但是這都是徒然的，我們不再屈膝膜拜了。

(2) 最接近藝術而比藝術高一級的領域就是宗教。宗教的意識形式是觀念，因為絕對離開藝術的客體性相而轉到主體的內心生活，以主體方式呈現於觀念，所以心胸和情緒，即內在的主體性，就成為基本要素了。這種從藝術轉到宗教的進展可以說成這樣：藝術只是宗教意識的一個方面。換句話說，如果藝術作品以感性方式使眞實，即心靈，成為對象，把絕對的這種形式作為適合它的形式，那麼，宗教就在這上面加上虔誠態度，即內心生活所特有的對絕對對象的態度。就藝術本身來說，它和這種虔誠態度是不相干的。這種虔誠態度之所以起來，只是由於主體在情感上沉浸到由藝術用外在的感性形象所化成客觀的東西裡去，和它達到同一，結果在觀念裡的這種內在的呈現以及心情振奮的情感，就成為絕對達到客觀存在的基本要素。虔誠態度是教眾崇拜的最純粹最內在最主體的形式，在這種崇拜裡客體性相好像被吞食消化了，客體性相的內容脫離了客體性相本身而變成了心胸情緒所特有的東西。

(3) 最後，絕對心靈的第三種形式就是哲學。因為在宗教裡，神首先是以外在對象呈現於意識的，至於神是什麼，神如何顯現和繼續顯現他自己，是必須從學習教義中才能領會到的，這種宗教固然也沉浸到內心生活裡去，推動教眾和激發教眾的心靈；但是情緒與觀念的虔誠還不是內在生活的最高形式。我們必須把自由思考看作這種最純粹的知識形式，哲學用這種自由思考把和宗教同樣的內容提供給意識，因而成為一種最富於心靈性的修養，用思考去掌握和理解原來在宗教裡只是主體情感和觀念的內容。這樣，藝術和宗教這兩方面在哲學裡統一起來了：一方面哲學有藝術的客體性相，固然已經把它的外在的感性因素拋開，但是在拋開之前，它已把這種感性，因素轉化爲最高形式的客觀事物，即轉化爲思想的形式；另一方面哲學有宗教的主體性，不過這種主體性經過淨化，變成思考的主體性了。因爲思考一方面是最內在最眞實的主體性，而另一方面眞正的思想，即理念，也是最實在、最客體的普遍性，這只有在思考本身以內並且用思考的形式才能掌握住。

藝術、宗教和科學的分別，我們暫時就只說這些。

意識的感性形式對於人類是最早的，所以較早階段的宗教是一種藝術及其感性表現的宗教。只有在心靈的宗教裡，神才以比較高的適合思考的方式被理解爲心靈。從此可知，用感性形式來表現眞理，還不是眞正適合心靈的表現方式。⓭

⓭ 在黑格爾的客觀唯心主義體系裡，最高眞理、絕對和神都是一事。人類認識最高眞理有一個發展過程，分爲三個階段，採取三種方式。最初級的方式是藝術，它以感性形象顯現眞理，較高一級的方式是宗教，它的側重點由藝術所側重的客體感性形象轉到膜拜者的主體虔誠心情。宗教是對藝術的否定，到了最高級的認識方式，即哲學，又否定了宗教側重主體意識的片面性，以自由思考把主體與客體、感性與理性都統一起來，才眞正認識到理念。黑格爾認識到歷史發展的重要性，但是他所認識到的發展就到哲學爲止，特別是到他自己的哲學爲止，他沒有看到藝術還有多大的前途，認爲到了現代，「藝術的形式已不復是心靈的最高需要了」，我們對過去優美藝術作品已「不再屈膝膜拜了」，這就否定了他自己所強調的發展觀點了，因爲發展終有止境。

3. 第一卷題材的劃分

我們既已知道藝術在心靈的領域中，以及藝術哲學在其他哲學部門之中所占的地位了，在以下這個通論部分首先就要研究藝術美的普遍概念。

爲著要按照它的整體來理解藝術美的理念，我們要分三個階段來研究：

第一階段，一般地討論美的概念；

第二階段，討論自然美，自然美的缺陷使得藝術美（即理想）成爲必要的；

第三階段的研究對象，是理想如何實現爲藝術作品中的藝術表現。

第一章 總論美的概念

1. 理念

我們已經把美稱爲美的理念，意思是說，美本身應該理解爲理念，而且應該理解爲一種確定形式的理念，即理想。一般說來，理念不是別的，就是概念，概念所代表的實在，以及這二者的統一。單就它本身來說，概念還不是理念，儘管概念和理念這兩個名詞往往被人用混了。只有出現於實在裡而且與這實在結成統一體的概念才是理念。這種統一不應了解爲概念與實在的單純的中和，其中兩方面的特性與屬性都因而消失了，有如鉀與酸化合爲鹽，這兩種元素的對立在鹽裡因互相沖淡而中和了。與此相反，在概念與實在的統一裡，概念仍是統治的因素。因爲按照它的本性，概念本身就已經是概念與實在的統一，就從它本身中生發出實在，作爲它自己的實在，這實在就是概念的自生發，所以概念在這實在裡並不是把自己的什麼拋棄了，而是實現了自己。因此，概念在它的客觀存在裡其實就是和它本身處於統一體❶。概念與實在的這種統一就是理念的抽象的定義。

儘管在藝術理論中「理念」這個名詞也往往被人使用，有些聲望很高的藝術鑒賞家卻很討厭這個名詞。一個最近的最有趣的例子就是呂莫爾❷先生在他的《義大利研究》裡所作的爭辯。這部書是從藝術的實踐興趣出發的，與我們所說的「理念」本來毫不相干。呂莫爾先生不懂得新哲學所說的理念，把理念和不確定的「觀念」以及著名的藝術理論和藝術學派所主張的那種抽象的無個性的「理想」混淆起來。這些抽象的觀念和理想是和實質上是確定的輪廓鮮明的自然形式❸相對立的，呂莫爾卻把理念和藝術家所臆造的抽象的觀念和理想一律看待，以爲理念也是和自然形式相對立的。如果按照這種抽象的觀念和理想去進行藝術創造，這當然是不正確的，而且是徒勞的，就像思想者按照不明確的觀念去思想，總是糾纏在完全不明確的內容裡一樣。但是這種指責卻不能適用於我們所說的「理念」，因爲這完全是具體的，是一種統攝各種定性的整體，其所以美，只是由於它（理念）和適合它的客體性相直接結成一體。

呂莫爾先生在《義大利研究》裡（卷一，一四五—一四六頁）說過這樣的話：「按照最一般的意義，或則說，按照近代所了解的意義，美包含一件事物的足以使視覺得到愉快的刺激，或則通過視覺而與靈魂契合，使心境怡悅的一切特性。」這些特性分爲三種：「一、只通過視覺起作用的；二、只通過假定是與生俱來的，對於空間關係的那種特別感覺起作用的；三、首先通過知解力起作用，然後通過認識才對情感起作用的。」這第三種最重要的特性要依靠的「形式完全不靠感官的快感和體量的美，而能引起一種明顯的倫理的和精神的快感，這種精神的快感一部分起於對上述（還是倫理的和精神的？——黑格爾原注。）那些觀念的欣賞，一部分直接起於只要有清晰的認識活動就會感到的那種滿足」。

---

❶ 因爲實在還是概念所含的一方面，這也就是理性與感性的統一。

❷ 呂莫爾（K. Rumohr, 1785-1843），德國藝術史家。

❸ 「自然形式」即實在事物的具體形式，如山川鳥獸之類。依黑格爾，自然事物是概念的體現或「另一體」。

按照這位重要的藝術鑒賞家的看法，美的基本特性就是如此。對於某種文化程度來說，這種看法也許可以過得去，但是從哲學觀點來看，它卻是很不圓滿的。因爲這種看法的基本論點只是：視覺、心靈，或知解力感到快樂、情感受到激發，引起了一種快感。整個論點都環繞著引起快感這一點。但是這種把美的作用歸結爲情感、快感和欣喜的看法早就由康德批駁掉了，康德已比美感說前進一步了❹。

如果我們從這番辯論回到它所沒有能推翻的理念，我們記得前面已說過，理念就是概念與客觀存在的統一。

(1) 關於概念本身的性質，單就它本身來說，概念並不是一種抽象的統一，和實在中各種差異❺相對立，而是本身已包含各種差異在內的統一，因此它是一種具體的整體。例如「人」、「綠」等觀念原來並不是概念，而只是抽象的普泛的觀念，只有證明了這些觀念把各差異方面都包含在統一體裡，它們才變成概念。例如「綠」顏色這個觀念就以明與暗的統一❻——一種特別的統一——組成「綠」的概念；「人」這個概念包含感性與理性，身體和心靈這些對立面，但是人並不是由兩兩並立互不相關的對立面混合而成的；按照人的概念，人就是這些對立面所結成的具體的經過調和的❼統一體。但是概念是它的各種定性的絕對統一，這些定性在概念裡原來不是彼此分裂、各自獨立的東西，否則它們就會脫離了統一，就不能實現它們自己。因此，概念包含它的全部定性於這種觀念性的❽統一體和普遍性裡。這觀念性的統一體和普遍性組成了它所以有別於客觀現實的主體性。例如金子具有一定的重量、顏色，以及對各種酸所起的某些反應關係。這些都是不同的定性，但是都完全化爲一體。連極細微的一個金粒也必須把這些定性包含在不可分割的統一體裡。對於我們人來說，這些定性是可以分析開來的，但是按照它們的概念，它們本身卻處於不可分割的統一體。凡是眞正概念本身所含的各種差異面也是這樣不能彼此分立地處於統一體裡。一個更切近的例子是人對他自己的觀念，即有意識的「我」。所謂「靈魂」或「我」就是概念本身處在它的自由的客觀存在裡。這個「我」包括一大堆最不同的觀念和思想，這些簡直就是一整個世界的觀念；但是這種無限繁複的內容既然都在「我」以內，就還是無身體、無物質，好像擠塞到這種觀念性的統一體裡，作爲「我」在我自身的純粹的完全透明的顯現❾。概念包含各種

---

❹ 康德認爲只指出審美產生快感還不解決問題，要解決的問題在於美感雖是個別的主觀的，何以仍有普遍性和必然性。

❺ 各種差異，即各種不同的定性，對立面也是差異。這些差異已包含在概念裡，而實現於實在（客觀存在）中。

❻ 這是根據歌德的關於顏色的學說，現在已不正確，全書序論註⓮⓼。

❼ 原文vermittelt，字面的意思是「經過仲介的」，依黑格爾的辯證法，兩對立面的統一就是和解，即經過否定和否定的否定這種辯證過程的，所以譯爲「經過調和的」。

❽ 「觀念性的」就是「在思想中存在的」，所以是主體的與實在對立的。概念的統一還是「觀念性的」、「主體的」，理念的統一才是「實在的」，同時體現於客體性相的。

❾ 一種概念雖很明確而卻仍是抽象的「我」。

不同的定性於觀念性的統一體裡，其情形就是如此。

按照它的本性，概念具有三種較切近的定性，即普遍的、特殊的和單一的。這三種定性之中每一種，如果拆開來孤立地看，就會是一種完全片面的抽象的東西。如果還是片面的，它們就還沒有出現在概念裡，因為它們的觀念性的統一才組成概念。因此，概念在這個意義上才是普遍的：這普遍的一方面自己把自己否定了，於是才成為有定性的特殊的東西，另一方面也把這種特殊性，作為普遍性的否定，也取消掉了。因為特殊的就是普遍的本身的一些特殊方面，普遍的之轉化為特殊的，並不是成為絕對的另一體，所以普遍的在特殊的之中，只是恢復到它與原來單是普遍的時候的自己所結成的統一[10]。在這種恢復到自己之中，概念是無窮的否定[11]；不是對另一體的否定，而是自確定，在這自確定之中，概念只是自己對自己的肯定的統一。所以概念就是眞正的單一體，就是在它的特殊存在之中自己僅與自己結合在一起的那種普遍性。我們在上文所已約略提及的心靈的本質，就是概念的這種性質的最高例證。

由於它的這種無限性[12]，概念本身就已經是整體。因為概念是在它的「另一面」[13]裡和它本身的統一，所以它是自由的，它的一切否定都是自確定，而不是由另一體所外加的限制。作為這種整體，概念就已包含一切由實在本身所顯現的現象，使理念恢復到經過調和的統一。凡是認為理念和概念完全不同的人，就是對於理念和概念的性質一無所知。但是同時概念也確有不同於理念的地方：概念只有在抽象意義上才有可能向特殊分化，因為概念裡的定性還是包含在統一和觀念性的普遍性（這是概念的因素）裡⓮。

所以在這種情形之下，概念本身還不免於片面性，還有一個缺點，這就是它本身雖然是整體，卻只有在統一和普遍方面才有自由發展的可能⓯。這種片面性並不符合概念的本質，所以概念按照它的本質就要取消（否定）這種片面性。概念因此就否定自己作為這種觀念性的統一和普遍性，使原來禁閉在這種觀念性的主體性裡的東西解放出來，轉化為獨立的客觀存在。這就是說，概念通過自己的活動，使自己成為客觀存在。

---

❿ 抽象的普遍性與具體的特殊事物中的普遍性統一起來了。下文所謂「恢復到自己」就是「實現自己」，也就是使自己具有明確的定性，成為實在事物，也就是所謂「自確定」，每個自確定了的概念就是一個具體事物，就是一個「單一體」。

⓫ 有無窮的生發，就有無窮的否定。

⓬ 無限——黑格爾所謂「無限」並非數量上的無限，而是獨立自在，不受限制。「無限」、「絕對」、「自由」、「獨立自足」等詞其實同義，每一個理念——作為概念與實在的統一體，即理性與感性的統一體——都是「絕對的」、「無限的」、「自由的」、「獨立自足」的。

⓭ 另一面或另一體即概念的對立面，即實在或客觀存在。

⓮ 概念的統一和普遍性仍然是觀念性的、主體的，其中各定性還未體現於實在事物，還是抽象的，所以不同於理念。

⓯ 因為它還只有在抽象意義上才有可能向特殊性分化。

(2)所以單就它本身來看，客觀存在就是體現概念的實在，但是原來概念還只是主體性的時候，它的一切因素[16]還只是處於觀念性的統一，現在概念卻取得另一形式，在這形式中原來它的一切因素都轉化爲獨立的特殊性相和實在的差異面了[17]。

但是因爲只有在客觀存在中獲得存在，變成實在的才是概念，所以客觀存在在它本身就應該使概念變成實在。但是概念是它的各種特殊因素的經過調和的觀念性的統一。所以在它的實在的差異面的範圍之內，原來那些特殊因素的符合概念的觀念性的統一，還要在它們本身（實在的差異面）中重新建立起來。在它們裡面應該存在的不僅有實在的特殊因素，而且還有它們（實在的特殊因素）的經過調和所成的觀念性的統一[18]。概念的威力就在於此：它在分散的客觀存在裡並不拋開或喪失它的普遍性，它就通過實在而且就在實在裡，把它的這種統一顯示出來。因爲概念的本質就在於它能在它的另一體裡保持住它與它本身的統一。只有這樣，概念才是眞正的實在的整體。

(3)這種整體就是理念。理念不僅是概念的觀念性的統一和主體性，而同時也是體現概念的客體，不過這客體對於概念並不是對立的，在這客體裡，概念其實是自己對自己發生關係[19]。從主體概念和客體概念兩方面看，理念都是一個整體，同時也是這兩方面的整體的永遠趨於完滿的而且永遠達到完滿的協調一致和經過調和的統一。只有這樣，理念才是眞實而且是全部的眞實。

2. 理念的客觀存在⑳

因此，一切存在的東西只有在作爲理念的一種存在時，才有眞實性。因爲只有理念才是眞正實在的東西。這就是說，現象之所以眞實，並不由於它有內在的或外在的客觀存在，並不是由於它一般是實在的東西，而是由於這種實在是符合概念的。只有在實在符合概念時，客觀存在才有現實性和眞實性。而且這眞實性當然不是就主觀的意義來說，即不是說，只要一種存在符合我的觀念，它就是眞實的，而是就客觀的意義來說，即是說，「我」或是一種外在的對象、行動、事蹟或情境在它的實在中實現了概念，它才是眞實的。如果這種統一不發生，客觀存在的東西就只是一種現象，在這種現象裡不是完整的概念而是概念的某一抽象方面得到客體化（對象化）了。這抽象的方面由於脫離了整體與統一而獨立分立，就可以退

---

⑯ Momente，英譯本作「對立面」，實即概念裡的各種定性或「差異面」。

⑰ 概念原來只是主體的統一時所含的一切定性（因素），現在在客觀存在中變成實在事物的各種不同的性質（實在的差異面）了。

⑱ 這兩句原文很艱晦。英譯本附注說：「這裡原文顯然有錯誤。」但是英譯本還是和原文一樣不易懂。對這兩句我們根據了俄譯本。原文大意是：「在客觀存在裡，概念原有的那些定性以及它們的統一還要顯現出來。原來它們是觀念性的，現在它們卻變成實在的。」

⑲ 見前注，英譯本作「概念自確定」。

⑳ Dasein即具有定性的存在，有人譯爲「限有」或「實有」，爲通俗計，譯「客觀存在」。

化到與眞實的概念對立。所以只有符合概念的實在才是眞正的實在，因爲在這種實在裡，理念使它自己達到了存在。

3. 美的理念

我們前已說過，美就是理念，所以從一方面看，美與眞是一回事。這就是說，美本身必須是眞的。但是從另一方面看，說得更嚴格一點，眞與美卻是有分別的。說理念是眞的，就是說它作爲理念，是符合它的自在本質與普遍性的，而且是作爲符合自在本質與普遍性的東西來思考的。所以作爲思考對象的不是理念的感性的外在的存在，而是這種外在存在裡面的普遍性的理念。但是這理念也要在外在界實現自己，得到確定的現前的存在，即自然的或心靈的客觀存在。眞，就它是眞來說，也存在著。當眞在它的這種外在存在中是直接呈現於意識，而且它的概念是直接和它的外在現象處於統一體時，理念就不僅是眞的，而且是美的了。美因此可以下這樣的定義：美就是理念的感性顯現。感性的客觀的因素在美裡並不保留它的獨立自在性，而是要把它的存在的直接性取消掉[21]（或否定掉），因爲在美裡這種感性存在只是看作概念的客觀存在與客體性相，看作這樣一種實在：這種實在把這種客觀存在裡的概念體現爲它與它的客體性相處於統一體，所以在它的這種客觀存在裡只有那使理念本身達到表現的方面才是概念的顯現。

(1) 根據這個原則，知解力是不可能掌握美的，因爲知解力不能了解上述的統一，總是要把這統一裡面的各差異面看成獨立自在的分裂開來的東西，因而實在的東西與觀念性的東西，感性的東西與概念，客體的與主體的東西，都完全看成兩回事，而這些對立面就無從統一起來了。所以知解力總是困在有限的、片面的、不眞實的事物裡。美本身卻是無限的、自由的。美的內容固然可以是特殊的，因而是有局限的，但是這種內容在它的客觀存在中卻必須顯現爲無限的整體，爲自由，因爲美通體是這樣的概念：這概念並不超越它的客觀存在而和它處於片面的有限的抽象的對立，而是與它的客觀存在融合成爲一體，由於這種本身固有的統一和完整，它本身就是無限的。此外，概念既然灌注生氣於它的客觀存在，它在這種客觀存在裡就是自由的，像在自己家裡一樣。因爲概念不容許在美的領域裡的外在存在，獨立地服從外在存在所特有的規律，而是要由它自己確定它所賴以顯現的組織和形狀。正是概念在它的客觀存在裡與它本身的這種協調一致才形成美的本質。但是把一切結合成一體的繩索以及結合的力量卻在於主體性、統一、靈魂、個性。

(2) 所以如果從美對主體心靈的關係上來看，美既不是困在有限裡的不自由的知解力的對象，也不是有限意志的對象。㉒

㉑ 取消存在本身，只取存在所現的現象。例如畫馬，所給的不是馬的眞實存在（不是活的眞馬），只是馬的形象。這形象卻還是一種客觀存在。

㉒ 關於知解力與理性的區別參看全書序論注㊅。

用有限的知解力，我們去感覺內在的和外在的對象，觀察它們，從感性方面認識它們是眞實的，讓它們進入我們的知覺和觀念，成爲我們的能思考的知解力的抽象概念，因而具有抽象形式的普遍性。這樣知解力活動是有限的、不自由的，因爲它把看到的事物都假定爲獨立自在的。因爲根據這種假定，我們就去適應這些事物，讓它們自由活動，或是讓它們影響我們的觀念等等，相信這些事物都是實在的，只要我們被動地接受，把全部活動限於形式的注意和消極地避免幻想和成見的作用，就可以正確地了解這些事物。在這裡，對象的這種片面的自由是與主體了解方面的不自由密切聯繫著的[23]。因爲按照這個看法，對於主體了解，內容是既定的主體的自確定便不起作用，只是按照存於客觀世界的原狀去接受和吸收現前的事物。這就好像是說，只有克服主體作用，我們才能獲得眞理。

有限的意志也有這種情形，不過方式是顚倒過來的[24]。這裡旨趣、目的、意圖都屬於主體，主體要使這些旨趣、目的、意圖等發生效力，就要犧牲事物的存在和特性。主體要實現它的決定，就只有把對象消滅掉，或是更動它們、改造它們，改變它們的形狀，取消它們的性質，或是讓它們互相影響，例如讓水影響火、火影響鐵、鐵影響木等等。這樣，事物的獨立自在性就被剝奪掉了，因爲主體要利用它們來爲自己服務，把它們作爲有用的工具看待，這就是說，對象的本質和目的並不在它本身，而要依靠主體，它們的本質就在於對主體的目的有用。主體和對象交換了地位，對象不自由，而主體卻變成自由了。

實際上有限智力與有限意志的兩種關係[25]在主體與對象兩方面都是有限的、片面的，而它們的自由也只是假想的。

主體在認識的關係上是有限的、不自由的，由於先已假定了事物的獨立自在性。在實踐的關係上它也是有限的、不自由的，由於目的和自外激發的衝動與情慾既有片面性、衝突和內在矛盾，而對象的抵抗也沒有完全消除。因爲對象與主體兩方面的分裂和對立就是這種關係的假定條件，而且被看成這種關係的眞實的概念。

對象在上述兩種關係上也是有限的、不自由的。在認識的關係上，它的先已假定的獨立自在性只是一種表面的自由。因爲客觀存在就它本身而言，只是存在著它的概念（即主體的統一和普遍性）對於它並不是內在而是外在的。因此，每個對象在這種概念外在於客觀存在的情況之下，只是作爲單純的特殊事物而存在，本著它的豐富複雜性轉向外在界與許多其他事物發生千絲萬縷的關係，顯出它受許多其他事物的影響而生長、改變、壯大和毀滅。在實踐的關係上，對象的這種依存性是已明白假定了的，事物對意志的抵抗也只是相對的，本身沒有能力維持澈底的獨立自在性。

(3)但是如果把對象作爲美的對象來看待，就要把上述兩種觀點統一起來，就要把主體

㉓ 對象是假定爲獨立存在的，所以有片面的自由，主體不起自確定作用，所以不自由。

㉔ 主體自由，對象不自由。

㉕ 有限智力的關係即下文認識的關係，有限意志的關係即下文實踐的關係。

和對象兩方面的片面性取消掉，因而也就是把它們的有限性和不自由性取消掉。

因爲從認識的關係方面看，美的對象不是只看作這樣的存在著的個別的事物：這個別事物的主體概念外在於它的客觀存在，因在它的特殊實在[26]之中，它朝無數不同的方面分散破裂爲千絲萬縷的外在的關係[27]。美的對象卻不如此，它讓它所特有的概念作爲實現了的概念顯現於它的客觀存在，而且就在它本身中顯出主體的統一和生動性。因此，美的對象從向外在界的方向轉回到它本身，消除了它對其他事物的依存性[28]，對於觀照，就把它的不自由和有限變爲自由和無限了。

自我[29]在對對象的關係上也不只是注意、感覺、觀察，以及用抽象思考去分解個別知覺和觀察的那些活動的抽象作用了。自我在這對象裡本身變成具體的了，因爲它爲自己成就了概念與實在的統一，以及原來分裂爲我與對象兩個抽象方面的統一。

關於實踐的關係，我們前已詳論，在審美中欲念也退隱了；主體把他對對象的目的[30]拋開，把對象看成獨立自在、本身自有目的。因此，原來在一般對象的純然有限的關係中，對象用作有用的實現手段，所以只有外在的目的，而在實現這種目的過程中，對象或是不自由地抵抗，或是被迫服從外在的目的；現在在美的對象中，這種一般對象的純然有限的關係就消失了。同時，實踐主體的不自由的關係也消失了，因爲主體不再把主觀意圖等等和實現這種主觀意圖的材料和手段分開，而在實現主觀意圖之中也不再處於只是服從「應該」原則的那種有限的關係[31]，而是面臨著充分實現了的概念的目的。

因此，審美帶有令人解放的性質，它讓對象保持它的自由和無限，不把它作爲有利於有限需要和意圖的工具而起占有欲和加以利用。所以美的對象既不顯得受我們人的壓抑和逼迫，又不顯得受其他外在事物的侵襲和征服。

因爲按照美的本質，在美的對象裡，無論是它的概念以及它的目的和靈魂，還是它的外在的定性、豐富複雜性和實在性，都顯得是從它本身生發出來，而不是由外力造成的，其所以如此，是因爲像我們已經說過的，美的對象之所以是眞實的，只是由於它的確定形式的客觀存在與它的眞正本質和概念之間見出固有的統一與協調。還不僅此，概念本身既然是具體的，體現它的實在也就完全顯現爲一種完善的形象，其中各個別部分也顯出觀念性的統一和生氣灌注作用。因爲概念與現象的協調就是完滿的通體融貫。因此，外在的形式和形狀不是和外在的材料分裂開來，或是強使材料機械地遷就本來不是它所能實現的目的，而按其本

㉖ 即特殊存在。

㉗ 這是一般個別事物的情況，參看上段。

㉘ 參看前段「轉向外在界與許多其他事物發生千絲萬縷的關係」句。美的對象獨立自在，不靠這些關係。

㉙ 「自我」即主體，在這裡即審美者。

㉚ 指一般事物在實踐生活中的目的。

㉛ 即尋常道德和功利的考慮。

質，它是實在本身固有的形式，而現在從實在裡表現出來。最後，美的對象裡各個部分雖協調成爲觀念性的統一體，而且把這統一體顯現出來，這種諧和一致卻必須顯現成這樣：在它們的相互關係之中，各部分還保留獨立自由的形狀，這就是說，它們不像一般的概念的各部分，只有觀念性的統一，還必須顯出另一方面，即獨立自在的實在的面貌。美的對象必須同時現出兩方面：一方面是由概念所假定的各部分協調一致的必然性，另一方面是這些部分的自由性的顯現是爲它們本身的，不只是爲它們的統一體[32]。單就它本身來說，必然性是各部分按照它們的本質即必須緊密聯繫在一起，有這一部分就必有那一部分的那種關係。這種必然性在美的對象裡固不可少，但是它也不應該就以必然性本身出現在美的對象裡，應該隱藏在不經意的偶然性後面[33]。否則各個實在的部分就會失去它們的地位和特有的作用，顯得只是服務於它們的觀念性的統一，而且對這觀念性的統一也只是抽象地服從。

無論就美的客觀存在，還是就主體欣賞來說，美的概念都帶有這種自由和無限；正是由於這種自由和無限，美的領域才解脫了有限事物的相對性，上升到理念和眞實的絕對境界。[34]

㉜ 這後半句英譯本爲「它們的自由性的形狀顯得基本上與全體合而爲一，不僅是各部分的統一體所有的」。俄譯本爲「它們的自由性的顯現是爲自己而發生的，不僅爲統一體」。似均不合原意。看上下文，這句大意是：「不僅統一體顯得是自由的，各部分也是顯得是自由的。」

㉝ 貌似偶然，其實必然。

㉞ 在這一章裡，黑格爾闡明了他的美的定義：「美就是理念的感性顯現」。理念包含三個因素：概念（抽象的普遍性）、體現概念的客觀存在（個別具體事物）以及這兩者的統一。概念本身已包含體現它的客觀存在爲其對立面或「另一體」，它通過既否定本身的抽象性而轉化爲客觀存在，又否定客觀存在的抽象的特殊性這種辯證過程而達到統一變成理念。這種發展過程並不通過外力，而是通過概念本身的內在本質，由自否定達到自確定。所以這種理念是無限的、自由的。理念就是美，也就是眞。眞是憑思考所認識到的事物本質和普遍性，美不是思考的對象而是感覺的對象，感覺從理念所顯現的感性形象上所認識到的便是美。黑格爾特別強調美的無限和自由，認爲美既不受知解力的局限，又不受欲念和目的限制，這樣，藝術便脫離現實世界的一切關係而超然獨立。這實際上還是康德的「無所爲而爲的觀照」說的進一步的發展，是資產階級的「爲藝術而藝術」論的哲學基礎。

第二章　自然美

美是理念，即概念和體現概念的實在二者的直接的統一，但是這種統一需直接在感性的實在的顯現中存在著，才是美的理念。

理念的最淺近的客觀存在就是自然，第一種美就是自然美。

一、自然美，單就它本身來看

1. 理念作為生命

在自然界中，概念在實在中得到存在因而成爲理念的方式有幾種，我們需加以區別。

(1) 第一，概念直接沉沒在客觀存在裡，以致見不出主體的觀念性的統一，毫無靈魂地完全轉化爲感性的物質的東西❶。純然以機械的物理的方式分立的個別的物體就是屬於這一種。例如一種金屬物在它本身上固然具有許多複雜的機械的物理的屬性，但是其中每一部分都同樣含有這些屬性。這樣的物體不但沒有一種完整的組織，使其中每一個差異面❷都得到獨立的特殊的物質存在，而且這些差異面也沒有一種消極的觀念性的統一，可以起灌注生氣的作用❸。它的差異只是一種抽象的雜多，而它的統一只是同樣屬性在各部分同樣存在的那種等同性或一致性。

這就是概念的第一種存在方式。它的各差異面沒有獨立的存在，它的觀念性的統一並不現出它的觀念性❹，因此，這種分立的物體本身還只是有缺陷的抽象的存在。

(2)其次，較高一級的自然物卻讓概念所含的差異面處於自由狀態，每一差異面在其他差異面之外獨立存在。到了這步，客觀性的眞正性質才初次顯露出來。客觀性就是概念的各差異面所現出的這種互相外在的獨立存在。在這個階段，概念以這樣方式顯出它的身分：因爲它作爲統攝它的一切定性的整體，變成了實在，所以其中個別物體雖各有獨立的客觀存在，而同時卻都統攝於同一系統。例如太陽系就是這樣方式的客觀存在。太陽、彗星、月球和行星一方面現爲互相差異的獨立自在的天體；另一方面它們只有根據它們在諸天體的整個系統中所占的地位，才成爲它們之所以爲它們。它們的特殊方式的運動以及它們的物理的性質，都取決於它們對這整個系統的關係。這種密切聯繫就形成了它們的內在的統一，就是這種統一使各個別存在的天體互相關聯而結合在一起。

---

❶「觀念性的統一」是主體在思想上認識到的統一。無靈魂的自然界事物自在而不自爲（自覺），所以見不出這種觀念性的統一，木石對自己毫無概念。

❷差異面即不同的屬性、因素或不同的部分。

❸Beseelung，意味使對象具有靈魂或生命。依黑格爾看，礦物無生命，所以不像有生命的東西那樣各部分各有專司而仍互相聯繫成爲完整的組織。就連這些不同部分，也沒有像下文所說的太陽系統所有的那種自在的消極的統一，可以使它現出像有生氣（因有自運動）。

❹它還見不出心靈性。太陽系能自運動，但仍是自在的而不是自爲的，沒有能自覺的靈魂，所以沒有主體的觀念性的統一。

但是概念卻不停留在這種統攝諸獨立個別物體的純然自在的統一。因爲它的差異面既然是實在的，它的使這些差異面互相關聯的統一也就必須變成實在的。這種統一與客觀界個別物體的互相外在顯然有別，因此它在這個階段，與這種互相外在不同，自有一種實在的物體的獨立的存在。例如在太陽系裡，太陽就作爲全太陽系的統一而存在，與系中各種實在的差異面❺相對立。但是這種觀念性的統一的存在方式還是有缺陷的，因爲這種統一一方面只有作爲諸個別的獨立物體之中的關係，才是實在的，另一方面作爲全系統中代表著統一的一種物體，它是與各種實在的差異面相對立的。如果我們把太陽看成全太陽系的靈魂，太陽卻在這靈魂所向外展現的❻各成員之外、自有獨立的存在。太陽本身只是概念的一個方面，即統一方面，有別於實在的個別部分，因此這種統一還只是自在的，也就是說，還是抽象的。按照它的物質的屬性，太陽固然是明顯的同一體，是單純的發光體，但是這種同一還只是抽象的。因爲光本身只是單純的無差異的現象。所以我們看到，在太陽系中概念本身固然是變成實在了，每一個星體既然顯現爲概念的一個特殊的方面，概念的差異面的整體也明白外現了，但是在這裡概念究竟還是沉沒在它的實在裡，還沒有顯現爲這種實在的觀念性和內在的自爲存在。它的存在的基本形式還是它的各差異面的各自獨立，互相外在。

如果要概念達到眞正的存在，就要求實在中的不同方面（即各獨立的差異面的實在與也是獨立的客觀化的統一的實在本身）能回到統一；就要求自然差異面的這種整體一方面把概念明白外現爲它的各種定性，在實在界的互相外在，另一方面卻又把它的每一特殊面的自封閉似的獨立狀態取消（否定）掉，使觀念性（在這觀念性裡各差異面回到了這主體的統一）顯現為對這些差異面灌注生氣的普遍源泉❼。這樣，這些差異面才顯得不僅是拼湊在一起的本無關聯的各個部分，而是一個有機整體中的成員；這就是說，它們不再彼此分立，而是只有在它們的觀念性的統一裡，才有眞正的存在。只有在這種有機組織裡，概念的觀念性的統一才出現在各成員裡，作為它們的支柱和內在的靈魂。到了這步，概念才不再沉沒在實在裡，而是作為內在的同一和普遍性而轉化為存在，這種內在的同一和普遍性就是概念的本質。

(3)只有這第三種自然顯現的方式才是理念的一種客觀存在形式，而這樣顯現於自然的理念就是生命。死的無機的自然是不符合理念的，只有活的有機的自然才是理念的一種現實。因為生命有這三種特色：第一在生命裡概念所含的差異面外現為實在的差異面；其次這

❺ 即各種不同的星體。

❻ 太陽影響所及的各個星體。

❼ 依黑格爾，概念分正反合三階段，在正的階段，概念是主體的，具有觀念性的抽象的統一；在反的階段，概念得到客觀性，見出差異面（即外現為各種定性）；在合的階段，概念的差異面經過否定，與原來的觀念性的主體的統一結成統一體，所謂「回原到統一」（否定的否定），這才是具體的統一。到了這階段，概念才成為理念，達到眞正的存在。

些單純的實在的差異面遭到否定，因爲概念的觀念性的主體性把這實在統轄住了；第三，這裡也出現了生氣，作爲概念在它的軀體裡的肯定的顯現，作爲無限的形式，這種形式有力量維持它在它的內容裡作爲形式的地位。

①如果根據尋常意識來看生命是什麼，我們就一方面得到身體的觀念，另一方面得到靈魂的觀念，對兩方面都分辨出一些不同的特性。身體與靈魂的這種區分對於哲學研究也是極其重要的，我們在這裡也得研究它，不過靈魂與身體的統一的關係也同樣重大，而且對於哲學思考一向就是一個極難的問題。正是由於這種統一，生命才形成理念在自然界中最初階段的顯現。所以我們不應把靈魂與身體的統一理解爲單純的互相聯繫在一起，而應把它看得更深刻些。我們應把身體及其組織看成概念本身的有系統的組織外現於存在，這概念使生物的一些定性在生物的肢體中得到一種外在的自然界的存在，情形正如在較低階段的太陽系那樣。概念在這種實際存在裡就提升到形成上述那些定性的觀念性的統一，而這種觀念性的統一就是靈魂。靈魂形成實體的統一和通體滲透的普遍性，儘管它只對它本身發生關係，自生自發、融貫一致，只是一種主體的自爲存在。靈魂與身體的統一就應該按照這種較高的意義來理解。這就是說，靈魂與身體並不是兩種原來不同而後聯繫在一起的東西，而是統攝同樣定性的同一整體。正如理念一般只應理解爲概念外現於實際存在，其中既有兩者的區別，又有兩者的統一；生命也應理解爲靈魂及其身體的統一。靈魂在它的身體裡既見出主體性的統一又見出實體性的統一，這在感覺裡就可以看出。生物的感覺並不只是獨立地起於身體上

某一部分，它就是全身的這種單純的觀念性的統一。感覺瀰漫全身各部分，在無數處同時感到，但是在同一身體上並沒有成千上萬的感覺者，卻只有一個感覺者、一個主體。因爲有機自然的生命既包括實在存在的各部分的差異面和在這些部分中單純地自爲地存在著的靈魂，同時卻又包括這些差異面作爲經過調和的統一，所以生命比起無機自然要較高一層。只有生命的東西才是理念，只有理念才是眞實。當然，就連在有機體裡，由於身體不能充分實現它的觀念性和生氣灌注作用，這種眞實也可以被毀滅，例如在生病時就是如此。在這種情形之下，概念就不能作爲唯一的力量而統治著，還有別的力量在和它抗衡。不過這種存在只是一種敗壞了的生命，這種生命之所以還能維持住，只是由於概念與實在之間的不適應還只是相對的而不是絕對的。如果這兩方面的協調完全消失了，身體既沒有眞正的組織，又沒有了這種組織的眞正的觀念性[8]，生命就會馬上轉爲死亡，既然死亡，凡是由生氣灌注作用所統攝於不可分裂的統一體的東西也就解體，彼此獨立分立了。

②我們說過，靈魂是概念的整體，即在本身是主體的觀念性的統一體，而分成各部分的身體雖然也是這同一整體，卻顯得是各個別部分的並列和現於感官的互相外在；我們還說過，靈魂與身體兩方面在生命裡是統一的。這番話裡確實有一個矛盾。因爲觀念性的統一不

---

[8] 即觀念性的統一。

僅不是現於感官的互相外在，其中每一特殊方面都具有獨立的存在和完備的特性，而且還是這種外在實在❾的直接對立面。說它們既對立而又統一，這就是矛盾。但是誰如果要求一切事物都不帶有對立面的統一那種矛盾，誰就是要求一切有生命的東西都不應存在。因爲生命的力量，尤其是心靈的威力，就在於它本身設立矛盾、忍受矛盾、克服矛盾。在各部分的觀念性的統一和在實在界的互相外在的部分之間建立矛盾而又解決矛盾，這就形成了繼續不斷的生命過程，而生命就只是過程。這種生命過程包含著雙重活動：一方面它繼續不斷地使有機體的各部分和各種定性的實在差異面得到感性存在，而另一方面如果這些差異面僵化爲獨立的特殊部分，變成彼此對立、排外自禁的固定的差異面，它就又要使這些差異面見出它們的普遍的觀念性，即它們的生命源泉。這就是生命的唯心主義❿。因爲不僅哲學是唯心主義的，凡是唯心哲學在心靈領域裡所要做的事，自然在作爲生命時實際上就已經在做。只有這雙重活動合而爲一，只有一方面有機體的各種定性的繼續不斷的實現，以及另一方面在觀念中替現實存在事物設立主體的統一這兩件事的合而爲一，才是完滿的生命過程。關於這種生命過程的基本形式，我們在這裡不能討論。由於這雙重活動的統一，有機體的一切部分才能不斷地維持住，而且不斷地重新獲得，灌注生氣給它們的觀念性。有機體的各部分還在另一點上現出這種觀念性：它們的經過生氣灌注的統一對於它們不是無足輕重的，而是它們的實體，只有在實體以內而且通過這種實體，它們才能維持它們的特殊的個性。一般整體的部分和有機體的部分之間的分別就在於此。舉例來說，房屋的個別部分，如個別的石頭、窗戶之類，不管它們是否結合起來造成一座房屋，都還保持它們原來的性格；彼此結合在一起對於它們是無足輕重的，而概念對於它們還只是一種外在的形式，這種形式並不在各實在部分裡活著，以便把這些實在部分提升到一種主體統一的觀念性⓫。有機體的各部分卻不然，它們固然也有外在的實在，但是概念是它們所特有的內在本質，對於它們不只是從外面附加上去的起黏合作用的外在形式，而是有了這概念，才有它們所特有的那種地位。因此，有機體的各部分所獲得的實在並不像建築物中的石頭或是行星系統中的各行星、月球、彗星所有的那種實在，而是不管它們實在，與否，它們卻獲得一種在觀念中在有機體以內設立的存在。例如割下來的手就失去了它的獨立的存在，就不像原來長在身體上時那樣，它的靈活性、運動、形狀、顏色等等都改變了、而且它就腐爛起來了、喪失它的整個存在了。只有作爲有機

❾ 這種外在實在即上文「現於感官的互相外在」，亦即客觀世界裡並存的事物。

❿ 黑格爾所理解的唯心主義（Idealismus）哲學是以Idee（觀念、理念、概念都屬這一範疇）爲統攝萬事萬物的基礎，使雜多之中有統一、個別之中有普遍性，頗近於過去中國哲學所說的「理一分殊」。這就是對立面的統一。他認爲，生命把靈魂和身體的對立矛盾統一起來，也就是遵照唯心主義的原則，哲學上的唯心主義就是生命的唯心主義的一種反映。

⓫ 「概念」指房屋整體，房屋整體的概念對於一磚一木是外在的，一磚一木裡並沒有房屋這個概念，所以房屋的各部分只有外在形式上的統一，沒有觀念性的統一，即概念所應有的灌注生氣於全體各部分的統一。

體的一部分，手才獲得它的地位，只有經常還原到觀念性的統一，它才具有實在。生物界的實在之所以屬於較高級方式，道理即在於此；凡是實在的肯定的東西都要以觀念性的否定的方式來設立，同時，有了這種觀念性，有機體的各差異面才能維持生命，也才能具有它們所特有的性質[12]。

③ 理念作為自然生命時所獲得的實在，因此就是具有現象的實在。所謂「具有現象」是指有一種實在存在著，但是不是直接在它本身具有它的「抽象存在」，而是同時在它的「客觀存在」中被否定地設立。但是對有機體在外在界客觀存在的各部分所進行的否定過程，不僅作為觀念化的活動而具有否定的關係，而且在這種否定中同時也是肯定的自為存在[13]。一直到現在，我們都把處在排它自禁的特殊狀態中的個別實在的東西看作肯定方面。但是在有生命的東西裡這種獨立自在性被否定了，只有在身體的有機體以內的觀念性的統一，才具有力量對自己發生肯定的關係。靈魂就應理解為這種在否定中同時肯定的觀念性[14]。因為如果靈魂顯現在身體裡，這顯現同時就是肯定的。靈魂固然顯現為反對身體各部分獨立的特殊性的力量，但是同時卻也是這些部分的創造者，因為靈魂把外現為形式和肢體的東西作為內在的和觀念性的東西包含在它本身裡。所以顯現於外界的就是這肯定的內在的東西；外在的東西，如果純然是外在的，就不過是一種抽象的片面的東西。但是在有生命的有機體裡，我們所看到的是一種外在的東西，內在的東西就在這外在的東西裡顯現出來，這就是說，這外在的東西在它本身上顯現出內在的東西，這就是它的概念。顯現這個概念的實在也就屬於這

個概念。但是因爲在客觀存在裡，概念作爲概念，是對自己發生關係的和在它的實在裡自爲存在的主體性⑮，所以生命只能作爲有生命的東西，即作爲個別的主體而存在。只有生命才第一次找到了這種否定的統一點：這統一點之所以是否定的，是由於只有通過在觀念中把實在的差異面設立爲只是實在的，主體的自爲存在才能顯現出來，但是這些只是實在的差異面，同時是與自爲存在的主體的肯定的統一聯繫在一起的。把這方面的主體性突出地顯示出

---

⑫ 例如手這個差異面是實在的肯定的東西，但是要把它的獨立自在性否定掉，受「生命」統轄，它才是活的，也才是手。手依存於觀念性的統一，即生命。

⑬ 在黑格爾的辯證邏輯中，Sein是抽象的存在（或譯「潛有」、「虛有」），是正，Dasein是在實在界中與其他事物發生關係因而獲得定性的具體存在或客觀存在（或譯「限有」、「實有」），是反；這正反兩對立面的統一是Fürsichsein，即「自爲的存在」（或譯「自有」）。例如「石」這個概念只有抽象存在，個別的具體的石頭才有客觀存在。石頭無自意識，所以只能是「自在的」，不能是「自爲的」。有自意識的東西才是自爲的存在。「被否定地設立」：客觀存在否定抽象存在，作爲抽象存在的反面或對立面。「觀念化的活動」：否定片面的抽象性，回到觀念性的統一。「同時是肯定的自爲存在」：不但有客觀存在，而且在主體意識中認識到這存在。

⑭ 靈魂灌注生氣於全體各部分，肯定了全體有統一的生命，否定了各部分的獨立自在性。

⑮ 這句英譯本是：「但是因爲在客觀世界裡，概念，嚴格地作爲概念，就是主體生命和自確定的生命的原則明白外現於它自己的客觀實在。」例如馬的概念是主體的，對於個別存在的馬是使馬，之所以爲馬的主體性即觀念性的統一與普遍性。這馬概念的觀念性的統一與普遍性，在個別存在的馬身上得到實現。

來是非常重要的。只有作爲個別的有生命的主體，生命才是現實的。

如果我們進一步追問：生命的理念在現實的有生命的個體裡如何可以認識，以下就是答案。第一，生命必須作爲一種身體構造的整體，才是實在的；其次，這種整體不能顯現爲一種固定靜止的東西，而是要顯現爲觀念化的繼續不斷的過程，在這過程中要見出活的靈魂；第三，這種整體不是受外因決定和改變的，而是從它本身形成和發展的，在這過程中它永遠作爲主體的統一和作爲自己的目的[16]而與自己發生關係[17]。

主觀的生命的這種在自身以內的自由獨立特別表現於自發運動。無機自然的無生命的物體都有它們的固定的空間性，與它們所在地合而爲一，就束縛在那所在地上面，或是受到外力才能運動。因爲它們的運動不是由它們本身發出的，所以運動在它們身上出現時，就顯得是一種對它們是外來的影響，它們在起反應時還要出力抵消這種影響。行星之類物體的運動雖不像受外力推動，它也還是受約制於固定的規律以及這種規律的抽象的必然性。活的動物卻不然，它在它的自由的自發運動中，由它自己否定了固定地點的約束，不斷地從這種約束中解放出來。同理，動物在它的運動中出解脫了——儘管這是相對的——固定方式、固定路線、固定速度等等的抽象限制。說得更仔細一點，動物在它自己的身體組織裡就有一種可以感覺到的空間性，生命就是在這種實在本身[18]裡的自發運動，例如血液迴圈、四肢運轉等等。

但是運動還不是生命的唯一的表現。動物聲音的自由腔調是無機物體所沒有的，無機物體只有在受外力敲擊時才發出撲通叭喇的聲音。這種自由腔調就是受到生氣灌注的主體性[19]的更高一級的表現。但是觀念化的活動卻最深刻地表現於這個事實：有生命的個體一方面固然離開身外實在界而獨立，另一方面卻把外在世界變成爲它自己而存在的：它達到這個目的，一部分是通過認識，即通過視覺等等，一部分是通過實踐，使外在事物服從自己，利用它們、吸收它們來營養自己，因此經常地在它的另一體[20]裡再現自己——在較高級的有機體裡，這種再現自己的過程當然是在需要、吸收、滿足和過足的某種一定的時間間隔中進行的。

這一切就是生命概念在有生命的個體中所顯現的活動。這種觀念性並不只是由於我們的思考，而是客觀地呈現於有生命的主體本身，因此我們應該把這種主體的客觀存在稱爲一種客觀唯心主義[21]。靈魂作爲這種觀念性的存在使它自己顯現出來，永遠把身體的只是外在的

---

[16] 「自己的目的」即它本身就是目的。

[17] 「與自己發生關係」，英譯本作「自確定了」。

[18] 即動物的身體。

[19] 這其實就是「生物」，一個典型的繞彎子說話的哲學術語。

[20] 另一體即對立面，亦即外在世界。「再現自己」，因爲改變外在事物，使它們現出自己活動的效果。

[21] 客觀唯心主義肯定觀念或概念的客觀存在，生命概念客觀存在於個別有生命的東西裡，所以黑格爾把生物的存在稱爲「客觀唯心主義」。

實在提升爲顯現，因而也使它自己在身體裡客觀地顯現出來[22]。

2. 自然生命作為美

作爲在感性上是客觀的[23]理念，自然界的生命才是美的，這就是說，眞實（即理念）在它的最淺近的自然形式（即生命）裡，直接地存在於一種個別的適合於它的實在事物裡。但是由於理念還只是在直接的感性形式裡存在，有生命的自然事物之所以美，既不是爲它本身，也不是由它本身爲著要顯現美而創造出來的。自然美只是爲其他對象而美，這就是說，爲我們、爲審美的意識而美。所以我們就要問：生命在它的直接感性存在裡，以什麼方式並且通過什麼路徑才能對於我們顯現爲美的。

(1) 如果我們先看一看有生命的東西在實踐中是怎樣產生出來和維持住的，我們第一眼看到的就是自發的運動。看作一般運動，這種自發的運動只見出有時間性的變動位置的那種抽象的自由，在這種變動位置中動物顯得是完全任意的，而它的運動也顯得是偶然的。音樂和舞蹈卻不然，它們固然也是本身裡就有運動，但是這種運動不是純然任意的和偶然的，而是本身符合規律的、確定的、具體的、有尺度的，縱然我們完全不管這種運動所表現的美究竟含有什麼意義。如果我們進一步把動物的運動看作是實現一種內在的目的，那麼，這種目的既然也是受外物激發起來的，也就完全是偶然的，而且也是完全受局限的。如果我們再進一步把動物運動看成全體各部分的適應某種目的而且互相配合一致的動作，這種看法也只是根據我們的推理的活動㉔。如果我們設想動物如何滿足它的需要，尋求營養，抓住食物來吞食和消化，總之，完成一切爲維持它的生活所必要的動作，那麼，這也還只是根據推理的活動。因爲這裡我們所看到的還只是某種個別欲望的外貌，以及這種欲望的任意的偶然的滿足——還看不出有機體的內在活動㉕——或是這些活動及其表現方式成爲我們的推理的對象，我們根據推理，設法從動物的內在目的與實現這目的的器官之間的協調中見出動物運動的目的性。

無論是個別的偶然欲望，自發運動和滿足需要的動作所給我們的感性印象，還是由推理來見出的有機體的目的性，都不能使我們感到動物的生命就是自然美；美卻起於個別形象的顯現，不論在靜止中也好、在運動中也好，卻與滿足需要的目的性無關，與自發運動的完全孤立的偶然性也無關。美只能在形象中見出，因爲只有形象才是外在的顯現，使生命的客觀唯心主義㉖對於我們變成可觀照、可用感官接受的東西。思考從概念來理解這種客觀唯

㉒ 即顯現爲一種可以感覺到的對象。
㉓ 即作爲感官對象的。
㉔ 我們推想動物運動有預先考慮到的目的。
㉕ 各器官都在設法實現同一有目的的活動。
㉖ 即生命的觀念性，或周流於全體各部使它們成爲整體的「靈魂」。

心主義，按照它的[27]普遍性來把它變成自爲的，但是審美作用卻按照它的[28]顯現著的實在來把它變成自爲的[29]。而這種顯現著的實在就是分成部分的有機體的外在形象，這形象對於我們既是一種客觀存在的東西（Daseiendes），也是一種顯現著的東西（Scheinendes），這就是說，有機體各個別部分的只是實在的多方面的性格，必須顯現於形象的生氣灌注的整體裡[30]。

(2) 按照前已說明的生命的概念，我們對於這種顯現的較精確的性質就可以推演出以下幾點：形象是在空間綿延的、有界限的、現出形體的，見出形式、顏色、運動等等多方面差異性的。但是一個有機體如果要見出生氣灌注，它就必顯出它並不是從這種多方面的差異性得到它的眞正的存在。要見出生氣灌注，它就必須是這樣：我們用感官所接觸到的現象的各個差異的部分和方式都融化成爲一個整體，因而顯現爲一個個體，一個把這些特殊部分既作爲差異的，又作爲協調一致的，而包括在一起的統一體。

① 第一，這種統一體卻必須顯得是沒有意圖的統一體，所以不應現出抽象的目的性。各部分既不應以達到某固定目的的手段爲那目的而服務的身分而成爲觀照的對象，也不應在結構和形狀中失去它們彼此之間的差異。

② 其次，相反地，這些部分對於觀照（知覺）顯得有些偶然性，這就是說，某一部分的定性並不同時是另一部分的定性。任何部分並不因爲另一部分具有某種形狀，也就具有那種形狀，例如像在有規律的安排裡那樣。在有規律的安排裡，各部分的形狀大小等等都取決

於某一抽象的定性。例如同一建築物上的窗子大小都是一致的，或至少是並列在一排的。同一軍營裡的士兵都一律穿一樣的制服，情形也是如此。制服的各部分，樣式、顏色等等彼此之間的關係並不是偶然的，這一部分用這個樣式，就因爲其他部分也用這個樣式。樣式的差異和獨立的特性在這裡都是行不通的。在有機的、有生命的個體方面，情形卻不如此。每個部分都是不同的，鼻子和額頭、嘴和腮、胸膛和頸項、手和腳，彼此都有顯然的差異。因爲對於觀照（知覺），每部分的形狀都不和另一部分的相同，各有各的特殊樣式，這部分的樣式並不絕對取決於另一部分的樣式，所以各部分就顯得本身是獨立自在的，因而彼此相望，是自由的、偶然的。因爲就物質材料說，它們雖是連貫在一起，但是這並不能影響到它們的形式。

㉗「它的」，指生命的客觀唯心主義的。

㉘同上。

㉙原文似有省略，俄譯本作：「思考在它的概念裡掌握住這種唯心主義，從它的普遍性方面把它變成思考的對象，但是審美作用卻從它的顯現著的實在方面把它變成審美的對象。」「自爲的」（für sich）指變成自己的認識對象。

㉚例如馬有只是實在的一方面，即尋常實際存在的個別的馬，也有顯現著的一方面，即使人覺得美的馬的生氣活潑的形象，或畫成的馬。

③第三，對於觀照（知覺），這種獨立自在性裡[31]還應有一種可以看得見的內在的聯繫，雖然這種統一[32]應該不是抽象的、外在的，像在有規律的安排裡那樣，而是不但不消除各個別方面的特性，而且反而要把這些特性表現出來，把它們保持住[33]。這種統一不是像各部分的差異那樣可以直接用感官知覺到，而是一種隱密的、內在的必然性和協調性。既然只是內在的而不是從外表可以看得出的，這種統一就只能通過思考來掌握，完全不是可以由感官見出的。既然不是感覺的對象，它就還不能現爲美，我們的觀照就還沒有在生命的東西裡見到理念顯現於實在。因此，這種統一作爲用理念灌注生氣於各部分的統一，儘管不應該只是感性的、在空間中綿延的東西，它卻還必須在外在事物裡現出來[34]。在個體裡這種統一顯現爲它的各部分的普遍觀念性，形成了維繫它們的基礎，即生命主體的主體本質[35]。這種主體的統一在有機的生物身上表現爲情感。在情感和情感表現裡，靈魂顯出自己是靈魂。因爲對於靈魂，身體各部分的單純的並存見不出眞實，而對於靈魂的主體的觀念性，雜多的占空間的形式也是不存在的。靈魂當然要假定身體各部分的這種雜多性，特有的構造以及有機的組織，但是在發生情感的靈魂及其情感的表現流露於這些部分時，無處不在的內在的統一就顯現爲對各部分的只是實在的獨立自在性的否定（取消），這些獨立自在的部分現在就不再只是表現它們自己，而是表現灌注生氣給它們的發生情感的靈魂。

(3)但是在開始時，靈魂的情感表現既不能使人看到身體各部分之間有一種必然的互相依存的關係，也不能使人認識到實在的各部分構造和情感本身的主體的統一之間有必然的統一。

①如果單從形狀就可以見出有機體各部分之間的這種協調以及這種協調的必然性，那可能是由於這種關係是我們在習慣上所常看到的這些部分的並存關係，我們見到某一類型的有機體，就想到這類型所慣有的形象。但是習慣還只是純然主體的必然性[36]。例如根據這種習慣標準，我們覺得某些動物是醜的，因爲它們的形體和我們常見的不同，甚至相反。我們說某些動物形體奇怪，因爲它們的器官的安排不同於我們所習以爲常的：例如魚，身體過

---

[31] 有機體各部分的獨立自在。

[32] 「統一」即「內在聯繫」。

[33] 在有規律的安排裡，作爲安排準則的時、空、量、質等都是抽象的、外在的；既要求一致，即需消除各個別方面的獨立自在的特性。在有機體裡，例如人的眼、耳、鼻、手、足等部分一方面獨立自在、保持特性，一方面又藉靈魂或生命作它們的內在聯繫。各部分的差異是可目睹的，它們所顯現的生命卻是內在的，需藉思考才能理解的，所以是觀念性的統一。

[34] 動物身體各部分所見出的統一是主體的觀念性的統一，是理性的因素，但必須在具體的、感性的客觀事物中顯現出來，才使人覺得美。

[35] Subjektum，俄譯本引原文加括弧未譯，英譯本作「主體的主體」。

[36] 「這就是說，它所根據的只是很有限的經驗，這種經驗不一定與所見事物的眞正本質有關。」（英譯本注）這就是「美是常態，醜是變態」的看法。

大、尾巴過小，顯得不相稱，或是雙眼都長在頭的某一邊。在植物界，我們比較慣於看到反常的情形，但是仙人掌和它的刺以及它的長方棒形的莖幹還是令人驚奇。對博物學有多方面修養和知識的人卻不然，他們既然對於個別部分知道最清楚，對於許多類型的各部分互相依存的關係也很熟悉，他們就很少有看不慣的東西。

②其次，對於各部分的這種協調如果有較深入的了解，那就會使我們有識力和技能，根據某一孤立的部分，把它所必隸屬的全體形狀推測出來。例如居維耶[37]在這方面就是著名的，他看到一塊個別的骨頭——不管它是否已結成化石——就可以斷定它屬於哪一種動物。「從爪知獅」那句格言在這裡完全應驗了。從一個爪或一片腿骨就可以斷定牙齒的形狀，從牙齒的形狀也可以反過來斷定臀骨和脊椎骨的形狀。但是在這種研究裡，對於類型的知識已經不只是習慣的事，思考和判斷已經參加進來起領導的作用。例如居維耶在推證時對於動物的內容豐富的定性和統攝全種類的特性都已瞭若指掌，這些定性和屬性成爲同一動物身體中各個別的互相差異的部分的統一原則，根據這個原則，他就可以推斷全體的形狀。這種定性就是肉食類的特性，這就形成全體各部分的結構組織的規律。例如肉食類動物就需要另一種的牙齒和齶骨等等，當它獵食物時，攫取食物就不能憑蹄而必須憑爪。這就是一個定性，可以作爲推斷全體各部分必有的形狀和互相依存關係所根據的指導原則。對於一種動物的慣有的觀念也就屬於這裡所說的普遍定性，例如獅和鷹的筋力。這種觀察方式單作爲觀察方式來看，當然可以看成是美的、巧妙的，因爲它使我們可以認識形體的統一以及它的各種形式，

而這統一卻不是單調的重複，各部分的差異卻還完全可以見出。但是在這種觀察裡主要的不是觀照而是一種指引到一般性的思考。從這方面看，我們所以不能說我們是把對象作爲美的對象來對待，我們只能說這主觀思考的觀察方式是美的。更仔細一點看，這些思考都根據某一個別的有局限的方面作爲指導原則，即動物的營養方式，例如肉食素食之類定性。但是單憑這種定性，還不能達到對上文所說的對於全體、概念和靈魂本身之間關係的觀照。

③所以我們如果要認識到這個領域裡的生命的全體內在統一，就必須藉助於思考和理解；因爲在自然界裡，觀念性的主體的統一既然還沒有變成自爲的，靈魂作爲靈魂就還不是可認識的。如果我們用思考按照靈魂的概念來理解靈魂，就可以看到兩方面：一方面是形象的觀照，另一方面是用思考對靈魂作爲靈魂所得到的概念。但是從這兩方面理解靈魂的方式並不適用於審美；在審美時對象對於我們既不能看作思想，也不能作爲激發思考的興趣，成爲和知覺不同甚至相對立的東西。所以剩下來的就只有一種可能：對象一般呈現於敏感[38]，

---

[37] 居維耶（Cuvier, 1769-1832），法國著名的自然科學家，在解剖學上有很大的貢獻。

[38] 德文Sinn，英譯本和法譯本都作「感覺」（Sense），俄譯本作「對外形的感覺」。依一般心理學的劃分，感覺只限於對直接外形的認識，抽象思考才能獲得對事物本質的認識。黑格爾認爲美是感性與理性的統一，所以用來認識美的心理功能，不是知解力而是他所說的「敏感」（Sinn），是介乎感覺與思考之間的一種心理功能。

在自然界我們要藉一種對自然形象的充滿敏感的[39]觀照，來維持眞正的審美態度。「敏感」這個詞是很奇妙的，它用作兩種相反的意義。第一，它指直接感受的器官；第二，它也指意義、思想、事物的普遍性。所以「敏感」一方面涉及存在的直接的外在的方面，另一方面也涉及存在的內在本質。充滿敏感的觀照並不很把這兩方面分別開來，而是把對立的方面包括在一個方面裡，在感性直接觀照裡同時了解到本質和概念。但是因爲這種觀照統攝這兩方面的性質於尚未分裂的統一體，所以它還不能使概念作爲概念而呈現於意識，只能產生一種概念的朦朧預感。例如接受了自然界分爲動、植、礦三界的區分，我們在這三個階段裡就彷彿預感到這種符合概念的自然界分野之中有一種內在的必然性，而不是停留在僅僅對一種外在目的性的認識。在這三界的繁複的形象裡，上述充滿敏感的觀照還朦朧預感到一種符合理性的前進過程，在動植物的等級次第如此，在各種不同的山脈形成也是如此。個別動物的形體，例如昆蟲區分爲頭、胸、腹、尾等，也使觀照者朦朧預感到這是一種本身符合理性的身體構造；再如五官，第一眼看來像是一些偶然的雜多的東西，但是也可以見出它們是符合概念的。歌德對於自然和自然現象的內在理性的觀察和闡明可以爲證[40]。他以卓越的智力，用樸素的方式[41]對自然事物進行了感性的觀察，而同時卻完全預感到它們的符合概念的聯繫。在了解歷史和敘述歷史時，我們也可以通過個別的事件和人物，暗地裡就把它們的實在意義和必然聯繫顯示出來。

3. 對自然生命的觀察方式

總述以上所說的，我們可以說，自然作爲具體的概念和理念的感性表現時，就可以稱爲美的；這就是說，在觀照符合概念的自然形象時，我們朦朧預感到上述那種感性與理性的符合，而在感性觀察中，全體各部分的內在必然性和協調一致性也呈現於敏感。對自然美的觀照就止於這種對概念的朦朧預感。認識到各部分雖然顯得本身是獨立自由的，而在形狀、輪廓、運動等方面卻可見出協調一致的，這種領悟還是不確定的、抽象的。內在的統一還是內在的，對於觀照還沒有現出具體的觀念的形式[42]，而觀察也只滿足於看到各部分之中一般有一種必然的起生氣灌注作用的協調一致那種普遍性。

(1) 由此可見，我們只有在自然形象的符合概念的客體性相之中，見出受到生氣灌注的互相依存的關係時，才可以見出自然的美。這種互相依存的關係是直接與材料統一的，形式就直接生活在材料裡，作爲材料的眞正本質和賦予形狀的力量。這番話就可以作爲現階段的美的一般定義。例如我們讚賞自然結晶體，因爲它的有規律的形狀不是由於外在的機械的

㊴ sinnvolle與上句Sinn呼應；俄譯本作「感性的聰敏的觀照」。

㊵ 歌德對動植物形態的研究和貢獻是有歷史意義的。

㊶ naiverweise，不用哲學的前提和方法。

㊷ 朦朧的預感，還沒有成爲明確的觀念。

影響，而是由於內在的本身特有的定性和自由能力，是由對象本身方面自由產生的，因爲外在於對象的力量雖然也可以是自由的，但是在結晶體裡，賦予形狀的活動卻不是外在於對象的，而是這種礦物按照它的本質本來就有的一種活動的形式；它是這材料本身的自由能力，通過本身固有的活動而形成自己，而不是被動地從外面接受它的定性。所以這材料在它的實現了的形式裡，就是在它所特有的形式裡，本身是自由的。在更高、更具體的方式裡，本身固有形式的這種活動，就表現在有生命的有機體和它的輪廓以及各部分的形狀裡，特別是表現在運動裡和情感表現裡。因爲在運動裡和情感表現裡，內在活動本身就活躍地現在眼前。

(2) 但是自然美作爲內在的生氣灌注，儘管是不確定的，我們還是可以見出以下三點：

① 根據我們對於生命的觀念，根據對於生命的眞正概念的預感，以及根據慣見的類型在正常現象中所現出的本質上的差異，我們就說一個動物美或醜，例如懶蟲爬起來很艱難，整個生活習慣都顯得沒有劇烈運動和活動的能力，就由於它的這種懶散，它教人嫌厭。因爲活動和敏捷才見出生命的較高的觀念性。我們對於兩棲動物、某些魚類、鱷魚、癩蛤蟆、許多昆蟲都不起美感，就是因爲這個道理。混種動物從某一物種過渡到另一物種，把這兩個物種的形狀混合在一起，例如鴨嘴獸就是鳥與四足獸的混合，儘管令人驚奇，卻顯得不美。這種情形可能首先只是由於習慣；我們對於某一物種的定型有一種習慣的觀念。但是就連在這習慣裡也有一種朦朧感覺在活動，例如我們仿佛覺得鳥的身體構造各部分必然互相關聯，按照它的本質，它不能採取屬於別一物種的形狀而不顯得是個混種。所以混種顯得是奇怪的、

自相矛盾的。總之，有些形體顯得有缺陷而無意義，只從外表上見出窄狹的需要，就有一種片面的局限性，此外，也有像上文所說的混種和過渡種，雖然本身不算是片面的，卻也不能堅持差異的定性，這兩種都不屬於有生命的自然美範圍。

②在另一意義上我們還可以說自然美，例如在對一片自然風景的觀照裡，擺在我們面前的並不是有機的有生命的形體，這裡並沒有什麼由全體有機地區分成的部分，根據它們的概念，顯現爲生氣灌注的觀念性的統一體，而是一方面只有一系列的複雜的對象，和外表聯繫在一起的許多不同的有機的或是無機的形體，例如山峰的輪廓、蜿蜒的河流、樹林、草棚、民房、城市、宮殿、道路、船隻、天和海、穀和壑之類；另一方面在這種萬象紛呈之中卻現出一種愉快的動人的外在和諧，引人入勝。

③最後，自然美還由於感發心情和契合心情而得到一種特性。例如寂靜的月夜、平靜的山谷，其中有小溪蜿蜒地流著，一望無邊波濤洶湧的海洋的雄偉氣象，以及星空的肅穆而莊嚴的氣象就是屬於這一類。這裡的意蘊並不屬於對象本身，而是在於所喚醒的心情。我們甚至於說動物美，如果它們現出某一種靈魂的表現，和人的特性有一種契合，例如勇敢、強壯、敏捷、和藹之類。從一方面看，這種表現固然是對象所固有的，見出動物生活的一方面，而從另一方面看，這種表現卻聯繫到人的觀念和人所特有的心情。

(3)自然美的頂峰是動物的生命，但是動物的生命儘管已經表現出生氣灌注，卻還是很有局限的，受一些完全固定的性質束縛著的。它的存在的範圍是窄狹的，而它的興趣是受食慾、色慾之類自然需要統治著的。就作爲內在的東西在形體上得到表現來說，它的生命是貧乏的、抽象的、無內容的。還不僅此，這內在的東西並不顯現爲內在的，自然生命並不能看到它自己的靈魂，因爲所謂自然的東西正是指它的靈魂只是停留在內在的狀態，不能把自己外現爲觀念性的東西。這就是說，動物的靈魂，像我們已經說明的，不是自爲地成爲這種觀念性的統一；假如它是自爲的，它就會把這種自爲存在的自己顯現給旁人看見。只有自己意識到的自我才是這種單純的觀念性的東西，既是自爲地觀念性的，它就知道自己是這種單純的統一，因此使自己得到一種實在，這種實在並不只是在外表上是感性的、具有身體的，而是本身就是觀念性的。只有在這種情形之下，實在才有概念本身的形式，概念跟自己對立，使自己成爲客觀存在而且在這客觀存在裡是自爲的。動物生命卻不然，它只自在地成爲這種統一，在這統一裡面，實在（即身體）所有的形式並不是靈魂所有的觀念性的統一那種形式。但是自己意識到的自我是自爲地成爲這種統一，其中對立的方面都同樣有觀念性爲它們的因素。就是作爲這種有自意識的具體的統一體，自我才把自己顯現給旁人看見。動物只能使人從觀照它的形狀而猜想到它有靈魂，因爲它只是依稀隱約地像有一種靈魂，即呼吸的氣，滲透到全體，使各部分統一，並且在全部生活習慣中顯出個別性格的最初的萌芽。這就是自然美的基本缺陷，就連它的最高的形式也在所不免。也就是這種缺陷使得我們有必要去進一步認識理想，即藝術美。但是在轉到這理想之前，我們先要研究一下一切自然美由於有上述缺陷而直接產生的兩種定性。

我們說過，靈魂在動物形體裡只是模糊地顯現爲有機體各部分互相依存的聯繫、生氣灌注的統一點，還沒有充實的內容。動物只顯現出一種未確定的很窄狹的靈魂性。我們現在就這種抽象的顯現來約略地研究一下。

二、抽象形式的外在美，與感性材料的抽象統一的外在美[43]

在自然裡，現在面前的是一種外在的實在，既是外在的，它當然是受到定性的，但是它的內在的方面卻還沒有作爲靈魂的統一而達到具體的內在性，還只能是沒有受到定性的和抽象的東西。因此這種內在方面還沒有得到適合於它的那種客觀存在，還不是在觀念性的形式裡作爲觀念性的內容而自覺是內在的，而只是在外在現實裡顯現爲由外因賦予定性的統一。內在方面的具體的統一在於兩點：一方面靈魂生活的原則[44]是在自身以內而且自爲地具有充實的內容，另一方面外在現實和它的這種內在方面是融合在一起的，因此使實在的形象成爲

---

[43] 這段的標題俄譯本作「抽象形式的外在美，即整齊一律、平衡對稱、符合規律、和諧，以及美作爲感性素材的抽象的統一」；英譯本前半同俄譯本，後半作「以及實在看作物質材料的抽象的統一」。茲依原文直譯。

[44] 原文爲Seelenhaftigkeit，字面的意義是「富於靈魂性」，實即指灌注生氣於全體各部分的「觀念性的統一」，英譯本、俄譯本均作「靈魂生活的原則」，因從之。

內在方面的明顯的表現。但是在自然這個階段，美還不能達到這種具體的統一，這種具體的統一還是有待實現的理想。所以這種具體的統一現在還沒有進入形象，它只可以分析出來，這就是說，按照這統一體所包含的各差異面加以剖析和孤立地去看，才可以看出來。這樣，起表現作用的形式和感性的外在現實就分成互相外在的兩回事，我們所得到的就是我們在這裡所要研究的兩個差異方面。但是一方面由於這種分裂，另一方面由於這些差異面的抽象性，內在的統一對於這外在現實本身只是一種外在的統一，因此它在外在事物裡不是顯現爲全體內在概念的本身固有的形式，而是顯現爲外因起統治作用的觀念性和定性。

這就是我們現在所要比較詳細地研究的一些觀點。

我們首先要討論的是抽象形式的美。

1. 抽象形式的美

自然美的抽象形式一方面是得到定性的，因而也是有局限性的形式，另一方面它包含一種統一和抽象的自己對自己的關係。但是說得更精確一點，它按照它的這種定性和統一，去調節外在的複雜的事物，可是這種定性和統一並不是本身固有的內在性和起生氣灌注作用的形象，而是外在的定性和從外因來的統一。這種形式就是人們所說的整齊一律，平衡對稱，符合規律與和諧。

A. 整齊一律，平衡對稱

(1)就它本身來說，整齊一律一般是外表的一致性，說得更明確一點，是同一形狀的一致的重複，這種重複對於對象的形式就成爲起賦予定性作用的統一。由於它的本來的抽象性，這樣一種統一就還遠不是具體概念的有理性的整體，因此它的美只是抽象的知解力所能掌握的美；因爲知解力所根據的原則就是抽象的一致性，而不是從本身得到定性的一致性和同一性。例如在線條中，直線是最整齊一律的，因爲它始終只朝一個方向走。立方體也是一個完全整齊一律的形體，無論在哪一面，它都有同樣大的面積、同樣長的線和同樣大的角度，由於它是直角形，這角度不能像鈍角或銳角那樣可以隨意改變大小。

(2)平衡對稱是和整齊一律相關聯的。形式不能永遠停留在上述那種最外在的抽象性，即定性的一致性[45]裡。一致性與不一致性相結合，差異闖進這種單純的同一裡來破壞它，於是就產生平衡對稱。平衡對稱並不只是重複一種抽象地一致的形式，而是結合到同樣性質的另一種形式，這另一種形式單就它本身來看也還是一致的，但是和原來的形式比較起來卻不一致。由於這種結合，就必然有了一種新的，得到更多定性的、更複雜的一致性和統一性。例如在一座房子的一邊並排橫列著大小相同、距離相同的三個窗子，然後下面又並排橫列

[45] 即整齊一律。

著三個或四個比第一排較高而距離較大或較小的窗子，最後又是一排大小和距離都和第一排一致的窗子，這樣看起來就是一種平衡對稱的安排。所以如果只是形式一致、同一定性的重複，那就還不能組成平衡對稱，要有平衡對稱，就需有大小、地位、形狀、顏色、音調之類定性方面的差異，這些差異還要以一致的方式結合起來。只有這種把彼此不一致的定性結合爲一致的形式，才能產生平衡對稱。

整齊一律和平衡對稱這兩種形式既然純粹是外在的統一和秩序，所以它們主要地屬於數量大小的定性[46]。因爲看作外在的而不完全是本身固有的定性一般都是量的定性，而質則是使某一確定事物成其爲那樣事物的定性，所以一件事物的質的定性改變了，它就完全變成另一件事物。數量大小，以及只是數量大小上的改變，如果不是用來作尺度，就是一種與質無關的定性，這就是說，尺度就是量，因爲這量本身又變成以質的方式起賦予定性作用的，所以這被賦予定性的質是與一種量的定性聯繫在一起的[47]。整齊一律與平衡對稱主要地限於數量大小的定性，以及這種定性在不一致的事物中的一致性和秩序。

如果我們進一步問：這種數量大小的安排在哪些事物上有它的正確的地位呢？我們就會發現有機自然和無機自然的形體，在它們的大小和形式上都是整齊一律和平衡對稱的。例如人的身體組織有一部分就至少是整齊一律和平衡對稱的。我們有兩隻眼睛、兩個胳膊、兩條腿，同樣的坐骨、肩膀骨等等。在其他部分情形就不如此，例如心、肺、肝、腸等等就不是整齊一律的。這裡問題在於：究竟這種分別在哪裡呢？大小、形狀、地位等等的整齊一律所常表現的那一方面，總是身體組織的純然外在的那一方面。這就是說，按照事物的概念，整齊一律和平衡對稱這兩種定性所出現的地方，正是客觀事物本身按照它的定性就是外在的不顯出主體的生氣灌注作用的地方。只是這樣外在的實在就會只有上述抽象的外在的統一。在生氣灌注的生命[48]裡，再往高一級走，在自由的心靈裡，這種單純的整齊一律就要讓位給有生命的主體的統一。比起心靈，自然固然一般地是本身外在的客觀存在，但是就連在自然裡，也只有在單純的外在性占統治地位的地方才往往見出整齊一律。

①如果我們約略檢查一下幾個主要的自然界的等級，首先看到的就是礦物，例如，結晶體作為未經生氣灌注的形體，它們的基本形式就是整齊一律和平衡對稱。像上文已經說過的，它們的形狀固然是本身固有的而不只是由於外力決定的，按照本性就適合它們的那種形式，是由它們的內部和外部構造的暗中影響所造成的。但是這種影響還不是起觀念化作用的具體概念的全部影響，這就是說，還不是由概念把各獨立部分定為否定面[49]，因而還不像

---

[46] 英譯本作「數量上的分別」。

[47] 英譯本注：「整齊一致與純粹的質的關係不相干，平衡對稱卻不然。」例如一排等距離的平行直線只見出整齊一律、只有數量上的一致，如果這種安排與一排等距離的點有規律地交錯，就見出平衡對稱，這就不僅是量的關係，而且也是質的關係（線與點在質上不同）。

[48] 英譯本作「在有機體裡」。

[49] 概念對各部分獨立自足性加以否定，使它們具有觀念性的統一，即使它們受到生氣灌注。

動物生命那樣受到了生氣灌注。礦物結晶體的形式所具有的統一和定性，還停留在要用抽象理解來掌握的片面性，因而作為對它本身是外在的統一，只能達到單純的整齊一律和平衡對稱，這就是說，只能達到根據抽象原則才能得到定性的形式。

② 植物比結晶體就要高一級。它已發達到具有雛形的部分區分，而且進行不斷的活動來吸收營養。但是它也還沒有眞正的受到生氣灌注的生命，雖然已經按照有機體的原則區分了部分，它的活動卻還是永遠向外的[50]。它在地裡紮根，不能有獨立的運動和更換位置；它繼續地生長，而它的不斷的吸收營養卻不是安靜地維持一種本身已完備的身體組織，而是不斷地向外發生新的東西。動物固然也生長，但是到了一定的大小就停止，而它的生殖是同一個體的自我保持。植物卻不停止地生長，只有枯死才使它的枝葉等等不再增長。而它在這生長過程中所產生的，總是同一整個軀體的一個新的樣本。因為每一個枝子就是一棵新植物，不像在動物軀體裡那樣是一個獨立的部分。在這種不斷地分枝繁殖為許多植物個體的過程中，植物沒有受到生氣灌注的主體性以及這種主體性的感覺的觀念性的統一[51]。一般地說，植物儘管吞進食品，活躍地吸收營養，經常按照它的自由轉變的在物質界活動的原則，來由自己確定自己，但是按照它的整個存在和它的生命過程來看，它卻是經常困在外在性裡，沒有主體的獨立性和統一性，而它的自我保持經常是向外增長。就是由於植物這樣經常向外伸展的性格，整齊一律和平衡對稱，作為外在於本身的統一，才成為植物構造的一個基本因素。在植物界裡整齊一律固然不像在礦物界裡那樣統治得很嚴，只表現於抽象的線條和角

度，卻終於是占優勢的。莖大部分是直立的，高級植物的年輪是圓形的，葉是接近於結晶構造的，花的瓣數、位置和形狀——按照它的基本類型來說——都見出整齊一律和平衡對稱的原則。

③最後，動物的有生命的軀體就見出一個重要的差別，就是各部分的構造見出兩種方式。因爲在動物身體裡，特別是在比較高級的動物身體裡，有一部分器官是比較內在的，比較隱藏在內部的，自己對自己發生關係的[52]，好像一個圓球，圓滿自足[53]；也有一部分是外在的器官，掌管外在的生活過程而且作爲生活過程，總是指向外方的。比較重要的器官都是內在的，例如心、肝、肺等等，這些是與生命本身密切聯繫的。它們都不是按照單純的整齊一律的模子決定的。時常與外在世界發生關係的那些動物器官，卻主要地是整齊一律的。屬於這一類的有掌管向外做認識活動和實踐活動的那些部分和器官。視覺器官和聽覺器官是管認識活動的；我們對於所見到的和所聽到的都讓它保持本來的樣子不動。嗅覺器官和味覺器官卻已見出實踐關係的萌芽，因爲嗅只是嗅已經準備要去吃的東西。味覺也只用在吞嚼的時

---

[50] 英譯本作：「它的活動還只限於營養。」俄譯本基本相同。

[51] 植物沒有意識，所以沒有表現主體性的感覺，感覺對於動物就能起主體性統一的作用。

[52] 英譯本作「自確定的」。

[53] 原文作in sich zurückgeht，字面的意義是「回到自身」。英譯本、俄譯本均照字面直譯。

候。我們固然只有一個鼻子，但是它分成左右兩孔，卻是完全按照整齊一律的原則構造成的。唇齒等等也是如此。眼、耳，以及用來變動位置，攫取外物和實踐地改變外物的手和足，在位置形狀等方面都完全是整齊一律的。

從此可知，在動物身體構造裡，整齊一律也有它的符合概念的權利，但是只限於和外在世界直接發生關係的那些器官，而不適用於回到生命的主體性、只和它們本身發生關係的那些器官。

整齊一律和平衡對稱兩種形式的主要特徵，以及在自然現象界形體構造方面所占的統治地位就是如此。

B. 符合規律

符合規律和上述兩種比較抽象的形式是應該分別開來的，因爲它已站到較高的一級，形成轉到生物（自然界的和心靈界的）自由的過渡。單就它本身來看，符合規律固然還不是主體的完整的統一和自由，但是已經是一種本質上的差異面的整體，不是僅僅現爲差異面和對立面，而是在它的整體上現出統一和互相依存的關係。這種符合規律的統一及其統治雖然還只是適用於量的範圍，卻不像整齊一律和平衡對稱那樣本身是外在的，只是在數量大小上可以用數位表示的差異面，而是讓差異面之中有一種質的關係參加進來了。因此，在符合規律的關係中所見到的既不是同一定性的抽象的重複，也不是同與異的一致性的交替，而是本質上的差異面的同時並存。我們看到這些差異面完全會合在一起，就感到滿足。這種滿足現出這樣一種理性：只有通過整體，而且只有通過事物本質所要求的差異面的整體，感官才能得到滿足。不過這裡的各差異面互相依存的關係仍然只是隱密的聯繫，它對於觀照，時而只是一種習慣方面的事，時而也是較深刻的預感的對象。

我們可以略舉數例來說明由整齊一律轉到符合規律的較明確的過渡。等長的平行線是抽象的整齊一律。進一步就是數量大小不同而只是關係相同，例如相似三角形，角的傾斜度和線與線的關係都相同，但是面積不同。再例如圓，它雖不像直線那樣整齊一律，但是仍然只有抽象的一致性，因為它所有的半徑都是等長的。因此，圓還只是一種不大能引起興趣的曲線。橢圓和拋物線就不然，它們的整齊一律性較少，只有從它們的規律才能認識它們。例如橢圓的向徑[54]是不等長的，但是符合規律的，連大小軸線也有本質上的差異，而焦點也不像在圓裡那樣落在中心，所以就已見出根據這線形規律的質的差異，這些差異面的互相依存的關係就形成這種線形的規律。如果我們用大小軸線來劃分橢圓，我們就得到四個相等的部分，所以就全體來說，一致性（或整齊一律）在這裡仍占統治的地位。在內在的符合規律方面達到更高的自由的是卵形。卵形是符合規律的，不過人們還不能把這規律定成數學公式來

[54] radii vectores向徑，亦稱「幅距」或「向量」。

計算它。卵形並不是橢圓，上部的曲線和下部的不同。但是我們如果用大軸線來分它，這種更自由的自然線形還是可以分成相等的兩半。

因符合規律而取消單純的整齊一律，最後還有一個例，就是雖然像卵形而用大軸線來分它時卻不能得到兩等分的那種線形，因爲左邊不只是重複右邊，曲度不同。所謂「波浪線」就屬於這一類，霍加斯[55]把它稱爲「美的線」。左右兩臂下垂線的曲度也彼此不同。這裡只有符合規律而沒有單純的整齊一律。高級生物的更複雜的形式都是服從這種符合規律的原則。

符合規律是這樣一種實體性：它見出差異面及其統一，但是一方面它還只是抽象地統治著，還不能使個體達到自由的動作，另一方面它還沒有較高的主體自由，因此還不能顯現出只有這種主體自由才有的生氣灌注和觀念性。

C. 和諧

比單純的符合規律更高一級的是和諧。和諧是從質上見出的差異面的一種關係，而且是這些差異面的一種整體，它是在事物本質中找到它的根據的。和諧關係已越出了符合規律的範圍，正如符合規律雖包含整齊一律那一方面而同時卻超出了一致和重複。但是同時這些質的差異面卻不只是現爲差異面及其對立和矛盾，而是現爲協調一致的統一，這統一固然把凡是屬於它的因素都表現出來，卻把它們表現爲一種本身一致的整體。各因素之中的這種協調一致就是和諧。和諧一方面見出本質上的差異面的整體，另一方面也消除了這些差異面的純然對立，因此它們的互相依存和內在聯繫就顯現爲它們的統一。人們常談形狀、顏色、聲音等等的和諧，就是採取這個意義。例如藍、黃、青、紅四色根據顏色的本質是顏色所必有的差異面[56]。在這些差異面裡我們見到的不只是像在整齊一律裡那樣，由一些不一致的東西整齊一律地並列在一起，造成一種外在的統一，而是直接的對立面，例如黃和藍，經過中和而成爲具體的同一。這兩種顏色的和諧之所以美，是由於它們的鮮明的差異和對立已經消除掉了，因而在藍黃差異本身就見出它們的協調一致。它們互相依存，因爲它們所合成的顏色不是片面的，而是一種本質上的整體。對這種整體的要求可以很大，就像歌德所說的，儘管眼前的對象只是一種顏色，眼睛卻主觀地同時看到另一顏色[57]。在聲音方面，基音、第三音和第五音就是聲音的這種本質上的差異面，它們結合成一整體，就在差異面中見出協調。形狀以及它的位置，靜止、運動等方面的和諧也可以由此例推。在和諧裡不能有某一差異面以它本身的資格片面地顯出，這樣就會破壞協調一致。

但是單就它本身來說，和諧還見不出自由的觀念性的主體性和靈魂。在靈魂裡的統一不

---

55 霍加斯（Hogarth, 1697-1764），英國名畫家，著有《美的分析》。

56 「根據較近的分析，這句話是不正確的，但是這當然不能影響這裡的論點。」（英譯本注）

57 即前一顏色的補色。

是單純的互相依存和協調一致，而是差異面作爲互相否定的因素對立著，因而使表現出來的只是它們的觀念性的統一。和諧還不能達到這種觀念性。一切成樂調的聲音[58]雖以和諧爲基礎，卻具有較高較自由的主體性，而所表現的也正是這種較高較自由的主體性。單純的和諧一般地既不能現出主體的生氣灌注，也不能現出心靈性，儘管從抽象形式方面看，它已屬於最高級而且已在接近自由的主體性。這些就是在各種抽象形式裡可以看到的抽象統一的初步原則。

2. 美作為感性材料的抽象的統一

抽象統一的第二方面不關形式和形狀，只關單就它本身看的感性材料。這裡的統一是某種感性材料所表現的本身完全不含差異面的協調一致。這是單純的感性材料所可具有的唯一的統一。就這個關係來說，材料在形狀、顏色、聲音等方面的抽象的純粹在這一階段就成爲本質的東西。例如畫得筆直的線，毫無差異地一直延長，始終不偏不倚，平滑的面以及類似的東西由於它們堅持某一定性，始終一致，而使人感到滿足。天空的純藍、空氣的透明、平靜如鏡的湖，以及平滑的海面，也因爲同樣的緣故而使人愉快。聲音的純粹也是如此。人的口音如果很純，單就它作爲一種純粹的聲音來說，也就產生無限的動人的力量，反之，不純的口音就令人還聽得出器官的震動聲，顯不出它與它自己的一致，就變成脫離它的定性的不純粹的音。與此類似，語言裡也有純音，如aeiou幾個母音和äüö幾個複合母音。民間方言特別有些不純粹的音和像oa的中間音。音的純粹還見於母音與子音併合時，母音的純粹不受子音的削弱，像北歐各國語言的母音就往往受子音的影響而變得不響亮，而義大利語言卻保持住這種純粹性，所以最宜於歌唱。純粹是原色的未經混合的顏色，例如純粹的紅色或純粹的藍色，也產生同樣的效果，不過純粹的藍色是少見的，藍色經常夾雜淺紅、淺黃和青色；紫色固然也可以是純粹的，但只是表面的，這就是說，只是沒有受到濁化，因爲紫色本身不是原色，即不屬於按照顏色本質而分出的顏色差異[59]。這些原色如果是純粹的，就是感官容易認識的，不過它們如果擺在一起，就很難配得和諧，因爲它們的差異較明顯地突出。陰暗的複合的顏色儘管比較容易協調，卻不那樣能引起快感，因爲它們缺乏對立所表現的力量。青色固然是黃和藍的混合色，但是也是這兩種對立的顏色的簡單的中和，如果它眞正純粹，對立就已消除，所以比起有明顯差異的藍和黃反而比較舒適，不那麼粗暴刺眼。

關於形式方面的抽象的統一以及感性材料的簡單純粹，最重要的原則如上所述。由於它們的抽象性，這兩種統一都還是無生命的不眞實的統一。因爲眞實的統一都具有觀念性的主體性，而這觀念性的主體性正是一般自然美所沒有的，不管自然美顯現得多麼完滿。這個基本的缺陷就指引我們進一步研究理想，這是在自然裡找不到的，而且比起這種理想，自然美

---

[58] alles Melodische，樂調比單純的和諧較複雜。

[59] 據後來的分析，紫色還是一種原色。

就顯得只是它的附庸。

三、自然美的缺陷

我們的眞正研究對象是藝術美，只有藝術美才是符合美的理念的實在。到此爲止，我們一直把自然美當作美的第一種存在，所以現在就要問自然美與藝術美有什麼分別。

我們可以抽象地說，理想[60]是本身完滿的美，而自然則是不完滿的美。但是這樣空洞的形容詞還是無濟於事，因爲我們還要解決一個明確的問題：藝術美的完滿和單純自然的不完滿究竟是由什麼原因形成的？因此我們必須把問題這樣提出：自然美何以必然不完滿？這種不完滿表現在哪裡？只有解決了這個問題，我們才能更精確地說明理想的必然性和本質。

我們在上文裡，既已沿著自然的演進逐級上升到動物的生命，看到在生命這個領域裡美是如何顯現的，現在下一步要做的事就是要明確地了解生物的主體性和個性這兩種因素。

我們在上文裡把美看作理念，所採取的意義與把善和眞看作理念時所採取的意義是相同的，這就是說，把理念看作完全是實體性的、普遍的，看作是絕對的材料而不是感性的材料，總之，理念就是世界的實體[61]。說得更明確一點，像我們在上文已經說過的，理念不只是實體和普遍性，而是概念和體現概念的實在二者的統一，也就是在它的客觀存在範圍以內作爲概念來看的概念。我們在序論裡已提到過，柏拉圖是第一個人把理念看作唯一眞實的普遍的東西，而且認爲它是本身具體的普遍的東西。但是柏拉圖的理念還不是眞正具體的，因爲單就它的概念和普遍性來了解，柏拉圖就已把理念看作眞實的。但是單就這種普遍性來了解，理念就還沒有實現還不是在它的現實存在裡自爲地眞實，它還只是停留在「自在狀態」。但是正如概念如果脫離它的客觀存在，就不是眞實的概念，理念如果沒有現實存在而外在於現實存在，也就不是眞實的理念。因此，理念必須進一步變成現實，而它之變成現實，只有通過本身符合概念的現實的主體性及其觀念性的自爲存在[62]才行。例如種族只有作爲自由具體的個體才是現實的；生命只有作爲個別的有生命的東西才能存在，善要藉個別的人才能實現；一切眞理只有作爲能知識的意識、作爲自爲存在的心靈才能存在。因爲只有具體的個別事物才是眞實的和現實的，抽象的普遍性和特殊性卻不是眞實的和現實的。所以我們所要緊緊掌握的要點就是這種自爲存在、這種主體性。但是這主體性在於否定的統一，由於這否定的統一，各差異面在它們的實際存在中才顯得是在觀念中設立的[63]。因此，理念和

---

60 「理想」即「藝術美」，下仿此。

61 Bestand，有「存在」、「持續」等義，英譯本作「世界的持續」，本文從俄譯本。譯「世界的支柱」亦可。

62 英譯本作「觀念性的統一和自確定」，俄譯本作「觀念性的統一和自爲存在」。查一九五五年版原文無「統一」字樣。

63 英譯本這句作：「主體性可以下這樣的定義：它就是根據觀念性的統一原則來進行的觀念性的確定，這觀念性的統一原則是通過對當前差異面的否定，使它們成爲一個客觀現實的互相調和的部分，而表現出來的。」俄文照原文直譯，因從之。

體現理念的現實兩者的統一就是理念，即單就本身來看的理念和體現理念的實在兩者的否定的統一，也就是雙方差異面的設立與取消（否定）。只有在這種活動裡，理念與現實的統一才是肯定地自爲存在的，自己對自己發生關係的無限的統一和主體性。所以我們對於美的理念，也要如其本質地就它在它的現實客觀存在中作爲具體的主體性，因而也就是作爲個別事物去理解，因爲只有作爲現實的理念，美的理念才能存在，而理念的現實性，只有在具體個別事物裡才能得到[64]。

這裡要區別個別事物的兩種形式，即直接的自然的形式和心靈的形式。在這兩種形式裡，理念都使自己具有客觀存在，所以在這兩種形式裡，實體性的內容都是理念，而在我們討論的範圍裡，都是美的理念。就這個觀點看，還應該說，自然美和理想（藝術美）具有同樣的內容。但是從另一方面看，也應該說，上面所說的理念達到現實的那雙重形式，即自然界個別事物與心靈界個別事物之間的差異，也對內容本身（表現爲自然的形式或心靈的形式）帶來一種本質上的差異。因此就產生這樣一個問題：哪一種形式才眞正符合理念呢？只有在眞正符合它的形式裡，理念才能把它的內容的眞實整體全都表現出來。

這就是我們現在所要討論的一點，因爲個別事物的這種形式上的差異也就是自然美與理想的差異。

首先關於一切直接的個別事物，應該說，它屬於單純的自然界，也屬於心靈界。它也屬於心靈界，是因爲心靈在身體裡才得到它的外在存在；其次，即使在心靈的關係上，心靈也是首先在直接現實裡才得到一種存在。因此，我們可以從三種觀點來研究這直接的個別事物。

1. 在直接現實中的內在因素仍然只是內在的[65]

(1) 我們已經見過，動物軀體只有通過它本身的對無機自然作鬥爭的繼續不斷的生命過程，吞食這無機自然、消化它，從它吸收營養，把這外在的東西轉化爲內在的，才能實現它自身的存在。同時我們也見過，這種繼續不斷的生命過程是一系統的活動，由一系列的器官來進行的。這種本身完滿的器官系統的唯一目的，就是通過這種過程來達到生物的自我保持，所以動物的生命就只是一種欲念的生命，這些欲念的生展和滿足就是通過上述器官系統來實現的。生物就按照這種目的性來構造成它的各部分：每一部分都只是一種工具，服務於自我保持那唯一目的。生命就由這些部分內含著，這些部分和生命是互相依存的。這種生命

---

[64] 概念具體化爲實在，形成概念與實在的統一，這就是理念。在這統一體中概念否定了實在的片面的個別性，實在也否定了概念的片面的普遍性，所以叫做「否定的統一」。概念本身設立自己的對立面就否定了自己，同時又否定了這種對立面回到主體的統一，達到進一步的發展，原來抽象的、片面的，就變成具體的統一體了，只有有自意識的人作爲主體，才能憑心靈設立和否定對立面並且認識到所形成的統一，所以這種統一叫做「主體的觀念性的統一」。

[65] 「直接現實」即直接呈現於感官的自在的個別事物，也就是單純的「自然」。

過程的結果就使動物成爲一種能感覺到自己的、受到生氣灌注的東西，因而可以作爲個別事物而得到自我滿足。在這一點上如果拿植物來和動物比較，我們就可以看到，像上文已經指出的，植物還沒有自我感覺和靈魂性，因爲它永遠只是由自身分出新個體，不能把這些新個體集中到可以形成個別自我的那種否定點[66]。但是活的動物身體擺在我們面前讓我們可以看到的不是這種生命的統一點[67]，而是器官的繁複性；這樣，生物還是不自由的，還不能顯現爲個別的成爲統一點的主體，和它的分布於外在實在界的各部分相對立[68]。有機生命的活動樞紐對於我們還是隱密著的，我們只看到形體的外在輪廓，而這外在輪廓還是完全被羽毛、鱗甲、針刺之類遮蓋著的。這種遮蓋固然是動物界所常見的，但是事實上還是植物的構造形式保留在動物構造裡。這就是動物生命在美方面的一個大缺陷。我們從這種形體構造所看得到的不是靈魂；露在外面的、到處顯現的都不是內在的生命，而是比眞正生命低一級的那些構造。動物只是在自身以內才是有生命的；這就是說，這種在自身以內的存在之成爲實在的，並不是取內在生活本身的形式[69]，因此，這種生命不是在身體各部分隨處都可以看見的。內在的方面既然停留在純然內在的狀況，外在的方面也就顯得是純然外在的，而不是每一部分都由靈魂澈底灌注到的。

(2) 就這一點來說，人的身體卻屬於較高的一級，因爲人體到處都顯出人是一種受到生氣灌注的能感覺的整體。他的皮膚不像植物那樣被一層無生命的外殼遮蓋住，血脈流行在全部皮膚表面都可以看出，跳動的有生命的心好像無處不在，顯現爲人所特有的生氣活躍、生命的擴張。就連皮膚也到處顯得是敏感的，現出溫柔細膩的肉與血脈的色澤，使畫家束手無策。但是人體儘管使生氣外現，與動物軀體有別，它的外表，例如皮膚的裂紋、皺紋、汗孔、毫毛、脈絡等等卻仍然顯出自然的欠缺。就連皮膚雖然可以顯現出內在生命，卻仍然是一種旨在自我保存的外部遮蓋，只是一種適應自然需要的達到目的的手段。人體現象的無比優越性在於敏感，它雖然不是到處都實在現出感覺，至少是有現出感覺的可能。但是這裡也還是有缺陷，這種感覺還沒有內在地集中到能呈現於身體的每一部分；身體裡有一部分器官和它們的形體還只適合於動物的機能，只有另一部分器官才更能表現出靈魂生活、感情和情慾。從這方面看，靈魂和它的內在生活也還沒有通過全部形體的實在而顯現出來。

(3) 如果我們就它們的直接生命來研究，在較高的世界，即心靈世界以及它的機構裡，也可以見出同樣的缺陷。心靈世界的機構愈龐大、愈豐富，灌注生氣於整體而且形成這整體的內在靈魂的那單一的目的，也就愈需要輔助的手段。在直接現實中，這些輔助的手段當然

---

66 **negative Punkt**，否定點即使某個別事物得到它的特殊定性的辯證過程，凡是限定（受到定性）都同時是否定。自意識否定單純的自在生活。

67 即上文的否定點，亦即觀念性的統一或灌注生氣於全體各部分的心靈性。

68 成爲主體才能有統一，才有與部分相對立的自我整體。

69 即心靈生活的形式。

顯現爲一些有目的性的機構，而且只有藉意志的媒介作用，凡是發生的和完成的事情才能發生和完成；這種機構——例如國家和家庭——中的每一點，即每一個體，都在起意志，和同一機構中其他成員雖都顯得有聯繫，但是這種聯繫的單一的內在靈魂，即單一目的的自由性與理性，卻不在實在中顯現爲這種單一的自由完整內在的生氣灌注作用，不是在每一部分都可以見出。

這種情形在個別的行動和事蹟裡也可以見出，這些與上述心靈機構相類似，也是一種有機的整體。它們所由產生的那內在的因素，也不常浮升到它們的直接現實的表面和外在形狀。顯現出來的只是一種實在的整體，其中最內在的統攝一切的生氣灌注作用，卻還是作爲內在的因素而隱藏起來。

最後，個別的人看起來也還是如此。心靈的個體[70]本身是一種藉心靈性作爲中心點而結合起來的整體。在它的直接現實中，它只是零碎地顯現於生活、行動、不行動、願望和衝動，但是它的性格還是要從它的一系列的行動和經驗中才可以認識出。這一系列的行動和經驗就組成它的實在，但是從這一系列的行動和經驗裡還不能見出或理解到，集中了的統一點就是結合的中心[71]。

2. 直接個別客觀存在[72]的依存性

由此就得出以下一個重要點。有了個別事物的直接性，理念就進入現實的客觀存在，但是正是由於這種直接性，理念也就同時和外在世界交織成錯綜複雜的關係，捲入外在情況的條件約制性以及目的與手段的相對性，總之，捲入一般現象的有限性。因爲直接的個別事物首先是一種本身圓滿的單一體，但是正是由於這個緣故，它就自禁閉起來，以否定方式與其他事物隔開[73]，同時由於它的直接的孤立狀態——在這種狀態中它只有一種受條件約制的存在——卻被不在它本身以內的那現實整體的力量的擺布，迫使它和其他事物發生關係，現出對無數方面的依存性。理念在這種直接狀態中個別孤立地實現它的一切方面，因而還只是一種內在的力量，使自然界和心靈界的各種個別存在彼此發生關係[74]，這種關係對於這些個別存在本身是外在的，所以在這些個別存在裡顯現爲最繁複的互相依存，以及受其他事物限定的那種外在的必然性。從這方面看，客觀存在的直接狀態，就是許多可以目睹的獨立存在的個體與力量之間的必然關係的系統，在這系統裡每一個別事物是被用作手段，來達到對它是外在的目的，或是被迫利用對它是外在的事物作爲它自己的手段。理念在直接個別事物裡一

---

[70] 即具有心靈的個人的人格。

[71] 還見不出自我就是這些行動和經驗所由結合成爲一個整體的中心。

[72] 「個別客觀存在」，其實就是個別事物。

[73] 即與其他事物對立。

[74] 俄譯本作：「它因此還只是概念的內在力量，使個別的自然存在和心靈存在彼此發生關係。」

般既然只在外在世界的場所上得到實現，所以它需同時聽命於偶然機會和必然需要。直接的個別事物所生活在裡面的是一種不自由的領域。

(1)例如個別的動物是束縛在一定的水陸空自然環境的，這就限定了它的生活方式、營養方式以及整個生活習慣。動物生活的無數差別都是從此產生的。有些動物是介乎兩個物種之間的，例如游泳的鳥、水棲的哺乳動物、兩棲動物以及其他過渡階段的動物，但是它們都是些混種，而不是較高的統一的經過調和的物種。此外，動物在自我保持中經常受制於外在自然，如寒冷、乾燥和缺乏營養之類，在這種環境吝嗇的控制之下，形狀可以長不齊全，花卉可以失去它的美麗、消瘦下去，只成爲四周貧乏的象徵。它對於它所分到的那一分美能保持住還是要喪失掉，都全靠外在的情況來決定。

(2)人的肉體的存在，也還是在不同程度上依存於外在自然的力量，也不免受制於同樣的偶然機會，得不到滿足的自然需要，致命性的疾病以及一切種類的窮困的苦惱。

(3)再往上一級，在具有心靈意蘊的直接現實裡，也最充分地表現出對外在世界的依存性。它現出人類生存的全篇枯燥的散文。單純的身體方面的生活目的和心靈方面的較高的生活目的是相反的，它們可以互相阻礙、互相攪擾、互相消滅，這就已是這種散文的例證。此外，個別的人爲了要保持他的個別存在，不得不讓自己在多方面成爲旁人的手段，替旁人的狹隘目的服務，同時爲了要滿足他自己的利益，也不得不把旁人變成他自己的單純的手段。因此就個人在日常的散文世界裡所表現的來看，他不是以他自己的整體去活動，單從他本身不能了解他，要從他和旁人的關係才能了解他。因爲個人依存於他所碰到的外在的影響，如國家的法律、公民的關係之類，無論它們是否合乎他的內在的心意，他都必須向它們屈服。還有一層，個別的主體不是以本身完滿的整體，而只是由於他的行動、願望和意見對於旁人有最切近的個別的利益，他對旁人才有意義。凡是人感到興趣的首先是某事物對他自己的意圖和目的的關係。就連一個集團協力做成的重大行動和事件，在這個相對現象的領域裡也只顯得是多方面的個別努力的結果。這個人或那個人貢獻出他的一份力量，爲著這個或那個目的，這目的失敗或是成功，或是碰巧達到某種成就，這種成就比起整個社會事業也只起了一種很次要的作用。許多個人所成就的，比起他們各有貢獻的那個全部事業和整個目的，只不過是滄海一粟。有些站在最高地位的人物，在情感和意識上覺到全部事業就是他們自己的事業，但是就連他們也顯得是糾纏在多方面的個別情況、條件、阻礙和相對關係的複雜網裡。從這一切方面看，個人在這個領域裡都不能使人見出獨立完整的生命和自由，而這種生命和自由的印象卻正是美的概念的基礎。人類的直接現實，以及它的事蹟和組織固然也不缺乏活動的系統和整體，但是這種整體只顯得是個別現象的堆積，其中所有事務和活動都分裂成多至不可勝數的部分，所以落到每個人身上的只不過是整體中的一絲一毫。無論個人怎樣堅持他自己的目的，只促成有助於他自己利益的事業，他的意志的獨立自由卻仍然多少是形式的，取決於外在情況和偶然機會的，受自然障礙妨害的。

這就是每人自己和旁人都意識到的世界的散文，它是一種有限的常在變動的世界，其中充滿著個人所無法避免的、複雜錯綜的相對事物和必然性的壓力。每個孤立的有生命的東西都處在這樣一種矛盾裡：一方面自己對自己是一個自禁排外的統一體，另一方面卻又依存於其他事物。為著要解決這種矛盾而進行的鬥爭總是跳不出試探的範圍，成為繼續不斷的搏鬥。

3. 直接個別客觀存在的局限性

第三，自然界和心靈界的直接個別事物不僅一般有依存性，而且沒有絕對的獨立自在性，因為它是有局限性的，說得更精確一點，因為它本身是個別化了的[75]。

(1) 每一個別動物都屬於某一種有定性的因而也是有局限性的固定的物種，而不能越過這個物種的界限。生命及其機構固然有一幅輪廓的圖形懸在心靈的面前，但是在現實自然裡，這種一般的身體機構就分裂成為無數個別成員，其中每一個在形狀上屬於一種確定的類型，在發展上都屬於一種特殊的階段。此外，在這個不可逾越的界限以內，在每個個體身上所表現的情況或外在環境，以及對這外在環境的依存性又都只是偶然的，而且表現的方式本身也只是偶然的、個別的，這也就破壞了獨立和自由的印象，而這印象卻正是真正的美所必不可少的。

(2) 心靈在它所特有的人體機構裡固然完全實現了自然生命的完整概念，比起人體機構，動物的身體機構就顯得不完滿，甚至顯得是低級生命的標誌；但是人體機構，儘管是在較小的程度上，也還是分裂爲種族上的差異，以及隨著種族差異而來的不同等級的美的形體構造。除掉這種當然比較一般性的差異以外，還有偶然形成的家族特性以及家族特性的混合，表現爲某種生活習慣、儀表和姿態；這些特性本身已經是不自由的，還要加上有限生活領域裡，各種工作和事務所產生的職業特性，最後還要再加上特種性格與特種性情的全部特點及其連帶的歪曲和變態[76]。窮困、憂慮、忿怒、冷淡、情慾的烈焰，對片面目的的執著，變化無常，心靈方面的分裂，對外在自然的依存，總之，人類生存的全部有限性都造成了個別面貌的偶然特點及其經常的表現。例如有一種久經風霜的面相，上面刻下了種種情慾的毀滅性風暴的遺痕；另有一種面相顯出內心的冷酷和呆板，還有一種面相奇特到簡直不像人。這些形狀上的偶然分歧是無窮盡的。大體說來，兒童是最美的，一切個別特性在他們身上好像都還沉睡在未展開的幼芽裡，還沒有什麼狹隘的情慾在他們的心胸中激動，在兒童的還在變化的面貌上，還見不出成人的繁複意圖所造成的煩惱，但是兒童的活潑氣象儘管顯出一切可能性，在他的這種天眞中卻還缺乏較深刻的心靈的特徵，還沒有現出心靈的深思遠慮，專心致志於重要目標的那種神情。

---

[75] partikularisiert，俄譯本作：「它在本身以內分裂爲個別部分的。」

[76] 不正常的發展。俄譯本作：「對人體美的基本類型所造成的歪曲和擾亂。」

(3)無論在身體方面還是在心靈方面，直接存在的這種缺陷在本質上都應了解爲一種有限，說得更精確一點，這種有限和它的概念不符合，而它的有限性也就由這種不符合裡看出。因爲概念，說得更具體一點，理念，在它本身以內是無限的、自由的。動物生命就其爲生命來說，固然已是理念，卻還不能表現出無限與自由；只有在概念完全貫注到符合它的實在裡，因而在這實在裡就只有概念本身而不讓其他與概念無關的東西摻入時，無限與自由才能顯現出來。只有在這種情況之下，概念才成爲眞正自由無限的個別存在。但是自然生命不能越出在它本身以內的情感，不能貫注到全部實在裡去，此外它還發現自身是直接受條件限制的、有局限性的、依存的，因爲它的自由不是由自己決定而是受其他事物決定的。心靈的直接有限現實在它的知識、意志、行動和命運等方面也有類似的情形。

因爲在心靈的領域裡雖然已經形成了一些比較本質性的中心點[77]，但是它們究竟還只是些中心點，還是像個別事例[78]一樣，不能自在自爲地具有眞實性，而只是由取決於整體的彼此之間的關係來表現這種眞實性。這整體就其爲整體而言，固然也符合它的概念，但是還不能以它的整體顯現出來，還只是一種內在的東西，所以只能成爲內在的思考認識的對象，不能作爲完全的符合，顯現於外在現實，使無數的個別性相由分裂狀態回原到統一，以便集中成爲一個表現和一個形象。

由於這個理由，心靈就不能在客觀存在的有限性及其附帶的局限性和外在的必然性之中，直接觀照和欣賞它的眞正的自由，而這種自由的需要就必然要在另一個較高的領域才能實現。這個領域就是藝術，藝術的現實就是理想。

所以藝術的必要性是由於直接現實有缺陷，藝術美的職責就在於它需把生命的現象，特別是把心靈的生氣灌注現象按照它們的自由性，表現於外在的事物，同時使這外在的事物符合它的概念。只有這樣眞實的東西才能從它的有時間性的環境中、從它的在有限事物行列中浪遊的迷途中，解脫出來，才能獲得一種外在的顯現，這外在的顯現使人看到的不是自然與散文世界的貧乏，而是一種與眞實相適應的客觀存在，而這客觀存在也顯現爲自由獨立的，因爲它的定性是從它本身得到的，而不是由其他事物外加到它身上的。79

77 英譯本作「統一的中心」。

78 英譯本作「這些中心所結合的個別事例」。

79 在論自然美的第二章裡，黑格爾雖承認自然美，但強調自然美還不是理想美，因爲山川、草木、金石、星辰、鳥獸之類自然事物，都是自在的，而不是自爲的，沒有自覺的心靈灌注生命和主體的觀念性的統一於一些差異並立的部分，隨時都受到外在事物的限制，見不出自由和無限這些理想美的特徵，黑格爾所見到的自然美主要不外兩種：一種是整齊一律、平衡對稱、和諧之類抽象形式美；另一種是自然有某些方面能契合審美者的主體心情，因而引起共鳴。

第三章　藝術美或理想

關於藝術美，我們要研究三個主要方面：

第一，理想，單就它本身來看；

第二，理想得到定性成爲藝術作品；

第三，藝術家的創造的主體性。

一、理想，單就它本身來看

1. 美的個性

根據以上的研究，如果很形式地談藝術的理想，我們就可以得到這樣一個最普泛的結論：從一方面看，眞實的東西固然只有在展開爲外在存在時，才得到它的客觀存在和眞實性，而從另一方面看，這眞實的東西所含的並立的部分，是結合爲統一體而且都包含在這統一體裡的，所以這展開爲外在現實的每一部分都顯現出這靈魂、這整體。我們姑且拿人的形體爲例來作最淺近的說明。我們在上文已經見過，人的形體是一整套的由概念分化成的器官，每一部分只現出某一種特殊活動和部分的功能。如果我們問：整個靈魂究竟在哪一個特殊器官上顯現爲靈魂？我們馬上就可以回答說：在眼睛上；因爲靈魂集中在眼睛裡，靈魂不僅要通過眼睛去看事物而且也要通過眼睛才被人看見。正如人體所不同於動物體的，在於它的外表上無論哪一部分都可以顯出跳動的脈搏，藝術也可以說是要把每一個形象的看得見的外表上的每一點都化成眼睛或靈魂的住所，使它把心靈顯現出來。或則就像柏拉圖在著名的詩裡向星所說的：

當你眺望星星時，啊，我的星星！
我默祝我自己就是天空，
用千眼萬眼來俯視你的儀容。

反過來說，藝術把它的每一個形象都化成千眼的阿戈斯[1]，通過這千眼，內在的靈魂和心靈性在形象的每一點上都可以看得出。不但是身體的形狀、面容、姿態和姿勢，就是行動和事蹟、語言和聲音以及它們在不同生活情況中的千變萬化，全都要由藝術化成眼睛，人們從這眼睛裡就可以認識到內在的無限的自由的心靈。

(1)藝術作品通體要有生氣灌注，這個要求馬上就引起一個問題：既然形象上的每一點都應化成靈魂的眼睛，這種靈魂究竟應該是怎樣的呢？問得更具體一點，怎樣的靈魂按照它的本性才有資格通過藝術達到它的眞正的表現呢？因爲按照習慣的說法，人們也說金、石、

[1] 阿戈斯（Argus），希臘神話中的怪物，據說有一百隻眼。

星辰、動物以及形形色色個別性格及其表現都各有一種特別的靈魂。但是說石頭和植物之類自然物也有上述意義的「靈魂」，這樣運用名詞是不恰當的。單純的自然物的「靈魂」在本身上就是有限的、容易消逝的，只配稱爲一種特殊化的自然，還不配稱爲靈魂。因此，這種自然物的確定的個性在它的有限的存在裡就已完全表現出來了。這種個性只能見出某一種局限性，所以它只能在外形上提升到無限的獨立自由。在這個領域裡❷固然也可以見出這種無限的獨立自由，但是如果眞正見出，那也總是通過藝術從外面帶進來的，並不是由於事物本身就已有這種無限性。同理，能感覺的心靈作爲自然生命❸固然也是一種主體的個性，但同時卻也是一種純然內在的個性，只是自在地出現於實在，還不能返躬自察來認識到自己，因而還不能本身就是無限的❹。所以這種能感覺的心靈的內容仍然是有局限的，而它的表現時而只能是這種低等動物的形式的生命表現，例如騷動、運動的能力、性慾、憂慮和恐懼之類；時而只能是一種本身有限的內在生活的外現。只有受到生氣灌注的東西，即心靈的生命，才有自由的無限性，才是在實際存在中對本身爲內在的，因爲它在它的外現裡能回顧本身，停留在本身❺。因此，只有心靈才能在它的外在表現上刻下它所特有的無限性以及自由回顧自己那種情況的烙印，儘管它在達到外在表現時，也就進入有限領域。但是就連心靈也只是由於實現了它的普遍性，而且把它自己所訂的目的提高到這種普遍性，它才是自由無限的，所以心靈如果還沒有掌握住這種自由，那麼，按照它所特有的概念，它也就可以只是作爲有限的內容、畸形的性格，或殘缺平庸的情緒而存在。內容既然這樣空洞，心靈的無限表現就還只是形式的，因爲我們所得到的只不過是自覺心靈的抽象形式，這種抽象形式的內容是和自由心靈的無限性相矛盾的。只有通過眞正的本身有實體性的內容，有局限的變化無常的個別事物才能得到獨立性與實體性，因而使它的定性、本身堅純性，以及有局限的自禁排外的而卻有實體性的內容（意蘊），都能在同一客觀存在裡變成現實，而這種客觀存在（事物）也就因而有可能在它所特有的、有局限的內容上同時表現出普遍性，表現出圓滿自足的靈魂。總之，藝術的特性就在於把客觀存在（事物）所顯現的作爲眞實的東西來了解和表現，這就是說，就事物對於符合本身和符合自在自爲的內容所現出的適合性來了解和表現。所以藝術的眞實不應該只是所謂「摹仿自然」所不敢越過的那種空洞的正確性，而是外在因素必須與一種內在因素協調一致，而這內在因素也和它本身協調一致，因而可以把自己如實地顯現於外在事物。

(2)因爲藝術要把被偶然性和外在形狀玷污的事物還原到它與它的眞正概念的和諧，它就要把現象中凡是不符合這概念的東西一齊拋開，只有通過這種清洗，它才能把理想表現出

---

❷ 指單純的自然物的領域。

❸ 例如昆蟲之類低等動物。

❹ 還不是自爲的或自覺的存在。

❺ 只有心靈才是自由的、無限的，因爲它是自覺的，能以本身爲認識的對象。

來。人們可以把這種清洗說成藝術的諂媚，就像說畫像家對所畫的人諂媚一樣。但是就連最不過問理想的畫像家也必須諂媚，這是就這個意義來說的：他必須拋開形狀、面容、形式、顏色、線條等方面的一切外在細節，必須拋開有限事物的只關自然方面的東西，如頭髮、毛孔、瘢點之類，然後把主體的普遍性格和常住特徵掌握住，並且再現出來。畫像家把靜坐在他面前的那個人的表面形狀完全依樣畫葫蘆地摹仿出來，這是一回事；他知道怎樣把足以見出主體靈魂的那些眞正的特徵表現出來，這卻另是一回事。因爲藝術理想始終要求外在形式本身就要符合靈魂。舉例來說，現時流行一種所謂「活的畫」，畫家興高采烈地有意地要摹仿名畫，他們很正確地抄襲一些次要的東西如衣褶之類，但是要在這種形象裡找精神的表現，所找到的往往只是一些平庸的面孔，這就產生出很壞的效果。拉斐爾所畫的一些聖母像就不然，它們向我們所揭示的一些面孔、腮頰、眼、鼻和口的形式，單就其爲形式而言，就已與幸福的快樂的虔誠的而且謙卑的母愛完全契合。我們確實可以說，凡是婦女都可以有這樣的情感，但是卻不是每一個婦女的面貌都可以完全表現出這樣深刻的靈魂。

(3) 藝術理想的本質就在於這樣使外在的事物還原到具有心靈性的事物，因而使外在的現象符合心靈，成爲心靈的表現。但是這種到內在生活的還原，卻不是回到抽象形式的普遍性、不是回到抽象思考的極端，而是停留在中途一個點上，在這個點上純然外在的因素與純然內在的因素能互相調和。因此理想就是從一大堆個別偶然的東西之中所撿回來的現實，因爲內在因素在這種與抽象普遍性相對立的外在形象裡顯現爲活的個性。因爲個別的主體性既含有一種有實體性的內容（意蘊），同時又使這內容顯現爲外在的，它所處的就是一種中途點，在這個點上，內容的實體性不是按照它的普遍性而單獨地抽象地表現出來，而是仍然融會在個性裡，因而顯現爲融會到一種具有定性的事物裡去——就這事物方面來說，它也解脫了單純的有限性和條件制約性，而與靈魂的內在生活結合爲一種自由的和諧的整體。席勒在他在《理想與生活》那首詩裡拿「寂靜的陰影世界的美」來和現實世界及其痛苦和鬥爭相對照。這種陰影世界就是理想，出現在這世界裡的靈魂對於直接存在來說，是死亡了的、消除了自然生存需要的，從有限現象所必不可免的那些對外在影響的依存性，以及一切反常和歪曲的束縛中解放出來的。但是理想儘管出現於感性世界及其自然形狀裡，它同時卻能還原到它本身並且把這外在世界也納入到它本身裡，因爲藝術能把外在現象藉以保持自己的那套器械引回到一種領域，在這領域以內，外在的東西可以顯出心靈的自由。只有由於這個緣故，理想才托身於與它自己融會在一起的那種外在現象裡，享著感性方式的福氣，自由自在、自足自樂。這種福氣的歌聲在理想的一切顯現上面都蕩漾著，因爲外在形象無論多麼廣闊，理想在它裡面都不會喪失它的靈魂。只有由於這個緣故，理想才眞正是美的，因爲美只能是完整的統一，但也是主體的統一。因此，理想的主體❻也必須顯現爲從原來個體及其目的和希

❻ 「理想的主體」，即足以表現理想的人物性格，英譯本誤譯爲「理想的主題」。

求的分裂狀態回原到它自己，匯合成爲一種較高的整體和獨立存在。

①從這方面看，我們可以把那種和悅的靜穆和福氣，那種對自己的自足自樂情況的自欣賞，作爲理想的基本特徵而擺在最高峰。理想的藝術形象就像一個有福氣的神一樣站在我們的面前。對於這種有福氣的神，有限領域與有限意圖中的一切困苦、忿怒和旨趣都不是什麼嚴肅的事，而這種否定一切個別事物而肯定地還原到自己，就使這種神們具有和悅和靜穆的氣象。席勒的「生活是嚴肅的，藝術卻是和悅的❼」那句話就是這個意思。冬烘學究們往往拿這句話開玩笑，以爲一般的藝術，特別是席勒自己的詩，都是嚴肅的，事實上理想的藝術都不排斥嚴肅。但是就在這種嚴肅裡，和悅還是基本的性格。我們特別在古代藝術形象裡所看到的和悅的靜穆正是這種個性的力量，這種集中於自身的具體自由的勝利。這種情形不只是在無鬥爭的滿足裡可以看見，就連在主體本身有深刻的分裂，好像它的整個存在都遭受到挫折的時候也是如此。例如悲劇主角儘管顯得是受命運的折磨，但是他們還露出一種簡單的自在心情❽，好像在說：「事情就是這樣。」這時主體仍然忠實於他自己；他放棄了被奪去的東西，但是他所追求的目的不但沒有放棄，而且他還不讓它因爲他自己失敗而同歸於盡。束縛在命運的枷鎖上的人可以喪失他的生命，但是不能喪失他的自由。就是這種守住自我的鎮定❾，才可以使人在苦痛本身裡也可保持住而且顯現出靜穆的和悅。

②在浪漫型藝術裡，內在生活的分裂和失調當然是更厲害些，它所表現的衝突一般是更加深刻化了，這種衝突所形成的破裂也可以是很突出的。舉例來說，描寫耶穌臨刑的浪漫

型繪畫往往在迫害耶穌的兵士的嬉笑的表情上，在兇惡的痙攣的獰笑面孔上做工夫，在這種強調衝突破裂的作品裡、特別在描繪姦淫邪惡的作品裡，理想所特具的和悅當然不能存在；儘管衝突破裂的情形不一定都表現得那麼突出，結果總不免是醜，至少是不美。再舉早期荷蘭畫派為例，這派繪畫在它的坦率與真實裡以及在它所表現的堅定的信心裡，都不由自主地表現出一種心境的和諧，但是這種堅實卻還沒有達到藝術理想所特有的明朗和愉悅。不過浪漫型藝術儘管把煩惱和痛苦，表現得比在古代藝術裡能更深刻地激發情緒和主體內心生活，它也還能表現出一種心靈的溫柔親密，一種退讓任運的喜悅，一種在煩惱痛苦中的泰然自若，乃至於在一種在苦刑下的狂歡。就連在義大利的嚴肅的宗教音樂裡，怨訴的樂調中也滲透著這種對苦痛的喜悅和讚頌。這種表現在一般浪漫型藝術裡可以說是通過眼淚的微笑。眼淚來自苦痛，而微笑則來自和悅，所以這種啼泣中的微笑表現出在煩惱痛苦中的怡然自得。這微笑當然不應該只是一種輕浮的情感，不是當事人在苦難中和他的瑣屑的主體情感中嘲弄自己，它必須顯得是美的事物不管任何痛苦而表現出的鎮定和自由，就像《席德詩》❿關於

---

❼ heiter，兼有「歡樂」、「明朗」兩義。與「嚴肅」對立的是「幽默」，這裡「和悅」包含「幽默」，但比「幽默」較深較廣。

❽ Beisichsein，譯「鎮定」亦可。

❾ Beruhen auf sich，俄譯本作「內在的獨立性」，實即上文Beisichsein（自在，鎮定）。

❿ 席德（Cid），十一世紀西班牙民族英雄，關於他的傳說形成一部西班牙史詩，希敏娜是他的妻子。

希敏娜所說的那樣：「她在含涕中是多麼美！」至於人們的不能自持或不鎮定的狀態卻不然，那是醜惡低劣的，或是滑稽可笑的。舉例來說，嬰兒碰到雞毛大的事就流淚，就使我們發笑，而一個嚴肅鎮定的人眼淚卻來自更深厚的情感，完全是另一種表情。

笑與淚也可以抽象地彼此分立，就在這抽象分立狀態中被錯誤地用作一種藝術母題，例如韋伯⑪的《魔術射手》曲裡一段笑的合唱就是如此。笑一般是爆裂的表現，如果藝術理想不應喪失，這爆裂就不應表現出缺乏鎮定。韋伯的《奧伯雍仙王》曲裡一段二部合唱裡的那樣笑聲就是這種抽象化的例子，它叫聽眾爲歌唱家的喉嚨和胸膛擔憂。荷馬史詩中那種不可磨滅的、出自神仙似的笑聲所產生的效果就完全不同，那是從神仙的和悅靜穆的心境中發出來的，只表現明朗的心情，沒有什麼片面的放肆。另一方面，啼哭在理想的藝術作品裡也不應是毫無節制的哀號，例如在韋伯的《魔術射手》裡就可以聽到這種抽象的悲慘的調子。一般地說，音樂聽起來就像雲雀在高空中歌唱的那種歡樂的聲音，把痛苦和歡樂儘量叫喊出來並不是音樂，在音樂裡縱然是表現痛苦，也要有一種甜蜜的聲調滲透到怨訴裡，使它明朗化，使人覺得能聽到這種甜蜜的怨訴，就是忍受它所表現的那痛苦也是值得的。這就是在一切藝術裡都聽得到的那種甜蜜和諧的歌調。

③從這個原則出發，近代滑稽說⑫在某種意義上可以得到證實，不過這種滑稽從一方面看，往往沒有任何眞正的嚴肅性，它特別歡喜運用惡劣的題材；從另一方面看，這種滑稽的結局只是心情的悵惘，而不是引人參加現實的行動和生活。姑舉諾瓦里斯⑬爲例，他就是

一個具有高尚心情而採取這種觀點的人，因而對人生缺乏興趣，在現實面前怯懦，以至於墮入精神上的癆病，就是這種精神上的饑渴病使人怕沾染有限事物，不肯降身去從事現實的行動和創造，儘管對這種遺世獨立同時也感到缺陷。所以在這種滑稽裡當然含有當事人在消除定性與片面性中對他自己的那種絕對的否定；但是像我們在序論中談到滑稽原則時所已指出的，這裡所消除的不僅是像在喜劇裡的那種自身空虛而就顯現爲空虛的東西，而且同時也包括卓越的、有價值的東西，所以這種滑稽無論就它否定一切而言，還是就它帶有上文所說的那種精神上的饑渴病而言，和眞正的藝術理想比較起來，都含有一種違反藝術的恣肆無節制。因爲藝術理想需要一種本身有實體性的內容（意蘊），這內容固然由於需表現爲外在事物的形式和形象而不免轉到個別性相，因而有局限性，但是這內容雖然包含局限性，其中一切純然外在的東西卻被消除了。只有通過這種對單純外在性的否定，藝術理想的某一確定形式和形象才能用適宜於藝術觀照和藝術表現的現象，把上述的有實體性的內容（意蘊）表現出來。⓮

⓫ 韋伯（Karl Maria von Weber, 1786-1826），德國浪漫派作曲家。

⓬ 參看全書序論八十五頁，滑稽說。

⓭ 諾瓦里斯（Novalis, 1772-1801），德國浪漫派詩人。

⓮ 以上論美的個性即理想的個性。美的根源在靈魂，統一的內在精神意蘊不僅表現於外在形象整體，而且也表現於其中各個部分，藝術仿佛把形象整體和各部分都化成眼睛，顯出心靈的自由與無限。這才是理想的個性。

2. 理想對自然的關係

形象的外在的因素對於理想是和本身眞實的內容一樣重要的，這兩方面互相融合的方式就要引導我們去研究藝術的理想表現對於自然的關係。因爲這裡所說的外在因素及其形狀構造，是和我們一般稱爲「自然」的東西密切相關的。關於這一層，有一個時常重新掀起的老爭論至今還沒有解決：藝術究竟根據現前的外在形狀照實描繪呢？還是要對自然現象加以提煉和改造呢？「自然的權利」和「美的權利」，「理想的眞實」和「自然的眞實」——這些本來不明確的字眼可以使人們爭辯不休。人們說，藝術作品當然要自然，但是也有平凡醜陋的自然，這就不該摹仿；而另一方面——如此這般、沒有底止，也得不出靠得住的結論。

這理想與自然的對立近來特別由溫克爾曼重新掀起而變成一個重要的問題。我們在全書序論裡已經指出，溫克爾曼受到古代作品和它們的理想形式的啓發，孜孜不輟地研究，直到他對古代作品的優越性獲得了眞知灼見，使世人重新承認這優越性和研究這些藝術的傑作。這種承認就產生了一種對理想表現的追求，人們自信從此就可以找到美了，但是結果卻墮入枯燥無生氣、膚淺無個性。就是這種理想的空洞，特別是表現在繪畫裡的，引起上文已經提到的呂莫爾對理念和理想的攻擊。

現在理論的任務就在解決這種爭執；至於它對藝術本身的實踐意義，我們在這裡可以完全拋開不論，因爲人們可以隨意選擇一些原則來啓發平庸的人和他們的才能，結果都還是一樣：無論他們根據的是錯誤的理論還是最好的理論，他們所創造出來的東西還永遠是平庸的和軟弱的。此外，一般藝術，特別是繪畫，在旁的影響之下，已放棄了對所謂理想的追求，而在它們發展過程中，由於人們對早期的義大利畫和德國畫以及較晚的荷蘭畫重新發生興趣，它至少是努力在爭取更有意蘊和更有生氣的形式和內容。

從另外一方面看，除掉上述抽象的理想之外，人們對於藝術中過去被人喜愛的「妙肖自然」也感到膩味了。例如戲劇，每個人看到日常家庭故事以及它的妙肖自然的描繪，心裡都感到生厭了。總是那些老故事、夫妻、子女、工資、開銷、牧師的倚賴性、僕從和祕書的陰謀詭計，以致主婦和廚房女傭人的糾葛，女兒在客廳裡多情善感的勾當——這一切麻煩和苦惱，每個人在他自己家裡都可以看到，而且還比在戲劇裡所看到的更好、更眞實些。

談到理想與自然的對立，人們心裡往往著重某一種藝術，特別是繪畫，這一門藝術的範圍是眼睛看得到的個別事物。因此我們對於理想與自然的對立要提出這個一般性的問題：藝術應該是詩，還應該是散文？因爲藝術裡眞正是詩的東西就是我們所說的理想。如果問題只在「理想」這個名詞，就把它拋開不用是很容易的。但是問題在於：在藝術裡詩究竟是什麼？散文究竟是什麼？儘管在某些種類的藝術方面，堅持要有本身是詩的因素可以導入歧途，而且確實已經導入歧途，繪畫卻還是表現過顯然屬於詩，特別是屬於抒情詩的東西，這種內容確實有詩的意味。例如現在這次畫展（一八二八年）陳列出很多的畫都屬於同一畫派

（所謂「杜塞道夫[15]派」），這些畫都取材於詩，當然只取詩的情感可以描繪的那一方面。我們看它們次數愈多，看得愈仔細，我們就會感覺到它們甜蜜而枯燥[16]。

上述理想與自然的對立，包含以下幾種一般特徵：

(1) 頭一個特徵就是藝術作品具有完全形式的觀念性，因爲一般說來，詩按它的名字所含的意義，是一種製作出來的東西[17]，是由人產生出來的，人從他的觀念中取出一種題材，在上面加工，通過他自己的活動，把它從觀念世界表現到外面來。

① 內容可以是完全不關重要的，或是如果沒有經過藝術表現出來，它在日常生活中就只能引起一霎時的興趣。例如荷蘭畫就能把現前的自然界飄忽的現象，表現成爲千千萬萬的境界，好像是由人再造出來似的。天鵝絨、金屬物的光彩、光、馬、僕人、老太婆、農民吸著破舊的菸斗把菸向外吹、酒在透明的杯子裡閃光、鄉下人披著骯髒的襖子在玩破舊的牌：這些以及無數的類似的題材，我們在日常生活中對它們很少注意，儘管我們自己也玩牌、喝酒、談這個、談那個，可是興趣並不在此——就是這些題材被這些畫拿到我們眼前來了。藝術既然把這種內容呈現給我們，它馬上引起我們興趣的，也就是這種好像是由心靈創造的自然事物的外形和現象，心靈把全部材料的外在的感性因素化成了最內在的東西。因爲我們看到的不是實際存在的毛絨、絲綢，不是眞正的頭髮、玻璃杯、肉和金屬物，而是僅僅一些顏色，不是自然物所應現出的立體，而只是一個平面，但是我們所得到的印象仍然像實物所給的一樣。

②和先前的散文氣的實在相比，這種由心靈創造的形象就是觀念性的奇蹟，你也可以說它是一種開玩笑，一種對外在自然事物的滑稽態度。人和自然在日常生活中不知道要做出幾多安排、要利用幾多不同種類的手段，才能產生這樣的效果；還不消說，材料方面還要發生許多阻力，例如在金屬物上加工所遇到的困難。藝術所用為材料的觀念卻不然，它是一種柔軟而簡單的因素，凡是人和自然在自然存在中需費大力才可以達到的東西，觀念可以輕易地隨方就圓地從它的內在世界中取出來。被描繪的事物以及日常生活中的人物也並不是用之不竭的財富，而是有局限性的：寶石、黃金、動物等等，在本身上都只是這種有局限性的東西。但是人在藝術創造者的地位卻是一個內容極其豐富的世界，這是人從自然攫奪來，放在觀念和知覺的廣大領域中積累成為財富的，現在他很簡單地自由地從自身取用，無須假道於在實在界所必經的那些條件和準備。

這種觀念性的藝術，是介乎單純的有限客觀存在和單純的內在觀念之間的。它也拿事物供給我們，但是這些事物是從內在世界取出來的；它把它們供給我們，並不是為著什麼其他

⓯ 杜塞道夫（Düsseldorf），德國萊茵區一個城市。

⓰ 英譯本注：「黑格爾提到有些人主張一幅畫如果以理想因素為主，它就一定是幅好畫，要得到理想因素，只需從詩裡借用；接著黑格爾就舉了一個實例證明這話不正確。」

⓱ 西文「詩」字原義為「製作」。

目的，它只是把興趣局限在觀念性的形象（顯現）那一抽象方面，讓這一方面單純地供認識性的觀照。

③ 因此，藝術用這種觀念性把本來沒有價值的事物提高了，它不管這些事物的內容有沒有意義，只爲著它們本身而把這些事物凝定起來，成爲目的，使我們對本來過而不問的東西發生興趣。藝術對於時間也產生了同樣的效果，在這方面它也還是觀念性的。在自然界本來是消逝無常的東西，藝術卻使它有永久性；例如一陣突來突去的微笑、嘴唇上一陣突然起來的狡猾的表情、一種眼色、一陣浮光掠影，以至於人的生活中精神的表現，許多來來往往，一見即忘的事件——這一切在瞬間存在中都被藝術攝取去了；就這個意義說，藝術也是征服了自然。

但是藝術的這種形式的觀念性特別引人入勝的並不是它的內容，而是心靈創造的快慰。藝術表現必須顯得很自然，但是形式意義的[18]詩的或觀念性的因素不能是生糙的自然，而是取消感性物質與外在情況[19]的那種製作或創造。一種使人感到快樂的表現必須顯得是由自然產生的，而同時卻又像是心靈的產品，產生時無須通過自然物產生時所需通過的手段。這種對象之所以使我們歡喜，不是因爲它很自然，而是因爲它製作得很自然。

(2) 藝術作品還喚起另一種更深刻的興趣，這是由於它的內容並不只是按照它在直接存在中所呈現的那種形式而表現出來，而是作爲經過心靈掌握的東西，在那種形式範圍之內推廣了、變成另一種東西了。凡是自然地存在著的東西都只是一種個別體，無論從哪一點或哪一方面去看，都是個別分立的。觀念卻不然，它本身含有普遍性，所以凡是出於觀念的東西就因而具有普遍性，不同於自然事物的個別分立。就這個意義來說，觀念有這種優越性：它的範圍較廣，所以能掌握內在世界，把它抽繹出來，表達成為有形可見的東西。藝術作品固然不只是一般性的觀念，而是這種觀念的某一定形式的體現，但是作為來自心靈及其觀念成分的東西，不管它如何活像實物，藝術作品仍然必須渾身現出這種普遍性。就是因為這個緣故，詩的觀念性比起上述單純製作的那種形式的觀念性要高一層。在這裡藝術作品的任務就在於抓住事物的普遍性，而在把這普遍性表現為外在現象之中，把對於內容的表現完全是外在的、無關重要的東西一齊拋開。因此，藝術家所取來納入形式和表現方式的東西並不是凡是他在外在世界所發現到的，或是因為他在外在世界發現到那些東西；如果他想作出真正的詩，他就只能抓住那些正確的符合主題概念的特徵。如果他用自然及其產品，即一般現實，作為模範，這並不是因為自然把它隨便造成某一種樣式，而是因為自然把它造得很正確，但是這種「正確」是一種比現實本身更高的東西。

例如在創造人的形體時，藝術家並不像修復舊畫那樣辦，在新塗抹的地方，把由於油漆和顏色皺裂而形成的好像一面網鋪在畫面上的裂紋也照樣畫出，畫像家對於皮膚的網紋，尤

---

❽ 即賦予形式的，或使內容得到形式的。

❾ 即否定外在因素的純然外在性和偶然性。

其是雀斑、膿疱、痘痕之類也都一律抛開不畫，著名的丹那[20]的所謂「逼肖自然」的畫法並不足爲訓。筋肉和脈絡儘管畫出，也不應像在自然中那樣明確詳細。因爲這些東西和心靈或是關係不大，或是毫無關係，而心靈的表現才是人的形體中本質的東西。因此，我並不認爲裸體雕刻在近代比在古代製作得少，就是近代雕刻的短處。倒是我們近代衣服式樣比起古代的較富於觀念性的服裝，確實是很不藝術、很平凡乏味。這兩種服裝的目的是相同的，都是爲著遮蓋身體。但是古代藝術所表現的服裝本身多少是一種無形式的平面，只是因需緊貼身體，例如肩膀，才得到某種確定的形式。此外，古代服裝是可以適應各種形式的，只依照它本身的重量簡單地自由地懸掛著，或是隨著身體的站勢、四肢的姿態和運動而得到確定的形式。這樣確定的形式見出服裝外表只表現出身體上所顯現的心靈的變化，所以服裝的某一特殊形式、褶紋、下垂和上聳都完全取決於內在生命，適應某一頃刻的某種姿態或運動——這樣取得的確定形式就形成了古代服裝的觀念性[21]。我們近代的服裝卻不然，整幅材料都是製成了的，按照身體尺寸裁好縫好，所以不能有或是很少有褶紋起伏的自由。因爲連褶紋的樣式也取決於縫口，而整個款式也由裁縫按照他的手藝技術剪裁出來的。近代衣服的形式一般固然取決於四肢構造的形狀；但是它只是拙劣地摹仿體形，或是按陳規、趨時尚，對人體加以歪曲，一次剪裁成了就永遠是那樣，姿態和運動都不能決定它的形式。例如我們可以任意運動手足，而袖口和褲筒卻一成不變。至多是衣褶可以現出各種不同的式樣，但是也只能按照固定的縫口，沙恩霍斯特[22]雕像的褲子可以爲例。總之，在我們近代衣服的外表過於黏滯地配合身體的內在生命，反而顯得不是由內在生命所決定的形狀，而是錯誤地摹仿自然形狀，剪裁成了，樣式就一成不變。

上文所說的關於人的形體和服裝的道理，也可以應用到人類生活中許多其他外表和需要方面。這些外表和需要本身是不可少的，對一切人都是共同的，但是與本質的特徵和重要的旨趣卻不發生關係，而這些特徵和旨趣，按照其意蘊卻正是人類生存中眞正普遍的東西，儘管這些身體方面的需要，例如吃、喝、睡覺、穿衣之類，可以和出自心靈的行動在外表上交織在一起。

這一類的身體方面的需要當然也可以表現在藝術裡，人們都承認荷馬在這方面能非常妙肖自然。但是儘管荷馬寫得多麼生動、栩栩如在目前，他也不得不限於提示大要，並不要求把所有的細節都要按照實際存在情況一一描繪出來。例如他寫阿基里斯的身體形狀時，雖然提到高額頭、勻稱的鼻子和一雙粗壯的長腿，但是他並沒有把這些部分實際存在的細節，都一點一滴地描繪出來，例如每部分的位置、各部分的互相關係以及顏色等等，這些並不是眞正的妙肖自然原則所應要求描繪的。此外，詩所表現的總是普遍的觀念而不是自然的個別細

---

⑳ 丹那（Denner, 1685-1749），德國畫家。

㉑ 希臘羅馬衣服不是量身體製成的，而是一整幅布披在身上，所以較易於隨身體運動姿勢而變更形狀。

㉒ 沙恩霍斯特（Scharnhorst, 1755-1813），普魯士大將。

節；詩人所給的不是事物本身而只是名詞、只是字，在字裡個別的東西就變成了一種有普遍性的東西，因爲字是從概念產生的，所以字就已帶有普遍性。我們固然可以說，觀念和語言都自然而然地要用名號、要用字，來作爲自然存在事物的無窮縮寫，但是這裡所謂「自然」在性質上是和上述「妙肖自然」的「自然」直接對立的，是對它加以否定的㉓。所以這裡就有一個問題：在拿自然和詩對立時所指的自然究竟是哪一種呢？因爲一般地說，「自然」是一個不明確的空洞的字眼。詩所應提煉出來的永遠是有力量的、本質的、顯出特徵的東西，而這種富於表現性的本質的東西，正是觀念性的東西而不是只是現在目前的東西，如果把每件事或每個場合中現在目前的東西按其細節一一羅列出來，這就必然是乾燥乏味、令人厭倦、不可容忍的。

但是關於這種普遍性，各種藝術是彼此不同的，有些是較富於觀念性的，有些卻更著重外在的鮮明性。例如雕刻在形象上比繪畫較抽象。拿詩藝來說，史詩在生動地表現現實生活方面比不上戲劇，但是就充實鮮明來說，史詩卻比戲劇勝一籌——因爲史詩的作者從對事蹟的觀照中創造出具體的形象，而戲劇則滿足於描繪行動的內在動機，意志的動向以及內心的反應。

(3) 更進一層，既然只有心靈才能把它的自在自爲地充滿興趣的內容（意蘊）的內在世界實現於外在現象的形式，我們就得追問：從這方面看，理想與自然性的對立究竟含有怎樣意義呢？嚴格地說，在這個領域裡用「自然的」字眼，並不符合這字眼的本義，因爲作爲心靈的外在形狀，自然的東西之所以是自然的，並不僅因爲它是直接存在，像動物生命、自然風景等等那樣，而是因爲只有心靈才能把自己體現於身體，自然的東西在這裡按照它的定性就只顯現爲心靈的表現——因而也就是顯現爲經過觀念化的東西。因爲這樣納入心靈，這樣由心靈創造圖景和形象，正是所謂觀念化。有人說過，人到死時，面容又回到童年的形狀：情慾、習慣和希求在身體上所凝成的固定的表情，也就是死人在世時一切意志和行動的特徵，臨死時都消逝了，他又回到兒童面貌的那種不確定性。但是在活的時候，人的面貌特徵和整個形象的表情都是由內在生活決定的，例如不同民族和不同社會地位的人就有不同的心靈的傾向和活動，而這些傾向和活動都表現於外在形狀。在這一切方面，外在的東西既然是受到心靈滲透和影響的，它就已經是觀念化過的，與生糙的自然不同了。自然與理想對立問題的眞正意義就在這裡。因爲一方面有人這樣主張：心靈的自然形式是在現實中原已存在的未經藝術再造的現象，它本身就已經是完滿的、美的、卓越的，所以不可能另有一種美叫做理想與這現實界的美不同，而且比它高一層，並且就連在自然中原已發現的美，藝術也還不能完全達到。另一方面又有人提出這樣要求：藝術應該尋求另一種形式和表現方式，比在現實中原已存在的形式和表現方式更理想。就這一點看，前文提到的呂莫爾先生的爭論是特別

㉓ 語言運用字來縮寫事物，雖說是自然而然的，但究竟是人爲的，所以是否定「妙肖自然」（呆板地摹仿自然）的。

重要的。有一派人把理想老是掛在口頭上，以高傲的姿態鄙視平凡的自然，而呂莫爾先生卻相反，他以同樣高傲的姿態咒罵理念和理想。

但是事實上在心靈世界裡，普通的自然有外在的和內在的兩方面，這自然在外在方面之所以是平凡的，正因爲它在內在方面是平凡的，在它的活動和整個外表上所顯現出的只是妒忌怨恨的目的，以及卑鄙淫逸的貪求。這種平凡的自然也可以用作藝術題材，而且實際上已這樣用過，但是這就發生兩種情形：一種是像上文已經說過的，眞正的興趣只在於表現本身，即在於創作的藝術性，在這種情形之下，就很難希望一個有教養的人能同情於這種作品全體，這就是說，也同情於這樣的內容；另一種情形就是藝術家通過他自己的理解，使這種內容變得更深廣。特別是所謂風俗畫，就不鄙視這樣平凡的事物，在荷蘭畫家的手裡，這種畫達到了高度的完美。是什麼原因使荷蘭人走上風俗畫的路呢？這些小畫所表現的是什麼內容而能具有這樣大的吸引力呢？我們不能說這些畫所表現的是平凡的自然而就把它們拋開。因爲我們如果就這些畫的眞正的題材細加研究一下，就會發現它並不是像一般人所設想的那樣平凡。

荷蘭畫家的藝術表現的內容是從他們本身，從他們的當前現實生活中選擇來的。用藝術把這種生活再一度變成實在的，這並不能說是他們的過錯。拿來擺在當時人眼前和心靈前的東西，必須也是屬於當時人的東西，如果要使那東西能完全吸引住當時人的興趣的話。要知道荷蘭人當時的興趣所在，我們就必須追問他們的歷史。荷蘭人所居住的土地大部分是他們自己創造成的，而且必須經常地防禦海水的侵襲。荷蘭的市民和農民，用他們的忍耐和英勇推翻了在查理五世的兒子腓力普二世，那位世界上強大的專制君主之下的西班牙的統治，經過鬥爭才獲得了政治上的和宗教上的自由[24]。正是這種在無論大事小事上、無論在國內還是在海外所表現的市民精神和進取心，這種謹慎的清潔的繁榮生活，這種憑仗自己的活動而獲得一切的快慰和傲慢，組成了荷蘭畫的一般內容。但是這並不是平凡的材料和內容，雖然對這種內容不能用宮廷左右上流社會的高傲眼光去看。就是本著這種高尚的民族感，林布蘭[25]畫了藏在阿姆斯特丹展覽館的《守夜》，范・戴克畫了許多畫像，佛飛曼畫了他的《騎兵戰》，就連那些畫鄉下人鬧酒和謔浪笑傲的作品也應屬於這一類[26]。

作爲對照，我們不妨舉在本年畫展裡展出的一些還不算壞的風俗畫爲例，在表現風格上它們還遠不及荷蘭畫家的這類畫，就在內容上它們也趕不上荷蘭畫所表現的那種自由歡樂的

---

[24] 荷蘭在十五、六世紀時屢次受外族統治，最後的外族統治者是西班牙的腓力普二世。荷蘭對西班牙的殘暴統治進行過英勇的鬥爭，到了腓力普二世的海軍被英國消滅，西班牙國勢衰弱之後，荷蘭就推翻了西班牙的統治，成爲獨立國。

[25] 林布蘭（Rembrandt Harmensz van Rijn, 1609-1669）、范・戴克（Anthonis van Dyck, 1599-1641）、佛飛曼（Philips Wouwerman, 1619-1668），三人都是荷蘭的名畫家。

[26] 這段分析荷蘭畫的話，是一些馬克思主義美學家所常引用的（例如普列漢諾夫等）。

氣氛。例如其中有一幅畫的是一位婦人走到酒館裡去責罵她的丈夫。這只是一批狠毒的人爭爭吵吵的場面。荷蘭畫卻不同，畫的人物無論是在酒館裡、在結婚跳舞的場合裡，還是在宴飲的場合裡，都是歡天喜地的，縱然在爭吵和毆鬥的場合也還是如此，太太小姐們也參加在這裡面，每一個人都表現出自由歡樂的感覺。這種合理的快慰所表現的心靈的明朗甚至在動物畫裡也可以見到，它們也見出飽滿快樂的心情——正是這種新喚醒的心靈的自由活潑被畫家掌握住和描繪出來了，荷蘭畫的崇高精神也就在此。

在同樣意義上，弁里羅[27]的《乞兒們》（藏在慕尼克的中央畫館）也是很卓越的。從外表看，這幅畫的題材也是很平凡的。一位母親正在罵她的一個孩子，而他卻安然地在吃他的麵包。在另外一幅類似的畫裡，兩個衣服破爛的窮孩子在吃西瓜和葡萄。但是這些半裸體的窮孩子渾身都流露出一種逍遙自在、無憂無慮的神氣，沒有哪個伊斯蘭教行乞僧能顯出像這些窮孩子那樣的健康和熱愛生活的感覺。這種對外在世界的無沾無礙，這種流露於外表的內心的自由，正是理想這個概念所要求的。巴黎有一幅拉斐爾畫的小孩像，他的頭安閒自在地靠在一隻胳膊上，眼光裡帶著無憂無慮、欣然自得的神色瞭望著遼闊的天空，人們看到這幅表現健康歡樂的畫簡直捨不得離開。上述弁里羅畫的孩子們給我們的也是這種樂趣。這些孩子顯然沒有什麼遠大的旨趣和志向，但是這並不是因爲他們愚笨，而是像奧林匹斯山上的神人們一樣泰然自得地蹲在地上；他不做什麼，也不說什麼，但是他們都是人，從一種材料做出來的人，沒有煩惱、沒有爭吵的人；看到這些優點，人們可以想像到這些孩子們可以變成很偉大的人。上面談到的那責罵的女人，以及另外兩幅畫——一幅畫的是鄉下佬修理馬鞭，一幅畫的是馬車夫睡在草薦上——都完全不能與此相比，它們所表現的是另一種觀念。

這類風俗畫的篇幅必須很小，在它們的整個感性外觀上顯得很瑣屑，免得使人感到外在對象和內容過於突出。如果把這類題材畫得和實物一樣大，仿佛要人相信單靠它們原來在實際生活中的整個面貌本身就足以產生快感，那就會令人不能容忍了。

所謂平凡的自然就應如此了解，才可以成爲藝術的題材。

除掉採用本身沒有多大意義的細節來描繪這種歡樂和市民優點之外，藝術當然還有更高的、更理想的題材。因爲人還有更嚴肅的旨趣和目的，來自心靈的廣化和深化，只有這種旨趣和目的才符合人之所以爲人。以表現這種較高內容爲任務的才是較高的藝術。這裡我們就碰到這樣一個問題：要表現這種由心靈產生的內容，從哪裡可以找到形式呢？有一派人主張，既然是首先由藝術家自己具有他所表現於藝術的那些崇高的理想，他也就應該自己創造相適應的崇高的形式，例如希臘諸神、基督、使徒、聖者等等的形象。竭力反對這個主張的是呂莫爾先生。他認爲：如果由藝術家憑他自己的力量去找不同於自然的形式，這個方針就會導向藝術的迷途。他主張畫家們應奉義大利和荷蘭的藝術傑作爲典範。在這個問題上他對

㉗ 弁里羅（Bartolome Esteban Murillo, 1618-1682），西班牙名畫家。

下述一種理論這樣譴責過（《義大利研究》卷一，一〇五頁）：「近六十年來的文藝理論都在忙於設法證明：藝術的唯一的或是主要的目的，就在於要在創造個別形象方面勝過自然造化，造出現實事物所沒有的形式，這些形式摹仿自然造化而卻比自然造化所成就的更美，好像是自然不懂得怎樣把事物造得更美些，要凡人來彌補這個缺陷。」因此他勸藝術家「放棄巨人似的意圖，不要妄想對自然形式加以提高、美化或是其他類似舉動，像許多藝術理論著作帶著虛榮心所常提到的那一套。」呂莫爾先生認爲就連對於最崇高的心靈性的對象，在現實界都已有圓滿的外在形式，所以他主張「無論題材是多麼心靈性的，藝術的表現絕不依靠由人任意設立的符號，而是完全依靠自然界已有的富有意義的有機形式」。在這方面呂莫爾心裡所想到的主要是溫克爾曼所闡明的古代藝術的理想形式。把這些古典形式蒐集在一起，這當然是溫克爾曼的絕大功勞，儘管在某些個別特徵上他的見解可能是錯誤的。舉例來說（一一五頁），呂莫爾把溫克爾曼所定的古典形式理想特徵之一，即下身延長，看作是由羅馬站勢雕像來的。在他反對理想的論爭中，他卻要求藝術家盡全力去研究自然形式，只有在自然形式裡才可以找到眞正的美。接著他又說（一四四頁）：「最高的美所依靠的形式符號系統是自然中原已存在的而不是由人任意設立的，通過這種形式符號系統，某些內容特徵與某些形式符號才結合在一起，看到這種形式符號，我們就必然時而想到某些觀念和概念，時而意識到某些潛伏在我們心裡的情感。」他還說（一〇五頁）：「心靈還有一種祕密的特色，就是人們所稱爲理想的東西，它把藝術家和有關的自然現象結合起來，使藝術家從這些自然現象裡，逐漸學會日益清楚地認識到他自己的意願，而且學會用這些自然現象把這種意願表現出來。」

理想的藝術與所謂由人任意設立的符號誠然是毫不相干的。如果摹仿上述古代藝術的理想形式和拋棄正確的自然形式，導致虛僞空洞的抽象化，呂莫爾那樣尖銳地攻擊它，當然就是正確的。

但是關於藝術理想和自然的對立，我們還有以下的要點要說。具有心靈意蘊的現實自然形式，在事實上應該了解爲具有一般意義的象徵性，這就是說，這些自然形式並不因爲它們本身而有意義，而只是它們所表現的那種內在心靈因素的一種外現。就是這種心靈因素，使這些自然形式還在現實狀態而尚未進入藝術領域之前就已具有觀念性，不同於不表現心靈的單純的自然。在藝術的較高階段裡，心靈的內在的內容（意蘊）就應該得到它的外在的形象。這種內容（意蘊）既然存在於現實的人類心靈裡，它就如一般人類內心生活一樣，可以得到足以表現它的那種現實外在形象。儘管承認了這一點，還有人會問：當前現實中是否就已有富於表現力的美的形體和面貌，可以由藝術直接利用到人物畫像裡來；例如用來表現天帝——他的崇高靜穆和威力——天后、愛神、彼得、基督、約翰、聖瑪利等等呢？這個問題在科學上是無聊的，正反兩面都有話可說，但是它也是一個純粹經驗性的問題，因而是無法解決的。因爲唯一的解決方法是在現實中指出證據，而這個辦法，舉例來說，對於希臘諸神的畫像是行不通的[28]；至於把這個辦法用到現時的事物，這一個人認為絕美的，另一個遠較聰明的人卻不以為然。還不僅此，形式的美一般說來並不是我們所說的理想，因為理想還要有內容（意蘊）方面的個性，因而也就還要有形式方面的個性。例如在形式上是一副完全停匀的美的面孔，而在實際上卻可以很乾燥無味、沒有表現力。希臘諸神所表現的理想卻是一些個別體，在普遍典型的範圍之內仍各有特性。理想之所以有生氣，就在於所要表現的那種心靈性的基本意蘊，是通過外在現象的一切個別方面而完全體現出來的，例如儀表、姿勢、運動、面貌、四肢形狀等等，無一不滲透這種意蘊，不剩下絲毫空洞的無意義的東西。例如最近證明出於菲迪亞斯[29]的那些希臘雕刻，就以這種通體貫注的生氣特別使人振奮。這裡理想還堅持住它的謹嚴，沒有轉化為韶秀、柔弱、輕盈之類毛病，每一種形式都和所要體現的那種普遍的意蘊密切吻合。這種最高度的生氣就是偉大藝術家的標誌。

比起現實現象的個別性相，這樣一種基本意蘊可以說是抽象的，在只能選擇時間上某一點來表現的雕刻和圖畫裡尤其如此——這兩種藝術不能向四面八方發展，不像荷馬寫阿基里斯的性格，可以時而把他寫得很堅強殘酷、時而把他寫得很溫靜和藹，以及寫出其他靈魂特徵。這種意蘊在當前現實中當然也可以找到它的表現，例如幾乎沒有哪一個面孔不可以產生虔敬歡欣之類的印象，但是這些面貌還表現出無數其他心理狀態，和應該突出的基本意蘊毫不相容，或是沒有密切的關係。因此，一幅畫像之所以為畫像，就因為它抓住了某一個別特性。例如在古代德國和荷蘭的圖畫裡常常可以碰見施主和他的家庭、太太和子女，都畫在畫裡面。他們都要顯得在虔敬地祈禱，畫的一筆一畫都完全現出那副虔敬的神色，但是除此以外，我們在那些男人身上可以認出他們是些堅強的戰士，積極行動的人，在生活和情慾中經過很多考驗的人，在那些女人身上也可以認出她們是些精明能幹的貴婦人。如果我們拿這些原人和在這些以妙肖自然面貌著名的圖畫裡的聖瑪利或站在她身旁的那些聖徒和使徒比較一下，我們就可以看出這些畫中人物在面孔上都只露出一種表情，而一切形式如骨骼筋肉以及靜態和動態都集中地見出這一種表情。這種全體結構的吻合一致就是眞正理想之所以有別於尋常畫家的地方。

有人可能設想：畫家應該在現實中的最好的形式中東挑一點、西挑一點，來把它們拼湊在一起，或是在銅盤或木刻上找些畫貌姿勢等等作為表現他的內容的適當形式。但是藝術的要務並不止於這種蒐集和挑選，藝術家必須是創造者，他必須在他的想像裡把感發他的那種意蘊，對適當形式的知識，以及他的深刻的感覺和基本的情感都熔於一爐，從這裡塑造他所要塑造的形象。[30]

---

[28] 神不是按照現實自然形式來描繪的。

[29] 菲迪亞斯（Phidias），西元前五世紀希臘偉大的雕刻家。

[30] 在「理想對自然的關係」這一節裡，黑格爾批判了當時德國流行的「追求理想」和「妙肖自然」兩派的對立

二、理想的定性㉛

到此爲止，我們一直在按照理想的普遍概念來研究理想本身。這理想本身是比較容易了解的。但是因爲藝術美，就其爲理想而言，不能始終只是普遍概念，即使按照這普遍概念，它也必須在本身上有定性和特殊性，因此也就必須離開它本身而轉化爲有定性的現實存在，這就引起一個問題，理想儘管轉化爲外在有限存在，因而轉化爲非理想，它用怎樣辦法還能同時保持住它的理想性呢？反過來說，有限客觀存在怎樣才能取得藝術美的理想性呢？

關於這一層，我們分以下三點來說：

一、理想的定性，就它本身來看；

二、理想的定性就它由於它本身的特殊性，發展到具有差異面的對立以及再發展到這對立的消除來看，我們一般可以把這種過程叫做「動作」或「情節」；

三、理想的外在的定性。

(一)理想的定性，就它本身來看㉜

1. 神性的東西，作為統一性與普遍性

我們已經見過，藝術首先要把神性的東西當作它的表現中心。但是神性的東西本身既然就是統一性和普遍性，在本質上只能作思考的對象，而且它本身既是無形的，就不能納入藝術想像所造的圖形，所以猶太人和伊斯蘭教徒就禁止畫神像，來供感官觀照。造型藝術絕對

要求形象的具體生動，所以不適合於表現神；只有抒情詩才能在感發興起中歌頌神的威武莊嚴。

2. 神性的東西，作為諸個別的神

但是從另一方面看，無論神性的東西怎樣具有統一性和普遍性，它在本質上也是具有定性的；它既然不只是一種抽象概念，也就應具有形狀可以供人觀照。如果想像用具體形象把這有定性的神性的東西掌握住而且表現出來，它就會現出多種多樣的定性，只有到了這一

觀點，肯定了眞實的內容意蘊與眞實的自然表現手段恰相吻合的重要性，這兩方面起主導作用的仍是內容。藝術就是詩，就是創作，就是爲表現心靈而征服自然。在藝術裡的自然是經過觀念化的自然，不是生糙的自然。所謂「觀念化」就是把自然納入心靈，受到心靈的滲透和影響，在心靈裡轉化爲觀念或思想，於是成爲表現心靈的材料。這種自然是經過提煉和提高，具有更高的普遍性、見出本質特徵的。黑格爾在藝術素材中不排除「平凡的自然」。他舉荷蘭畫爲例，荷蘭畫儘管使用的是平凡的自然，卻表現了和自然鬥爭以及與敵人鬥爭的勝利感和民族自豪感，結果顯得並不平凡。他談的實際上是典型問題，儘管沒有用「典型」這個字眼。

㉛ 即理念由普遍概念轉化爲具體客觀事物，其中各部分受到不同的定性，彼此分立而且對立。這些差異面或對立面在藝術中應達到統一。

㉜ 即就理想的本質來看，理想的本質是自由、無限、絕對的，黑格爾把它叫做「神性的東西」（Das Göttliche）。它首先顯現於神，也可以顯現於人。

步，才算開始走進理想藝術的眞正領域。

接著單一的神性的實體第一步就分化爲許多獨立自足的神，例如希臘藝術中的多神觀念；就連在基督教的觀念裡，儘管神本身是純粹的心靈的統一性，他也顯現爲現實中的人[33]和塵世的事物直接交織在一起。其次，神性的東西在它的有定性的顯現和現實存在中，一般都顯現在凡人的感覺、情緒、意志和活動裡，在凡人的心胸裡起作用，所以在這個範圍裡，神的心靈所憑附的凡人，例如聖徒、殉道者，以及一般信徒，也就成爲理想藝術的適宜對象。第三，神性的東西根據它的特殊性轉化爲有限的也就是塵世的存在，隨著這個原則，人類現實存在的個別性相也因而出現了。從此，人的全部心情連同一切感人最深的東西，人心裡面的一切力量，每一種感覺、每一種熱情，以致胸中每一種深沉的旨趣——這種具體的生活就形成了藝術的活生生的材料，而理想也就是這種生活的描繪和表現。

神性的東西如果只作爲純粹心靈來看，固然只是思考認識的對象，但是既已成爲在活動中依附於身體的心靈，就它永遠只能與人類心胸共鳴而言，它也就屬於藝術領域。但是這裡也就因此要現出個別的旨趣和行動，有定性的人物性格以及它們所處的霎時的情境，總之，現出一切和外在世界的糾葛，所以我們需說明理想對這種定性的關係一般是什麼[34]。

3. 理想的靜穆

從上文我們可以看出，要想達到理想的最高度的純潔，只有在神、基督、使徒、聖徒、懺悔者和虔誠的信徒們身上，表現出沐神福的靜穆和喜悅，顯得他們解脫了塵世的煩惱、糾紛、鬥爭和矛盾。在這個意義上，雕刻和繪畫特別適合於用理想的形式表現個別的神，乃至於救世主基督和個別的使徒和聖徒。因爲雕刻和繪畫之表現本身眞實的東西，只是表現它的自己對自己發生關係的客觀存在[35]，而不是表現它與許多其他有限事物的錯綜複雜的關係。這種集中於主題本身的表現固然不排除個別性相，但是這種在外在有限世界中彼此分立的個別性相是經過淨化成爲單純定性的，所以外在影響和外在情況的痕跡都顯得已經被消除了。這種永恆的無爲自守的安靜，這種安息——例如海克力士所表現的那樣[36]——就是理想本身的定性。因此，如果神們在藝術表現裡捲入了世事的糾紛，他們卻仍必須保持住他們的不可磨滅的純潔無瑕的崇高性格。例如天神、天后、日神、戰神等等固然也各有定性[37]，卻具有堅定的威力，儘管他們在外在世界活動時，他們還保持著他們所特有的獨立自由。所以在理想的定性範圍之內，只是現出一種孤立的個別性相還不夠，心靈的自由還必須在本身上而且

---

[33] 依基督教，神與耶穌一體。

[34] 這段大意是：神性的東西（理想的本質）首先體現於神，其次體現於人的心靈活動，第三體現於人的一般生活和活動。

[35] 簡單地說，只表現與主題有本質的內在的關係的那一方面生活。

[36] 海克力士（Herkules），希臘神話中的大力士，這裡指的是他的某一座雕像。

[37] 英譯本作「固然是些確定的人格」。

對本身顯現爲整體，還必須在這種怡然自足的狀態中顯現出對一切的可能性[38]。

在比神低一級的塵世人類的領域裡，理想是以這種方式起作用的：任何一種掌握人心的有實體性的內容（意蘊），都有力量統治主體方面純然個別的東西[39]。因此，情感和行爲中的個別性相就脫淨偶然性，而具體的個別性相被表現出和它所特有的內在眞實更加協調一致。人類心胸中一般所謂高貴、卓越、完善的品質都不過是心靈的實體——即道德性和神性——在主體（人心）中顯現爲有威力的東西，而人因此把他的生命活動、意志力、旨趣、情慾等等，都只浸潤在這有實體性的東西裡面，從而在這裡面使他的眞實的內在的需要得到滿足。

在理想裡心靈的定性和體現它的外在事物儘管顯得本身是單純的，但是在客觀存在中展現出來的個別性相卻仍需直接聯繫到發展原則，因此在與外在情境發生關係之中，需直接聯繫到差異面的對立和鬥爭。這就使我們要更仔細地研究見出差異面的在發展中的理想的定性，即我們一般所說「動作」或情節。[40]

(二)動作或情節

神仙福分的慈祥的純潔無瑕、無爲的靜穆、高度的獨立自足的威力，以及一般本身有實體性的東西所特有的那種完善和凝定——這就是達到理想定性的一些特質。但是內在的心靈性的東西也只有作爲積極的運動和發展才能存在，而發展卻離不開片面性和分裂對立。完整的心靈在分化爲它的個別性相之中，就需離開它的靜穆，違反它自己而進入紊亂世界的矛盾對立，而且在這分裂過程中也不免遭受有限事物的不幸和災禍。

就連多神教的永恆的神們也不是生活在永恆的和平裡。他們也帶著互相衝突的情慾和旨趣，結黨互相鬥爭，也必須受命運的支配。還不僅此，就連基督教的神也不免受臨刑受難的侮辱，不免感到靈魂上的痛苦，叫喊道：「我的上帝，我的上帝，爲什麼離棄我！」㊶耶穌的母親也忍受過同樣尖銳的痛苦，而一般人類生活也是一種衝突、鬥爭和煩惱的生活。因爲人格的偉大和剛強，只有藉矛盾對立的偉大和剛強才能衡量出來，心靈從這對立矛盾中掙扎出來，才使自己回到統一；環境的互相衝突愈眾多、愈艱鉅，矛盾的破壞力愈大而心靈仍能堅持自己的性格，也就愈顯出主體性格的深厚和堅強。只有在這種發展中，理念和理想的威力才能保持住，因爲在否定中能保持住它自己，才足以見出威力。

㊳ Die Möglichkeit zu allem，俄譯本作「得到一切特徵的可能性」，英譯本作「不受拘束的行動自由的潛力」。大意是：「這種靜穆怡悅狀態中，含有能取得任何定性或發生任何動作的潛能。」

㊴ 例如一種道德的或政治的理想（有實體性的內容）統治住一個人的一切情感意志的活動。

㊵ 關於理想的定性，要研究的有理想本身，產生理想的世界情況，體現理想的人物性格及其特殊情境，所發生的動作情節和矛盾衝突。下文即分別討論這幾項。

㊶ 耶穌釘在十字架上臨死前的一句話。

但是由於這種發展，理想的特殊性跟外在界發生關係，因而就進入一種世界，這種世界並顯不出概念和體現概念的現實二者的理想的自由的協調一致，而是現爲不是像理想所應該有的那種客觀存在，所以我們在研究這種關係時，就必須弄清楚理想所現出的那些定性是否本身原來就直接含有理想性，還是或多或少地有能力變成含有這種理想性。

關於這一層，我們要更仔細地研究以下三個要點：

第一，一般的世界情況這是個別動作（情節）及其性質的前提；

第二，情況的特殊性，這情況的定性，使上述那種實體性的統一發生差異對立面和緊張，就是這種對立和緊張成爲動作的推動力——這就是情境及其衝突；

第三，主體性格對情境的掌握以及它所發出的反應動作，通過這種掌握和反應動作，才達到差異對立面的鬥爭與消除（矛盾的解決）——這就是眞正的動作或情節。

1. 一般的世界情況[42]

理想的主體性格，作爲有生命的主體，既然應完成和實現它本身所已有的東西，本身就必具有動作及一般運動和活動的定性。要達到這一點，它就需要一種周圍世界作爲它達到實現的一般基礎[43]。在這裡我們談到情況，所指的是有實體性的東西[44]成爲現實存在的一般性質，這種有實體性的東西作爲心靈現實範圍之內眞正本質的東西，就把這心靈現實的一切現象都聯繫在一起。舉例來說，我們說教育、科學、宗教，乃至於財政、司法、家庭生活以及其他類似現象的「情況」，就是採用這個意義。但是所有這些方面事實上都只是同一心靈和同一內容（意蘊）的不同形式，這同一心靈和內容（意蘊）在這些不同形式裡揭開了、實現了。但是我們所說的世界情況既然是心靈現實的世界情況，我們就要從意志方面來研究這種世界情況。因爲一般說來，心靈是通過意志才進入客觀存在，現實界所藉以維繫在一起的直接的有實體性的繩索，就在意志的各種定性、道德法律的概念以及一般可以稱爲正義的東西，所藉以實現的一定方式。

這裡就有一個問題：這種一般情況應該具有怎樣的性質，才可以顯出符合理想的個性呢？

A. 個體的獨立自足性：英雄時代

關於這個問題，我們根據上文，可以提出以下各點。

(1) 理想本身就是統一，不僅是形式的外在的統一，而且是內容本身固有的統一。這種本身統一的有實體性的自由自在的狀態，就是我們上文所說的理想所特有的那種獨立自足，

---

❹❷ 即社會時代背景。

❹❸ Boden，譯「背景」亦可。

❹❹ 「有實體性的東西」指一般所謂「理想」，如「正義」、「忠貞」之類，即下文所謂「眞實的生活內容（意蘊）」，亦即本段下文第三節裡所說的「普遍的力量」，亦即上文所謂「神性的東西」。

靜穆和沐神福的狀態。在討論的現階段，我們要把這種定性作爲獨立自足性提出，並且要求一般世界情況要顯現爲獨立自足的形式，以便它能容納體現理想的形象。但是「獨立自足性」還是一種含混的名詞。

①因爲人們通常乾脆把本身有實體性的東西叫做獨立自足的東西——就因爲它有實體性和本原性——所以往往把本身是神性的和絕對的東西也稱爲獨立自足的。但是如果把獨立自足性嚴格定爲這種普遍性和實體本身，它本身就還不是主體的㊺，因此就要和具體個體的特殊性相處於尖銳的對立。在這種對立裡，像在一般的對立裡一樣，眞正的獨立自足性就已喪失了。

②在另一方面，人們也往往把具有堅強的主體性格的自由自在的（儘管只是形式地）個性說成獨立自足的。但是這種主體性格既然缺乏眞實的生活內容（意蘊），這些力量與實體就還只在這種主體性格之外單獨存在著，對於這種主體性格的內在的和外在的客觀存在，還只是一種外在的內容，這種主體性格就還是和眞正有實體性的東西處於對立，因而也就要喪失內容充實的獨立自在性和自由㊻。

只有在個性與普遍性的統一和交融中才有眞正的獨立自足性，因爲正如普遍性只有通過個別事物才能獲得具體的實在，個別的特殊的事物也只有在普遍性裡才能找到它的現實存在的堅固基礎和眞正內容（意蘊）。

③所以我們只有把所要求於一般世界情況的獨立自足性看成這樣：有實體性的普遍性

在這種世界情況中，如果要成爲獨立自足的，就必須本身見出主體性格的形象。據我們所能想到的，這種統一㊼的最淺近的顯現方式就是思想的方式。因爲思想一方面是主體的，另一方面它也具有普遍性，作爲它的眞正活動的產品，所以這兩方面，普遍性與主體性，在思想裡達到了自由的統一。但是思想裡的普遍的東西並不屬於以美爲其特性的藝術；此外，思想所處理的特殊的個別性相，無論在它的自然形態上還是在它的實踐活動和成就上，和思想的普遍性並不必然協調。例如具體現實的主體和運用思想的主體之中有一種差異，或是可能有一種差異。這種分裂在普遍性內容（意蘊）本身也可以見出。這就是說，當眞實的東西㊽在運用思想的主體心中開始和體現它的實在分別開來時，它在客觀現象中也就作爲本身普遍的東西和其餘的客觀存在分裂開來，獲得了堅強有力的地位，與這其餘的客觀存在對立㊾。但是在理想裡，特殊的個別性相和有實體性的東西應該處於沒有分裂狀態的協調，理想獲得了主體性的自由和獨立自足，而周圍世界的情況所具有的本質上的客體性，也就不能離開主體

㊺ 還沒有在現實的主體裡實現，還只是抽象的普遍性和實體性。

㊻ 這與以上一種情形正相反，有具體的個性，卻不表現普遍性和實體性，所以也不是眞正獨立自足的。

㊼ 即有實體性的普遍性與主體性格的形象的統一，即某種理想實現於某個具體的人身上。

㊽ 即「普遍性內容」，亦即「有實體性的東西」。

㊾ 在思想的抽象作用中，普遍性脫離具體個別事物而獨立。

和個體而獨立。所以理想的個體必須是一種本身圓滿的整體，客體的東西必須仍然屬於這理想的個體，不能脫離主體的個別性相而自己單獨運動和實現自己，否則主體對於本身既已完成的世界，就要回到一種純然附屬的地位。所以從這個觀點看，普遍的東西應該作爲個體所特有的最本質的東西，而在個體中實現，所謂作爲個體所特有的東西，並不是指具有思想的主體所特有的東西，而是指主體的性格和心情所特有的東西。換句話說，要達到普遍性與個體的統一，我們所要求的不是思想的推理作用和分辨作用，這種統一應該是直接的統一[50]，我們所主張的獨立自足性也要令人從形象上直接見出。但是這種獨立自足性就不免和偶然性相接合在一起。因爲人生中普遍的貫注一切的東西，既然只有作爲個人的主體的情感、情緒和性格資稟，才能在獨立自足的個人身上直接存在，它既然不應獲得其他形式的存在，它就不得不聽命於意志和實踐活動的偶然機會。在這種情形之下，這普遍的東西仍只是這種個人的特性和心理特點，而且作爲個人的個別特性，單靠它本身它就還沒有力量和必要去實現自己，就不能依普遍的由自己決定的方式，永遠不斷地重新實現自己，而是顯得純粹要聽命於只依賴自己的主體，聽他決定，聽他實現乃至於聽他武斷地不肯實現，聽命於他的情感、資稟、能力、才幹、計謀和技巧。

我們在上文要求要有世界一般情況作爲理想的基礎和一般顯現方式。這裡所說的偶然性，就是這種情況的特色。

(2)爲著把這樣一種現實的確定形狀解釋得更清楚些[51]，我們姑且看一看和它對立的那種存在方式[52]。

①和它對立的存在方式可以法律秩序爲例，在這裡，道德概念、正義及其符合理性的自由，都已建立成爲一種法律秩序，而且得到了認可，所以就在外表方面它也已成爲一種本身不可動搖的必然規律，不依存於某一個體和主體的情緒和性格。國家生活的情形就是如此，在國家生活裡，人們的生活是按照國家概念而顯現出來的，因爲不是任何由個人結合成的社會團體，也不是任何家長制的集團，都可以稱爲國家。在眞正的國家裡，法律、習俗和權利形成了普遍的理性的自由所具有的定性，所以就連只把它們作爲這種普遍的和抽象的東西來看，它們也還是有效，它們並不受制於某個人的好惡和特性的偶然機會。人們既然意識到規章和法律的普遍性，這些規章和法律就作爲這種普遍的東西而實現於外在界，就按照規定的秩序維持下去，如果個人想憑私意去抵抗法律，法律就可以憑公眾的權力去制裁他。

②這樣一種情況需假定憑立法思想所定的普遍規程和直接生活之間，原來已有分裂。我們所說的「生活」是指這樣一種統一：在這種統一中，道德正義之類，一切有實體性的本

---

[50] 可以通過感官直接認識到、不假思索。這裡說的正是藝術需用形象思維。

[51] 英譯本作：「爲著把最適宜於藝術表現的那種現實的實在性質說得更清楚些。」俄譯本基本上同英譯本。

[52] 理想所要求的是英雄時代的世界情況，與此相反的是封建社會和近代資產階級的世界情況，分別在於有無個性自由或「個體的獨立自足性」。

質的因素只有在個人身上作爲情感和思想，才能成爲現實的，而且也只有通過個人，它們才能成爲現實的。在文明的國家裡，權利和正義，乃至於宗教和科學，至少是對於培養宗教精神和科學精神的關心，都是公眾權力範圍以內的事，都由公眾權力來領導和實現。

③因此，孤立的個人在國家裡所獲得的地位是這樣：他們必須服從這種牢固的秩序，受它節制，因爲他們和他們的性格和心情不復是道德力量的唯一體現，相反地，在眞正國家裡，一切個人的感覺方式、主體的思想和情感都必須受法律的節制，都必須和法律協調。服從這種不依存於主觀意圖的國家所表現的客觀理性[53]，可以有兩種情況：它可以只是一種單純的服從，因爲法律、規程和制度，作爲合法的權力，有強迫的力量；它也可以是由於對現行制度的理性有了自由的認識和理解，這樣，主體就在客觀現實[54]中重新發現自己。儘管如此，孤立的個人始終只是一些偶然附帶的東西，離開了國家的現實，他們本身就沒有什麼實體性。因爲實體性已不再是某某個人的個別特性，而是自爲地而且以普遍的必然的方式，在一切方面乃至於最小細節裡都打上烙印。所以儘管個別的人們也可以按照全體利益和全體發展過程，而發出公正的道德的合法的行爲，而他們的意志和成就，正和他們自己一樣，比起全體來，卻只是渺小的個別事例。因爲他們的行爲永遠只是個別事例的部分的實現，而所實現的個別事例並沒有普遍性，這就是說，這個行爲、這個事例並沒有因它發生了而就形成了法律，或是顯現爲法律。從另一方面看也是如此，法律是否有效，完全不靠個別的人（就他們只是個別的人來說）是否願意；法律的有效是自在自爲的（絕對的），儘管個別的人不願

意，它仍舊有效。普遍性的公眾的法律固然需要一切個別的人都按照它行事，但是個別的人之所以按照它行事，並非由於這個人或那個人按照它行事，法律道德才能生效。法律道德並不需要某某個人的認可，如果它遭到破壞，懲罰就見出它的效力。

最後，在文明國家裡，個別公民的從屬地位還可以在這一點上見出：每一個人在全體中所占的份兒是完全限定的，永遠是狹小的。這就是說，在眞正的國家裡，爲一般公眾利益的工作，正如市民團體的工商業活動一樣，是用最複雜的方式來分工的，所以整個國家顯得不是某一個人的具體事務，而且一般也不能委託給某一個人，聽他的意願、力量、勇氣、膽量、才能和見識來擺布。國家生活中既有無數的事務和活動，它們就需有無數工作人員去做。姑舉對犯罪的懲罰爲例，這並不是某一個人的英勇行爲或道德行爲，而是依不同的階段加以分工，例如蒐集事實、審辯事實、判決以及判決的執行。還不僅此，每個重要階段又有不同的專門工作，個別的人只能各做某一方面的工作。所以法律的執行不是某一個人的事務，而是在穩定秩序之下多方合作的結果。此外，每個人還要遵守預定的一般原則作爲他的行動的指南，而他按照這種規則所完成的任務還要受上級的判斷和控制。

(3) 從這些情形看，在一個有法律秩序的國家裡，公眾的權力並不是純粹私人性質的，

---

53 指法律。

54 也指法律。「重新發現自己」，因爲法律制度也體現了自己的理想。

而是普遍的東西本著它的普遍性在統治著，在這種普遍性裡個人的生命顯得是被否定了的或是次要的、無足輕重的。所以在這種情況之下，就找不到我們所要求的獨立自足性。因此，要有個性的自由表現，我們就需要一種與上述情況相反的情況，在這種情況之下，道德的效力或價值完全要依靠個人，這些個人由於他們的特殊的意志，由於他們傑出的偉大性格及其作用，超然聳立於他們所處的現實界的高峰。就這種人來說，正義的事就是最足以見出他們的本性的決定，如果他們在行爲上破壞了自在自爲的道德原則，也沒有公眾的強迫的權力可以要求他們申述理由或懲罰他們；正義對於他們只是一種內在的必然性，這種必然性經過生動的個別化，就成爲個別的人物，外在的機緣和環境等等，而且它只有在這種形式裡才變成現實的。懲罰和報復的分別就在於此。合法的懲罰使普遍的規定了的法律對犯法者發生效力，通過公眾權力機關，即通過法庭和法官，根據普遍的標準來執行，這種法官是誰是不關重要的。至於報復，它本身也可以有理由辯護，但是它要根據報復者的主體性，報復者對發生的事件感到切身利害關係，根據他自己在思想情感上所了解的正義，向犯罪者的不正義行爲進行報復。例如奧瑞斯特的報復是有理由可辯護的[55]，但是他之進行報復，是根據他個人的道德原則，而不是根據法律判決或是法律條文。在我們認爲藝術表現所應有的那種情況裡，道德的和正義的行爲應該完全具有個人的性格，這就是說，它應完全依存於個人，只有在個人身上，而且通過個人，它才獲得生命和現實。還必須指出這一點：在有秩序的國家裡，人的外在存在是得到保障的，財產也是得到保護的，只有他的主觀思想和見解才是爲他自己而且通過他自己而存在的。但是在沒有國家政權的情況之下，每個人的生命和財產的安全都要依靠每個人自己的能力和勇氣，每個人都需照管他自己的身家性命。

這種情況就是我們通常所說的「英雄時代」[56]。文明國家的情況和遠古英雄時代的情況究竟是哪一種比較好，我們在這裡無須討論；我們在這裡所要討論的只是藝術的理想，而對於藝術來說，普遍性與個性就不能有上述那種方式的分裂，儘管這種分裂對心靈客觀存在中其餘部分現實[57]也是必要的。不能有這種分裂的理由在於，藝術及其理想是經過形象化以供感性觀照的那種普遍的東西，所以這種普遍的東西與個別性相及其生命是處於直接統一體的。

①所謂英雄時代就有這種情況，在這種時代裡，希臘人所了解的「道德」成爲行爲的基礎。在這裡所用的希臘文意義的「道德」（ἀρετὴ）與拉丁文意義的「道德」（Virtus）必

---

55 奧瑞斯特（Orestes），希臘神話中的英雄，東征特洛伊的希臘大軍主帥阿伽門農的兒子。他的母親和她的姦夫把他的父親謀死了，後來他替父親報仇，把母親和她的姦夫殺了。這個故事做了埃斯庫羅斯的三部悲劇的題材。

56 Heroenzeit，指史詩所歌詠的「英雄時代」，即比較原始的古代。史詩也有時叫做「英雄詩」譯「史詩時代」或較可免除誤解。

57 即藝術以外的現實。

須分別開來。羅馬人已經有了城邦和法律制度，在作爲公共目標的國家面前，私人的人格是應被否定的。把個人抽象化爲只是一個羅馬公民，在私人的堅強的主體性方面，只想到羅馬國家、祖國，以及祖國的崇高和強大——羅馬道德的嚴肅和高尚就在於此。古代英雄卻不然，他們都是些個人，根據自己性格的獨立自足性，服從自己的專斷意志，承擔和完成自己的一切事務，如果他們實現了正義和道德，那也顯得只是由於他們個人的意向。這種有實體性的東西與個人的欲望、衝動和意志的直接的統一就是希臘道德的特點，所以在這種情況之下，個人自己就是法律，無須受制於另外一種獨立的法律、裁判和法庭。希臘英雄們都出現在法律尙未制定的時代，或則他們自己就是國家的創造者，所以正義和秩序、法律和道德，都是由他們制定出來的，作爲和他們分不開的個人工作而完成的。在古希臘時代，海克力士就是作爲這樣的英雄而受到古代人的讚揚，成爲他們心目中的原始英雄道德的理想。他本著他個人意志去維護正義，與人類和自然中的妖怪作鬥爭，他的這種自由的獨立自足的道德並不是當時的普遍情況，而只是他所特有的。他並不是一個道德上的英雄，他在一夜裡強姦了塞斯比斯的五十個女兒的故事可以爲證[58]；如果我們記起奧吉亞斯牛欄的故事[59]，他也不是什麼上流人物。他給人的一般印象是維護正義與公道的戰士，具有完滿的獨立自足的能力和膂力，爲著實現正義與公道，他出於自己意願的自由選擇，承擔了無數辛苦的工作。他有一部分事蹟固然是爲歐律斯透斯服務和聽他的命令而做的[60]，但是這種依附只是一種完全抽象的關係，並沒有什麼法律規定的約束可以取消他的按照自己個性去獨立行動的權力。

荷馬所寫的英雄也與此類似。他們固然有一個部落首領，但是他們與首領的關係並不是已由法律規定的，他們並無必要一定要服從這種關係。他們是出於自願地跟隨阿伽門農，而阿伽門農也不是現代意義的獨裁君主，所以每一個跟隨他的英雄都有發言權，阿基里斯生了氣，就拆夥獨立起來[61]。一般地說，每個英雄來還是去，戰鬥還是休止，都隨他自己高興。古代阿拉伯詩歌裡的英雄也有同樣的獨立自足性，並不是在一種一成不變的秩序中僅僅作爲個別分子而受這秩序的約束，就連菲爾多西所寫的《列王紀》也是如此[62]。在基督教的西方世界裡，封建關係和騎士制度是培養自由英雄性格和依賴自己的個性的土壤。圓桌英雄們[63]

---

[58] 海克力士，參看本章注[36]。塞斯比斯（Thespios），也是神話中的英雄，他有五十個女兒，都被迫嫁了海克力士。

[59] 奧吉亞斯（Augeas），厄利斯國王，養牛甚多，牛欄從未清洗過，海克力士花了一天工夫就把它們清洗了，原約酬謝牛群的十分之一，奧吉亞斯不踐約，就被海克力士殺了。

[60] 歐律斯透斯（Eurystheus），邁錫尼國王，海克力士的主子，海克力士爲了他創造了有名的十二奇蹟，清洗奧吉亞斯的牛欄便是其中之一。

[61] 阿伽門農率領希臘大軍東征特洛伊，阿基里斯是軍中最勇猛的大將，因爲阿伽門農奪去他所寵愛的女俘，便退居自己的帳篷裡，長期不參加戰鬥。

[62] 菲爾多西（Firdusi），十四世紀波斯詩人，《列王紀》（*Shahnameh*）是他所寫的歌頌古代波斯英雄的史詩。

[63] 「圓桌」（Round Table）英雄，是圍繞著六世紀英國亞瑟王的。中世紀有很多故事敘述他們的英雄事蹟。

和查理曼大帝身旁的英雄們[64]都可以爲證。像阿伽門農一樣，查理曼和他身旁的英雄們的關係也是自由自願的關係，所以也是一種不堅牢的關係，查理曼必須時常徵求他們的意見，不得不聽任他們去追求滿足私人的欲望，儘管他像天帝在奧林匹斯山峰上那樣咆哮，他的英雄們卻獨立地去做他們自己的冒險事業，把他的事業丟在功虧一簣的境地。關於這種首領與隨從英雄的關係，席德[65]可以說是一部傑出的完滿的寫照。席德也是一個團體中的一分子，也依附一個國王，要盡他在臣僚地位的職責，但是和這種君臣關係相對立的是他的榮譽觀念，這才是他的特殊人格的決定因素，他就是爲這種特殊人格的無瑕的光輝、高貴和光榮而鬥爭。所以這裡的國王也要得到他的臣僚們的意見和同意，才能發號施令、進行戰爭；如果他們不願意，他們就不幫他作戰，並且他們也無須服從多數，每個人都獨立自主地根據他自己的意志和能力去行動。阿拉伯英雄們[66]也替這種獨立自足性提供了光輝的形象，他們顯得還更加頑強。就連列那狐[67]也是如此。獅子固然是主子和國王，但是狐狸和熊等也同樣坐在會議席上，他們還是可以爲所欲爲。如果發生了爭吵，狐狸很狡猾地撒句謊，就脫了身，或是假藉國王和王后的利益來濟他的私圖，騙取主子的信任。

②在英雄時代的情況裡，主體既然和他的全部意志、行爲和成就直接聯繫在一起，所以他也要對他的行爲的後果負完全責任。我們現代人卻不然，如果我們有所行動，或是評判一種行動，我們就需要求主體對他的行動和他完成這行動的情境要認識清楚，才能要他對這行動負責任。如果情境的內容是另樣的，客觀現實所具有的特性不是像主體在行動時所認識

到的那樣，現代人就不會對他所做的事負完全責任，如果由於對情境的無知或誤解而做出與本來意志相違的事，他就會拒絕負責，他只會承認他認識清楚的，並且根據這種認識，下過決心，蓄過意圖而做出來的事。但是英雄性格就不作這種分別，而是要以他的全部個性對他的全部行動負責。舉例來說，伊底帕斯[68]在去求神降預言的途程中和一個人發生爭執，就把他打死了。在那個好勇鬥狠的時代，這種行爲並不算什麼罪行；本來那人對伊底帕斯就很兇狠，但是那人正是他的父親。他和一位王后結了婚；這位妻子就是他的母親，他在不知不覺中犯了姦淫的罪過。但是知道了之後，他完全承認了這宗罪行，把自己當作一個弒父娶母者來懲罰，儘管打死父親娶母親既出於他的無知，就不出於他的意志。獨立自足的堅強而完整

---

64 查理曼大帝和羅蘭的英勇事蹟是法國史詩《羅蘭之歌》的主題。

65 指「席德詩」（Poema del Cid），歌頌席德的英勇事蹟的西班牙史詩。

66 指《羅蘭之歌》中查理曼和羅蘭的敵人。

67 《列那狐的故事》是一部諷刺中世紀封建關係的寓言，戲擬英雄故事詩，其中獅子是國王，列那狐是個詭計多端的英雄。

68 伊底帕斯（Odipus）是希臘大悲劇家索福克勒斯的有名的三部悲劇中的主角。預言說他將來要殺父娶母，所以生下後就被拋棄。他被一位牧羊人養大了，在回家路上和一個人爭執，他就把那人打死了。他逃到了忒拜國，解救了那國的災難，國人奉他爲王，娶了前王的王后。後來發現那被打死的人正是他的父親，王后正是他的母親。

的英雄性格就不肯卸脫自己的責任，也不認識到主觀意圖與客觀行動及其後果之間的這種矛盾，而在近代，每一個人的行動都和旁人有千絲萬縷的糾葛和牽連，他就盡可能把罪過從自己身上推開。在這一點上，我們近代人的觀點是比較符合道德的，因爲主體方面對於情境的知識、對於善行的信心，以及行動時內在的意圖這三件事是道德行爲的主要因素。但是在英雄時代裡，個人在本質上是個整體，客觀行動既是由他做出來的，就始終是屬於他的，主體也願意要把他所做的事看成完全是由他做的，對它的後果負完全的責任。

英雄時代的個人也很少和他所隸屬的那個倫理的社會整體分割開來，他意識到自己與那整體處於實體性的統一。我們現代人卻不然，我們根據現時流行的觀念，把自己看作有私人目的和關係的私人，和上述整體的目的分割開來。個人所作所爲都是根據他私人的人格，目的也是爲自己，因此他只對他自己的行動負責，而不對他所屬的那個實體性的整體的行爲負責。因此，我們把個人和家庭看作是有分別的。英雄時代的人卻不知道有這種分別。祖先的罪過連累到子孫，整族的人都要爲第一個犯罪的祖先遭殃：罪孽和過錯所引起的厄運是遺傳的。在我們近代人看，這種爲祖先罪過而遭懲罰的情形是沒有理性的，受盲目命運支配的。在我們中間，祖先的功績不能使子孫受榮，祖先的罪惡和懲罰也連累不到子孫，也不能玷污子孫的主體性格；而且按照現代人的看法，連沒收家庭財產這樣的懲罰也就是破壞深刻的主體自由的原則。但是在古代的富有彈性的整體裡，個人不是孤立的，而是他的家族和他的種族中的一個成員。因此，家族的性格、行動和命運就是每一個成員都有份的事。每一個人絕不推卸他的祖先的行爲和命運，而是心甘意願地把它們看成是自己的行爲和命運；它們在他身上還活著，他的祖先是什麼，他就是什麼；他的祖先所忍受的和所犯的，也就是他自己所忍受的和所犯的。在我們看，這種事實是殘酷的，但是從另一方面看，只對自己負責的情況以及由此而來的主體的獨立自足性，只是一種私人的抽象的獨立自足性——而英雄時代的個性卻是比較理想的，因爲它不滿足於形式的自由和無限，而是要和心靈關係中全部有實體性的東西經常結成直接的統一體，就是這些有實體性的東西才使它成爲有生命的現實。有實體性的東西在這種統一體裡是直接的個別的，因此，個別的人本身也就是有實體性的。

③從此可以看出，理想的藝術表現爲什麼在神話時代，一般地說，在較早的過去時代，才找到它的最好的現實土壤。這就是說，如果材料是從現在時代取來的，它們在現實中所現出的本有的形式在我們的觀念中就完全是固定了的，詩人免不了要加上去的改變就很容易顯得純然是故意的矯揉造作。過去時代卻不然，它僅屬於記憶範圍，而記憶本身就在人物性格、事件和動作上面蒙上一層普遍性的障紗，把外在的偶然的個別細節遮掩起來。一種動作或是一個人物性格的現實存在，都和許多細微的間接的情境和條件以及許多個別的事件和行動聯繫在一起，而在記憶的圖形裡，這一切偶然現象卻都消失了。如果動作、故事和人物性格是屬於古代的，藝術家既然擺脫了外在的偶然現象，他在處理特殊的個別細節時，在藝術表現方式上就可以比較自由。他固然也要從歷史記憶中取得內容，把它製造成爲帶有普遍性的形象，但是過去時代的圖形，像上文所說的，作爲圖形，就已經有一個優點，即具有較

大普遍性，而情境和關係中的許多媒介線索以及有限世界中全部與它相關的事實，都可以供藝術家作爲手段和據點，這樣才不至於抹煞藝術作品所必有的個性。所以細看起來，遠古英雄時代比起較晚的較文明的情況有這樣一個優點：就是在英雄時代裡，個別的性格還不感覺到有實體性的、道德的、正義的東西是一種必然規律，跟他自己對立，因而直接現在詩人面前的就正是藝術理想所要求的。

舉例來說，莎士比亞的許多悲劇就取材於編年紀事或古代故事，其中所敘述的情況還沒有形成一種完全固定的秩序，個人的生命特點在他作決定和實現決定中還是主要的決定因素。他的純粹的歷史劇卻以純然外在的歷史事實爲主要材料，所以距離理想的表現方式較遠，儘管在歷史劇裡，情境和動作還是由人物性格的堅強的獨立自足性和自己的意志所產生的。這種歷史劇中的人物性格所表現的獨立自足性，當然還只是一種很形式的獨立自足性，而英雄性格的獨立自足性，卻基本上同時要在他們所要實現的內容上發揮作用。

上面這個論點也可以駁倒一種論調，就是認爲有某些情況最適合於表現理想，例如說，特別適合於表現理想的是牧歌式的情況，因爲在牧歌式的情況中，本身有法律性和必然性的東西還沒有和個人的生動的性格分裂開來。但是不管牧歌式的情境如何簡單原始，不管它怎樣故意地要擺脫文明時代心靈生活的枯燥氣息，牧歌式的簡樸從另一方面來看，即從它所特有的內容（意蘊）來看，就沒有什麼旨趣，可以作爲表現理想的基礎和土壤。因爲它沒有英雄性格所有的那些重大的動機，例如祖國、道德、家庭等等，以及這些動機的發展。它的內容中心往往僅限於一隻羊的喪失或一個姑娘的戀愛之類。所以牧歌體的藝術往往只是一種消愁遣悶的玩意兒，除此以外，有些作家，例如格斯納[69]，還加上一些甜蜜溫柔的味道。我們現代的牧歌情況還另有一個缺點：這種樸素風味、這種鄉村家庭氣氛中，講戀愛或是在田野裡喝一杯好咖啡之類的情感，是不能引起多大興趣的，因爲這種鄉村牧歌式生活和人生一切意義豐富深刻的複雜的事業和關係都失去了廣泛的聯繫。在這方面，歌德的天才所以是令人驚贊的，在他的《赫爾曼和多羅蒂亞》[70]裡，他也集中精力來運用牧歌類題材，從現代生活中抓住一種很窄狹的個別事件，但是，歌德卻把當時革命與祖國的重大事件烘托出來，作爲詩中牧歌情節的背景和氣氛，這樣就把本身窄狹的題材，和最廣泛的最重要的世界大事打成一片了。

一般地說，理想並不排除罪惡、戰爭、屠殺、報復之類題材，相反地這些現象往往是英雄時代和神話時代的內容和基礎，在這種時代裡法律和道德愈不發達，人物形象也就愈頑強、愈蠻野。例如在敘述騎士冒險的故事裡，騎士們出外遊行，本來是要剷除禍害、打抱不平，但是他們自己也往往做些橫蠻放肆的事。宗教中殉道者的英勇氣概，也需假定當時情況

---

[69] 格斯納（Gessner, 1730-1798），瑞士詩人，愛寫田園生活的詩歌。

[70] 這部詩的主題是十八世紀沙爾茲堡新教徒被逐的故事，但是背景是法國大革命。郭沫若譯作《赫爾曼與竇綠苔》（人民文學出版社出版）。

是這樣野蠻殘酷的。但是就大體來說，基督教的理想著重內心生活的眞摯深厚，所以對於外在世界情況是漠不關心的。

既然是特別在某一確定的時代才有比較適合理想的世界情況，藝術也就特別選擇某一種確定的社會地位，才適合於表現這種世界情況的形象——這就是君主的社會地位。這並不是根據貴族主義和對於權勢的愛好，而是因爲意志和行動的完全自由，在君主的形象裡才得到實現。例如在古代悲劇裡我們看到合唱隊只是烘托心境、思想和情感的一種缺乏個性的一般場面，在這場面上劇中情節在發展著。然後從這場面上露出一些有個性的人物，即操縱劇情的角色，這種人物總是屬於王族的民眾的統治者。至於處在被統治地位的人物，如果在他們的窄狹的範圍裡有所舉動，他們就到處給人一種受到壓抑的印象；因爲在文明國家的情況裡，被統治者實際上在各方面都是依存的、被壓迫的，而他們的情慾和意圖，也是完全受外在必然性壓抑和限制的——因爲在他們後面的那種市民社會秩序有不可動搖的威力，對這種威力他們簡直無法抵抗，而且他們的主子們的專橫意志就是等於法律，他們也非受它支配不可。現存關係所產生的這些局限，就把被統治者的一切獨立自足性都破壞無餘了。因此，被統治階層的情況和性格，一般地比較適宜於喜劇和喜劇性的作品。因爲在喜劇裡，個人有權利隨心所欲和隨力所能地給自己估價。喜劇人物的特徵，在於他們在意志、思想以及在對自己的看法等方面，都自以爲有一種獨立自足性，但是通過他們自己和他們的內外兩方面的依存性，這種獨立自足性馬上就被消滅了。這種假想的虛幻的獨立自足性之所以消滅，是由於它碰上了外在的情境，與喜劇人物自己假想的身分不符合。這些外在情境的壓力，對於社會地位低的人們比起對於君主要大得多。席勒在《麥西納的新娘》裡所寫的堂・塞莎說得很對：「在我上面沒有更高的法官。」[71]當他願受懲罰時，他只有自己下判決書、自己執行。因爲他不受任何法律方面的外在必然性支配，所以他要受懲罰，也要靠自己去懲罰自己。莎士比亞的人物形象固然不完全屬於君主階層，其中有一部分是根據歷史而不是根據神話的，但是莎士比亞把他們放在內戰時代，在內戰中社會秩序和法律的約束力就削弱了或是破壞了，所以那些人物還是具有所需要的獨立自足性。

B.散文氣味[72]的現代情況

如果我們從上述情況轉到我們現代的世界情況，以及它的既已形成的法律、道德和政治的關係，我們就可以看出在當前現實中，理想形象的範圍是很窄狹的。因爲無論是在數量上還是在廣度上，近代個人自作決定的獨立自足性，可以自由發揮效用的領域都是很小的。在這種情形之下，主要的題材只有當家主的品質、誠實以及良夫賢妻的理想——他們意志和行爲都只能局限在很窄狹的範圍裡，只有在窄狹的範圍以內，人作爲個別主體才可以自由行

---

71 注見下文注102。

72 西文「散文氣味」（prosaische），即「枯燥」。

動，才可以按照他自己個人的意願成爲他那樣的人、做他所做的那樣的事。但是這種理想究竟沒有深刻的內容（意蘊），所以只有主體方面的心情才成爲眞正重要的因素。比較客觀的內容是由當前各種既定的關係定出的，所以這種內容的主要興趣，只在於它（這內容）顯現於個人生活和他的內在主體性，如道德之類的方式。因此在現代要想把法官和君主之類人物表現成爲理想是不可能的。如果一個法官按照他的職務和責任所要求的去行事，他就只是奉行符合秩序的由法律規定的某種確定的職責，至於他的個性，如作風的溫和、審查的銳敏等等，所帶給這種國家職務的貢獻，並不是主要的有實體性的內容，而是無足輕重的附帶的現象。就連現代的君主也不像神話時代的英雄那樣，是社會整體的具體的尖峰，而是一種多少是抽象的中心，限制在既已形成的由法律規定的一些制度的圈子裡。現代君主已沒有權力去決斷重大的政府事務，他自身不能立法；財政、公共秩序和社會安全也已經不是他的專責，宣戰與媾和也是由當前一般外界政治情況決定的，這些情況卻與他個人的領導和力量無關。縱使這一切方面的問題待他作最後的最高的決斷，這些決斷的基本內容也不是按照他個人的意志，而是按照不由他作主的既已確定的情況，所以對於一般公眾事務來說，君主的主觀意志只是在形式上才是最高的。現代軍隊的主帥也是如此，他固然有大權，國家最重要的目標和利益都擺在他手裡，要靠他的預見、他的英勇果決和他的聰明來就最重大的問題作出決斷，但是這種決斷之中可以歸功於他的主體性格中或個人特性的究竟很少。因爲一則目標是既已規定的，要他實現的、決定這些目標的不是他的個性而是他的力量所不能支配的客觀情況；二則達到這些目標的手段也不是由他親手造成的，而是由旁人替他造成的；這些手段並不由他支配或聽命於他的個人性格，它們所處的地位和他作爲一個軍事領袖的個人性格毫不相干。

總之，在現代世界情況中，主體取此捨彼，固然可以自作抉擇，但是作爲一個個人，不管他向哪一方轉動，他都隸屬於一種固定的社會秩序，顯得不是這個社會本身的一種獨立自足的既完整而又是個別的有生命的形象，而只是這個社會中的一個受局限的成員。所以他只能困在這個社會圈子裡行動，這樣一種形象以及它的目的與活動的意義，所能引起的興趣都是非常個別的。因爲歸根結柢，這種興趣只限於要知道個人的遭遇如何，他是否僥倖地達到了他的目的，他的進程受到什麼偶然的或必然的事故阻礙或促進，如此等等。近代的人格，作爲主體來說，在情緒和性格方面雖是無限的，它雖然顯現於它的動作和經歷，以及法律和道德等方面，但是在這個人身上的法律的客觀存在是受局限的，正如這個人本身是受局限的一樣，它並不是有普遍性的法律道德和規章的客觀存在，像在眞正英雄時代的情況裡那樣。現代個人已不再像在英雄時代那樣，可以看成這些力量[73]的體現者和唯一現實了。

C. 個體獨立自足性的恢復

儘管一方面我們承認近代完全發達的市民政治生活情況的本質和發展，是方便的而且符

---

[73] 這些力量即上文所說的法律、道德、規章等。

合理性的，但是另一方面我們卻也不放棄，而且永遠不會放棄，對於現實的個體的完整性和有生命的獨立自足性，所感到的興趣和需要。所以我們對於席勒和歌德早年在詩歌裡的意圖，要在近代現實情況中恢復已經喪失的藝術形象的獨立自足性，不能不表示讚賞。席勒在他的早年作品中怎樣實現這種意圖呢？只是通過反抗整個市民社會本身。卡爾·慕爾[74]受到了現存秩序和濫用職權者的屈辱，就索性跳脫了法律的範圍。由於他有勇氣打破壓迫他的那些限制，他就創造出一種新的英雄時代情況，他就能成為人權的恢復者，以獨立自足的精神對一切不正義、冤屈和壓迫打抱不平。但是從一方面看，這種私人的報復在缺乏必有條件的情況之下是很渺小的孤立的，從另一方面看，這種報復只能導致違法犯罪，本身就帶有不正義的因素，使它終歸失敗。就卡爾·慕爾來說，這是一種不幸、一種命運的乖舛；儘管帶有悲劇性，這種強盜理想卻只能教兒童們悅服。在《陰謀與愛情》[75]裡的主角也是這樣在壓迫的惡劣情境之下，要實現一些微細的私人意圖和情慾，因而自惹痛苦。只有到了《斐埃斯柯》[76]和《堂·卡羅斯》[77]兩部劇本裡，主角才比較高尚些，因為他們所體現的是一種較有實體性的內容（意蘊），即解放祖國或維護宗教自由。更高一層的是華倫斯坦[78]。他手掌軍權，成為政治局面的控制者。他認識到這種政治局面的力量，他所憑藉的軍隊就依靠這種政治局面，所以他在意志與職責的衝突中長久猶疑不決。等到他剛作出決定，卻發現他所信賴的軍隊脫離了他的掌握，他的工具破壞了。因為把將官們維繫在一起的最後，不是他們從華倫斯坦手裡得到任命和升級的感恩圖報、不是他作為主帥的威名，而是他們對普遍承認的政權的職責，他們對國家元首奧國皇帝效忠的誓言。所以他最後發現自己是孤立的，倒不是由於有一個外面的敵對的力量把他打敗，而是由於失去了實現他的目的的一切手段；被軍隊遺棄了，他就完了。歌德在《葛茲·馮·貝利欣根》[79]裡採取了既相反而卻又類似的出發點。

---

[74] 席勒的第一部名劇《強盜》裡的主角，典型的反抗暴政的鬥士。

[75] 席勒的第三部劇本，寫一個窮女子與一個貴公子的戀愛，貴公子的父親反對，陰謀讓他的兒子娶公爵的姘婦，貴公子發瘋，毒死愛人後自殺。

[76] 席勒的第二部劇本，寫一位義大利愛國志士斐埃斯柯推翻暴君的故事。

[77] 席勒的第四部名劇，寫一位西班牙貴公子戀愛繼母，得到一位忠實的朋友暗中幫助，引起國王的猜疑，結果那位朋友犧牲了自己，戀愛也歸於失敗。席勒在這部詩劇裡寫出了他自己的人生理想和政治見解。

[78] 《華倫斯坦》是席勒的最後也是最重要的一部歷史悲劇。華倫斯坦是三十年戰爭中在奧皇部下服役的一位名將，因為陰謀奪取波希米王位，被畢哥羅米出賣和揭露，被奧皇判罪，被手下將士殺死。

[79] 歌德的《葛茲·馮·貝利欣根》所寫的是一位十六世紀的沒落騎士想維護騎士階層的自由，發動反抗羅馬教廷勢力的鬥爭。由於勾結教廷的諸侯壓力過大，終於失敗。他曾被起義的農民選為領袖，但是並不同情農民的暴力革命，這是他失敗的原因。他的助手弗朗茨·封·濟金根曾被拉薩爾用為主角，寫了一部作為封建騎士的垂死階級代表來進行反封建革命的劇本。馬克思在給拉薩爾的信中批判了這種矛盾，但馬克思認為歌德是正確的，因為濟金根自以為革命而葛茲並不自以為革命。「葛茲」、「華倫斯坦」和「弗朗茨」都是寫十六世紀左右的騎士叛亂，但歌德和席勒都把主角當作叛亂的騎士寫，揭露封建統治階級的內部矛盾，而拉薩爾卻把主角當作革命的英雄寫，並且妄稱弗朗茨的「革命」反映出一切時代任何一次革命，不但在悲劇英雄上，而且在對革命的認識上都表現出他的機會主義，所以馬克思和恩格斯對他進行了嚴肅的批判。

葛茲和弗朗茨・封・濟金根的時代是很有趣的，當時騎士制度以及個人的貴族式的獨立自足性，由於一種新的客觀秩序與法律制度的建立而遭到毀滅。選擇這種中世紀英雄時代與受法律限制的近代生活之間的交接和衝突，作爲他的第一部作品的主題，這就足以見出歌德的卓越的見識。因爲葛茲和濟金根都還是英雄，還要憑藉他們的人格、他們的勇氣和正義感，獨立自足地去控制他們的或大或小的圈子的情境；但是事物的新秩序使葛茲處在犯法地位，因而使他毀滅。只有騎士制度和封建關係，在中世紀才是這種獨立自足性的正當基礎。到了散文氣味的法定秩序日臻完備而且成爲最高權威了，騎士的那種個人的冒險的獨立自足性就不能存在了，如果有人還想頑強地堅持它是唯一有價值的東西，以騎士的身分去打抱不平、去援救受壓迫者，那就造成滑稽，像塞萬提斯所寫的唐吉訶德那樣。

談到這兩種不同的世界觀之間的這種矛盾，以及在這種衝突中的個別人物的行動，我們就已達到上文已約略說及的一般世界情況的更精密的定性和差異，即一般稱作「情境」的那一方面的問題了[80]。

2. 情境[81]

藝術有別於散文氣味的現實，它的使命在表現理想的世界情況，而這種理想的世界情況，按照上文的研究，只能形成一般的精神方面的客觀存在，因而只能形成個別形象表現的可能性，還不能形成個別形象表現本身。所以我們所看到的只是藝術中有生命的個別人物所

80 論「一般世界情況」這一大段是最富於啓發性的，也是最值得批判的。作者把藝術和社會制度緊密地聯繫在一起，見出藝術是政治經濟基礎的反映。他從歷史發展觀點檢閱了世界情況的變遷及其對文藝的影響。他闡明他對於政治經濟和法律道德的一些新興資產階級的看法，作爲新興資產階級的代表，他奉個人的無限的獨立自由爲最高的人生理想和藝術理想，他認爲這種理想在原始社會的英雄時代最易得到實現，一則因爲個人與社會還未分裂對立，個人可以代表社會的普遍理想，二則因爲政治、經濟、法律、道德尚未凝定和僵化爲死板的制度，個人受社會的影響和約束還不大，有儘量自由發揮個人自由的餘地。希臘文藝的高峰就建立在這個基礎上。到了基督教的西方封建社會，騎士制度是「培養自由英雄性格和依賴自己個性的土壤」，君主與臣僚的關係建立在榮譽感上，沒有死板法律或道德條文的約束，所以「每個人都能獨立自主地根據他自己的意志和能力去行動」。這就產生了文藝復興時代的卓越文藝。到了近代資產階級社會，世界情況就變成散文氣的了，社會制度成爲鐵板一塊了。個人隨時都受到社會的束縛和壓力。「作爲個人，不管他向哪一方轉動，他都隸屬於一種固定的社會秩序……只能在這個社會圈子裡行動」，喪失了獨立自由的主體性。個人既與社會分裂，就退縮到自私自利的狹小領域裡，代表不了什麼崇高的普遍理想。黑格爾在這裡見出了近代資產階級社會不利於文藝發展的情況。他對於近代資產階級文藝的評價是不高的，對它的前途也是悲觀的。但是他沒有看到資產階級的病根在於階級的剝削和壓迫，更沒有看到社會主義時代個人與社會統一，人人當家作主的眞正的自由與無限。

81 依黑格爾，藝術形象的決定因素首先是「普遍的世界情況」，即一個時代的總的情況，其次是「情境」，即某一個別人物和某一個別情節所由產生和發展的具體情境。例如歌德的《浮士德》所寫的普遍世界情況是文藝復興時代的人生理想，其具體情境就是浮士德的個人遭遇。

藉以出現的一般背景。這一般背景固然要藉個別人物性格而開花結果，要依靠個別人物性格的獨立自足性，但是作爲一般的世界情況，它還沒有顯示出個別人物在現實生活的活動，就像藝術所建築的廟宇還不是神本身的個別表現，而只是包含神的萌芽。因此，我們要把這種世界情況看作是本身不動的，看作統治它的那些力量的諧和，這也就是看作一種有實體性而同樣可生效的存在狀態，但是卻也不應了解爲所謂「天眞狀態」[82]。因爲我們所說的是這樣一種情況：在它的道德的充實與堅強之中，「分裂」那個怪物還只是酣睡著，而對於我們的觀照來說，它只現出它的有實體性的統一那一方面，因而個別人物性格還只是以一般的樣式出現，還見不出它的定性在發揮作用，不經過什麼重要的破壞，就無蹤無影地重新消失了。個別人物性格必須有本質上的定性，如果理想要作爲有定性的形象出現在我們面前，它就有必要不只是停留在它的普遍性或一般狀態上，而是使一般的東西外現爲特殊的樣式，只有這樣，它才得到客觀存在和顯現。就這一點來看，藝術所要描繪的就不僅是一種一般的世界情況，而是要從這種無定性的普泛觀念進到描繪有定性的人物性格和動作。

所以從個別人物方面看，這普遍的世界情況就是他們面前原已存在的場所或背景，但是這種場所必須經過具體化，才見出情況的特殊性相，而在這種具體化過程中，就揭開衝突和糾紛，成爲一種機緣，使個別人物現出他們是怎樣的人物，現爲有定性的現象。但是從世界情況方面看，個別人物的這種自我顯現，固然是由普遍性到一種有生命的特殊個體的轉變，也就是到一種定性的轉變，但是在這種有定性的個體裡，普遍的力量[83]還是占統治的地位。因爲得到定性的理想，從它的本質方面來看，是用一些永恆的統治世界的力量作爲它的有實體性的內容（意蘊）的。只是單純的情況所能獲得的那種存在方式卻不配作爲這種內容（意蘊）。情況有一部分是取習慣的形式，而習慣卻不符合上述那種最深刻的旨趣的心靈自覺性；它又有一部分只是由於個別人物性格的偶然性和任意性，通過這種個別人物的自發活動，我們才能見到上述旨趣出現於實際生活，但是與本質無關的偶然性和任意性，也不符合本身眞實事物的概念所由形成的那種有實體性的普遍性。因此我們需尋求一種既更有定性而又更有價值的藝術顯現，來表現理想的具體內容（意蘊）。

這些普遍的力量，只有通過顯現於它們的本質的差異面和一般動態，或則說得更精確一點，只有通過顯現於它們的互相矛盾，才能在它們的客觀存在裡獲得這種新的形象表現。在由普遍的東西這樣轉化而成的特殊性相裡可以分出兩個方面：第一方面是實體，即普遍力量的全部，通過這些普遍力量的特殊化[84]，實體就分化爲一些獨立的部分；第二方面是個別人物，他們作爲這些普遍力量的積極體現者而出現，並且給予這些力量以個別形象。

---

[82] 無對立矛盾狀態。

[83] Allgemeine Mächte，即普遍的精神力量，亦即上文所謂「有實體性的東西」，本身還是抽象的，要體現於具體的人物形象，才得到客觀存在，才成爲「得到定性的理想」。

[84] 即具體化，因此見出差異面，有對立矛盾。

但是因上述轉化過程而產生的本來和諧的世界情況，和它的個別人物兩項之間的差異對立和矛盾，就它們對這世界情況的關係來看，就是世界情況本身所含的本質的內容（意蘊）顯現出來了；反過來說，含在這世界情況裡的有實體性的普遍的東西，是以這種方式轉化爲特殊個體：這普遍的東西使自己成爲客觀存在，在這過程中這普遍的東西就顯現出偶然性、分裂和糾紛的現象，但是由於這普遍的東西究竟在這現象裡現出它本身，它也就跟著把這現象再消除或否定了。

但是這些普遍力量的彼此分裂以及它們在個別人物中的自我實現[85]，只有在有定性的環境和情況中才能發生，在這種有定性的環境和情況之下，並且作爲這種有定性的環境和情況，一切現象才能出現於客觀存在，或是這種有定性的環境和情況才成爲對這種實現的推動力。單就它本身來看，這種環境並沒有什麼重要，只有就它對人的關係來看，它才獲得它的意義，通過人的自意識，上述那些精神力量的內容才積極轉化爲現象。因此，外在環境基本上應該從這種對人的關係來了解，因爲它的重要性只是從它對於心靈的意義得來的，這就是說，它的重要性要看它怎樣爲個別人物所掌握，因而成爲一種機緣，使個別形象表現的內在心靈需要、目的和心情，總之，它的受到定性的生命，得到存在。作爲這種更切近的機緣，有定性的環境和情況就形成情境。情境就是更特殊的前提，使本來在普遍世界情況中還未發展的東西，得到眞正的自我外現和表現。因此，我們在研究眞正的動作之前，先需確定情境這個概念。

一般地說，情境一方面是總的世界情況經過特殊化而具有定性，另一方面它既具有這種定性，就是一種推動力，使藝術所要表現的那種內容得到有定性的外現。特別是從後一個觀點看來，情境供給我們以廣闊的研究範圍，因爲藝術的最重要的一方面，從來就是尋找引人入勝的情境，就是尋找可以顯現心靈方面的深刻而重要的旨趣和眞正意蘊的那種情境。在這方面不同的藝術有不同的要求，例如在表現情境的內在的豐富多彩性方面，雕刻是受局限的，繪畫和音樂就比較寬廣些、自由些，取之不盡用之不竭的莫過於詩。

因爲我們還沒有走到各別藝術的領域，在這裡只能提出一些一般性的觀點，把它們分開，依下列次第來討論：

第一，情境在尚未轉化爲具有定性之前，還保持著普遍性的形式，也就是無定性的形式，所以在我們面前的起初只是一種像是無情境的情境。因爲無定性的形式本身還是一種形式，和另一種形式，即有定性的形式相對立，所以它本身顯出一種片面性和定性。

第二，情境由這種普遍性轉到特殊化，轉到一種眞正定性，但是首先這還是一種平板的[86]定性，這種定性還沒有產生矛盾和矛盾所必有的解決。

第三，分裂和由分裂來的定性終於形成了情境的本質，因而使情境見出一種衝突，衝突

---

[85] 英譯本作「對象化」或「客觀化」，即普遍性在具體事物中實現。

[86] Harmlos，原意是「無害的」，因爲它所指的是尚未見出矛盾對立的情境，所以譯「平板的」。

又導致反應動作，這就形成眞正動作的出發點和轉化過程。

所以情境是本身未動的普遍的世界情況，與本身包含著動作和反應動作的具體動作，這兩端的中間階段。所以情境兼具前後兩端的性格，把我們從這一端引到另一端。

A. 無情境（無定性的情境）

普遍世界情況的形式，即藝術理想所應把世界情況表現出來的形式，是既個別而又本身見出本質的獨立自足性。單就它本身來看，這種獨立自足性所產生的，首先只是一種在嚴峻的靜穆中泰然自足的神情。這樣有定性的形象，所以還沒有跳出自己的範圍而同其他事物發生關係，內外都處於自禁閉狀態，只是和它本身處於統一體。這就是無情境，例如在藝術起源時的古代廟宇建築就是如此，在風格上它們表現出深刻的屹然不動的嚴肅、靜穆，乃至於嚴峻，卻又宏壯的崇高氣象。這種類型在後代還被人摹仿過。埃及的和古希臘的雕刻也產生這種無情境的印象。在基督教的造型藝術裡，神或耶穌也是這樣表現的，特別是在半身雕像裡。一般地說，這種無情境的表現方式很適宜於見出神性的莊嚴（無論是把神性作爲有定性的個別的神來了解，還是把它作爲本身絕對的人格來了解）；儘管中世紀的人物畫像也還是缺乏有定性的情境，不能表現個別人物的性格，所以通常只能把性格的整體很呆滯地表現出來。

B. 有定性的情境處在平板狀態

情境一般既然要靠有定性，所以第二步就是要跳開上述無情境的靜止和沐神福的靜穆，跳開獨立自足性本身的嚴峻狀態。這樣，本來無情境的也就是內外都靜止不動的形象就要動起來，就要放棄它的空洞和簡樸。但是這下一個步驟，即用個別外在事物作更具體的表現的步驟，雖然是有定性的情境，卻還不是在本質上見出差異和衝突的情境。這種初步的個性化的表現，所以還不能產生什麼進一步的結果，因爲它還沒有和其他事物處於敵對性的對立，因而不能引起什麼反應動作，在它的無拘無礙的狀態中，它本身就已完滿了。在大體上應看作遊戲的那一類情境就屬於這一種，因爲遊戲裡面所發生的和所做的事，都見不出眞正的嚴肅性。只有通過矛盾對立，對立的某一方面遭到了否定和克服，行爲和動作才能見出嚴肅性。所以遊戲這一類情境既不是動作本身，也不是激發動作的機緣，而只是時而是雖有定性而本身仍太簡單的情境，時而是一種行動，本身沒有由衝突產生，也沒有導致衝突的那種重要嚴肅的目的。

(1) 進一步就是由無情境的靜穆轉到運動和外現，這可以是單純的機械運動，也可以是某種內在需要初步發生作用和得到滿足。舉例來說，埃及人在他們雕刻形象中把神描繪成爲雙手雙腳都緊束在一起，頭不動，胳臂緊靠著身體。希臘人就不然，他們讓手足不緊靠著身體，讓身體取行走的和發出多樣動作的姿勢。希臘人有時也用這種簡單的情況來表現他們的神，例如休息、坐著、向上靜觀；這類情況固然適宜於表現出獨立自足的神的形象中某一種定性，但是這種定性還沒有與更廣泛的事物發生關係，還沒有碰到矛盾對立，它只是處於自禁閉狀態，只是在它本身上才有意義。屬於這種最簡單情境的特別是雕刻，而最擅長於尋找這種無拘無礙情況的特別是古人[87]。他們在這方面顯出高度的智慧，因爲所採用的情境愈簡單，他們的理想的崇高和獨立自足性也就愈顯得突出，所採用的行動和不行動愈是平板的、不關重要的、永恆的神的靜穆和常住不變性也就愈清楚地現在目前。所以這種情境只是扼要地把一個神或英雄的特殊性格顯示出來，不讓他與其他神發生關係，或是造成敵對和分裂。

(2) 如果情境顯示出某一種特殊目的在它本身以內達到了實現，某一種行動與外在界發生了關係，並且在這種定性範圍之內表現出在它本身以內的獨立自足的內容（意蘊），那麼，情境就算更進一步得到了定性。但是這些外現還沒有擾亂形象的靜穆與沐神福的和悅狀態，而是顯得它們本身只是這種和悅狀態的一種結果、一種確定的方式。在這方面希臘人的創造也是明智的、豐富的。要使情境無拘無礙，它所包括的行動就不能顯得只是另一行動的開始，以致產生進一步的糾紛和對立，而是全部定性都要顯得在這一行動中就可以完全見出的。梵蒂岡美景宮的阿波羅[88]所處的情境就是如此，雕刻家抓住了阿波羅剛用箭射死了庇通，就以勝利者雄赳赳的姿態向前邁步的那一頃刻。這種情境已經見不出早期希臘雕刻的那種莊嚴的簡樸，不像它們那樣用無足輕重的外在情境，把神的靜穆和童子似的純眞表現出來：例如愛神維納斯剛出浴，意識到自己的威力，靜靜地向前望著；林神們和山妖們在嬉遊，這種嬉遊的情境就自成一種天地，不牽涉到而且也不應牽涉到其他事物；山妖抱著幼小的酒神，帶著微笑和無限的溫柔嫵媚看著這小孩；小愛神在進行著多種多樣的類似的無拘無礙的活動——這一切都是早期希臘雕刻所取的情境的例證。反之，如果行動更具體，情境就比較複雜，它就不適宜於用在雕刻中來把希臘諸神的獨立自足的威力表現出來，因爲個別的神的純粹的普遍性，就會被他的行動中許多細節遮掩起來了。畢加爾[89]在他所雕的交通神墨丘利——就是路易十五贈給德國無憂宮雕刻展覽室的那一座——描繪這個神在繫飛鞋帶子。這是一種完全平淡的動作。托瓦爾森[90]所雕的墨丘利卻不然，他所選的情境對於雕刻是過於複雜了。墨丘利一方面剛放下自己的笛子，細心靜聽瑪西亞斯[91]吹笛，一方面瞟著殺瑪西亞斯的機會，心懷惡意地抓住隱藏起來的一把劍。反之，提一件比較近的藝術作品來說，路多爾夫・夏朵[92]所雕的繫鞋帶的女郎，是和上面說過的墨丘利在做同樣簡單的事，但是這種平

---

87 指古希臘人。

88 Belvedere Apollo，希臘著名雕刻，現藏梵蒂岡藝術館。庇通是妖蛇，被阿波羅射死。

89 畢加爾（Pigalle, 1714-1785），法國著名雕刻家。

90 托瓦爾生（Thorwaldsen, 1770-1844），丹麥著名雕刻家。

91 瑪西亞斯（Marsyas），希臘神話中的著名的吹笛手，常和諸神競賽吹笛。

92 路多爾夫・夏朵（Rudolph Schadow, 1786-1822），德國雕刻家。

淡的情境卻不能像一個神在安閒自在地繫鞋帶那樣能引人入勝。一個女郎繫鞋帶，她就只是在繫鞋帶，這件事本身是無意義的、無足輕重的。

(3) 從此就得出第三個結論，得到定性的情境一般可以看作一種純粹外在的較確定或較不確定的原因，這原因成爲一種機緣，引起與它多少相關的更較廣泛的表現。例如許多抒情詩就是用這種機緣式的情境。一種特殊的心境的情感形成一種情境，可以用詩的方式來認識和掌握，並且和慶祝、勝利之類外在環境聯繫在一起，就導向情感和思想的這一種或那一種或寬或窄的表現和形象。在最高的意義上，品達的頌歌[93]就是這種應合機緣的詩。歌德也常用這種抒情的情境作材料。在較廣的意義上甚至他的《維特》（按：即《少年維特的煩惱》，以下統一）也可以叫做應合機緣的詩，因爲通過維特把他自己心頭的煩惱痛苦、自己的心事，表現於藝術作品。抒情詩人本來一般地都在傾瀉他自己的衷曲。藉這種傾瀉，原來悶在心裡的東西就解放出來，成爲外在的對象，藉此我們一般人也得到解放，正如眼淚哭出來了，痛苦就輕鬆些。歌德就說過，通過《少年維特的煩惱》的寫作，他解脫了他所描寫的那種內心痛苦的重壓。但是《少年維特的煩惱》裡所寫的情境已不屬於現在討論的這個階段，因爲它所掌握和發展的是最深刻的矛盾。

這種抒情的情境一方面固然可以現出某一種客觀情況，某一種對外在世界的活動，但是在另一方面，這種情境中的心情本身的內在色調也需擺脫一切原來外在的關係，回到它本身，把它的內在情況和情感作爲出發點。

C. 衝突

以上所說的一切情境，像我們已經約略指出的，本身既不就是動作，一般也不是激發眞正動作的原因。這些情境的定性，仍然或多或少地只是純粹機緣式的情況，或是一種本身無意義的行爲，其中一種有實體性的內容（意蘊）藉這樣一種方式來現出：定性像是一種無害的遊戲，用不著有眞正的嚴肅性。只有在定性現出本質上的差異面，而且與另一面相對立，因而導致衝突的時候，情境才開始見出嚴肅性和重要性。

就這一點看來，衝突要有一種破壞作爲它的基礎，這種破壞不能始終是破壞，而是要被否定掉。它是對本來諧和的情況的一種改變，而這改變本身也要被改變掉。儘管如此，衝突還不是動作，它只是包含著一種動作的開端和前提，所以它對情境中的人物，只不過是動作的原因，儘管衝突所揭開的矛盾可能是前一個動作的結果。例如古希臘悲劇三部曲的次第就是如此，從頭一部劇本的終局產生出第二部的衝突，而這個衝突又要在第三部裡要求解決。因爲衝突一般都需要解決，作爲兩對立面鬥爭的結果，所以充滿衝突的情境特別適宜於用作劇藝的對象，劇藝本是可以把美的最完滿、最深刻的發展表現出來的。至於建築卻不能充分表現出可以顯現偉大心靈力量的分裂與和解的那種動作，就連繪畫，儘管它的範圍是廣闊

---

93 品達（Pindar），西元前六世紀希臘抒情詩人，他的作品大半是歌頌戰爭勝利和當時當權人物的。

的，也永遠只能把動作的某一頃刻呈現到眼前[94]。

但是這些嚴肅的情境卻引起它們所特有的，按照它們的概念就不可免的一種困難。它們要依靠破壞，而且它們所產生的一些情況是不能久存的，因此就必然要有一種導致轉化的助因。但是理想的美在於它的未經攪擾的統一性、靜穆和自身完滿。衝突破壞了這種和諧，使本身統一的理想有了不協調和矛盾。要表現這種破壞，理想本身也就會受到破壞，這裡藝術的任務可以只在兩方面，一方面是使自由的美在這種差異中必不致遭到毀滅，另一方面是使分裂和連帶的鬥爭只暫時現出，接著就由衝突的消除而達到和諧的結果，只有這樣，美的完滿的本質才能現出。究竟應該把這種不協調推演到什麼界限呢？我們不能定出一種普遍的原則；因爲就這一層說，每種藝術需服從它自己的特性。例如內在的觀念比起直接的知覺經得起較大程度的分裂。因此，詩在表現內在情況時可以達到極端絕望的痛苦，在表現外在情況時可以走到單純的醜。造型藝術卻不然，在繪畫裡尤其在雕刻裡，外在形象是固定不變的，不能取消掉、不能像音樂的曲調剛飛揚起來就消逝掉。在繪畫雕刻裡如果在醜的東西還沒有得到克服時就把它固定下來，那就會是一種錯誤。因此，凡是戲劇所能表現得很好的，不盡能在造型藝術裡表現出來，因爲在戲劇裡一種現象可以出現一頃刻馬上就溜過去。

在這裡我們還只能概括地討論衝突的一些更切近的方式。我們應該從三個主要方面來研究：

第一，物理的或自然的情況所產生的衝突，這些情況本身是消極的、邪惡的，因而是有危害性的；

第二，由自然條件產生的心靈衝突，這些自然條件雖然本身是積極的，但是對於心靈，卻帶有差異對立的可能性；

第三，由心靈性的差異面產生的分裂，這才是眞正重要的矛盾，因爲它起於人所特有的行動。

(1)關於第一種衝突，它們只能作爲單純的原因而發生作用，因爲這裡所涉及的只是外在的自然，以及自然所帶來的疾病、罪孽和災害，這些東西破壞了原來的生活的和諧，結果造成差異對立。單就它們本身來看，這一類衝突是沒有什麼意義的，其所以採爲藝術的題材，只是因爲自然災害可以發展出心靈性的分裂，作爲它的結果。例如歐里庇德斯的悲劇《阿爾克斯提斯》[95]——葛路克[96]的歌劇《阿爾克斯提斯》也就取材於此——是以阿德默特的病爲前提的。疾病本身並不足以爲眞正藝術的對象，歐里庇德斯之所以採用它，只是就它對

---

94 這是萊辛在《拉奧孔》裡的主張：造型藝術只能在動作時間中抓住某一頃刻來表現，不像詩那樣能敘述動作的過程。

95 阿爾克斯提斯（Alkestis）是阿德默特的妻子，阿德默特病在必死，她到陰間替丈夫做替死鬼，但是後來她由海克力士救回到人間。歐里庇德斯用這個傳說作了一部悲劇。

96 葛路克（Gluck, 1714-1779），德國著名作曲家，他的歌曲多取材於希臘悲劇。

於患病的人導致進一步的衝突。預言告訴了阿德默特，如果他找不到一個替身替他到陰間，他就必死。阿爾克斯提斯自願犧牲，決定替死，來挽救她的丈夫、她的兒女的父親和她的國王。索福克勒斯的悲劇《菲洛可帖特士》[97]的衝突也是以身體上的災禍為基礎。希臘人在遠征特洛伊途中把菲洛可帖特士放在勒姆諾斯島上，因爲他在克里莎斯被一條毒蛇把他的腳咬傷了。這裡身體上的災禍也只是進一步衝突的最遠的原因和出發點。因爲按照預言，只有到了海克力士的箭落在攻城軍的手裡，特洛伊城才能打下，而菲洛可帖特士卻拒絕把這支箭交給他們，因爲他們很不公道，把他丟在勒姆諾斯島上，讓他受過九年的痛苦。這個拒絕以及引起他的那個不公道的待遇，可能產生和實際產生的迥然不同的一種結果，因此眞正的興趣不在他的足疾和連帶的痛苦，而在他拒絕交箭所引起的矛盾。希臘軍營的瘟疫也是如此，這在劇本裡本來是看作從前一種罪過的結果，即看作一種懲罰。一般說來，追究風暴、沉船、旱災之類自然災禍的原因，較適合於史詩而不適合於戲劇。總之，藝術對於災禍，並不是把它只作爲一種偶然事件來表現，而是把它作爲一種阻礙和不幸事件來表現，這種阻礙和不幸事件按其必然性只能取這種形象而不能取另一種形象。

(2) 其次，外在的自然力量，單就它是外在的自然力量來說，在心靈的旨趣和矛盾中既然不是本質的東西，所以在它和心靈的關係緊密結合時，它只是一種基礎（或背景），使眞正衝突導致破壞和分裂。凡是以自然的家庭出身爲基礎的衝突都屬於這一類。這類約略可分爲三種：

①第一，與自然密切聯繫的權利[98]，例如親屬關係、繼承權之類，正因爲這種權利是與自然性（或出身情況）相聯繫的，它就可以有雜多的自然定性，但是權利這件主要的東西，卻只是單一的。這方面最主要的例子是王位繼承權。作爲這一類衝突的原因，這種繼承權不應該是明白規定的，否則衝突就會屬於另一類型。如果這種繼承權還沒有由法律明文和它所代表的社會秩序加以規定，哥哥、弟弟，或是皇室的其他親屬就都可以承位統治，誰繼承都不能看作是違法的。因爲統治權關質不關量，不像金錢和貨物那樣可以很公平地分攤，所以總不免引起爭執和糾紛。例如伊底帕斯死了，沒有指定繼承人，他的兩個兒子就都有同樣的繼承權，他們約定逐年輪流居王位，其中艾提阿克理斯破了約，於是波里涅開斯就帶兵打忒拜，來維護他的權利[99]。弟兄間的仇恨在各時代都是藝術中的一個突出的衝突，從《舊約》裡該隱殺他的兄弟亞伯就已開始了[100]。在波斯最早的英雄故事《列王紀》裡，王位的爭奪也

---

97 《菲洛可帖特士》（*Philoktet*）這部悲劇的故事在正文已經說得很清楚。後來特洛伊王子帕里斯就是被他這支箭射死的。參看下文注[132]。

98 西文Natur有「自然」、「誕生」兩義，「自然權利」即生來就有的權利，或根據家庭出身的權利。

99 艾提阿克理斯到年終不肯讓位，波里涅開斯便藉外援進攻他的祖國忒拜，在交戰中兩兄弟都打死了。這是索福克勒斯的《七英雄進攻忒拜》悲劇的主題。

100 見《創世記》第四章。

是許多鬥爭的出發點。斐里杜把土地分給三弟兄，色爾姆分得臘姆和查維爾，屠爾分得都蘭和德金，伊越基則統治伊朗。但是三人都要爭奪弟兄的土地，於是就釀成無窮的糾紛和戰爭。在基督教的中世紀，家族朝代的紛爭故事也是說不完的。但是這種糾紛本是偶然的，弟兄互相敵視的事情本身並無絕對必然性，所以這種糾紛還必須有別的情況和更基本的原因，例如伊底帕斯的兩個兒子的誕生本身就很不祥[101]，或是像在《麥西納的新娘》裡，席勒設法把兩弟兄的爭執歸咎於較高的命運[102]。莎士比亞的《馬克白》也以同樣的衝突為基礎[103]。鄧肯是國王，馬克白是他的最近而且最長的親屬，所以在王位繼承上他比鄧肯的兒子還有優先權。但是鄧肯卻指定他的兒子繼承王位，這件不公正的事就替馬克白的罪行造成了最初因。馬克白的這一點可辯護的理由在編年紀事史裡是載明了的，但是莎士比亞卻把它完全拋開，因為他的目的只在把馬克白的欲望寫得可怕，來討好英王詹姆士一世，把馬克白寫成一個罪犯，才符合英王的利益。因此，按照莎士比亞的處理方式，我們找不到理由來說明馬克白不殺鄧肯的兒子們而讓他們逃走，貴族們也沒有想到這件事。但是《馬克白》這劇本的全部衝突已經超過了我們現在所談的這階段的情境的範圍了。

②這類衝突的第二種情境是和上述第一種相反的，其中出身的差別——這本身就是一種不公平的事——由於習俗和法律的影響變成了一種不可克服的界限，好像它已是一種習慣成自然的不公平的事，因此成為衝突的原因。奴隸地位、農奴地位，等級的差別，在許多國家裡猶太人的處境，以及在某種意義上貴族出身與市民出身的矛盾都屬於這一種。這種衝突

在於按照人的概念，人有人應有的權利、關係、欲望、目的和要求，而由於上述的出身差別中某一種關係，它們彷彿受到一種自然力量的阻礙和危害。關於這種衝突，可說的話如下：

階級的分別，統治者與被統治者的分別等等當然是重要的而且合理的，這些分別根源在於全部國家生活所必有的分工組織，它們在職業、方向、思想方式和整個精神文化各方面都可以見出。但是從個別的人來看，如果這些分別全由出身地位來決定，因而一家族中的每個人都不是由於自己，而只是由於自然中某種偶然現象，就投到某一階級或等級，永遠無法改變他的地位，這就不能應用上述的看法，說是合理的了。因為在這種情況下，這些分別本來只是從自然出身來的，卻具有最大的力量去決定個人命運。這種階級分別的固定性和威力是怎樣起來的，不在我們現在討論的範圍之內。一國人民可能本來是整一的，到後來才形成自由人與奴隸之類出身分別；等級、階級、特權者之類分別，也可能原來起於民族與種族的分別，例如印度的等級就有人以為是這樣起來的。對於我們這是無關宏旨的。要點在於這類

101 伊底帕斯在不知不覺中誤和自己的母親結了婚，生下了這兩兄弟。

102 《麥西納的新娘》（*Braut von Messina*），席勒摹仿希臘悲劇的作品，寫麥西納王后在臨產之前，預言者說生下來的孩子將來要致兩個哥哥於死命，因此在生下一個女兒之後，王后就祕而不宣，把女兒藏起。後來女兒長大了，兩個哥哥不知道她的出身，都爭著要娶她，結果兩人都送了命。

103 馬克白謀殺了國王鄧肯，篡了位，但是不久鄧肯的兩個兒子就舉兵報了仇，馬克白發瘋自殺了。

支配個人整個生命的生活關係（社會關係）是由自然出身地位來決定的。按照事物的概念來說，階級的分別當然是有理由可辯護的，但是個人憑自由意志去決定自屬於這個或那個階級的權利，卻也不應被剝奪去。只有資稟、才能、適應能力和教育，才應該有資格在這方面作出決定。如果一個人從出生時起就被剝奪去這種選擇的權利，他因此就被迫服從自然和它的偶然性，在這種不自由的情況之下，就可能造成出身階級替個人所定的地位與他的精神文化及其連帶的合理的要求之間的衝突。這是一種悲慘的不幸的衝突，因爲它來自一種不公平，這種不公平不是眞正自由的藝術所應敬重的。按照我們現代的情況，除掉一小撮人以外，階級分別是與出身地位無關的。只有統治的王室和貴族才是例外，他們是根據國家本身概念的較高的考慮而來的。至於就其餘的人來說，出身地位對於階級關係卻不發生本質上的分別，每個人可以按他的能力和志願，愛屬於哪個階級就屬於哪個階級。因此我們把這種完全自由的要求結合到另一要求上去，就是在教養、知識、能力和思想方式等方面，一個人必須能符合他所選擇的階級。如果一個人按照他的精神方面的能力和活動本有資格屬於某一階級，而他的出身地位卻成爲一種不可克服的障礙，使他不能屬於那個階級，這對於我們現代人來說，不只是一種不幸，而且在本質上還是一種冤屈，他就算遭到了冤屈。仿佛有一堵純是自然的本身不合理的隔牆把他隔住了，按照他的聰明才能，他的情感和內外的修養，他本來可以跳越過這堵牆，可是現在這堵牆居然把他攔住，使他達不到他本來有資格能達到的東西，這種自然情況只是由於人的任意武斷，才具有這種合法的固定性，而正是這種自然情況對於本身合理的心靈自由設下了這種不可逾越的界限。

進一步估計這種衝突，我們可以看到以下三個主要的方面：

第一，個人必須憑他的心靈方面的優點就已經可以跳越過這種自然界限，使自然界限的力量屈服於他的願望和目的，否則他的要求就還是愚蠢的。例如一個僕人只有一個僕人的教養和才能，如果愛上了一個公主或貴婦人，或是一個公主或貴婦人愛上了他，這種愛情只能是荒謬的、低級趣味的，不管這種情慾在藝術表現中顯得多麼深厚而熱烈。這裡眞正的分界因素倒不是出身地位的分別，而是一整套的較高的旨趣、廣泛的教養，生活目的和情感方式都使得一位原在社會地位、財產和交遊各方面都很高的貴婦人有別於一個僕人。這種愛情如果是雙方結合的唯一橋梁，如果不同時包括人按照他的精神教養和社會地位關係所應有的生活方式，那就是空洞的、抽象的，只關性慾方面的。愛情要達到完滿境界，就必須聯繫到全部意識，聯繫到全部見解和旨趣的高貴性。

第二種情形就是出身地位的依存性，成爲一種法定的起妨礙作用的枷鎖，套在本身自由的心靈以及它的正當的目標上面。這種衝突也還是違反審美性的，與藝術理想的概念相矛盾的，儘管它是人們愛採用的而且用起來也是很容易的。如果出身地位的分別通過正規法律及其效力，變成一種固定的冤屈，例如生而爲印度最下等級的人或猶太人之類，那麼，從一方面看，當事人完全有理由可以憑他的內心的自由去反抗這種障礙，認爲它是可以解除的，自己可以不受它約束。他有絕對的權利和這種障礙作鬥爭。但是如果由於當前情境的關係，這種界限變成不可超越的，凝定為一種不可克服的必然狀態，這就形成一種不幸的本身錯誤的情境。有理性的人在這種必然狀態面前既然沒有辦法克服它，就只得向它屈服，他就不應該反抗，就應該安安靜靜地忍受這種不可避免的局面；他就應該放棄這種界限所不容許的旨趣和要求，用無抵抗的忍耐的勇氣去忍受這種無可奈何的情境。在鬥爭不發生效用的地方，合理的辦法就在於放棄鬥爭，這樣至少還可以恢復主體自由的形式的獨立自足性。因為這樣辦，那種冤屈對他就不再有什麼力量；反之，如果他硬要抵抗它，他就必然見到他畢竟完全要受它的統制。但是無論是抽象的純然形式的獨立自足，還是無結果的鬥爭，都不能眞正算得美。

第三種情況與第二種情形是密切相關的，也還是一樣不符合眞正的藝術理想。在這種情形下，有關的個人從出身地位的關係、宗教條文、國家法律和社會習慣得到某種特權，他就要求享受這種特權。按照實在的外在現實情況來說，這裡確實有一種獨立自足性；但是它本身是非正義的、不合理的，所以是一種虛偽的純然形式的獨立自足性，藝術理想的概念在這裡就消失了。人們可能認為由於主體按照普遍法律行事，和這普遍法律處於融貫的統一，這種情形就還是符合藝術理想。但是有兩種考慮使這種看法不能成立：第一，在這種情形之下，普遍的東西之所以有權力，並不在於這個當事人身上，像英雄理想所要求的那樣，而在於國家權力，即實際法律及其執行上面；其次，當事人所要求享受的是一種非正義的事，這就喪失了我們所提到過的藝術理想所應有的那種實體性。理想的主體所關心的事必須本身是眞實的、合理的。對於奴隸和農奴的法定的統治權，剝奪外國人的自由或是用他們作犧牲來獻神的權利等等，都屬於這一類情況。要求這種權利的人當然自以爲是維護正當的權利，例如印度的屬於較高等級的人要利用一些特權，托阿斯命令把奧瑞斯特殺死獻神[104]，以及俄國地主鞭撻他們的農奴之類；那些高高在上的人們，都認爲這些符合他們自己利益的事就是合法的權利。但是他們的這種權利只是野蠻人的一種非正義的權利，而他們自己既然規定而且實行這種絕對不正義的事，在我們看來，至少也就顯得是些野蠻人。當事人所倚靠的這種法律對於他們的時代及其精神和教養標準來說，固然是應受尊重和維護的，但是對於我們來說，它卻是完全是實際的[105]，沒有什麼道理和力量。如果當事人只是從個人情慾和自私動機出發，利用他的特權去實現他的私圖，他就不僅是個野蠻人，而且是個品格惡劣的人。

人們常常想用這種衝突來引起哀憐和恐懼——根據亞里斯多德把哀憐和恐懼定爲悲劇對象的原則——但是看到這種起於野蠻狀態和過去時代不幸情況的特權的威力，我們既不發生恐懼，也不發生敬畏，而我們所能感到的哀憐也會馬上就轉變爲憤恨。

---

[104] 奧瑞斯特參看上文注[55]，爲著報他父親阿伽門農的仇，殺死自己的母親之後，他遵神示到陶里斯國的確遜涅色地方取神像到希臘，陶里斯的國王托阿斯命令把他殺死來獻神，恰逢執行獻神典禮的是他的姊妹伊菲革涅亞，她發現應被犧牲的是她自己的弟兄，於是就帶他一同逃走了。

[105] Positiv，「有關某一特殊具體情境的」。（英譯本注）

因此，這種衝突只有一種眞正的出路，那就是這種不正當的權利得不到實現，例如伊菲革涅亞沒有在奧里斯[106]被犧牲，奧瑞斯特也沒有在陶里斯被犧牲。

③植根於自然性的衝突最後還有一種，就是天生性情所造成的主體情慾。最顯著的例子是奧賽羅的嫉妒[107]。野心、貪婪乃至於愛情都屬於這一類。

但是這些情慾只有在下列情況之下才會造成眞正的衝突：它們成爲一種原因，使得完全受這種情感支配的人，違反了眞正的道德以及人類生活中本身合理的原則，因而陷入一種更深的衝突。

這就可以使我討論衝突的第三種主要方式了。這種方式的衝突的根源在於，精神的力量以及它們之中的差異對立，因爲這種矛盾是由人的行動本身引起來的。

(3)在上文討論純粹自然的衝突時，我們已經提到它們的作用只在形成更進一步的衝突的樞紐。上文已經提到的第二類衝突多少也是如此。在意味比較深刻的作品裡，這兩類衝突都不能停留在上文所已提到的那種敵對狀態，它們的這種騷擾和矛盾只是一種助因，使絕對是精神方面的一些生命力量，在它們的差異中互相對立、互相鬥爭。凡是心靈性的東西只有通過心靈才能實現，所以精神方面的差異也必須從人的行動中得到實現，才能顯現於它們所特有的形象。

總之，一方面需有一種由人的某種現實行動所引起的困難、障礙和破壞；另一方面需有本身合理的旨趣和力量所受到的傷害。只有把這兩方面定性結合在一起，才是這最後一種衝突的深刻的根源。

屬於這個範圍的主要事例可以分別如下：

①當我們剛剛開始離開植根於自然的那一類衝突的範圍時，緊接著的現在所要討論的這種新的衝突還是和前一類衝突聯繫在一起的。但是這種衝突的根源既然應該在人的行動，所謂「自然的」就是人不是以心靈的身分所做出的事，也就是說，人不自覺地無意地做了某一件事，後來他才認識到那件事在本質上破壞了某種應受尊重的道德力量，這種情況就還是屬於「自然」的範疇。後來他對他的行動有了認識，承認他原先沒有認識到的那種破壞行爲還是出於他自己的，這樣，他就被迫進入分裂和矛盾。這衝突的根源就在於行動發生時的意識與意圖，和後來對這行動本身的性質的認識之間的矛盾。伊底帕斯和阿雅斯可以爲例。伊底帕斯的行動，按照他的意志和認識來說，原只是在一場搏鬥中打死了一個他所不認識的人；但是他的這個行動本身卻是在不知不覺中殺了自己的父親[108]。阿雅斯在一陣瘋狂中殺了

---

[106] 阿伽門農率希臘大軍東征特洛伊，到奧里斯遇逆風，船不能行，需犧牲他的女兒伊菲革涅亞以釋狩獵女神的怒，後來狩獵女神憐憫她，讓一隻山羊代替了她，把她送到陶里斯做獵神廟裡的司祭。她救了奧瑞斯特，見注[104]。

[107] 見莎士比亞的悲劇《奧賽羅》；主角因受讒言，疑妻子不忠實，把她扼殺了。

[108] 伊底帕斯在不知不覺中殺父娶母的故事，是索福克勒斯的一部著名的悲劇的主題，見注[68]。

希臘軍隊中的一些牲畜，把這些牲畜誤認為希臘將領們。在神智恢復時，他看到了他做的是什麼，對於他的行動就感到羞愧，陷入衝突[109]。這樣被人不自覺地損害了的對象必須是他在按照理性行事時所敬重的。如果這種敬重只是由於一種無根據的見解和錯誤的迷信，那麼至少是對於我們來說，有關的衝突就不能引起深刻的興趣。

②但是我們現在所討論的這類衝突，既然應該是由人的行動所引起的一種對於精神力量的精神性的破壞，所以第二個重要原則就是：比較適合的衝突，應起於意識到的而且由於這種認識和意圖才產生出的破壞。這裡的出發點還可以是情慾、暴力、愚蠢等等。例如特洛伊戰爭起於海倫後的私奔。後來阿伽門農犧牲了伊菲革涅亞，這就傷害了她的母親，因為殺的是她胎裡養的最親愛的女兒。克呂泰謨涅斯特拉[110]因此把她的丈夫謀殺了。奧瑞斯特為父親兼國王報仇，就把他的母親殺了。哈姆雷特的情形也很類似。他的父親暗中被謀殺了，他的母親很快就嫁了謀殺者，因而侮辱了死者的魂靈[111]。

在這些事例的衝突中，要點在於當事人所爭求的對象本身是道德的、眞實的、神聖的。如果不是如此，我們對於這種眞正道德的和神聖的東西既然有所認識，我們就覺得這種衝突沒有什麼價值、沒有什麼眞實性，例如著名的《摩訶婆羅多》[112]裡關於納拉斯和達瑪央提的故事。國王納拉斯和達瑪央提公主結了婚。這位公主本來有權在求婚者之中作自由選擇。其他的求婚者都是在空中飄蕩的神怪，只有納拉斯才站在地上，她很有見地，就選擇了他。神怪們因此懷恨在心，瞟著機會想謀害納拉斯。過了許多年，他們都找不出他的岔子，因為他沒有做什麼壞事。但是他們終於得到制伏他的權力，因爲他犯了一宗大罪過，在小便之後，用腳踐踏了尿濕了的土地。按照印度人的觀念，這是一個不能免於刑罰的重罪。從此以後，神怪們就把他掌握在自己的權力之下，這個神怪引起他嬉戲的慾念，那個神怪慫恿他的弟兄去反對他，逼得納拉斯最後喪失王位，變成窮丐，和達瑪央提過著流離困苦的生活。最後他又被迫和她分離，經歷了許多奇遇之後，他才恢復到原來的幸福境遇。這整篇故事所環繞的眞正衝突，對於古代印度人來說，是一種對於神聖事物的眞正的褻瀆，但是對於我們的意識來說，卻是一種妄誕不經的事。

③第三，破壞並不一定是直接的，這就是說，一種行動單就它本身來看，並不一定就是一個引起衝突的行動，但是由於它所由發生的那些跟它對立矛盾的而且是意識到的關係和

109 阿雅斯是希臘東征軍的一個將領，希臘軍中最勇猛的將領阿基里斯死後，阿雅斯和優里賽斯爭著要死者的盔甲。這套盔甲卻被分配給優里賽斯了，他在瘋狂中把一群羊當作希臘將領們屠殺了，後來他發現錯誤，羞愧自刎。

110 克呂泰謨涅斯特拉是阿伽門農的妻子，伊菲革涅亞和奧瑞斯特的母親。參看注55。

111 哈姆雷特的父親是由他的叔父謀殺的，他叔父接著就和他的母親結了婚。他的報仇是莎士比亞的悲劇《哈姆雷特》的主題。

112 印度古代的偉大史詩。

情境，它就變成一種引起衝突的行動。例如羅密歐與茱麗葉相愛，這愛情本身並沒有破壞什麼；但是他們認識到他們的雙方家庭是互相仇恨的，他們雙方的父母都不會允許他們結婚的，由於這種原已假定存在的分裂，他們就陷入衝突了。

關於一般世界情況和具體情境的分別，以上所說的一些最賅括的話就夠了。如果要把這種研究推廣到這問題的各方面，各種變化和細微差別，並且對於每一種可能的情境都加以討論，那麼，單是這一章就會牽涉到無限的枝節問題上去。因爲可能發現的不同情境是無窮的，而在每一事例中問題都在於，怎樣使某一具體情境適應某一具體藝術的體裁和表現方式。例如神話所能做到的許多事，是其他種類藝術掌握和表現方式所不能做到的。一般說來，發現情境是一項重點工作，對於藝術家往往也是一件難事。特別在現代，人們常聽到一種抱怨，說找適當的題材來組成背景和情境有多麼困難。第一眼看來，詩人如果有獨創性，能自己去創造情境，他就會顯得更有價值。但是這種倚靠自己的活動並不是藝術的主要方面，因爲情境本身還不是心靈性的東西，還不能組成眞正的藝術形象，它只涉及一個人物性格和心境所由揭露和表現的外在材料。只有把這種外在的起點刻畫成爲動作和性格，才能見出眞正的藝術本領。所以如果詩人自己創造出這本身非詩的一方面，我們用不著爲此感謝他；應該允許他取材於現成的歷史、傳說、神話、編年紀事，乃至於早已被藝術家運用過的舊材料和情境，但是他應該經常能推陳出新；例如在繪畫裡，外在的情境都是從宗教傳說中來的，通常是用類似的方式重複來重複去的。在這種表現中能見出眞正藝術創造，比起發現某種情境來，要深刻得多。這個道理也適用於許多已經運用過的舊情境和情節的錯綜。在這方面人們往往替近代藝術吹噓，說它比起古代藝術來，表現出無窮的豐富的想像，事實上中世紀和近代的藝術作品，也的確表現出最豐富多彩的變化最多的情境、事蹟和結局。但是這種外在情境的豐富並不算什麼一回事。儘管有這些豐富的情境，卓越的戲劇和史詩在近代還是很少。因爲藝術的要務不在事蹟的外在的經過和變化，這些東西作爲事蹟和故事並不足以盡藝術作品的內容；藝術的要務在於它的倫理的心靈性的表現，以及通過這種表現過程而揭露出來的心情和性格的巨大波動。

現在我們且來回顧一下我們已經達到的原則，把它作爲進一步研究的出發點，我們一方面可以看到：內在的和外在的有定性的環境、情況和關係要變成藝術所用的情境，只有通過它們所引起的心情或情緒才行。另一方面我們也可以看到：情境在得到定性之中分化爲矛盾、障礙糾紛以致引起破壞，人心感到爲起作用的環境所迫，不得不採取行動去對抗那些阻撓他的目的和情慾的擾亂和阻礙的力量，就這個意義來說，只有當情境所含的矛盾揭露出來時，眞正的動作才算開始。但是因爲引起衝突的動作破壞了一個對立面，它在這矛盾中也就引起被它襲擊的那個和它對立的力量來和它抗衡，因此動作與反動作是密切聯繫在一起的。只有在這種動作與反動作的錯綜中，藝術理想才能顯出它的完滿的定性和運動。因爲在這種情況之下，兩種從和諧中分裂出來的旨趣在互相對立和鬥爭著，它們的這種互相矛盾就必然要求達到一種解決。

這種運動，作爲整體來看，已經不屬於情境及其衝突的範圍，它就要引我們進一步研究上文所已提到過的眞正的動作。[113]

3. 動作（情節）[114]

按照我們上文所遵循的階段，動作是在一般世界情況和受到定性的情境之後的第三階段。

在前一章討論動作對其餘兩階段的外在關係時，我們就已看到：動作需先假定有產生衝突、動作和反動作的環境。從這種假定看，動作究竟以哪一點爲起點呢？這是不能固定的。因爲從某一觀點看來像是起點的東西，從另一觀點看來，可能又是更早的事態錯綜的結果，這更早的事態錯綜就會成爲眞正的起點。但是就連這更早的事態錯綜本身也還是更早的衝突的結果，如此逐級例推。例如在阿伽門農的家族裡，伊菲革涅亞在陶里斯算是贖償了她的家族的罪過和災禍。她的故事的起點應當是狩獵女神黛安娜的解救，是狩獵女神把她送到陶里斯，但是這個情況只是接著另一件事來的，那就是在奧里斯的犧牲，這犧牲又起於對墨涅勞斯的傷害，即帕里斯帶著海倫後潛逃，如此逐級回溯，就要溯到那著名的列達的蛋[115]。同理，伊菲革涅亞在陶里斯的故事材料，也需先假定阿伽門農的被暗殺以及湯塔魯斯家族[116]罪行的全部結局。這番道理也適用於忒拜的傳說系統[117]。如果一個動作要連它的全部先行條件都表現出來，只有詩才能完成這個任務。但是按照眾所熟知的格言，這種追溯到底的辦法

113 在論情境這部分，黑格爾著重地討論了矛盾衝突，這是他對美學和文藝理論的重要貢獻之一。一般世界情況所造成的普遍力量或理想體現於具體情境中的具體人物的動作，才能產生藝術。情境是外在的，只有在就它對於有自意識的人起精神上的作用來看，它才有意義。它是一種機緣，引起不同人物作不同反應（動作和反動作），才形成具體的動作情節。作爲藝術的內容，這種情境不能是靜止或平板的，必須見出分裂、矛盾對立和鬥爭以致矛盾的解決。他分析衝突爲三類，一是自然情況造成的，二是自然情況在心靈方面所引起的，三是心靈本身的分裂和矛盾，這才是理想的衝突。在第二類衝突裡，黑格爾提到了階級出身差別和文藝的關係，這在當時還是獨特見解，不過他的看法往往是自相矛盾的。首先，他承認階級出身的差別「本身就是一件不公平的事」，「不是眞正的自由藝術所應敬重的」。他還說特權階級「認爲符合自己利益的事就是合法的權利」，其實這種特權「只是野蠻人的一種非正義的權利」。但是他同時又說階級差別「當然是重要的而且合理的」、「當然有理由可辯護的」，這還是爲階級剝削制度打掩護。其次，他拒絕討論階級差別的起源，說這種討論「對於我們是無關宏旨的」。這也不過是剝削階級妄圖掩蓋階級矛盾的一種通常手法。第三，他提出「統治權關質不關量」的口號，主張劃分階級的標準不應是家庭出身而是文化修養。這其實是柏拉圖以來許多精神貴族所宣揚的哲學家專政說的翻版。

114 Die Handlung，本義爲「動作」。西方文藝理論著作一般用這個詞來指一篇故事或一部劇本中的情節，這情節是由一系列互相連貫的行動組成的。

115 伊菲革涅亞的故事見注106。墨涅勞斯是希臘一個國王，他的妻子海倫跟特洛伊王子帕里斯私奔，因而引起希臘人興師攻擊特洛伊國。海倫據神話是列達的女兒。列達本是斯巴達王后，在河裡洗澡，天帝宙斯看到了就愛上了她，變成一隻天鵝和她親近，因而生了海倫。

116 湯塔魯斯是阿伽門農的祖先。

117 忒拜傳說系統即關於伊底帕斯家族的傳說，這也是索福克勒斯的悲劇的主要材料。

是令人厭倦的，散文才宜於有這種首尾完備，至於詩的規律卻要求使聽眾「開門見山」。藝術的旨趣並不在於把某一動作的最初的起點作爲起點，這還有一個更深刻的理由，那就是這種最初的起點只有在考慮到事態的外在的自然演變時才說得上是起點，動作與這種起點的關聯，只在於現象在經驗上的一脈相承，它對於動作本身的眞實內容可能無關。如果許多不同的事件是由同一個人做的，這個人就成爲這些事件的聯絡線索，這種外在的經驗上的一脈相承也還是存在的。生活情況、行動和命運的總和，固然是個人的形成因素，但是他的眞正的性格，他的思想和能力的眞正核心，卻無待於它們而能藉一個情境和動作顯現出來，在這個情境和動作的演變中，他就揭露出他究竟是什麼樣的人，而在這以前，人們只是根據他的名字和外表去認識他。

所以動作的起點不能從上述那種經驗上的起點去找，它應該只了解爲被當事人的心情及其需要所抓住的，直接產生有定性的衝突的那種情況，所表現的特殊動作就是這種衝突的鬥爭和解決。舉例來說，荷馬在《伊利亞特》裡馬上就從全詩的主題，即阿基里斯的忿怒開始[118]，並不追溯前此的事蹟或是阿基里斯的生平，而是馬上就擺出詩中的衝突，同時也就顯出這幅圖畫背景的巨大旨趣。

把動作（情節）表現爲動作、反動作和矛盾的解決的一種本身完整的運動，這特別是詩才有的本領，至於其他種類的藝術，只可以在動作及其派生事件的過程中抓住某一頃刻把它表現出來。單從表現手段的豐富性來看，其他種類的藝術固然像是比詩還強，因爲它們可以駕御的不僅是全部外在形狀，而且還有通過姿態的表情，與周圍諸形象的關係，以及周圍諸事物的反映。但是這一切表現手段，從表現意蘊的能力來看，都比不上語言。能把個人的性格、思想和目的最清楚地表現出來的是動作，人的最深刻方面只有通過動作才見諸現實，而動作，由於起源於心靈，也只有在心靈性的表現即語言中才獲得最大限度的清晰和明確。

如果我們概括地談動作，人們往往有這樣的印象，好像動作是有無窮無盡樣式的。但是適合於藝術表現的動作畢竟是爲數很有限的。因爲藝術只用符合理想的那一類動作。

關於藝術所表現的動作，我們應該挑出三個要點。情境和它的衝突一般是激發動作的原因；但是只有通過反動作，運動本身——即在活動中的理想的差異對立——才能顯現。這種運動包含以下三點：

第一，普遍的力量，這些力量形成藝術所要處理的眞實內容（意蘊）和目的；

第二，這些力量通過發生動作的個人而發揮作用；

第三，這兩方面需統一於我們一般所說的人物性格。

---

⑱ 阿基里斯參看上文注㉛，他拒絕參戰。因此希臘軍拖延很久，不能把特洛伊打下。等到阿基里斯的愛友戰死了，他要替愛友報仇，才出來參戰。從此以後戰爭的形勢才轉變，戰勝特洛伊主將赫克特的終於是阿基里斯。

A.引起動作的普遍力量

(1) 儘管我們討論動作，還是停留在理想得到定性因而造成差異對立的階段，但是在眞正的美裡，衝突所揭露的矛盾中每一對立面，還是必須帶有理想的烙印，因此不能沒有理性、不能沒有辯護的道理。各種理想性的旨趣必須互相鬥爭，這個力量反對那個力量。這些旨趣就是人類心中的有關本質的要求，也就是動作的本身必然的目的；它們是本身有辯護道理的，符合理性的，因此就是心靈性事物的普遍永恆的力量：它們不是絕對神性本身，而是某一絕對理念的兒子，所以是統治的、發生效力的；它們是某一普遍眞實的東西的子女，儘管只是這普遍眞實的東西的受到定性的特殊方面⑲。由於它們得到定性，它們固然可以陷入矛盾，但是不管它們怎樣顯出差異對立，它們卻必須本身具有眞實性，才可以顯現爲得到定性的理想。這些普遍力量就是藝術的偉大的動力，就是永恆的宗教的和倫理的關係：例如家庭、祖國、國家、教會、名譽、友誼、社會地位、價值，而在浪漫傳奇的世界裡特別是榮譽和愛情等等。這些力量在有效性的程度上是不同的，但是卻必須本身符合理性。同時，它們都是人心的力量，人就其爲人來說，就必須承認它們，讓它們在他身上體現和活動。但是這些力量又不能只是正規法律所規定的權利。因爲我們在上文已經看到，正規法律的形式有時與理想的概念和形狀處於對抗地位，有時正規權利的內容可能是本身不正義的，儘管它具有法律的形式。我們所談的那些關係並不是只從外面規定的力量，而是本身眞實的力量；這些力量因爲包含人性和神性的眞正內容（意蘊），在動作中就不但是推動的力量，而且最後還是完成動作的力量。

在索福克勒斯的《安蒂岡妮》悲劇裡，就是這種旨趣和目的在互相鬥爭著。國王克里昂，作爲國家的首領，下令嚴禁成了祖國敵人進攻忒拜的伊底帕斯的兒子受到安葬的典禮。這個禁令在本質上是有道理的，它要照顧到全國的幸福。但是安蒂岡妮也同樣地受到一種倫理力量的鼓舞，她對弟兄的愛也是神聖的，她不能讓他裸屍不葬，任鷙鳥去吞食。她如果不完成安葬他的職責，那就違反了骨肉至親的情誼，所以她悍然抗拒克里昂的禁令[120]。

(2) 衝突固然可以用無數不同的方式引進來，但是反動作的必然性不能是由荒謬反常的東西所造成的，它必須是本身符合理性的有辯護理由的東西所造成的。例如德國詩人哈特曼[121]的

---

119 「絕對神性」就是「絕對理念」，即渾然一體的「太一」，它分化爲各種差異面，才有各種「普遍力量」，即所謂「絕對理念的兒子」。例如對國家的忠貞是一種普遍力量，這還是抽象的，具體化於某一人身上去時，它就得到定性，碰到對立面、發生矛盾，產生藝術所用爲題材的動作（情節）。

120 安蒂岡妮是伊底帕斯的女兒，波里涅色斯的姊妹。波里涅色斯因爭忒拜國王位，藉外兵進攻祖國，在戰鬥中被打死了。國王克里昂下令禁止人收葬他。和國王的兒子訂了婚的安蒂岡妮不顧禁令，收葬了她的弟兄。國王下令把她燒死，但是她自殺了，王子也自殺了。黑格爾認爲索福克勒斯的這部悲劇是悲劇矛盾的範例。

121 哈特曼（Hartmann von der Aue, 1170-1215），德國詩人。

《可憐的亨利希》那首有名的詩中的衝突就是令人厭惡的。主角亨利希不幸患不治的重病，去向莎洛諾寺院的僧侶們請救治。僧侶們告訴他需有一個人自願犧牲生命，因爲他的病只有人心才可醫好。一位愛上了這位騎士的可憐的姑娘決心犧牲自己的生命來救他，就跟他一起到了義大利。這完全是一種野蠻的行動，因此這位姑娘的沉靜的愛情和動人的忠誠，不能產生它們應有的完全效果。在古代固然也用犧牲人命那種不正義的事作爲衝突的根源，例如在伊菲革涅亞的故事裡，首先是她自己被指定作犧牲品，後來她又需犧牲她的弟兄，但是這種衝突一方面是與其他本身合理的關係聯繫在一起的，另一方面像上文已經說過，伊菲革涅亞和奧瑞斯特都終於得救，上述那種不合理的衝突的力量就遭到破壞了，這畢竟還是符合理性的。上述哈特曼的那首詩也是如此，因爲亨利希拒絕接受犧牲，通過神力的幫助，他的病就痊癒了，而那位姑娘的眞正的愛情也就得到了報酬。

與上述那些正面的力量緊密聯繫在一起的，還有別的和它們對立的力量，那就是反面的、壞的、邪惡的力量。但是在一種動作的理想的表現中，純粹是反面的力量卻不應作爲必不可少的反動作的基本根源。反面力量的實在性，固然可以與客觀存在的反面東西相適應，但是如果內在的概念和目的本身已經是虛妄的，原來內在的醜在它的外在的實在（客觀存在）中也就更不能成爲眞正的美了。情慾的詭辯術，固然可以企圖通過人物的才能、堅強和活力，拿一種正面意義擺到反面東西裡去，但是我們所得的印象畢竟只是一種粉刷的墳墓。因爲純然反面的東西總是呆板枯燥的，使我們覺得空洞無味或是厭惡，無論它是作爲一種動作的動力，還是僅僅作爲一種手段，去引起旁人的反動作。殘暴、災禍、嚴酷的暴力以及橫暴的強權，如果是和意蘊豐富的偉大的性格和目的聯繫在一起，因而得到支援和提高的，在想像中還可以了解和忍受，但是單純的罪惡、妒嫉、怯懦和卑鄙總是只能惹人嫌惡。因此惡魔本身是一種很壞的、不適用於藝術的角色，因爲他純粹是虛僞，因而是一種極端枯燥的人物。復仇的女神們[122]以及後來寓言中許多類似的力量也是如此；她們缺乏正面的獨立自足性和堅實性，對於理想的藝術表現是不適宜的；不過就這一點來說，究竟哪些材料是可允許的，哪些材料是該受禁止的，各種藝術之間有很大的差別，這要看它們是否把對象直接呈現於感性觀照。總之，罪惡本身是乏味的、無意義的，因爲它只能產生反面的東西，如破壞和災禍之類，而眞正的藝術卻應該給我們一種本身和諧的印象。特別可鄙視的是卑鄙，因爲卑鄙起於對高貴品質的妒嫉和仇視，把本身正當的東西轉化爲手段，去滿足它自己的低劣可恥的情慾。因此古代大詩人和藝術家從來不讓我們起罪惡和乖戾的印象；莎士比亞則不然，他在《李爾王》悲劇裡卻儘量渲染罪惡[123]。年老的李爾王把王國分給他的幾個女兒，表現得夠愚蠢，偏信她們的虛僞的諂言，而誤解沉靜寡言的眞誠的寇蒂莉亞。這已經是愚蠢和瘋狂，

---

[122] 復仇的女神（Furien），希臘神話和悲劇中懲罰犯罪者的女神。

[123] 李爾王年老，擬把國土分給三個女兒，但被長女和次女的甜言蜜語欺騙倒了，被說直話的幼女寇蒂莉亞惹怒了，於是把國土只分給長女和次女，後來受到她們的慘無人道的虐待。

因此他就遭到兩個長女和她們丈夫的可恥的忘恩負義和寡廉鮮恥，因而轉到眞正的瘋狂。與此相反的是法國悲劇，它們的主角常大吹大擂地炫耀一些最偉大最高尚的動機，吹噓他們的光榮和尊嚴，但是他們實際的所作所爲卻使這些動機的觀念終歸於幻滅。特別是在最近的時代裡，在種種最不調和的情況裡見出內心軟弱無力的精神瓦解，這種方式已經成爲一種時髦，在藝術中導致一種對惡劣的幽默、一種離奇的滑稽，例如霍夫曼[124]就很歡喜這一套。

(3) 所以只有本身是正面的有實體性的力量，才能成爲理想動作的眞正內容。但是在藝術表現裡，這些推動的力量卻不應該只現出它們的普遍性，而是必須形象化爲獨立自足的個別人物，儘管在行動的現實裡這些力量仍是理想的重要方面。如果沒有形象化爲獨立自足的個別人物，它們就還只是一般思想或抽象觀念，不是屬於藝術領域的。它們固然不應是由幻想的任意性所產生的，卻必須得到定性，成爲完滿自足的形狀，因而顯得是本身經過個性化的。但是這種定性既不應推廣成爲客觀事物的那種個別性相，也不應該凝聚成爲主體的內在性相，否則普遍力量的個性就必然被捲入有限事物的糾紛。從這方面看，普遍力量的這種個性的定性還不是十分嚴肅的。

希臘的諸神是最清楚的例證，說明普遍力量在它們的獨立形象裡的這種顯現與統治。不管他們怎樣活動，他們總是顯得有福氣、和悅。作爲個別的神，他們固然也交戰，但是在這些戰鬥中，他們畢竟不那麼認眞，並不把全副精神和熱情都集中在某一個目的上面，爲這個目的鬥爭到底，到死才肯甘休。他們時而參加到這裡、時而參加到那裡，在某些具體情況裡也把某一種利害關係看成是自己的，但是往往半途放手不管，泰然自若地回到奧林匹斯山的高峰[125]。荷馬所寫的神打起仗來，就是這種樣子；這種鬥爭本來是他們的定性中應有的事，但是他們畢竟是些普遍的存在和定性。例如仗打得熱火朝天了；英雄們一個接著一個單獨地應戰——於是個別的人都混在一般的火熱的混戰裡了——個別人物的個別活動分辨不出來了——萬眾一心地在沸騰、在搏鬥——正在這個時候，普遍的力量，神們自己，才插足進來。但是他們往往又擺脫這種糾紛和爭執，回到他們的獨立自足和靜穆。因為他們形象的個性固然使他們捲入偶然境界[126]，但是神聖的普遍性在他們身上既然占上風，個性就只現在外在形象上，而不能貫注到他們周身，成為眞正的內在的主體性。他們的定性是一種或多或少地黏附到神性上去的形象。但是正是這種獨立自足和無憂無慮的靜穆，使他們具有造型藝術的個性，而這種個性使他們感覺不到有限世界的憂慮和煩擾。因此，荷馬所寫的神們在具體現實裡所發出的行動，見不出什麼堅定的一貫性，儘管他們總是忙來忙去，參加多種多樣的活動；他們之所以見不出一貫注，是因為引起他們進行一些活動的只是凡人事務的材料和旨趣。此外，我們在希臘諸神的身上也可以看出其他一些個別特點，不是按照每個神的普遍概

---

[124] 霍夫曼（Ernst T. A. Hoffmann, 1776-1822），德國頹廢派作家。參看下文注[174]。

[125] 依希臘神話，神所居的地方。

[126] 即有限事物的世界。

念所應有的：例如交通神墨丘利是百眼巨人阿戈斯的屠殺者，日神阿波羅是多頭蛇的屠殺者，天神宙斯有無數的愛情遭遇，例如他有一次把天后綁在一個鐵砧上面。這些以及許多其他故事都只是一些附會，通過象徵和寓言黏附到從自然方面去看的神們身上去的，關於它們的更切近的起源我們將來還要談到。

近代藝術固然也設法表現一些既有定性而同時又是普遍的力量。但是這些力量大部分只是用一些代表仇恨、妒嫉、欲望，以及德行和罪行、信仰、希望、愛情、忠貞之類的枯燥冰冷的寓言來表現的，一般令人難以置信。因爲使我們近代人在藝術表現中感到深刻興趣的只有具體的主體性[127]，所以我們看到上述那些抽象的東西，不願把它們看作只是抽象的東西，而是要把它們看作人物性格的某些因素和方面以及它的個性和整體的關係。同理，天仙們也沒有像戰神、愛神、日神阿波羅等等，乃至於海神和日神赫利歐斯[128]等等所有的那種普遍性和獨立自足性。天仙們在觀念中固然也存在，但是只作爲唯一有實體性的神的本質的個別僕從而存在，這種神的本質還沒有像希臘諸神那樣分化爲獨立自足的個體。因此，我們所看到的不是許多獨立自足的客觀的力量，本身可以作爲個別的神而單獨地體現於藝術，而是這些力量的本質的內容（意蘊），這內容或是在這唯一尊神身上成爲客觀存在，或是以個別的主體的方式體現於人的性格和動作。但是正是在這種轉化普遍力量爲獨立自足的個別存在之中，我們才可以找到諸神得到理想表現的起源。

B. 發出動作的個別人物

在我們已經討論過的那些神的理想中，藝術還不難保持所需要的理想性。但是一旦臨到具體的動作，表現就會遇到一種眞正的困難。這就是神們以及普遍的力量一般固然是推動的力量，但是在現實中，他們並不直接發出眞正的個別的動作，發出動作的是人。因此這裡有兩個不同的方面。一方面是上述那些處在獨立自足的，因而還只見出抽象的實體性的普遍力量；另一方面是個別的人物，動作的蓄謀和最後決定以及實際的完成都要靠他們才行。按照眞理，永恆的統治的力量是人本身所固有的，這些力量就形成人物性格中的有實體性的方面；但是如果把這些具有神性的力量理解成爲一些個體[129]，這就是理解成爲排他的個體[130]，它們就還是外在於主體。這就是眞正的困難所在。因爲在神與人的這種關係中直接隱藏著一種矛盾。一方面是神們的內容就是人的本性、人的個別的情慾、人的決定和意志；但是另一方面神們是被理解爲自在自爲的（絕對的），不僅不依存於個別的主體，而且對於主體還是

---

[127] 即具體個別人物的主體性格。

[128] 希臘神話中有兩個日神，阿波羅是新日神，又兼文藝神，赫利歐斯是舊日神。參看第二卷古典型藝術第一章二節。

[129] 「我想黑格爾指的就是個別的神們。」（英譯本注）

[130] 既成爲個別的神，對於他以外的一切就見出分別，所以是排他的，對於主體是外在的。

推動和決定的力量，所以同一定性時而被看成獨立自足的神的個體、時而又被看成人心的最本質的東西。因此，一方面神的自由獨立，另一方面發出動作的個別人物的自由，都像是遭到了危險。主要的困難在這一點：如果把發號施令的權力歸之於神，人的獨立自足性就要受到損害，而人的獨立自足性卻已定爲對於藝術理想是絕對必要的。在基督教的宗教觀念裡也有同樣的問題。例如人們有一句格言說：「神的精神（心靈）引人向神。」但是在這種情形之下，人的內心世界就顯得是完全被動的場所，讓神的精神在它上面發生影響，這樣人的自由意志就被消滅了，因爲神的發生這種影響的意旨對於人就好像是一種宿命，在這宿命的力量下，人就不能按照他自己的意志去做人了。

(1)如果把這種神與人的關係定成這樣：發出動作的人外在於神，即外在於有實體性的東西，跟它對立，那麼，這種神與人的關係就還完全是枯燥散文氣味的。神發號施令，而人只有聽從。這種神與人的外在對立就連偉大的詩人們也免不了要採用。例如在索福克勒斯的悲劇裡，菲洛可帖特士在揭穿了尤利西斯的謊言之後，堅持不去希臘軍營，一直到最後海克力士作爲「從機械出來的神」[131]上台了，命令他屈從尼阿托勒牟斯的請求，他才肯去[132]。這種神的出現在內容上固然有足夠的伏脈，而且也是預料得到的，但是劇情的轉折終於是由外力決定的。在索福克勒斯的最好的悲劇裡，他從來不採用這種表現方式。這種方式如果再推進一步，神就變成死的機械，而個別人物也就變成只是一種工具，任外在的飄忽任性的意志支配了。

特別是在史詩裡，神也常這樣出來干預人事，顯得是一種力量，外在於人的自由。例如交通神荷米斯領普萊姆去見阿基里斯；阿波羅在帕特羅克洛斯肩上打了一拳，就把他打死了[133]。此外，神話裡的一些因素也常被採用，它們對於個人也是外在的。例如阿基里斯在小時候就被他母親放到陰陽河裡浸了一下，這樣他就周身不受兵刃的影響，只有腳踵上有一點是例外。如果我們按照理性來想一想，按照這種神話，一切英勇就消失了，阿基里斯的全部英雄氣概就由一種心靈性的性格特徵變成只是一種身體上的優點了。但是這種表現方式在史詩裡比在戲劇裡是較可原諒的，因爲在史詩裡內心方面的特點對於實現意旨所起的作用是不很突出的，而外在事物反而可以起更寬廣的作用。所以我們對於上面那種純然理性的考慮，就是責備詩人說他所寫的英雄不是英雄的那種考慮[134]，必須極端謹慎地對待，因爲我們不久

---

131 神是用一種機械懸下舞台的，所以叫做「從機械出來的神」（deus ex machina）；古代戲劇裡的一個術語，指情節發展到不可收拾時，請神來解圍。中國許多舊戲也慣用這種辦法。

132 菲洛可帖特士是希臘東征軍中有名的箭手，因爲病足，被希臘軍丟到半途一個海島上，他因此懷恨，不肯參戰。戰爭進行到第十年，據神的預言，只有菲洛可帖特士的弓箭才能打下特洛伊城，於是希臘軍派尤利西斯去請他，詳情見索福克勒斯的《菲洛可帖特士》悲劇。尼阿托勒牟斯是阿基里斯的兒子。

133 兩事均見荷馬史詩《伊利亞特》。普萊姆是特洛伊的老國王，他的兒子赫克特被阿基里斯打死了，老國王親自到希臘軍營裡去求兒子的屍首，據說有交通神引路。帕特羅克洛斯本是赫克特打死的，據說有阿波羅神從旁幫忙。

134 即上文關於阿基里斯不受兵刃影響的批評。

還要談到，神與人的關係在上述那種神話因素裡還是可以保持詩的性質。反之，如果除此以外，原來看作獨立自足的那些力量本身沒有實體性，而只是由虛假的獨創本領憑妄誕無稽的幻想製造出來的，那麼，這倒只是出乾枯散文的氣味。

(2) 神與人眞正的理想的關係在於神與人的統一，即使在把普遍力量看成獨立自由的，和發生動作的人物及其情慾是對立的時候，這種統一也還必須可以清楚地見出。這就是說，神的內容必須同時是個別人物本身固有的內在實質，這樣，一方面統治的力量就顯現爲本身是經過個性化的，另一方面這種外在於人的力量，卻同時顯現爲人的心靈和性格中所固有的。因此，藝術家的任務就在於調和這兩方面的差異，用一種微妙的線索把它們結合起來；他應該使我們見出：人物的行動的根源在於內心方面，但是同時他也要把在這種行動中起統治作用的那些普遍的本質的力量顯示出來，加以個性化，使它們成爲可以觀照的對象。人的心情必須在神身上顯現出來，神就是獨立的普遍的力量，在人的內心中起推動和統治的作用。只有在這種情況下，神才同時就是人自己心中的神。例如我們聽到古代人說：「愛神降伏了一個人的心。」愛神對於人當然是外在的，但是愛情卻是一種動力、一種情慾，是人作爲人來說所必有的，就是人所特有的內在實質。人們常談到復仇女神，也是取同樣的意義。我們首先把這些復仇的姑娘們想像成爲一批冤魂，外在於犯罪者而追趕他。但是這種追趕也同樣來自犯罪者自己內心中的冤魂，索福克勒斯也把冤魂當作人心裡內在本有的力量用過，例如在《伊底帕斯在柯洛諾斯》悲劇裡（第一四三四行），把她們稱爲伊底帕斯自己的復仇女神，指的就是父親的詛咒，就是他對兒子們的怨恨[135]。因此，無論是把神們看成只是外在於人的力量，或是把他們看成只是內在於人的力量，都是既正確而又錯誤的。因爲神們同時是這兩種力量。在荷馬的史詩裡，神與人的活動總是經常往復錯綜在一起的；神們好像是在做與人無干的事情，但是實際上他們所做的事情卻只是人的內在心情的實體。例如在《伊利亞特》裡，阿基里斯在一次爭吵中正在舉劍要殺阿伽門農，但是雅典娜女神立刻站到他身後，一手抓住他的金黃頭髮，只有他自己才能看到她。天后赫拉對阿基里斯和阿伽門農是一樣關心的，所以把雅典娜從奧林匹斯山上請來，雅典娜的來臨好像是與阿基里斯的心情毫不相干的。但是從另一方面看，也不難理解，突然出現的雅典娜就是平息阿基里斯怒火的謹愼，這還是內在的，反映阿基里斯自己心情的[136]。實際上荷馬自己在前幾行詩裡（《伊利亞特》卷一，一九〇詩行）描寫阿基里斯猶豫不決的情形時就已經這樣點明了：

在他那粗壯的胸膛裡他的心在猶豫不定，

---

[135] 這部悲劇寫伊底帕斯晚年的慘狀，他發現自己弒父娶母的罪行之後，深自痛悔，自己把眼睛弄瞎，由女兒安蒂岡妮牽著到柯洛諾斯去流浪。

[136] 事見《伊利亞特》卷一。阿基里斯因與阿伽門農爭女俘而爭吵，在盛怒之下他想把阿伽門農殺死。天后赫拉邀雅典娜到希臘軍營，勸阻了阿基里斯。雅典娜女神代表智慧，所以也代表謹愼思考。

把利劍從鞘裡抽出來，
衝過人叢，一劍把阿伽門農斬死呢，
還是平息怒火，控制住義憤？

這種內心裡怒火的停頓，這種控制，對於憤怒是一種外在對立的力量，史詩作者完全有理由把這種停頓和控制描繪爲一種外在的事件，因爲阿基里斯原來像是完全由憤怒支配住的。在《奧德賽》裡我們也看到同樣的事例，雅典娜做了鐵拉馬庫斯的嚮導[137]。這種嚮導的事很難理解成爲鐵拉馬庫斯心裡的什麼內在的情緒，不過就連在這裡，外在事件與內心活動的關係也還是存在的。一般地說，荷馬史詩裡的神們所表現的和悅以及對他們的尊敬所含的諷刺就在於這一點：神們愈表現出人心中固有的力量，因而使人在這些力量中能保持自己的獨立自足性，神們的獨立自足性和嚴肅性也就愈要歸於消失。

要找一個完美的例證，來說明這種純然外在的神的機械作用如何轉化爲主體的內在的力量，即轉化爲自由、爲倫理的美，我們正不必遠求。歌德在他的《在陶里斯的伊菲革涅亞》裡就已經以最可驚贊的最美的方式表現了這種轉變。在歐里庇德斯的悲劇裡[138]，奧瑞斯特跟伊菲革涅亞把狩獵女神黛安娜的神像盜走了。這純粹是一種盜竊行爲。國王托阿斯來了，下令追逐她，把神像從她手裡奪回，直到結局時雅典娜以很枯燥的方式出現了，命令托阿斯停止追逐，因爲她已經把奧瑞斯特託付給海神波塞頓，海神已經遵命把他遠送到海外去了。

托阿斯馬上就聽從了，他對雅典娜的告誡作這樣的答覆（第一四四二—一四四三行）：「女主雅典娜啊，誰聽到了神的話而不依從，誰就是愚蠢。難道人還能跟威力巨大的神們相爭嗎？」

在這裡我們看到的只是雅典娜的一句枯燥的從外來的命令，以及托阿斯的同樣無內容的空洞的服從。歌德的處理卻不如此，伊菲革涅亞自己變成了女神，信任她自己的眞理、信任人心裡的眞理。所以她走向托阿斯說：

是否只有人才有權利去立空前的功勳？
是否只有人才把不可能的事
放在堅強的英雄的心上？

---

137 鐵拉馬庫斯是尤利西斯的兒子。希臘大軍攻下特洛伊之後，尤利西斯又在海上流浪十年。他的兒子在家著急，因離開家出去尋父，據說他的嚮導就是雅典娜。

138 歐里庇德斯的《陶里斯在伊菲革涅亞》寫伊菲革涅亞在奧里斯被狩獵女神黛安娜赦免，送到陶里斯去當黛安娜神廟裡的司祭。她兄弟奧瑞斯特報父仇殺死母親後，受神詔赴陶里斯取黛安娜神像回希臘，這樣就可以贖殺母罪。國王托阿斯下令把奧瑞斯特殺死來祭神，應該執行這命令的就是伊菲革涅亞。她發現要被殺死祭神的是她自己的弟兄，就和他共謀殺了國王，把神像盜走逃回希臘。歌德根據這部希臘悲劇另寫了一部悲劇，把結局改過，如正文所說明的。

在歐里庇德斯的悲劇裡，雅典娜的命令才能使托阿斯改變他的意旨，歌德的伊菲革涅亞卻要用深刻的情感和思想去使他改變意旨，而事實上她眞做到了。

在我的胸中
一件英勇事業在砰砰起伏：
我會難逃嚴厲的譴責
和深重的罪惡，如果我不成功；
我把它放在你膝蓋上！
如果你像人們所稱讚的那樣眞誠，
就請你援助我，
通過我來證實你的眞誠！

當托阿斯回答她說：

難道你相信
連蠻夷都聽信眞誠的聲音，
人道的聲音，而阿屈魯斯[139]，

一個希臘人，反而不聽信嗎？

她就本著最溫柔最純潔的信念這樣回答他：

他們都會聽信，
無論生在什麼地方，
只要生命的泉源
在純潔的心中暢流著。

接著她向他的寬宏和慈祥呼籲，信任他既居崇高地位，就應具有尊嚴，她打動了他、征服了他，以優美的人道的方式逼得他不得不允許她歸國。當時只有許她歸國才是必要的。至於神像她並不需要，她不用欺詐就可以脫身，於是歌德以無窮的美妙筆調提到神的意義雙關的預言：

139 阿屈魯斯是阿伽門農的遠祖，希臘人常用這遠祖的名字來稱呼他的後代人，有如我們說「黃帝的子孫」。

你只要把那位違背自願，
在陶里斯海岸守著神廟的姊妹
帶回到希臘，就可免受天譴。

這種人道的和解的方式就說明了：這位聖潔的伊菲革涅亞，這位姊妹，就是神像，就是她家族的救星。

我體會到神的預言
是美妙而神奇的。

奧瑞斯特向托阿斯和伊菲革涅亞說：

像一幅聖像
一句神祕的預言在那上面繫上
我們城邦的無可變更的命運，
他們把你帶走了，你，家族的救星；
把你隱藏在一種神聖的寂靜裡，

結果爲你的親屬和弟兄們造福，
原來這大地上一切解救的希望
好像都消失了，而你又替我們恢復了一切。

她這番和善的語言，所流露的熱烈心腸的純潔和完美是奧瑞斯特早就見過的。他本來心情苦悶，對恢復心境的和平沒有信心。他認出了伊菲革涅亞，起初還有些精神錯亂，但是她的純潔的愛把他治療好了，使他不再受自己內心中的復仇女神對他所加的痛苦：

在你的懷抱裡
凶神用他的毒爪最後一次
掰住我，一陣兇惡的冷氣
穿過我的骨髓，接著就消逝了，
就像毒蛇歸了洞，由於你，
我又能享受白日的廣闊的光輝。

在這裡，在其餘一切方面，這部詩的深刻的美是令人驚贊不完的。

基督教的題材比起古代的題材就要次一等。在基督教觀念流行的地方，基督教傳說中一些形象，如基督、聖母、聖徒之類固然是一般人所篤信不疑的，但是除此以外，幻想在一些相關領域裡，卻又造出各種各樣的奇怪的形象，如巫婆、鬼魂、妖精之類。如果把這些奇怪的形象也了解爲外在於人的力量，人需不由自主地服從它們的那種邪怪妄誕的魔力，藝術的表現就不免受制於種種錯覺和飄忽的偶然現象了。在這方面藝術家所應特別注意的是要使人能保持他的自由和自作決斷的能力。莎士比亞在這方面是一個最好的模範。例如《馬克白》悲劇裡的巫婆們顯得是些外在的力量，替馬克白預言了命運。但是巫婆們所預言的正是馬克白自己私心裡的願望，這個願望只是採取這種顯然外在的方式達到他的意識，讓他明白。《哈姆雷特》裡的鬼的出現還更美更深刻，這個鬼只是哈姆雷特自己的內心預感的一種外在形式。哈姆雷特一出台，我們就看到他已有一種朦朧的感覺，覺得總有什麼兇惡可怕的事情發生過。接著就是他父親的鬼魂出現在他面前，向他揭露了所有的罪行。在這警告性的揭露之後，我們當然期待著哈姆雷特馬上就勇猛地去懲罰這種罪行，我們認爲他有足夠的理由去報仇。但是他延宕而又延宕。人們常譴責莎士比亞不應讓哈姆雷特這樣不採取行動，他的這部悲劇有些部分不免有瑕疵。但是哈姆雷特的性格在實行方面本是軟弱的、在心情上是很美的，但是內傾反省的，很難決定下來跳出自己內心的諧和；他是多愁善感的、愛沉思的、患多疑病的、憂傷抑鬱的，因此不善於採取迅速的行動。這也就是歌德的看法，他說莎士比亞所要描繪的是「把一件大事責成一個人去做，而這個人是沒有力量做這件大事的」。歌德認爲這部悲劇從頭到尾都是按照這個意思寫成的。他說：「這個劇本是一棵大橡樹插在一個漂亮的花瓶裡，這瓶子本來只宜插好看的花朵；結果樹根蔓延開來，而花瓶就破裂了。」但是關於鬼的出現，莎士比亞還作了一筆更深刻的描繪。哈姆雷特延宕，因爲他不肯盲目地相信鬼的話：

我所看到的那魂靈
也許是個魔鬼：而魔鬼有魔力
扮出討人喜歡的形狀；對，
也許他是趁我的軟弱和我的憂鬱
（這樣心情最易讓鬼施展身手）
來騙我遭天誅地滅，我還要找
更確鑿的證據：演戲正是好機會，
讓我探出國王是否做了虧心事[140]。

從此可知，鬼的出現本身並沒有使哈姆雷特倉皇失措，他只是在懷疑，在他採取行動之

[140] 見《哈姆雷特》第二幕收尾的獨白。

前，他要想辦法使自己確實有把握。

(3) 最後，如果要找一個名詞來稱呼這種不是本身獨立出現的而是活躍在人心中，使人的心情在最深刻處受到感動的普遍力量，我們最好跟著希臘人用πάθος這個字。這個字[141]很難譯，因爲「情慾」總是帶著一種低劣的意味，所以我們常要求人不要受制於情慾。我們這裡用「情致」這個名詞，是取它的較高尚較普遍的意義，不帶「可貶的」、「私心的」那些附帶的意味。例如安蒂岡妮[142]的兄妹情誼就是希臘文的「情致」。這個意義的「情致」是一件本身合理的情緒方面的力量，是理性和自由意志的基本內容。例如奧瑞斯特殺死自己的母親[143]，並不是由於我們稱之爲「情慾」的那種心情的激動，驅遣他採取這種行動的正是「情致」，而這情致是經過很愼重的衡量考慮來的。從這個觀點來看，我們不能說神們有情致。神們只是推動個人採取決定和行動的那種力量的普遍內容（意蘊）[144]。神們本身卻處在靜穆和不動情的狀態，他們之中儘管也有吵鬧和鬥爭，他們卻並不那麼認眞，或則說，他們的鬥爭只有一種一般的象徵的意味，只是神們之中的一般交戰。所以我們應該把「情致」只限用於人的行動，把它了解爲存在於人的自我中，而充塞滲透到全部心情的那種基本的理性的內容（意蘊）。

① 情致是藝術的眞正中心和適當領域，對於作品和對於觀眾來說，情致的表現都是效果的主要的來源。情致所打動的是一根在每個人心裡都迴響著的弦子，每個人都知道一種眞正的情致所含的意蘊的價值和理性，而且容易把它認識出來。情致能感動人，因爲它自在自

爲地是人類生存中的強大的力量。就這一方面來說，外在事物、自然環境以及它的景致，都只應看作次要的附庸的東西，其目的在於幫助發揮情致。因此，自然主要地應該用來起象徵的作用，使眞正要表現的那種情致可以透過自然而引起迴響。舉例來說，風景畫雖然比歷史畫較次一等，但是如果把它看成獨立自足的，它也就必須放出一種普遍情感的聲響，也必須有某一種情致。因此人們常說，藝術總要能感動人；但是如果承認這個原則，我們也必須提出一個問題：藝術應該通過什麼來感動人呢？一般地說，感動就是在情感上的共鳴，人們，特別是現在的人們，往往是太容易受感動了。誰在流淚，誰就是在栽種淚根，這淚根是很容易蔓延起來的。但是在藝術裡感動的應該只是本身眞實的情致。

②因此，無論在喜劇裡還是在悲劇裡，情致都不應該只是荒謬無稽的主觀幻想的東西。例如莎士比亞的泰門是一個完全表面的仇恨人類者，他的朋友們曾經享受過他的款待，把他的財產花光了，等他自己要用錢時，他們都不顧他。於是他就變成一個毒恨人類的人[145]。

---

141 παθos，希臘文（Pathos），本意有「忍受」和「憐憫」或「惻隱」的意思，Passion（情慾）是從這個字來的，但是意義變了。Pathos與古漢語中「情致」相近，這在中國過去詩文評論裡也是慣用的字眼。

142 歐里庇德斯《安蒂岡妮》悲劇中主角，已見前注。

143 埃斯庫羅斯的悲劇，已見前注。

144 每種神代表一種普遍力量或倫理理想。

145 見莎士比亞的《雅典的泰門》。

這種情節是可以理解的、自然的，但是卻沒有本身合理的情致。席勒的早年作品《仇恨人類者》更是如此，這是寫近代人任性使氣所生的一種類似的仇恨。這裡的仇恨人類者同時又是一個能思考，有見解而且非常高尚的人。他對他的佃農們很慷慨，讓他們不再當奴隸，對他的女兒又很篤愛，本來她很美，是值得愛的。奧古斯特・拉・芳丹[146]所寫的小說也有同樣的情形，其中主角也爲對人類的種種奇思怪想所苦。特別是在最近的詩裡妄誕無稽猖獗到沒有止境，想藉光怪離奇來產生效果，但是絕不能在任何健康的心胸中引起共鳴。因爲對人性的眞實情況作這種纖巧雕鑿的理解，一切眞正的內容（意蘊）就都消失掉了。

從另一方面看，凡是有關眞理的教條、信念和見解，都不能成爲可供藝術表現的眞正的情致，因爲它們的基本要求在於認識。屬於這一類的有科學的認識和眞理。科學所要求的是一種特殊的教養，一種對各門科學及其價值的多方面的鑽研和複雜的認識，而這種研究的興趣，對於人心卻沒有普遍的感動的力量，它總是只限於少數人。至於處理純粹宗教性的教義，如果要按照它的最深刻的內容（意蘊）來把它顯示出來，也有和科學一樣的困難。宗教的普遍內容，例如對神的信仰之類，固然是每一個深沉的人都感到興趣的，但是在這種信仰方面，對宗教教條的闡明以及對宗教眞理的某種特殊見解，都不是藝術所要關心的事，所以藝術應該當心不從事於這種闡明。反之，我們相信每一種情致、每一種影響行動的倫理的動力，都是能感動人心的。宗教所涉及的與其說是行動本身，毋寧說是人的心情、是心的天國；它使一般人得到安慰，使個別的人得到提高。因爲宗教中的神聖的東西，作爲行動來說，就是道德以及道德所特有的力量，而這些力量所涉及的不是宗教的純粹的天國，而是人世所特有的事務。在古代人中間，這種人世的東西基本上就包括在他們對於神的觀念的內容裡，所以神的觀念可以直接關係到人的行動，而且也可以出現在藝術對於行動的表現裡。

所以如果要問屬於藝術的情致究竟有多大範圍，我們可以回答說，意志生活的這種有實體性的因素[147]爲數是很少的，它們的範圍是很窄的。特別是歌劇，它只能局限於狹小的範圍裡，所以我們在歌劇裡所聽到的總是一套老調、戀愛、名譽、光榮、英雄氣質、友誼、母愛、子愛之類的成敗，所引起的哀樂總是不斷地在重複著。

③這樣一種情致在本質上需要一種表現和描繪。所表現的心靈當然必須本身是豐富的，才能使它的豐富的內心生活滋養它的情致，而且不僅是停留在集中的濃縮狀態，而是要廣泛地外現，提升到具有完滿的形象。這種內心的集中和展開形成了一個很大的分別[148]，而在這方面各個別民族在本質上是彼此不同的。有些民族回味反省的能力發達，就比較善於表現他們的情緒。例如古代人[149]就善於把鼓動個人的情致按照它的深度表現出來，既不陷

---

146 奧古斯特・拉・芳丹（August La Fontaine, 1758-1831），德國浪漫派作家。

147 即可以引起情致的道德的力量。

148 集中就是凝聚，就是內心活動的聚精會神狀態，展開就是轉向外在事物。

149 黑格爾說到古代人時大半都指希臘人。

入枯燥的思索，又不流於無聊的閒談。法國人在這方面也是富於情致的，他們在表現情緒方面的辯才並不只是一種空洞的舞文弄墨，像我們德國人所想的，我們德國人歡喜含蓄沉默，認爲盡情表現情緒就好像對不起情緒。德國詩過去有一個時期裡，年輕的詩人們特別嫌法國修辭氣味重、華而不實，他們說要自然，但是他們只能主要地靠一些感歎詞來表現情感。但是單靠簡單的「啊」和「哎」之類，去發洩憤怒的咒罵或是暴躁的咆哮，這種表現方式是無濟於事的。單純的感歎能力只是一種很可憐的能力，而這種表現方式也還只是野蠻人的表現方式。能表現情致的個人心靈必須本身是一種豐滿的心靈，有展開它自己和表現它自己的本領。

在這方面歌德和席勒兩人現出鮮明的對照。在情致方面歌德比不上席勒，他的表現方式比席勒的表現方式比較含鋒不露；特別是在抒情詩裡歌德是很含蓄的，他的一些短歌，像歌本來應該那樣，只讓人約略窺見他所想說的，而不加以反覆闡明。席勒卻不然，他喜歡盡量流露他的情致，用明晰活潑的詞句把它揭示出來。克勞狄歐斯[150]在《凡茲培克的差役》（卷一，一五三頁）裡拿伏爾泰和莎士比亞作比較說，莎士比亞確實是那樣，而伏爾泰卻只是顯得像那樣。「阿魯埃先生[151]只說『我哭』，而莎士比亞卻眞哭。」但是藝術所要表現的正是說的和顯得像的，而不是在自然現實中確實是的。如果莎士比亞眞哭，而伏爾泰卻顯得像哭，莎士比亞就會是一個比較差的詩人了。

所以情致如果要達到本身具體，像理想的藝術所要求的那樣，它就必須作爲一個豐富完整的心靈的情致而達到表現。這就是我們引到動作的協力廠商面，更詳細地研究人物性格。[152]

C. 人物性格[153]

我們原來的出發點，是引起動作的普遍的有實體性的力量。這些力量需要人物的個性來達到它們的活動和實現，在人物的個性裡這些力量顯現爲感動人的情致。但是這些力量所含的普遍性必須在具體的個人身上融會成爲整體和個體。這種整體就是具有具體的心靈性及其主體性的人，就是人的完整的個性，也就是性格。神們[154]變成了人的情致，而在具體的活動狀態中的情致就是人物性格。

因此，性格就是理想藝術表現的眞正中心，因爲它把前面我們作爲性格整體中的各個因素來研究的那些方面，都統一在一起。因爲理念作爲理想（這就是說，作爲經過表現出來供感性知覺和觀照的，而且在它的活動中發生動作和自實現的理念），在它的得到定性的狀態

---

150 克勞狄歐斯（Claudius, 1740-1815），德國詩人和散文家。

151 阿魯埃（Arouet）是伏爾泰的眞名，伏爾泰只是筆名。

152 這一節値得注意的是黑格爾把「情致」看作「藝術的眞正中心和適當領域」。「情致」是由理想凝成的人物的個性和指導行動的情感傾向，後來俄國民主革命派文藝理論家別林斯基繼承和發揮了這個看法。

153 原文Charakter按字面只是「性格」，但是西方文藝理論著作一般用這個詞指「人物」或「角色」。

154 「神們」（Die Götter），指上文所說的「普遍的力量」。

中，就是自己和自己發生關係的主體的個性。但是眞正的自由的個性，如理想所要求的，卻不僅要顯現爲普遍性，而且還要顯現爲具體的特殊性，顯現爲原來各自獨立的這兩方面的完整的調解和互相滲透，這就形成完整的性格，這種性格的理想在於自身融貫一致的主體性所含的豐富的力量。

現在我們要從三方面來研究人物性格：

第一，把性格作爲具備各種屬性的整體，即作爲個別人物來看，也就是就性格本身的豐富內容來看；

其次，這種整體同時要顯現爲某種特殊形式，因爲性格應顯現爲得到定性的；

第三，性格（作爲本身整一的）跟這種定性（其實就是跟它本身）融會在它的主體的自爲存在裡[155]，因而成爲本身堅定的性格。

我們現在就來闡明這些抽象的意思，把觀念弄得更明確一點。

(1) 情致既然是在一個完滿的個性裡顯現出來的，所以情致在它的得到定性的狀態中不復是藝術表現的全部的和唯一的興趣，而變成只是發生動作的人物性格中的一個方面，儘管這個方面是主要的。因爲人不只具有一個神來形成他的情致；人的心胸是廣大的，一個眞正的人就同時具有許多神，許多神只各代表一種力量，而人卻把這些力量全包羅在他的心裡；全體奧林匹斯[156]都聚集在他的胸中。古人有一句話說：「人啊，你根據你自己的情慾，把神創造出來了！」就是這個意思。事實上希臘人隨著文化的進步，他們的神也就愈來愈多了；

而他們的較早期的神都比較呆板些，沒有表現成爲具有個性和定性的神。

因此，人物性格也需現出這種豐富性。一個性格之所以能引起興趣，就在於它一方面顯出上文所說的整體性，而同時在這種豐富中它卻仍是它本身，仍是一種本身完備的主體。如果人物性格沒有見出這樣的完滿性和主體性，而只是抽象的、任某一種情慾去支配的，它就會顯得不是什麼性格，或是乖戾反常、軟弱無力的性格。個別人物的軟弱無力，正在於上文所說的那種永恆的力量沒有顯現爲他本身固有的自性，即沒有顯現爲主體固有的屬性。

例如在荷馬的作品裡，每一個英雄都是許多性格特徵的充滿生氣的總和。阿基里斯是個最年輕的英雄，但是他一方面有年輕人的力量，另一方面也有人的一些其他品質，荷馬藉種種不同的情境把他的這種多方面的性格都揭示出來了。阿基里斯愛他的母親特提斯[157]，布里塞伊斯[158]被人奪去，他爲她痛哭，他的榮譽受到損害，他就和阿伽門農爭吵，這就成爲《伊利亞特》中以後一切事變的出發點。此外，他也是帕特羅克洛斯和安惕洛庫斯的最忠實的朋友[159]。他一方面是個最漂亮最暴躁的少年，既會跑，又勇敢，可是另一方面他也很尊敬老年

---

155 即代表某一普遍力量的人物自覺到他是代表這種普遍力量的。

156 奧林匹斯山是諸神所居地，即代表全體的神，或全體的普遍力量。這番話表現了黑格爾的人道主義。

157 特提斯，女海神，嫁了凡人，生阿基里斯。

158 布里塞伊斯，阿基里斯所獲的女俘，參看上文注61。

159 兩個都是阿基里斯的密友，帕特羅克洛斯被特洛伊大將赫克特戰死後，阿基里斯要替他報仇，才出來參戰。

人；他所信任的僕人，忠實的腓尼克斯，躺在他的腳旁，在帕特羅克洛斯的喪禮中他對老人涅斯托[160]表示最崇高的敬禮。但是對於敵人，他卻顯得容易發火、脾氣暴躁、愛報復、非常兇惡，例如他把赫克特[161]的屍體綁在他的車後，繞著特洛伊城拖了三個圈子，但是老普萊姆來到他的營帳，他的心腸就軟下來了，他暗地裡想到自己的老父親，就伸出手來給哭泣的老國王去握，儘管這老國王的兒子是他親手殺了的。關於阿基里斯，我們可以說：「這是一個人！高貴的人格的多方面性在這個人身上顯出了它的全部豐富性。」荷馬所寫的其他人物性格也是如此，例如尤利西斯、第阿默德、阿雅斯、阿伽門農、赫克特、安竺羅瑪克[162]，每個人都是一個整體，本身就是一個世界，每個人都是一個完滿的有生氣的人，而不是某種孤立的性格特徵的寓言式的抽象品。比起這些人物來，皮上起繭的齊格菲[163]，特洛伊的哈根[164]甚至於音樂家浮爾考，儘管也是些強有力的個性，都顯得黯淡無光。

只有這樣的多方面性才能使性格具有生動的興趣。同時這種豐滿性必須顯得凝聚於一個主體，不能只是亂雜膚淺的東西，或是偶然心血來潮的激動——就像小孩子們把一切可拿到的東西都拿到手，就它們臨時發出一些動作，但是見不出性格。性格不能如此，它必須滲透到最複雜的人類心情裡去，守在那裡面，在那裡面吸收營養來充實它自己，而同時卻又不停滯在那裡，而是要在這些旨趣、目的和性格特徵的整體裡保持住本身凝聚的穩固的主體性。

(2) 但是藝術還不能停留在這種單純的整體上面，因爲我們所說的是具有定性的理想，特別適宜於表現這樣完整性格的是史詩，其次是戲劇和抒情詩。

因此就有一個更迫切的要求，就是要性格有特殊性和個性。特別是動作，動作在它的衝突和反動作中必須見出界限明確的內容（意蘊）。因此戲劇中的主角大半比史詩中的主角較爲簡單。要顯出更大的明確性，就需有某種特殊的情致，作爲基本的突出的性格特徵，來引起某種確定的目的、決定和動作。但是如果這界限定得過分死板，以致使一個人物僅僅成爲某種情致——例如愛情和榮譽感之類——的完全抽象的形式，那麼，一切生氣和主體性也就會完全消失了，而這種藝術表現也就會因此枯燥貧乏——例如法國的戲劇作品就是如此。所以性格的特殊性中應該有一個主要的方面作爲統治的方面，但是儘管具有這個定性[165]，性格同時仍需保持住生動性與完滿性，使個別人物有餘地可以向多方面流露他的性格，適應各種各樣的情境，把一種本身發展完滿的內心世界的豐富多彩性顯現於豐富多彩的表現。索福克勒斯的悲劇形象就具有這種生動性，儘管他所寫的情致本身是很單純的。我們可以拿這樣形象的

---

160 希臘軍中的老謀士。

161 這是《伊利亞特》裡最有名的一段，赫克特戰死了，他的父親普萊姆到希臘軍營裡要求領回他的屍首，阿基里斯答應了。

162 都是《伊利亞特》裡的主要人物，前五人已見前注，安竺羅瑪克是赫克特的妻子。

163 齊格菲，《尼伯龍根之歌》裡的日爾曼民族英雄。

164 哈根和浮爾考都是《尼伯龍根之歌》裡的重要角色。

165 即主要的方面。

塑造上的完備性來比擬雕刻的形象。雕刻雖然有很明確的定性，卻仍然可以表現性格的多方面性。它一方面要表現一種力求向外宣洩的、以全力集中於某一個焦點上的熱烈情緒，另一方面在它的靜穆風味裡，它也把泰然融合各種力量於一身的那種堅定的中立性表現出來。但是這種安然無擾的統一性卻不是停留在某一種抽象的定性上面，而是在它的美裡讓人預感到它在千變萬化的情況裡可以產生一切可能的表現[166]。在眞正的雕刻形象裡，我們可以看到一種靜穆而深刻的意味，其中包含有使一切力量得到實現的潛能。比起雕刻來，繪畫、音樂和詩所表現的人物性格，還更需要有內在的豐富多彩性，眞正的藝術家們都了解這一點。例如莎士比亞在《羅密歐與茱麗葉》[167]裡所寫的主要情感是愛情，但是我們看見羅密歐在最變化多端的關係裡，例如在對他的父母、朋友和侍童的關係中，在同杜巴爾特的在榮譽感上的衝突和決鬥中，在對僧侶的尊敬和信任中，甚至在墳場上和賣毒藥給他的藥師的對話中，他都始終一貫地顯得尊嚴高尙、用情深摯。茱麗葉也是一樣的從許多關係的整體中顯出她的性格，例如她對父母、保姆、巴里斯伯爵，以及神父勞倫斯的關係。儘管有這些複雜的關係，她在每一種情境裡也是一心一意地沉浸在自己的情感裡，只有一種情感，即她的熱烈的愛，滲透到而且支持起她整個的性格。她的這種愛像無邊的大海一樣深廣，所以她說得很對：我「付出的愈多，我保留的也就愈多，這兩方面都是無限的。」

從此可知，所表現的儘管只是一種情致，這一種情致也必須展示出它本身的豐富性。在抒情詩裡也是如此，但是抒情詩裡的情致不能變成具體情況中的動作。這就是說，在抒情詩裡情致也需表現爲一種發展完滿的內心生活的內在情況，這種內心生活也可能在一切環境和情境中從一切方向表現出來。有生動流利的語言，有一種能結合到一切事物上、能把過去化成現在、能把全部外在環境轉化爲內心生活的象徵表現的想像力，能不畏避深入的客觀思考，而且在闡明這種思考中能顯出一種高遠宏大的清明高尚的心靈——這樣一種能表現內在世界的性格豐富性對於抒情詩也是很適合的。單憑知解力來看，一方面有一個統治的定性，而另一方面在這個定性範圍以內又有這樣的多方面性，好像是不可能的。例如在阿基里斯的高尚的英雄品質裡，美的基本特徵在於他的少年人的力量，他對他的父親和朋友，心腸都是很柔軟的；人們會問：像他這樣的人，怎麼可能懷著惡毒的仇恨拖著赫克特的屍首繞著特洛伊城走呢？莎士比亞所寫的一些小丑幾乎都充滿著聰明伶俐和天才式的幽默，這也顯得很不相稱。人們會問：這樣聰明伶俐的人怎樣能做出那樣笨拙的勾當？從此可知，知解力愛用抽象的方式單把性格的某一方面挑出來，把它標誌成爲整個人的唯一準繩。凡是跟這種片面的

166 這句話和下句「使一切力量得到實現的潛能」，都是一般所說的「富於暗示性」或「言有盡而意無窮」。

167 《羅密歐與茱麗葉》的情節見莎士比亞的悲劇（已有中譯）；杜巴爾特是茱麗葉家族的人，反對她和羅密歐戀愛，因此同羅密歐發生了決鬥，羅密歐把他殺死了。僧侶即下文的勞倫斯，是暗下幫助他們兩人結婚的。羅密歐最後到茱麗葉的墳上和巴里斯伯爵決鬥（茱麗葉家族原先已把她許配給巴里斯伯爵），把他殺死之後，服藥自盡。

統治的特徵相衝突的，憑知解力來看，就是始終不一致的。但是就性格本身是整體因而是具有生氣的這個道理來看，這種始終不一致正是始終一致的、正確的。因爲人的特點就在於他不僅擔負多方面的矛盾，而且還忍受[168]多方面的矛盾，在這種矛盾裡仍然保持自己的本色，忠實於自己[169]。

(3) 因此，人物性格必須把它的特殊性和它的主體性融會在一起，它必須是一個得到定性的形象，而在這種具有定性的狀況裡必須具有一種一貫忠實於它自己的情致所顯現的力量和堅定性。如果一個人不是這樣本身整一的，他的複雜性格的種種不同的方面就會是一盤散沙、毫無意義。和本身處於統一體[170]，藝術裡的個性的無限和神聖就在於此。從這方面看，對於性格的理想表現，堅定性和決斷性是一種重要的定性。像我們前已約略提到的，性格之所以有這種堅定性與決斷性，是由於所代表的力量的普遍性，與個別人物的特殊性融會在一起，而在這種統一中變成本身統一的自己與自己融貫一致的主體性和整一性。

在提出這種要求時，我們還應該反對近代藝術的許多特殊現象。

例如在高乃依的《席德》裡[171]，愛情與榮譽的衝突是寫得很輝煌的。這樣本身見出差異面的情致當然可以導致衝突；如果這種情致表現爲在同一性格中的內在衝突，當然也可以產生堂皇典麗的修辭和娓娓動聽的獨白，但是同一心靈的分裂，時而由抽象的榮譽轉到愛情，時而又由抽象的愛情轉到榮譽，這樣翻來覆去，本身就違反性格所必有的眞正決斷性和統一性。

另外一種情形也和個別人物的決斷性相矛盾，那就是主角本已受某一種情致的驅遣，卻又讓一個次要的角色來約制他、說服他，因而可以把責任推諉到那個次要角色身上去，例如像拉辛的《費德爾》[172]的主角被伊娜尼說服了那樣。一個眞正的人物性格需根據自己的意志發出動作，不能讓外人插進來替他作決定。只有在根據自己的意志發出動作時，他才能對自己的行動負責任。

---

168 「擔負」原文是tragen，即「帶有」；「忍受」原文是ertragen，前後相關。

169 以上幾段說明黑格爾對於藝術中人物性格的要求，理想的性格一方面要有一種普遍力量或人生理想作爲他的情致的根源，同時還要是一個多方面的豐富的有血有肉的人物，否則就成爲死板的公式化的抽象品。植根於普遍力量的情致，在性格中需居統治的地位，把多方面的特質融會成爲一個整體。這是單一與雜多的統一。黑格爾關於人物性格所說的兩種表現方式，就是馬克思和恩格斯所強調的莎士比亞化和席勒式的分別（參看馬克思和恩格斯分別給拉薩爾論悲劇的信）。

170 即性格中豐富多彩性統一於一個統治的普遍力量或人生理想。

171 《席德》（*Le Cid*），法國十七世紀劇作家高乃依的傑作，主角羅竺里格爲了替父親報仇，殺了他的愛人希曼的父親，這部劇本就是寫這種愛情與榮譽的衝突。

172 《費德爾》（Phaedre），法國十七世紀劇作家拉辛的傑作，寫女主角因鍾情於自己丈夫的前妻的兒子的故事。伊娜尼是她的乳母，費德爾屢次受她的慫恿，例如怕丈夫知道她向兒子求愛的醜事，費德爾就聽乳母的話，誣告兒子侮辱她。

人物性格的不堅定性還有一種方式，特別表現在近代德國作品裡，這就是長久在德國統治著的那種感傷主義的內在的軟弱。我們可以舉《少年維特的煩惱》作為一個最近的有名的例子。維特是一個完全病態的性格，沒有力量能擺脫愛情的頑強執著。他吸引人的是他的熱情和優美的情感生活，例如由文化教養所形成的對於自然的篤愛以及性情的溫柔。這種性格的軟弱在後來的藝術作品裡就每況愈下，採取了許多其他方式。例如雅柯比[173]在他的《浮爾德瑪》裡所寫的那種「靈魂美」就是一種。這部小說充分表現了上述基於主角錯覺的心情的幽美，主角自以為有道德，比旁人優越而沾沾自喜。他自以為有一種高尚神聖的心靈，可是他對現實世界的一切方面的關係都是很彆扭的。他的軟弱表現於對現實世界的眞正有意義的事，不但不肯去做，而且不能忍受。其所以如此，是由於他抱著自我優越感來看現實世界，以為其中一切都值不得他關心，因而對它加以否定。這種「幽美的靈魂」對於人生的眞正有價值的道德方面的旨趣，是漠不關心的，他只孤坐默想，像蜘蛛吐絲一樣，從自己肚子裡織出他的主觀的宗教和道德的幻想。這種人除掉大肆炫耀這種過度的自我優越感之外，還加上無限的敏感，要求世上一切人都要時時刻刻能發現、了解並且尊敬他的這種孤獨的靈魂美。如果旁人辦不到，他就傷心刺骨、一輩子不平。於是他的全部人性、友誼和愛情就都馬上垮台了。凡是偉大堅強的性格所不大介意的東西，例如一點冬烘氣、一點魯莽和笨拙，對於這種人卻是不能忍受和難以理解的，一點微不足道的事情就可以使這種人的心情陷於極端絕望的境界。這就產生了永無止境的憂傷抑鬱、憤憤不平、悲觀失望，從此又產生了種種對人對己的辛酸默想，引起了一種痙攣症，甚至於心也堅硬狠毒起來了，這就是這種「幽美心靈」的內心世界的全部痛苦和軟弱的表現。沒有人能同情這種乖戾心情，因爲一個眞正的人物性格必具有勇氣和力量，去對現實起意志、去掌握現實。這種永遠只把眼睛朝自己看的主體性所引起的興趣只是一種空洞的興趣，儘管這種人自以爲是高人一等的眞純的人物，自以爲有些神聖的東西藏在他的心靈最深處，而其實所謂神聖的東西一經揭露出來，只是穿便衣戴便帽，最平凡不過的東西。

性格缺乏內在的實體堅實性，還表現於另一種方式：就是把上述那種奇怪的所謂較高尙的心情的幽美轉化爲實體，把它了解爲獨立自足的力量。描寫魔術、磁性催眠術、「通天眼」、夢遊症等等的作品就屬於這一類。在這種作品裡活人被認爲與這些幽暗玄祕的力量有關係，這些力量一方面就附在他身上，另一方面對於他的內心世界卻又是一種外在的另一世界，他要受它的決定和支配。這種不可知的力量裡好像有一種深不可測的神奇的眞理，是凡人所不能掌握和理解的。但是這種幽暗的力量一到藝術的領域就會馬上被趕出，因爲在藝術的領域裡沒有什麼是幽暗的，一切都是清晰透明的，而這種不可知的力量只能是精神病的表現，而描寫它的詩也只能是晦澀的、瑣屑的、空洞的，例如霍夫曼的作品和亨利．封．克萊

173 雅柯比（Jacobi, 1740-1814），德國作家，歌德的朋友。

斯特的《洪堡親王》[174]。眞正藝術家用來作爲理想性格的意蘊和情致所寄託的不是這些神奇鬼怪的東西，而是性格所熟習的現實生活的旨趣。特別是「通天眼」在近代詩裡已變成猥瑣庸俗。但是席勒在《威廉泰爾》裡寫阿亭豪生老人在臨死前宣告他的祖國的命運，這種預言卻處理得很恰當。總之，爲著要造成衝突或是要引起興趣，而就用精神病來代替健全的性格，這種辦法總是永遠不能成功的。所以在藝術裡寫精神病態必須極端謹愼。

近代滑稽說[175]也可以說是屬於這種不顧人物性格的統一性和堅定性的荒謬的表現方法。這個錯誤的理論把詩人們引上迷途，使他們在一個人物性格裡擺上許多不能融會成爲統一體的差異面，因而使性格失其爲性格。依這一說，如果一個人物初出現時本有一種定性，馬上這種定性就要轉化爲它的對立面，因而使性格表現成爲只是對它的定性和它本身的否定。滑稽原則的擁護者，把這種情形看成眞正高度藝術的表現，認爲觀眾不應爲任何本身有積極意義的旨趣所打動，應該能超越這種旨趣，因爲滑稽本身是能超越一切的。他們還想根據這個原則去解釋莎士比亞所寫的一些人物性格。例如馬克白夫人據說是個性情溫柔的、篤愛丈夫的女人，儘管她不僅贊助暗殺國王的陰謀，而且慫恿馬克白去實現這陰謀。但是莎士比亞的特點正在於他把人物性格描繪得果斷而堅強，縱然寫的是些壞人物，他們單在形式方面[176]也是偉大而堅定的。哈姆雷特固然沒有決斷，但是他所猶疑的不是應該做什麼，而是應該怎樣去做。現在人們卻把莎士比亞所寫的人物性格也弄成鬼魂似的，以爲翻來覆去三心二意，毫無效果的軟漿狀態，本身就可以使人發生興趣。但是藝術理想卻在於理念是現實的，既然要現實，就要人物確實是個主體，這就是說，他應該是本身堅定的統一體。

關於藝術中的足見性格的個性，話說到此就夠了。主要原則就是要有一個豐富充實的心胸，而這心胸中要有一種本身得到定性的有關本質的情致，完全滲透到整個內心世界裡，藝術不僅要把這情致本身，而且還要把這種滲透過程都表現出來。但是這情致卻不能在人的心胸中自歸消滅，以致顯得只是一種本身不關本質的空虛的情致。[177]

(三)理想從外在方面得到定性

關於理想的定性，我們在上文第一步概括地研究過這個問題：理想一般爲什麼緣故和以什麼方式體現於個別特殊形式？接著在第二步我們發現到：理想必須本身受到推動，因而轉到在它本身中見出差異對立面，這些差異面的整體就表現爲動作（情節）。通過動作（情

---

174 霍夫曼是德國頹廢派的始祖，《謝拉皮翁兄弟》的作者。克萊斯特（Heinrich von Kleist, 1777-1811），德國反動浪漫派的詩人和劇作家。《洪堡親王》是一部歌頌普魯士君主，宣揚狹隘民族主義的劇本。

175 參看全書序論八十五頁，滑稽說。

176 即離開壞的實質而專從外表上去看人物性格的壞的方面，壞也要顯出偉大的氣魄。

177 在這一段裡，黑格爾對於近代資產階級頹廢主義的文藝，給了一個非常中肯的診斷和無情的痛擊。在當時這種頹廢傾向剛開始，以後它就愈來愈厲害。本章中以上部分所講的實際上就是馬克思、恩格斯所講的典型環境和典型人物性格問題，讀者最好參照著看，想一想馬克思、恩格斯對黑格爾繼承了什麼、批判了什麼。

節），理想就進入外在世界，因此第三步就需考慮這樣一個問題：具體現實的這個外在方面，應該怎樣按照藝術方式得到表現？因爲理想就是和實在統一起來的理念。到此爲止，我們關於這種現實所討論到的只是人的個性及其性格。但是人也有一種具體的外在的客觀存在。作爲主體，人固然是從這外在的客觀存在分離開來而獨立自在，但是縱然在這種自己與自己的主體的統一中，人還是要和外在世界發生關係。人要有現實客觀存在，就必須有一個周圍的世界，正如神像不能沒有一座廟宇來安頓一樣。就是爲了這個緣故，我們現在必須理一理把理想結合到外在現實上和貫串到外在現實裡的複雜的線索。

這樣我們就要走進外在相對世界[178]，這個廣不可測的領域、這種無限錯綜複雜的關係網。首先擠到我們面前來的就是外在自然，例如地點、時間、氣候之類，在這方面，我們每走一步就可以看到一幅新的有定性的圖畫。此外，人還要利用外在自然去爲他的需要和目的服務，所以我們還應研究這種利用的方式和性質，這就包括工具、住房、武器、坐具、車輛等等的發明和裝備，烹調的方式以及生活舒適設備和奢侈品等等這個廣大領域。還不僅此，人還生活在一種具體的現實的精神方面的關係網裡，這些關係也都具有一種外在的客觀存在，所以命令與服從的種種不同的方式，家庭、親屬關係、財產、鄉村生活、城市生活、宗教信仰、戰爭、公民方面和政治方面情況，社會——總之，一切情境和行動中的多種多樣的道德習俗，都屬於人類生存的周圍現實世界範圍之內。

在這一切方面，理想都直接牽涉到日常的外在實在，牽涉到現實界的日常生活，也就是牽涉到生活的平凡的散文。我們如果堅持近代關於理想的模糊觀念，我們就會覺得藝術好像應該和這種相對事物[179]的世界割斷一切關係，因爲這外在世界的各方面都是完全不分什麼高低好壞的，比起心靈和它的內在世界來，都是低劣的、無價值的。按照這種看法，藝術是一種精神力量，能使人完全超越生活需要、必然性和依存性的領域，擺脫他在這種領域裡通常運用的那種知解力和才智。還不僅此，這個領域裡一般都純粹是些習慣的東西，由於受到時間地點和習俗的約制，它純粹是一種偶然現象的領域，藝術就不應降低身分來管這種領域的事。但是對於理想性的這種觀念是錯誤的，它一方面是沒有勇氣去應付外在世界的近代主體性格的高度抽象化的結果，另一方面它也是主體加於自己的一種暴力，要勉強憑自力去超脫這種領域，假如他的家庭出身、社會地位和環境，還沒有自然而然地使他已經超脫這種領域的話，他沒有別的辦法可超脫這種領域，只得退隱於自己內心的情感世界。他跳不出這內心世界的圈子，在這種不現實的情況裡自以爲有高度智慧，兩眼望著天空，以爲塵世一切都卑卑不足道。但是眞正的理想絕不停留在這種朦朧的純然內在的世界，而是必然要以它的整體從一切方面出現於可以觀照的有定性的外在形象。因爲理想的完整中心是人，而人是生活著的，按照他的本質，他是存在於這時間、這地點的，他是現在的，既個別而又無限的。屬於

178 即有限世界。

179 即有限事物，亦即客觀現實事物。

生活的主要地是周圍外在自然那個對立面，因而也就是和自然的關係以及在自然中的活動。藝術既然不應把這種活動作爲抽象的活動來掌握，而是應就它的得到定性的現象通過藝術來掌握，這種活動就只能藉這種現象的材料而得到它的客觀存在。

但是正如人本身是一個主體性的整體，因而和他的外在世界隔開，外在世界本身也是一個首尾貫串一致的完備的整體。但是在這種互相隔開的情況，這兩種世界[180]卻仍保持著本質性的關係，只有在它們的關係中，這兩種世界才成爲具體的現實，表現這種現實就是藝術理想的內容。因此就發生已經提到的一個問題：通過怎樣的形式和形象，藝術才能按照理想把這整體以內的外在因素表現出來呢？[181]

關於這個問題，我們也要在藝術作品中區別出三個方面：

第一，單就它本身來看的純粹抽象的外在因素，例如空間、時間、形狀、顏色，這種外在因素本身就需要取得適當的藝術形式。

第二，外在因素現爲如我們在上文所談的具體現實，它要求在藝術作品中與處在這種環境中的人物的內在世界的主體性達成協調一致。

第三，就是供觀照欣賞的藝術作品，也就是爲群眾的藝術作品，群眾有權利要求按照自己的信仰、情感和思想在藝術作品裡重新發現它自己，而且能和所表現的對象起共鳴。

1. 抽象的外在因素[182]，單就它本身來看

理想一旦由它的抽象的本質轉入外在的存在，它就馬上得到一種雙重性的現實。這就是說，從一方面看，藝術作品一般地使理想的內容（意蘊）得到現實的具體形象，因爲它把這內容表現爲一種有定性的情況或特殊的情境，表現爲性格、事蹟和動作，這樣就把它表現爲外在的客觀存在的形式。從另一方面看，藝術把這種本身已完整的現象轉化爲一種有定性的感性材料，因而造成一種新的、目可見耳可聞的藝術的世界。從這兩方面看，藝術已達到外在世界的極限，只有在這極限以外，本身完整統一的理想才不復能用它的具體的心靈性的光輝去照耀到。從這一點看，藝術也有一種雙重性的外在方面，這還是一種只就它本身來看的抽象的外在因素，因而對它的表現來說，也能取得一種只是外在的統一。這就又要回到我們在討論自然美時已經提到的那種情況[183]，因此那裡所說的那些原則在這裡還是有效的，不過現在是從藝術方面去看[184]；這就是說，外在因素的表現方式一方面是整齊一律、平衡對稱和

---

[180] 指人和外在世界。

[181] 在這第三部分各節裡，黑格爾說明了藝術爲主體與客體的統一，即人的內在世界與外在世界的統一。

[182] 俄譯本作「外在材料」。

[183] 參看第二章。

[184] 第二章專從自然美去看整齊一律、平衡對稱等表現方式。

符合規則，另一方面是藝術用來作爲作品的外在因素的那種感性材料的統一性，即單一性和純粹性。

A. 整齊一律，平衡對稱，和諧

首先談到整齊一律和平衡對稱，這些形式作爲來自知解力的純然無生命的統一，絕不能把藝術的性質包括無餘，縱使只就藝術的外在方面來說也是如此，它們只在本身無生命的東西上才有地位，例如時間和空間排列之類。在這種無生命的東西裡它們現爲一種標誌，標明了即使在最外在的東西裡也有理智的控制。因此，我們可以看出整齊一律和平衡對稱在藝術作品裡有兩重意義。從一方面看，如果它們堅持它們的抽象性，它們就會使生氣消滅；因此理想的藝術作品，縱然在外在方面也必須提高到能超出單純的平衡對稱。但是在音樂的曲調裡整齊一律還是不能完全取消的，而只是降爲一種單純的基礎[185]。從另一方面看，這種不整齊中的整齊和不符合規則中的規則，卻也可以被某些藝術用爲唯一的原則，這是由於這些藝術所用的表現材料（媒介）。在這種情形之下，整齊一律就是藝術中唯一的符合理想的東西。

整齊一律主要地適用於建築，因爲建築品的目的，在於用藝術的方式去表現心靈所處的本身無機的外在環境。因此，在建築中占統治地位的是直線形、直角形、圓形以及柱、窗、拱、梁、頂等在形狀上的一致。建築品的目的並不是只在它本身，而是供人裝飾和居住的。

一座房屋等著安放神的雕像或是人群來聚會，把它作爲住所。這種藝術品不應引注意力集中到它本身上。就這一點來說，整齊一律和平衡對稱，作爲建築外形方面的貫串一切的原則，就特別符合建築的目的，因爲完全整齊一律的形狀是易於理解的，用不著在它上面多費時間摸索。此外，建築形式對於心靈性的內容還有象徵的意義，在這裡不能討論。這番關於建築的話也可以應用到某種園林藝術，這可以說是把建築形式變相地應用於現實自然。在花園裡如同在房屋裡一樣，總是以人爲主體。當然也還有一種園林藝術，以複雜和不規則爲原則。但是上述符合規則的那一種應更受重視。因爲錯綜複雜的迷徑、變來變去的蜿蜒形的花床、架在死水上面的橋，安排得出人意外的哥德式小教堂、廟宇、中國式的亭院、隱士的茅廬、裝骨灰的瓶子、小木房子、小土墩子以及雕像之類，都只能使人看了一眼就夠了，看第二眼就會討厭[186]。眞正鄉村景致的美就不像這樣，這種美還未經矯揉造作，不是專爲使用和享受而設，可是它本身就足以成爲觀照和欣賞的對象。園林的整齊一律卻不應使人感到意外或突然，它應該如我們所要求的，能顯出人是外在自然環境中的主體。

---

[185] 樂調從整齊一律的基礎上起變化。

[186] 黑格爾在園林方面的趣味還是十八世紀的，要求整齊有規則，像凡爾賽王宮所代表的。正在這時期中國園林藝術傳到歐洲，產生了很大的影響。黑格爾在這裡所描繪的正是在中國影響之下的新式的園林藝術的風格。例如法國的芳藤伯羅和德國的無憂宮。

在繪畫裡，整齊一律和平衡對稱也有它們的地位，例如在全體的結構，人物的組合、姿態、動作、衣褶等等方面。但是在繪畫裡比起在建築裡，心靈的生氣遠更深刻地貫注於外在形象，平衡對稱這種抽象的統一所起的作用就較微細，只有在藝術起源時我們才看到嚴峻的整齊規則，而在較後時期，繪畫的基本風格就變爲接近有機體的較自由的線形。

在音樂和詩裡卻不然，整齊一律和平衡對稱又變成重要的原則。這兩種藝術所用的音調是在時間上綿延的，它們具有一種單純的外在性，不是用其他具體表現方式可以表現出來的。在空間上並列的東西一目就可了然，但是在時間上這一頃刻剛來，前一頃刻就已過去，時間就是這樣在來來往往中永無止境地流轉。就是這種游離不定性需要用節拍的整齊一律來表現，來產生一種定性和先後一致的重複，因而可以控制永無止境的向前流轉。音樂的節拍具有一種我們無法抗拒的魔力，所以我們在聽音樂時常不知不覺地打著節拍。同樣時間段落按照一定規則的往復，並不是音調及其延續的客觀屬性。音調和時間本身並不需要這樣按照整齊一律的方式來區分和重複。因此，節拍顯得是純粹由主體創造的，所以我們聽到節拍時馬上就得到一種信念，以爲這樣按規則去調節時間只是一種主體的作用，這就是說，這種純粹地與自身一致的原則[187]，反映出主體自己在一切差異情境和變化多方的經驗中，自己與自己的一致和統一以及這種一致和統一的往復重複[188]。因此，節拍能在我們的靈魂最深處引起共鳴，從我們自己的本來抽象的與自身統一的主體性方面來感動我們。從這方面來看，音調之所以感動我們的並不在心靈性的內容，不在情感中的具體靈魂；使我們在靈魂最深處受到感動的也不是單就它本身來看的音調；而是這種抽象的主體放到時間裡的統一，這種統一和主體方面的類似的統一發生共鳴。這個道理也適用於詩的節奏和韻。在詩裡整齊一律和平衡對稱是調節的原則，這一種外在形式是完全必要的。通過節奏和韻，感性因素就跳出它的感性範圍，它本身就已顯出詩所用的表現方式，不像日常語言那樣忽視和任意處理音調的時間長短。

同樣地，雖然不是那樣固定的整齊一律，還進一步出現（儘管以外在的方式）在眞正有生氣的內容裡。例如一部史詩或戲劇有它的一定的段落區分，如章節幕景之類，這些區分的段落也顯出在長短上大略一致。在繪畫裡，人物的組合也有類似的情形，不過整齊一律在繪畫裡不能顯得是由於基本內容非得如此不可，也不應單調呆板，顯得是一種突出的統治的原則。

整齊一律和平衡對稱，作爲在空間和時間上的外在事物的抽象的統一和定性，主要地只對量（即大小的定性）起調節的作用。因此，凡是不用這種外在性作爲它的特有因素的東西，當然就不受單純的量的關係統治，而是要從更深刻的關係以及這些關係的統一方面得到

---

187 即整齊一律的節拍。

188 這句話原文意義曖昧，參照俄譯本和英譯本如此譯出，大意是音樂節拍的整齊一律，反映出主體內心生活的統一。

定性。所以藝術所用的題材愈脫離外在性，它也就愈不能由整齊一律來調節它的表現方式，而整齊一律也就愈降到有局限性的次要的地位。

除平衡對稱之外，我們在這裡還要談一下和諧。和諧所牽涉到的不復是單純的量的差異，而基本上是質的差異。這種質的差異不再保持彼此之間的單純的對立，而是轉化到協調一致，才有和諧，例如在音樂裡，音階的基音與第三音和第五音之間的關係並不是單純的量的關係，它們在音上有本質的分別，而這幾個本質上有差別的音卻結合成爲統一體，它們各自的定性不再在音響上顯出尖銳的對立和矛盾。不和諧則不然，它的對立矛盾還有待於消除。顏色的和諧也很類似。藝術也要求顏色在一幅畫中不顯現爲各種顏料的隨意排列，也不顯現爲對立面完全消除，只是清一色，而是幾種顏色被調解成爲協調一致，產生一種完整而統一的印象。說得更精確一點，和諧需假定一種包含各種差異面的整體，這些差異面按其自然性質是屬於某同一範圍的：例如顏色之中有同屬於一定範圍的幾種顏色叫做基本顏色，這些顏色一般是由顏色的基本概念而不是由偶然的混合得來的[189]。這種差異面的整體在協調一致時就形成和諧。例如一幅畫裡不但應有黃、藍、青、紅這幾種基本顏色的整體，而且這個整體還應見出和諧，古代畫師也都不知不覺地注意到這種完整性而且服從它的規律。由於和諧開始解脫定性的純然外在性，所以它能吸取而且表現一種較廣大的心靈性的內容。例如古代畫師畫主要人物的服裝，多用純粹的基本顏色，而畫次要人物的服裝才用混合的顏色。例如聖母大半穿一件藍袍，因爲藍色的使人覺得溫和的靜穆，就表現出內心的平靜溫和。聖母很少穿一件鮮紅刺眼的紅袍。

B. 感性材料的統一

我們見過，外在因素的第二方面是藝術用作表現媒介的感性材料本身。這方面的統一在於材料本身有單純的定性和一致性。材料不應成爲不明確的摻雜和單純的混合，特別是不應顯得不純潔。只是有空間性的事物才牽涉到這種定性[190]。例如輪廓的清晰，直線或圓的完整之類。有時間性的事物也需有明確的定性，例如節拍的始終不亂。此外，感性材料的統一還牽涉到一定的音質和顏色的純潔。例如在繪畫裡，顏色不應該是不乾淨的或是灰暗的，應該是本身明確單純的。顏色的美就在於從這感性方面看是單純的，愈單純，效果也就愈大，例如不雜青色的純黃，不雜藍或黃的純紅之類。要顏色保持這樣嚴格的單純性而同時仍能達到和諧，這當然是很難的。但是這些本身單純的顏色是基礎，不宜完全放棄，縱然有時不可避免地要用混合的顏色，也不能讓它們雜亂無章，它們還應顯得本身是清晰而單純的，否則我們看到的就不是鮮明的顏色而是一些污點。音樂的音質也要單純。例如弦樂要靠弦的震動來發出聲響，而這種震動是與弦的一定的緊張程度和長度相關的，如果不按這緊張程度或適

[189] 紅、黃、藍、青是基本顏色，其餘都是混合顏色。

[190] 這定性指感性材料的統一。

當的長度來彈，音質就失去這種單純的定性，就要轉到別的音調，這就造成聲音的不協調。如果發出的不是純粹的震動，而還加上機械的磨擦彈撫的聲音，在聲響上夾雜著噪音，結果也還是不協調。人發出的音調也是如此，它必須是純粹地自由地從喉嗓和胸膛發出來，不能讓樂器聲滲進來攪亂，也不能像啞音那樣露出沒有克服的攪擾和障礙。就單純的感性方面的關係來說，音質的美就在於具有明確的不搖擺的定性，保持著不受異調夾雜的鮮明性和純潔性，音樂有別於噪音和雜音，理由也正在此。這番道理也適用於語言，特別是母音。例如一種語言的母音a、e、i、o、u如果是明確而單純的，它就會像歌聲一樣好聽，像義大利文那樣。複合母音則不然，它的音調總是混雜的。在拼寫中語音常用一些固定的符號，顯得出它們的單純的定性，但是在說話中，這種定性往往變成模糊的，特別是在方言裡，例如德國南部、斯瓦比亞、瑞士等地的方言，發的混雜音簡直是無法記錄下來的。這並非是書寫語言的缺點，而是只由於說方言的人們的笨拙。

關於藝術作品的外在方面的話就到此爲止，就它只是外在方面來說，它也只能具有一種外在的抽象的統一。

但是理想如果要得到更進一步的定性，那就要靠它的心靈性的具體的個性結合到外在因素上去，藉這種外在因素來表現自己。所以這種外在因素必須通體貫串著它所要表現的內在生活和整體性。要達到這一點，單是整齊一律、平衡對稱、和諧或感性材料的單純性就顯得不夠。這就要使我們轉到理想的外在定性的第二方面。

2. 具體的理想與它的外在實在的協調一致

關於這一層，我們可以證實的一個普遍原則是這樣：人必須在周圍世界裡自由自在，就像在自己家裡一樣，他的個性必須能與自然和一切外在關係相安，才顯得是自由的。所以一方面是人物性格的內在的主體的統一以及他的情況和動作，另一方面是外在的客觀存在的客體的統一，這兩方面不是彼此分立、漠不相關，而是顯出協調一致和互相依存。因爲外在的客體，就它是體現理想的現實而言，必須放棄它的抽象的客觀的獨立自足性和羞怯狀態，才能與它所體現的那個理想處於統一體。

這裡我們要從三個不同的觀點來討論這種協調一致：

第一，這兩方面的統一可以只是自在的統一[191]，只是使人和他的外在環境結合在一起的一種隱密的內在聯繫。

其次，因爲具體的心靈性及其個性就是理想的出發點和基本內容，所以與外在客觀存在的協調一致，也應看作是人的活動的產品，是由人的活動創造出來的。

第三，這個由人的心靈創造出來的世界本身也是一種整體，在它的客觀存在中自成一種客體，在這個基礎上活動的個別人物，必須和這種客體處於本質上的互相依存的關係。

---

[191] 自在的還不是自爲的或自覺的。

A. 主體與自然的單純的自在的統一

關於第一個觀點，我們可以從這個原則出發：由於理想的環境在這裡還不是由人的活動建立起來的，它對於人就一般是外在的，即所謂外在的自然，因此我們首先要談在理想的藝術作品中如何表現這種外在的自然。

這裡我們也可以分三方面來談。

(1) 第一，如果按照它的外形來看外在的自然，它就是一種在一切方面都以確定的方式得到形狀的實在界。這種實在界要求有表現的權利，如果使這種權利變成現實，就必須把實在界寫得完全妙肖自然。但是我們前已見過的直接自然與藝術之間的一些分別在這裡還應顧到。總的說來，偉大藝術家都有一個特徵，就是在寫外在自然環境時都是眞實的、完全明確的。因爲自然不只是泛泛的天和地，人也不是懸在虛空中，而是在小溪、河流、湖海、山峰、平原、森林、峽谷之類某一定的地點感覺著和行動著。例如荷馬雖然不作近代意義的自然描寫，而他的圖形和描述卻仍是很眞實的，他對斯卡曼多和西摩伊斯兩河、海岸海灣等畫出了一個很正確的印象，以致近代地理學家還能按照他的描寫，很精確地推定他所寫的是哪一個地區。一些行乞歌的作者卻不然，他們無論是描寫性格還是描寫自然，都是枯燥空洞模糊隱約的。中世紀德國行吟藝人也是如此，他們把聖經故事編成詩，也說情節發生在某某地點，例如耶路撒冷，不過所給的只不過是些地名。《英雄書》[192]也有類似的情形；奧特尼特騎馬在樹林裡走，和妖龍搏鬥，但是周圍有些什麼人，在什麼確定的地點，故事裡卻一字不提，不能使人有什麼具體的印象。就連在《尼伯龍根之歌》裡情形也還是差不多，我們聽到詩人提起瓦姆斯、萊茵河、多瑙河等地，但是一切都是不明確的、空洞的。但是正是要完全明確才能見出具體的個別現實情境，否則就會止於抽象，就和外在實在這個概念相違背。

(2)這裡所要求的明確和眞實，要牽涉到一定程度的細節描繪，通過這種細節描繪，我們對於外在自然才能得到一幅圖畫、一種清晰的印象。不同的藝術由於所用的表現媒介不同，在細節描寫上當然就有本質上的差異。例如雕刻，由於它的形象是靜穆而賅括的，外在的細節描繪就比較少，雕刻所運用的外在界，不是情節發生的地點和環境，只是服裝、頭髮樣式、兵器、坐具之類。古代雕刻家所塑造的許多人物彼此能比較明確地分辨出來，就只根據服裝和頭髮的習慣樣式以及其他類似的標誌。這種習慣的標誌與本題無關，因爲它們不能說是屬於單純的自然，它們的功用在消除所雕人物的偶然的方面，使他們的較普遍較永久的方面呈現出來。

與雕刻相反的是抒情詩。抒情詩主要地表現內心情緒，因此在涉及外在界時，不需把它寫得很明確詳盡。史詩卻不然，它要說出發生的事情是什麼，在什麼地方發生和怎樣發生，所以在各種詩之中，史詩最需要寬廣而明確的描繪，就連在外在地點方面也應如此。由於它

---

192 德國古代歌頌英雄事蹟的故事書。奧特尼特（Otnit）是其中的一個主角。

的性質，繪畫在細節描繪上比任何其他藝術都較詳盡。但是在任何藝術中妙肖自然這一個原則都不應導入迷途，成為現實自然的散文或是現實自然的依樣摹仿，使外在情境細節的描繪，比起人物和事蹟的精神方面的描繪還更顯得重要。一般地說，我們不應該為妙肖自然而求妙肖自然，因為外在界只應表現為和內在界是密切結合在一起的。

(3)這就是我們現在要談的要點。要使某一個人物顯得是現實的，像我們已經說過的，就需要兩方面的條件：這帶有主觀性的人物本身和他的外在環境。要使外在界顯現為他自己的外在界，就需要這兩方面有一種本質上的協調一致，這種協調一致可以或多或少是內在的，其中當然要夾雜一些偶然現象，但是不應因此就失去統一的基礎。在史詩主角的一切心靈傾向裡，例如在他們的生活方式、思想、情感和實踐活動裡，應該聽得出一種隱密的和諧，一種主體與外在界雙方的共鳴，使它們融合成為一個整體。例如一個阿拉伯人就是和他的外在自然處於統一體的，要了解他，就要了解他的天空、他的星辰、他的酷熱的沙漠、他的帳幕以及他的駱駝和馬。因為只有這種氣候，這種地區和環境裡，阿拉伯人才自由自在，像安居在自己家裡。再如《奧森詩篇》裡的主角們（根據麥克浮生的近代改作或創作）固然是最主觀、最沉湎於內心生活的[193]，但是他們的憂傷抑鬱顯得是和他們的荒山、風吹的荊棘、雲霧、山峰和陰暗的深壑密切結合在一起。這些人物形象同他們的憂傷、痛苦、鬥爭和雲霧朦朧的經歷，就以這種環境為背景，只有這全部地方色彩才能使我們完全了解他的內心生活。

這番考慮可以使我們首先下這樣一個結論：歷史題材具有很大的便利，能把主體和客體兩方面的協調一致，很直接地而且詳盡地表達出來，像我們在上文例證中所已見到的。這種和諧照理是很難由想像得來的，但是我們應該感覺到這種和諧無處不在，儘管我們在大多數情況下不能從題材的概念推演出這種和諧來。我們固然往往把由想像力自由創造出來的作品，看得比在舊題材上加工的作品要高一層，但是想像究竟不能得出所需要的實在生活中，所已有的那種固定而明確的協調一致，在實在生活裡，民族的特徵就是從這種和諧裡生發出來的。

主體與它的外在自然的單純的自在的統一，就是遵照以上所說的這個普遍原則。

B. 由人的活動而產生的統一

主體與客體的第二種協調一致不復停留在這種自在狀態，而是明顯地由人的活動和技能產生的，因爲人利用外界事物來滿足他的需要，由於需要得到了滿足，就把他自己和這種外在事物擺在和諧的關係上。與上述第一種只涉及普遍情況的那種協調一致相反，這第二種協

---

193 《奧森詩篇》（*Ossian*）是蘇格蘭詩人麥克浮生（Macpherson, 1736-1796）根據民間傳說僞造的古詩，歌頌芬恩和他的英雄夥伴們的故事，充滿荒野陰暗的地方色彩和憂傷抑鬱的情緒，對浪漫運動的影響很大，是歌德稱讚的一部詩。

調一致卻涉及特殊情況，即涉及個別需要以及通過自然事物的個別效用而得到的對這種需要的滿足。這種需要和滿足的範圍是無限繁複廣大的，自然事物則更是無限繁複的；只有在人把他的心靈的定性納入自然事物裡，把他的意志貫徹到外在世界裡的時候，自然事物才達到一種較大的單整性。因此，人把他的環境人化了，他顯出那環境可以使他得到滿足，對他不能保持任何獨立自在的力量。只有通過這種實現了的活動，人在他的環境裡才成為對自己是現實的，才覺得那環境是他可以安居的家，不僅對一般情況如此，而且對個別事物也是如此。[194]

可以適用於這整個領域藝術的基本思想，可以簡略地歸納成這樣一句話：按照他的需要、意願和旨趣的諸有限的個別的方面來說，人原來不僅是一般地與外在自然發生關係，而且這關係還是依存的關係。這種相對性[195]和不自由性是違反理想的，所以人如果要成為藝術的對象，他就必須先使自己從這種工作和需要中解放出來，把這種依存性拋開。主客兩方面的這種契合可以從兩種出發點來實現。第一，從自然方面來說，它和善地供給人的需要，對人的旨趣和目的不但不阻撓，並且還自動地促成它們實現，一路順從著人。第二，人還有些需要和願望是自然不能直接滿足的。在這種情形之下，人就必須憑他自己的活動去滿足他的需要；他就必須把自然事物占領住，修改它、改變它的形狀，用自己學習來的技能排除一切障礙，因此把外在事物變成他的手段，來實現他的目的。如果主客雙方攜手協作，自然的和善和人的心靈的技巧密切結合在一起，始終顯現出完全的和諧，不再有互相鬥爭的嚴酷情況和依存情況，這就算達到了主客兩方面的最純粹的關係。

在理想的藝術環境之下，人必須先擺脫生活的窮困。財富和優裕的境遇既然可以使人不僅暫時而且完全擺脫需要和工作，就不僅不違反美感，而且可以促成理想的實現。但是在另一方面，如果在必須顧到具體現實的藝術表現方式裡，把人對上述需要的關係也一筆抹煞，那就是不眞實的抽象品。這些需要固然屬於有限界，藝術卻也不能把有限界看作只是壞的東西，就把它拋開，而是要把它和眞實的東西調和融合在一起；因爲即令是最好的行動和思想，如果孤立地單從它們的定性和抽象內容去看它們，也還是有局限性的，因而也還是屬於有限界的。比如說，我需要營養、飲食、穿衣、住房子，需要床椅以及許多其他用具，這當然是外在生活中的一種需要，但是內在生活卻通過這些外在方面的生活而完全顯現出來，所以人們讓他們的神也穿起衣服、拿著武器，想像神們也有無數的需要和滿足。這種滿足在藝術中必須顯得已經得到了保證，像上文已經說過的。例如對於中世紀遊行的騎士來說，在冒險途程中偶然碰到某種外在生活的困難，就靠偶然的機緣去解決，正如野蠻人單靠直接的自

---

194 在這段裡，黑格爾說明了主體與客體（即人與自然）的統一，以及人改變自然來適應他的需要的實踐意義。「人把他的環境人化了」這句話與馬克思所說的「人化的自然」是有淵源關係的。參看馬克思的《經濟學——哲學手稿》第三手稿。

195 即「依存性」。

然去解決他們的困難一樣。這兩種情形對於藝術都是不適合的，因爲眞正的理想，不僅在於人一般地擺脫了對這種外在方面的嚴格的依存性，而且還在於他綽有餘裕，使他能夠就像玩一種既自由而又愉快的遊戲那樣，去操縱自然所供給他的種種手段。

在這些普遍原則的範圍之內，可以更明確地分辨出以下兩點：

(1) 第一點是利用自然事物來達到純粹認識性的滿足。屬於這一類的，如人用在自己身上的一切裝飾，以及拿來擺在自己周圍的一切華麗的鋪設。通過這種裝飾，人要顯示出這些自然珍寶，這些光彩奪目的自然事物，例如黃金、寶石、珍珠、象牙和珍貴的服裝之類最稀奇燦爛的東西，並不是因爲它們本身而引起興趣，不是作爲自然物而顯得有價值，而是要藉它們顯出他自己來，顯出它們配得上他的環境，配得上他所愛所敬的，例如他的君主、廟宇和神。爲著要達到這個目的，他主要地選擇那些在外表看來本身就已經是美的東西，例如純粹鮮明的顏色，像鏡面一樣發光的金屬物、檀香木、大理石之類。詩人們，特別是東方詩人們，常不惜鋪張這種富麗，在《尼伯龍根之歌》裡這種富麗也起了它的作用。一般地說，藝術不僅只是描寫這方面的精美，而且只要有可能、只要地方恰當，還描寫製作過程，在這方面也顯出同樣的富麗。雅典的雅典娜神像，以及奧林匹斯的宙斯神像上用的黃金和象牙是毫不節省的。各民族的神廟、教堂、神像和王宮都顯得很輝煌富麗。從古以來各族人民都歡喜在他們的神身上顯出他們的財富，也歡喜在他們的領袖的豪華奢侈的生活上，見出這些財富是他們自己創造的。所謂道德家的想法當然可能攪擾這種欣賞，例如想到雅典娜的一件袍子就可以使許多窮苦的雅典人得到飽餐，也可以使許多奴隸贖身，想到在古代和近代，往往是處在國家極窮困的時候，人們把大量財富花在廟宇寺院和教堂之類用途上，此外，不僅個別的藝術作品，而且整個藝術都可以引起同樣的令人不安的考慮，例如一座藝術學院、古今藝術作品的收購，以及藝術館、戲院和博物館的設立，要使一個國家花多麼巨大的一宗款項！但是不管這些考慮會引起多少道德上的不安情緒，它們都只有一個原因，就是它們又令人想到窮困，而窮困的消除正是藝術所要求的。所以一個民族如果能把他們的財寶花在既在現實本身之內而又能超越現實的一切必須的一種領域[196]裡，他們就應該享受到最高的榮譽。

(2)但是人不僅要裝飾他自己和他所生活在裡面的環境，而且還要在實踐中利用外在事物來適應他的實踐方面的需要和目的。只有這個實踐領域才涉及人的工作、煩惱以及他對生活散文[197]的依存，因此首先就產生這樣一個問題：按照藝術的要求去表現這個領域，能做到什麼程度？

①藝術企圖拋開這全部實踐領域的最原始的方式，就是所謂黃金時代或牧歌情況的觀念。在這種時代，從自然方面來說，它滿足人所感到的一切需要，無須人去費什麼勞力；從人方面來說，在天眞純樸狀態中，他享受凡是草地、森林、牲畜、小園、茅棚所供給他的食

---

[196] 這領域指藝術。

[197] 「生活散文」即日常平凡生活。

住以及其他可享受的東西，他還完全沒有違反人性尊嚴的求名求利之類欲望。乍看起來這種情況當然帶有幾分理想的色彩，某些範圍較窄狹的藝術似可滿足於表現這種情況。但是如果我們往深一層去看，這種生活很快就會使人厭倦。例如格斯納的作品現在很少人去讀，即令讀，也索然無味[198]。因為這種狹隘的生活方式需先假定心靈還沒有發展。對於一個完全的人來說，他必須有較高尚的希求，不能滿足於與自然相處相安，滿足於自然的直接產品。人不應降低到過這種牧歌式的生活，他應該工作。他如果有所希求，就應該努力憑自己的活動去得到它。就這個意義來說，就連身體方面的需要也要引起一系列的廣泛的不同的活動，而且使人感覺到他自己的內在的能力，許多更深刻的旨趣和深廣的力量就是從這種內在的能力發展出來的。但是在這裡基本原則仍舊是外在世界與內在世界的協調一致，如果在藝術裡把身體方面的極端痛苦儘量描寫出來，那是最壞不過的事。例如但丁只用寥寥數筆來寫烏哥里諾怎樣餓死[199]。葛斯敦堡[200]用這題材寫一部悲劇，卻儘量渲染餓死各階段的可怕情況，先寫他的三個兒子怎樣餓死，最後寫烏哥里諾自己怎樣餓死，這樣處理題材就完全違反藝術表現的原則。

②與此相反，和牧歌情況相對立的文化普及的情況也有許多障礙。在這種情況之下，需要與工作以及興趣與滿足之間的寬廣的關係已完全發展了，每個人都失去了他的獨立自足性，而對其他人物發生無數的依存關係。他自己所需要的東西或是完全不是他自己工作的產品，或是只有極小一部分是他自己工作的產品；還不僅此，他的每種活動並不是活的，不是

各人有各人的方式，而是日漸採取按照一般常規的機械方式。在這種工業文化裡，人與人互相利用、互相排擠，這就一方面產生最酷毒狀態的貧窮，一方面就產生一批富人，不受窮困的威脅，無須爲自己的需要而工作，可以致力於比較高尚的旨趣。在這種富裕境況中，當然就不再有無窮盡的對其他人物的依存性時常反映出來，人也就日漸免於謀生中的一切偶然事故。用不著沾染謀利的骯髒。但是他也就因此在他的最近的環境裡也不能覺得自由自在，因爲身旁事物並不是他自己工作的產品。凡是他拿來擺在自己周圍的東西都不是自己創造的，而是從原已存在的事物的大倉庫裡取來的。這些事物是由旁人生產的，而且大半是用機械的形式的方式生產的。它們經過一長串的旁人的努力和需要才到達他的手裡[201]。

③因此，最適合理想藝術的是第三種情況，這就是介乎牧歌式的黃金時代與完全發達

---

198 參看注69。

199 見《神曲》地獄部分第三十三章，烏哥里諾用詭計奪得庇沙城的政權，後被推翻，和兩子兩孫都在地獄裡餓死。

200 葛斯敦堡（Gerstenberg, 1737-1823），德國詩人，他的悲劇《烏哥里諾》是根據《神曲》中上述一段情節寫成的。

201 黑格爾在這裡描寫近代資產階級文化中需要與工作的脫節以及工作與整個人格的脫節，這段話是非常重要的。馬克思發揮了類似的思想，建立了他的勞動的外化或異化的學說，參看他的《經濟學——哲學手稿》第一手稿。

的面面互相關聯的近代市民社會之間的一種情況。這就是我們前已談到的英雄時代的那種特別符合理想的世界情況。英雄時代已不復像牧歌情況中那樣只有很貧乏的心靈方面的旨趣，而是受到更深刻的情慾和旨趣的鼓舞；另一方面個人的最近的環境，他的直接需要的滿足，卻仍是他自己工作的成績。這時代的營養資料如蜂蜜、牛奶和酒之類仍然是簡單的，因而也是更符合理想的，不像咖啡、白蘭地之類馬上就使我們聯想到製造它們所必須經過的無數手續。英雄們都親手宰牲畜，親手去燒烤，親自訓練自己所騎的馬，他們所用的器具也或多或少是親手製造出來的；犁、防禦武器、盔甲、盾、刀、矛都是他們自己的作品，或是他們都熟悉這些器具的製造方法。在這種情況之下，人見到他所利用的擺在自己周圍的一切東西，就感覺到它們都是由他自己創造的，因而感覺到所要應付的這些外在事物就是他自己的事物，而不是在他主宰範圍之外的異化了的事物。在材料上加工和製作的活動當然顯得不是一種勞苦，而是一種輕鬆愉快的工作，沒有什麼障礙也沒有什麼挫折橫在這種工作的路上。

舉例來說，我們在荷馬史詩裡就遇見這種情況。例如阿伽門農的王杖就是他的祖先親手雕成的傳家寶杖；尤利西斯親自造成他結婚用的大床；阿基里斯的著名的武器雖然不是他自己的作品，但也還是經過許多錯綜複雜的活動，因爲那是火神赫菲斯托斯受特提斯的委託造成的。總之，到處都可見出新發明所產生的最初歡樂，占領事物的新鮮感覺和欣賞事物的勝利感覺，一切都是家常的，在一切上面人都可以看出他的筋力、他的雙手的伶巧、他的心靈的智慧或英勇的結果。只有這樣，滿足人生需要的種種手段才不降爲僅是一種外在的事物；

我們還看到它們的活的創造過程以及人擺在它們上面的活的價值意識，它們對於人還不是死的東西或是經過習慣變成死的東西，而是人自己的最親切的創造品。這樣的生活還完全是牧歌式的，但是所謂牧歌式並非取它的狹義，並非說，大地河海樹木牲畜之類供給人的營養，而人只局限於這種環境，滿足於這種供給；而是說，在這種原始生活裡人已開始有比較高深的旨趣，對於這些旨趣來說，整個外在界只作為一種附庸，作為較高旨趣的土壤和手段而存在——但是這種土壤和環境卻貫串著一種和諧與獨立自足性，只有在人類所創造和利用的一切事物，都同時是準備為製造它們的那人自己所欣賞時[202]，這種和諧與獨立自足性才能出現。

如果把這種表現方式應用於取自近代完全發達的社會中的材料，那就總不免有很大的困難和危險。儘管如此，歌德在他的《赫爾曼和多羅蒂亞》裡還是替這種表現方式供給了一個完善的傑出的形象。我在這裡只用比較的方法指出一個很小的特點。浮斯[203]在他的著名的《路易士》裡，以牧歌的方式描寫了一種安靜的狹隘的但是獨立自足的社會中的生活和事蹟。鄉村牧師、菸斗、便衣、板凳以至於咖啡壺都起了很大的作用。咖啡和糖這些產品在這

[202] 即製造者能在自己的製造品中得到美感。

[203] 浮斯（Voss, 1751-1826），德國學者，他的主要的工作是希臘羅馬古典詩歌的翻譯。《路易士》是他寫的一篇牧歌體詩。

種社會裡就不很相稱，令人想到一種完全不同的關係，想到另一種世界以及它的各種各樣的工商交易，特別是近代工業。因此，浮斯所寫的鄉村社會不是完全獨立自足的。在《赫爾曼和多羅蒂亞》那幅美麗的圖畫裡[204]卻不然，我們無須要求這種獨立自足，因爲像在上文已經提到的，在這篇雖然始終維持一種牧歌色調的故事裡，歌德還把當時大事如法國革命的鬥爭以及祖國的防衛等穿插進去，使它們起極高尙而重要的作用。一個鄉村小鎭中家庭生活的窄狹的圈子，因此並不那樣獨立自足，以致完全忽視當時在最重大的社會關係上發生深刻騷動的世界，像浮斯的《路易士》裡那位鄉村牧師那樣。由於聯繫上巨大的世界騷動——所寫的人物和事件是落在這個範圍以內的——我們就見出書中情節是嵌在一種內容豐富的生活的較廣大的框子之內的。書中的製藥師生活在這廣大世界外緣的窄狹的圈子裡，所以被描寫成爲一個庸俗的市儈，性情好，卻老是鬱鬱不樂。但是從所寫人物的最切近的環境來看，上文所要求的那種調子還是到處響著。我們姑舉一例來說明，書中的主人和他的客人，即牧師和製藥師，從來沒有喝過咖啡：

母親仔細地捧出清亮的美酒，
盛在光亮錫托盤裡的光滑的瓶裡，
還有幾個綠杯，眞正是喝萊茵酒用的杯。

他們在陰涼地方喝一八八三年家裡自釀的酒，用的也是自家製造的適宜於喝萊茵酒的酒杯，接著詩人就在我們的想像裡喚起「萊茵河流和它的美好的河岸」，不久我們又被引到主人屋後的葡萄園，所以一切都不跳出一種舒適的自給自足的情況所特有的範圍。

C. 精神關係的總和

外在環境除以上兩種之外還有第三種，是每個人只要生活就必須和它發生具體聯繫的。這就是宗教、法律、道德等方面的一般的精神關係，例如國家的組織形式、憲法、法律、家庭、公共生活和私生活以及社會關係之類。因為理想的人物不僅要在物質需要的滿足上，還要在精神旨趣的滿足上得到表現。按照它的概念來說，這些精神關係所含的有實體性的神性的本身，必然的因素固然只是同一個因素[205]，但是就客觀方面看，這因素卻採取變化多方的形狀，這些形狀還夾雜著一些偶然現象，即只適合某些個別事物、某些習俗、某些時代和某些民族的現象。這種精神生活中的一切旨趣也成為一種外在現實，作為道德習俗慣例出現在個別人物面前，而個別人物作為獨立自足的主體，也和對他更切近的精神關係的總和發生關係，正如他和外在自然發生關係一樣。總之，關於精神關係這一範圍，我們也要求前已闡明

[204] 參看注[70]。

[205] 有實體性的因素即上文所謂普遍力量。例如同是「母愛」，在不同時代、不同民族、不同社會裡，表現可以不同。

的那種協調一致206，所以我們在這裡暫且不再詳論這個要求，等到我們從另一方面研究這個問題時，再討論這個要求的基本要點。

3. 理想的藝術作品的外在方面對聽衆的關係

藝術是表現理想的，它必須就這理想對上述那些對外在現實的關係來採納這理想，而且把人物的內在主體性和外在世界融合成爲一體。但是藝術作品儘管自成一種協調的完整的世界，它作爲現實的個別對象，卻不是爲它自己而是爲我們而存在，爲觀照和欣賞它的聽衆而存在。例如演員們表演一部劇本，他們並不僅彼此交談，而且也在和我們交談。要了解他們，就要根據這兩方面來看。每件藝術作品也都是和觀衆中每一個人所進行的對話。眞正的理想是神和人的普遍的旨趣和情慾，這些固然是每個人都可以了解的，但是理想既然要把體現它的人物擺在某一定的道德習俗和其他特殊現象的外在世界裡，來顯示給我們看，這就要引起一種新的要求：就是這外在世界不僅要與所描寫的人物協調一致，而且也要和我們協調一致。正如藝術作品中的人物和他們的外在世界需協調，我們也要求這些人物和他們的環境也和我們協調。不管一件藝術作品是從哪個時代取材，它總帶有一些特點，使它不同於另一民族和另一世紀的。詩人、畫家、雕刻家和音樂家特別愛從過去時代取材。在文化、道德、習俗、政治制度、宗教信仰各方面，過去時代都和他們自己的時代不同。我們前已提到過，這樣向過去倒退，有一種很大的方便，這就是由記憶而跳開現時的直接性，就可以達到藝術所必有的對材料的概括化。但是藝術家卻屬於他自己的時代，在那時代的習俗、見識和觀念裡過活。例如拿荷馬史詩來說，不管眞正有無荷馬其人，作爲《伊利亞特》和《奧德賽》的作者，這兩部史詩的寫作時代和詩中所寫的特洛伊戰爭的時代至少要隔四百年，希臘大悲劇家和他們所寫的那些英雄的時代相隔的時間還要加倍。《尼伯龍根之歌》也有類似的情形，把詩中各傳說彙集起來成爲一部完整的作品的詩人和詩中事蹟發生的年代相隔也很遠。

儘管藝術家對於神和人的普遍情致是很熟悉的，但是他所寫的那些人物和動作的時代，在許多具有條件性的外在形狀上都已基本改變過了，對藝術家是生疏的了。此外，詩人是爲某一種聽眾而創造，首先是爲他自己的民族和時代而創造，這些聽眾有權要求能了解他的藝術作品而且感覺到它異常親切。眞正不朽的藝術作品當然是一切時代和一切民族所能共賞的，但是要其他民族和時代能澈底了解這種作品，也還要藉助於淵博的地理、歷史乃至於哲學的注疏、知識和判斷。

由於不同時代的隔閡，就發生這樣一個問題：一件藝術作品應該怎樣表現所寫地方的外在方面，例如風俗人情、宗教、政治、社會、道德各方面的情況呢？換句話說，藝術家應該忘去他自己的時代，眼裡只看到過去時代及其實在情況，使他的作品成爲過去時代的一幅忠

206 即主體與客體的協調一致。

實的圖畫呢？還是他不僅有權利而且有義務要只注意到他自己的民族和時代，按照符合他自己的時代特點的觀點去創作他的作品呢？我們可以把這兩種對立的要求這樣提出：應該怎樣處理題材，是客觀地按照它的內容和時代來處理呢？還是按照主觀的方法來處理，使它完全適應現時代的文化和習俗呢？如果讓這兩種辦法堅決對立，每種辦法都會走到錯誤的極端。我們想簡略地討論一下這兩種極端，以便找到正確的表現方式。

因此我們要就以下三個觀點來討論這個問題：

第一，主觀地讓藝術家自己時代的文化發揮效力；

第二，對過去時代謹守純然客觀的忠實；

第三，在表現和移植[207]另一時代和另一民族的題材之中見出眞正的客觀性。

A. 讓藝術家自己時代的文化發揮效力

如果把純然主觀的表現方式推到它的極端的片面性，那就會走到把過去時代的客觀形態完全拋開，換上現時代的特色。

(1)從一方面看，這種主觀的表現方式之所以產生，是由於對過去時代的無知，也由於藝術家的天眞，感覺不到或認識不到所寫對象與這種表現方式之間的矛盾，總之，文化修養的缺乏就是這種表現方式的根源。作爲這種天眞的最突出的例子，我們可以舉漢斯．薩克斯[208]。他用新鮮明晰的形象和愉快的心情，把我們的上帝、亞當、夏娃以及希伯來族祖先們都眞正地「紐倫堡化」了。上帝被描寫成一個小學教師，學生中有該隱、亞伯以及亞當的其他子女，他的風度和聲調就宛如薩克斯同時代的一位教員。他拿十誡和祈禱文來考問學生們，亞伯是個虔誠的好孩子，功課念得很熟，該隱卻是個頑皮的壞孩子，回答老師的問題也很不虔敬，輪到他要背誦十誡時，他把十誡背誦成相反的意思，例如說「應該偷盜」、「不可孝敬父母」。在德國南部，人們也用這種移植的方式去表現耶穌臨刑的情節——這種表現方式雖然有一度被禁止，後來又復興起來了。彼拉多[209]被寫成一個粗暴驕橫的官僚，兵士們[210]也現出近代的粗俗氣，拿出一袋菸送被拘押的耶穌，要他抽，他不肯抽，兵士們就用暴力把菸塞到他鼻子裡。老百姓們看到這種情景全都開心，儘管他們都是十分虔誠的人——還可以說，他們愈虔誠，這種直接現在目前的現時外在情景，就愈能引起更生動的內在的宗教觀念。這種轉化古代人物以適應近代觀點和形象的方式固然也有道理，漢斯・薩克斯那樣隨便拿上帝

207 原文爲Aneignung，意味把另一時代和另一民族的題材配合到現時代本民族的現實情況上去，故譯作「移植」。

208 漢斯・薩克斯（Hans Sachs, 1494-1576），德國南部紐倫堡鎮的一個鞋匠，寫了很多的詩和劇本，常取材於《聖經》。

209 審訊耶穌的巴勒斯坦總督。

210 耶穌臨刑前，兵士們戲弄他。

和古代宗教觀念開玩笑，並且把宗教的虔誠完全體現在粗俗平民的平凡關係裡。這種勇氣還可以說是偉大的，但是這種表現方式對情感畢竟是一種勉強，表現出藝術家缺乏精神文化修養，因爲這種表現方式不僅不按照對象本有的客觀性去描寫它，而且還把它寫成簡直是相反的形象，只令人覺得妄誕可笑。

(2)從另一方面看，這種主觀表現方式之所以產生，是由於藝術家對自己的時代的文化的驕傲，他認爲只有他那時代的觀點、道德和社會習俗才有價值，才值得採用，因此對任何內容都不能欣賞，除非那內容是用他那時代的文化形式表現出來的。所謂法國古典派的「純正的鑒賞力」就屬於這一種。凡是他們所愛好的都必須先經過「法國化」，凡是其他民族特別是中世紀的形象，都被稱爲低級趣味的、野蠻的，而被鄙視和拋開。因此伏爾泰說法國人改善了古人的作品，這話是不對的，他們不過把古人的作品加以法國化罷了。在這種轉化中，他們用一切離奇獨特的方式，把古人的作品醜化到令人作嘔的程度，因爲他們的趣味要求一種完全宮廷式的社會文化，在意義和表現方式上都要做到符合規則和沿襲陳規的概括化。他們還把這種纖巧的文化所特有的抽象化帶到詩的辭藻方面。詩人們都不能用「豬」、「湯匙」、吃飯用的「叉」，以及無數類似的字眼。因此他們就用一些普泛的定義和轉彎抹角的形容語，例如湯匙不叫湯匙，叫做「送液體飲食品入口的工具」，叉不叫叉，叫做「送固體飲食品入口的工具」，其他由此類推。但是正因爲如此，他們的趣味是非常狹隘的；因爲藝術所應該做的事不是把它的內容刨平磨光，成爲這種平滑的概括化的東西，而是把它的內容加以具體化，成爲有生命有個性的東西。因此，法國人最不會了解莎士比亞，當他們修改莎士比亞的作品時，他們所刪削去的往往正是我們德國人所最愛好的部分。伏爾泰嘲笑希臘詩人品達說得出「水比一切東西都好」，這也足以見出法國人的趣味。所以在法國的藝術作品裡，中國人也好、美洲人也好、希臘羅馬的英雄也好，所說所行都活像法國宮廷裡的人物。《伊菲革涅亞》[211]裡的阿基里斯是一個徹頭徹尾的法國親王，如果沒有標出他的姓名，就沒有人會認出他是阿基里斯。在戲台上的表演裡，他固然穿著希臘服裝、戴了盔甲，但是同時也用粉刷了頭髮，衣上加襯，使臀部顯得很寬，鞋上安著鞋跟，用花編作繫帶[212]。拉辛的另一部悲劇《艾斯忒》在路易十四時代之所以特別受歡迎，就因爲阿哈斯凡魯斯[213]初上台的氣派完全像路易十四出朝時一樣。阿哈斯凡魯斯當然帶有幾分東方色彩，但是仍然用粉刷了頭髮、穿著國王穿的貂袍，身後跟著一大群頭髮刷了粉的侍從，這些人的服裝也是法國式，戴著假髮，皮帽夾在胳膊下，背心和護腿都是用金線緞做的，絲襪子，鞋上安著紅紐扣。只有宮廷和特權階級才能見到的排場，在這裡也被其他階級見到了——國王出朝的排場

[211] 指拉辛的悲劇。

[212] 這些都是十七世紀法國宮廷的時髦裝束。

[213] 阿哈斯凡魯斯（Ahasverus）是波斯皇帝，《艾斯忒》悲劇中一個主要人物；艾斯忒是希伯來族女子，被選入宮，後升爲皇后，替她本族親屬報了仇。

搬到詩裡面來了。在法國，歷史也往往是按照這個原則寫出的，其目的並不在歷史本身和歷史所寫的人物事件，而在適應當時的某些旨趣，向政府進一個忠告，或是喚起對政府的仇恨。許多劇本也是這樣寫成的，或是在全部內容上或是在某些片段上明顯地隱射到當時的情況；如果在舊劇本裡碰到可以聯繫到時事的地方，演員們就故意把它加以大肆渲染，聽眾們也熱烈歡迎它。

(3) 第三種主觀的表現方式，就是把過去時代和現時代的眞正的藝術內容（意蘊）都抽去，結果就只表現出觀眾自己的偶然的主觀現象，就像他們在日常生活中所做所爲那樣。所以這種主觀的表現方式不過是平凡生活中的日常意識的表現方式。每個人對這種表現方式當然都感到很熟習，但是誰要對用這種表現方式的作品提出藝術的要求，他就不會得到滿足，因爲正是這種偶然的主觀現象是藝術所應擺脫的。例如考茨布[214]在他的時代就全憑這種表現方式去產生很大的效果，他把「我們的憂愁痛苦、銀調羹的偷竊、刑犯的腳鐐手銬」，以及「牧師們、僕役們、扛旗的人、書記們、騎兵少校們」都搬到觀眾的眼前，使每個觀眾看到他自己的或親友的家常生活，看到在他的個別情況和特殊目標中哪裡有什麼不稱意處。這種主觀的表現方式，不能使人感覺到或認識到形成藝術作品眞正內容的東西，儘管它可以使對象所引起的興趣，轉移到心情的平凡要求和所謂道德的濫調和感想。按照以上三種觀點去表現外在情況都是片面的主觀的，不能產生實在的客觀形象。

B. 維持歷史的忠實

第二類表現方式正與以上三種相反。它要盡可能地把過去時代的人物和事蹟，按照他們的實在的地方色彩以及當時道德習俗等外在情況的個別特徵，去複現出來。我們德國人在這方面特別擅長。我們與法國人不同，我們對於一切異代異方的特徵都是最細心的記錄者，所以在藝術裡我們也要求對時代、場所、習俗、服裝、武器等等都要忠實。我們有足夠的耐心，能夠不辭勞苦地深入鑽研異國異代的思想與知覺的方式，以便熟悉它們的特點。這種要求從多方面甚至從全面去了解各民族精神的習慣，使我們在藝術方面不僅能容忍異時異方的離奇古怪的東西，而且不辭勞苦地要求在不重要的外在事物上也要做到極端精確。法國人當然也很靈巧活潑，但是儘管他們是文化修養最高的而且講究實用的民族，他們卻很少耐心去進行安靜的深入的鑽研，他們總是把批判放在第一位，我們卻接受一切忠實的描繪，特別對於異國異代的藝術作品是如此。外國的植物、不管哪一類自然界的形狀、各種各樣的器具、貓狗，乃至於一般令人討厭的東西，對於我們德國人都是很有趣的。我們也能以友善的態度對待最離奇古怪的看法，例如犧牲祭典、宗教聖徒的傳說和相關的許多妄誕不經的事，以及無數其他反常的觀念。所以在表現發出動作的人物時，我們認爲最重要的事，就是讓他們在

214 考茨布（Kotzebue, 1761-1819），德國劇作家，他的兩百多部劇本大半很生動，但很膚淺。

語言服裝等方面都要符合他們的時代和民族性格的實際狀況。

在近代，特別是從弗列德里希・封・施萊格爾的影響流傳以來，在德國占上風的看法是：一件藝術作品的客觀性就要以上述那樣的忠實爲基礎。因此這種忠實就應該成爲藝術的主要原則，而我們對於藝術的主觀興趣，也就應該特別集中於這種忠實以及它的生動性所引起的喜悅。提出這種要求就無異於說，我們既不應帶一種更高的旨趣去問所表現的形象是否見出本質的東西，也不應帶一種更切近的旨趣去問它對今日的文化和利益有什麼意義。由於這種信念，在赫爾德[215]的影響之下，許多德國人開始注意到民間詩歌，並且寫作出大量詩歌，摹仿文化簡單的民族和部落的風格——例如北美的伊羅誇族、近代希臘族、拉伯蘭族、土耳其族、韃靼族、蒙古族等等——人們還認爲如果有本領能按照外國習俗和民族觀念去思想和創作詩歌，那就算是偉大的天才。但是儘管詩人自己完全照這種外國習俗和民族觀念去寫作、去感覺，他的作品對於應該欣賞它的聽眾來說，卻總是外在的、生疏的。

總之，如果片面地堅持這種看法，它就不免止於純然形式的歷史的精確和忠實，因爲它既不管內容及其實體性的意義，又不管現代文化和思想情感的意蘊。忽視前者和忽視後者都是不對的，這兩方面都要求同樣程度的滿足，我們應該用完全不同於上文所說的方式，去把這兩方面的要求和歷史的忠實那第三個要求弄得協調一致。這就要引我們轉到研究另一個問題：什麼才是藝術作品所要求的那種眞正的客觀性和主觀性呢？

C. 藝術作品的真正的客觀性

關於這一點，我們首先可以這樣概括地說：在上文所研究的那兩方面之中，不應片面地強調某一方面，以致另一方面受到損害；對於地方色彩、道德習俗、機關制度等外在事物的純然歷史性的精確，在藝術作品中只能算是次要的部分，它應該服從一種既眞實而對現代文化來說又是意義還未過去的內容（意蘊）。

爲著說明這個道理，我們最好拿正確的表現方式，和下列幾種比較有缺陷的表現方式作一番對照。

(1)第一，表現某一時代的特徵可以很忠實、正確、生動，而且是聽眾可以完全了解的，但是仍不免有散文的平凡氣息，本身還不是詩。歌德的《葛茲・馮・貝利欣根》[216]就是一個突出的例證。我們打開這部詩劇的第一頁，就看到佛蘭克邦希瓦茲堡的一家酒店，麥茲勒和西浮斯坐在餐桌旁，兩位騎士在火爐旁取暖，還有店主人。

西浮斯：漢塞爾，再來一杯燒酒，斟得滿滿的。

店主人：喝起酒來，您眞是個無底洞。

---

215 赫爾德（Herder, 1744-1803），德國詩人和民歌蒐集者，啓蒙運動先驅。

216 參看二七六頁正文和注79。

麥茲勒：（向西浮斯旁白）把貝利欣根的故事再講一遍給我聽；滂堡人都發火啦，他們準會氣得發昏……

第三幕裡也有類似的情景：

喬治：（拿著一塊簷槽進來）這裡有的是白鐵。要是有哪個小子敢向陛下說：「老爺，我們搞糟了。」用這塊白鐵的一半就可以結果他的性命。

勒爾斯：（砍白鐵）這塊白鐵好極了。

喬治：這陣雨也許要走另外的一條路！我不怕，一個勇敢的騎士經得起一陣好雨。

勒爾斯：（鑄槍彈）把匙子拿住。（走到窗邊）瞧，那裡有個憲兵帶著槍在探頭探腦，他們以為我們的子彈都用光了。讓他吃一顆飛燙的、剛出爐的。（裝彈）

喬治：（放下匙子）讓我瞧一下。

勒爾斯：（放槍）那王八羔子倒下來啦……

這一切都把當場的人和騎士描寫得極生動、容易了解，但是這些場面畢竟是很瑣細的、本身乾燥無味的，因為無論在內容還是在形式方面，它們都是極平常的表現方式和極平常的客觀性相，這當然是人人熟悉的。這種情形在歌德的許多早年作品裡都可以看到，這些作品特別要反對過去所崇奉的規則，要用切近的題材，極容易了解的思想情感來產生它們的主要的效果。但是題材是過分切近了，它們的內在意蘊有時是太瑣屑了，所以這些作品就不免有些平凡淺薄。這種平凡淺薄在戲劇作品中很容易看出，特別是在表演時，因爲觀眾一進劇場，看到許多的表演準備，燈光和打扮得很漂亮的人們，就指望看到一些不平常的東西，不只是兩個農夫、兩個騎士和一杯燒酒。所以《葛茲．馮．貝利欣根》這部劇本特別適宜於閱讀，搬上舞台，它就不能長久受歡迎。

(2)從另一方面看，通過現時代的一般文化修養，我們可以對過去時代得到多方面的知識，因此可以使我們熟悉和移植某一古代神話系統的歷史內容，以及對我們是生疏的異代政治情況和道德習俗。例如對於古代希臘羅馬的藝術、神話、文學以及信仰和習俗的熟悉，已經成爲現代文化修養的出發點；每個小孩從中小學起就知道古希臘的一些神、英雄和歷史人物；希臘世界的形象和旨趣在觀念或想像中既已變成我們自己的，我們就可以根據觀念或想像去欣賞它們。我們看不出有什麼理由說我們對於印度、埃及和斯堪地那維亞等民族的神話系統就不能同樣地熟悉。此外，在這些民族的宗教觀念裡有一個共同的因素，就是神。但是這些觀念的具體內容，個別的希臘神或印度神，對我們現代人已經沒有任何眞實性，我們已不再相信這些神，我們只是在幻想上歡喜他們。因此，這些神對於我們近代人的較深刻的意識總是生疏的。如果在近代歌劇裡聽到「啊，神呀！」、「啊，天皇呀！」，甚至於「啊，伊西斯和歐西里斯[217]呀！」這就是再空洞無聊不過的。更無聊的是又加上一些荒謬的預言——幾乎沒有一部歌劇裡沒有預言，而在現在，悲劇裡則有「還魂」、「通天眼」之類代替了預言。

這番道理也完全適用於道德、法律等許多其他方面的歷史材料。這些歷史的東西雖然存在，卻是在過去存在的，如果它們和現代生活已經沒有什麼關聯，它們就不是屬於我們的，儘管我們對它們很熟悉；我們對於過去事物之所以發生興趣，並不只是因爲它們有一度存在過。歷史的事物只有在屬於我們自己的民族時，或是只有在我們可以把現在看作過去事件的結果，而所表現的人物或事蹟在這些過去事件的連鎖中，形成主要的一環時，只有在這種情況之下，歷史的事物才是屬於我們的。單是同屬一個地區和一個民族這種簡單的關係，還不夠使它們屬於我們的，我們自己的民族的過去事物，必須和我們現代的情況、生活和存在密切相關，它們才算是屬於我們的。

例如《尼伯龍根之歌》在地理上是和我們德國人接近的，但是其中所寫的布林根德人和國王艾茨爾，卻和我們現代文化的一切關係和愛國情緒都割斷因緣了，乃至我們讀起《尼伯龍根之歌》還不如讀荷馬史詩那麼親切，儘管我們對荷馬史詩沒有什麼學問。克洛普斯托克[218]受到愛國情緒的鼓舞，用斯堪地那維亞的神來代替希臘神話中的神，但是奧丁、瓦爾哈拉、佛萊亞[219]只是一些空洞的名稱，還不如羅馬的朱彼特雷神和希臘的奧林匹斯山諸神那樣接近我們的觀念、那樣能打動我們的情感。

在這方面我們所要說明的是：藝術作品之所以創作出來，不是爲著一些淵博的學者，而是爲一般聽眾，他們需不用走尋求廣博知識的彎路，就可以直接了解它、欣賞它。因爲藝術不是爲一小撮有文化修養的關在一個小圈子裡的學者，而是爲全國的人民大眾。藝術作品如此，它所描繪的歷史實況的外在方面也是如此。它也必須是屬於我們的，屬於我們的時代和我們的人民的，也用不著憑廣博的知識就可以懂得清清楚楚，就可以使我們感到它親近，而不是一個稀奇古怪不可了解的世界。

(3) 上文這番話，就使我們接近認識眞正客觀的表現方式，以及如何移植過去時代的題材了。

① 我們首先可以談一談眞正的民族詩歌。一切民族的詩歌向來都有這一特點：它的外在的歷史的方面本身就已屬於該民族，對該民族不是外來的或生疏的東西。印度的史詩、荷馬的詩歌以及希臘的詩劇都是如此。索福克勒斯並不讓他所寫的一些人物如菲洛可帖特士、安蒂岡妮、阿雅斯、奧瑞斯特、伊底帕斯、合唱隊和他們的領隊等，說起話來就像對他們當

---

217 埃及的兩個神。詳見《美學第二卷》第一章。

218 克洛普斯托克（Klopstock, 1724-1803），德國詩人，著有《救世主歌》。

219 奧丁、瓦爾哈拉、佛萊亞（Wodan, Walhala, Freia），都是北歐神話中的神名。

時人說的一樣。西班牙人在他們的《席德之歌》裡也是如此；塔梭[220]在他的《耶路撒冷的解放》裡所歌頌的是天主教的一般事蹟，葡萄牙詩人賈梅士[221]所描繪的是發現通過好望角到東印度的道路，以及無數的重要功績和海上英雄，而這些功績正是葡萄牙民族的功績；莎士比亞在他的劇本裡寫的是英國的悲劇性的史事，連伏爾泰也寫了《亨利亞德》[222]。我們德國人卻放棄了這個傳統，想把對於我們沒有民族意義的遼遠的故事寫成民族的史詩。波德麥爾的《挪亞歌》[223]和克洛普斯托克的《救世主歌》都已不時髦了。一度時興的意見以爲一個民族要有榮譽，就應有它的荷馬，此外還應有它的品達、索福克勒斯和阿那克里安[224]，現在這種意見也不時興了。由於我們熟悉《舊約》和《新約》，上述兩個聖經故事[225]固然接近我們的觀念，但是其中關於外在習俗的歷史材料對於我們卻是生疏的、要靠學問去掌握的，其中可以算是我們熟識的東西只是一系列的枯燥的事蹟和人物，而這些人物經過作者用一套新奇的語言描繪出來，就使人有一種矯揉造作的感覺。

②但是藝術也不能完全局限於家常熟悉的題材，事實上各民族互相往來日益加多，他們也就日益廣泛地從一切民族和時代吸取藝術的題材。儘管如此，我們卻不能說詩人如果能對另一時代的生活體驗入微，就算得是一個偉大的天才；歷史的外在方面在藝術表現裡必須處於不重要的附庸地位，而主要的東西卻是人類的一些普遍的旨趣。例如中世紀固然從古代借取題材，卻把它自己的時代的形象嵌進去，在極端的例子裡，眞正屬於古代的不過是亞歷山大、伊尼亞斯、奧克特維斯皇帝之類名稱。

藝術中最重要的始終是它的可直接了解性。事實上一切民族都要求藝術中使他們喜悅的東西能夠表現出他們自己，因爲他們願在藝術裡感覺到一切都是親近的、生動的、屬於目前生活的。卡爾德隆[226]就是以這種獨立的民族精神寫成他的《潔諾比亞和賽米拉米斯》。莎士比亞能在各種各樣的題材上都印上英國民族性格，儘管他同時也能保持外國歷史人物的基本特徵，例如他寫羅馬人就是如此，在這一點上他比西班牙戲劇家們要強得多。就連希臘悲劇家們也是時常把他們自己所屬的時代和民族懸在眼前。例如《伊底帕斯在柯薩納斯》不僅在地點與雅典有鄰近的關係，而且因爲在他死後，柯薩納斯要成爲雅典的聖地。埃斯庫羅斯的《復仇女神》也有類似的情形，由於最後判決是雅典最高法庭作出的，這部劇本的情節對雅典人就有較親切的意義。但是自從文藝復興以來，希臘神話雖時常被利用，它對近代人畢竟

---

[220] 塔梭（Tasso, 1544-1595），義大利詩人，他的主要作品《耶路撒冷的解放》被義大利人尊奉爲民族詩。

[221] 賈梅士（Camoëns, 1524-1580），他的歌頌海上探險的史詩是《盧濟塔尼亞人之歌》（*Lusiads*）。

[222] 伏爾泰的《亨利亞德》是歌頌法王亨利四世的，不甚成功。

[223] 波德麥爾（Bodmer, 1698-1783），瑞士詩人，《挪亞歌》記《舊約》洪水的故事。

[224] 阿那克里安（Anakreon），古希臘抒情詩人。

[225] 即《挪亞歌》和《救世主歌》中的故事。

[226] 卡爾德隆（Calderon, 1600-1681），西班牙大戲劇家。潔諾比亞（Zenobia）和賽米拉米斯（Semiramis）是古代中東的兩個有名的王后。

不是很親切的，它在造型藝術裡，特別是在詩裡，不管它出現多麼廣泛，畢竟或多或少是枯燥無味的。比方說，現在沒有人要寫一首詩獻給維納斯愛神、朱彼特雷神或是雅典娜神。雕刻固然還免不掉要用希臘神，但是這樣的作品大半也只有鑒賞專家們、學者們和少數有文化修養的人們才能得到、才能了解。歌德費了很多的精力勸畫家們愛好和摹仿斐羅斯屈拉特[227]所介紹的畫，但是不很成功，就是由於這個緣故；這種擺在古代現實輪廓裡的古代事物，對於近代的聽眾和畫家們總不免有些生疏。在另一方面，歌德自己在他的自由內心生活發展的晚期，在他的《西東胡床集》[228]裡，卻以遠較深刻的精神把東方色彩放進德國現代詩裡，把它移植到我們現在的觀點上。在這種移植中，歌德很清楚地意識到自己是一個西方人，而且是一個德國人，所以他在描寫東方的人物和情境中始終既維持住東方的基本色調，又完全滿足我們的近代意識和他自己的個性的要求。如果能做到這樣，藝術家就當然可以取材於遼遠的國度、過去的時代和異方的人民，在大體輪廓上維持神話、習俗和制度的在歷史上本來的形狀，而同時卻只把這些形狀作爲他所寫的畫面的框子，把內在的內容配合到現代的更深刻的意識上去。到現在爲止，最令人驚贊的例子還是歌德的《在陶里斯的伊菲革涅亞》[229]。

關於這種轉化外來材料的情形，各門藝術所處的地位不同。例如抒情詩中的愛情詩最不需要寫出史實精確的外在環境，因爲對於愛情詩，主要的因素是情感、是心情的激動。例如從佩脫拉克的十四行詩組裡[230]，我們對於羅拉生平事蹟所獲得的知識只是很少的，幾乎只是羅拉這個人名，換上另一個人名也未嘗不可；關於這些詩所涉及的地點之類史實，詩裡所給的也只是極普泛的，只提到浮克魯斯泉。史詩或敘事詩則不然，它要求最詳盡的敘述，如果這敘述是明晰和易於了解的，我們對於所描寫的歷史的外在事物也就最容易感到樂趣。但是這種對外在方面的詳盡的描繪，對於戲劇卻是最危險的懸崖，特別是對於戲劇的表演，因為在表演裡一切情節都是直接向我們觀眾說出的，都以生動的方式訴之於我們的感性觀照的，所以我們也希望直接地在表演裡看到一切都是熟悉的、親切的。因此在表演裡歷史外在實況的描繪，必須儘量地擺在次要的地位，只能作為一種輪廓。它必須維持住像我們在愛情詩裡所看到的那種情況，詩裡愛人的名字並不是我們自己的愛人的名字，我們對於所表現的情感和表現的方式卻仍然可以完全同情。例如在莎士比亞的歷史劇裡有許多東西對於我們是生疏的、不能引起多大興趣的。這些歷史事實讀起來固然令人很滿意，上演時就不然。批評家和

---

227 斐羅斯屈拉特（Philostratus），西元後三世紀希臘學者，著有《名畫記》一書，描繪古代的一些名畫。

228 歌德的一部詩集，仿波斯詩人哈菲茲（Hafiz）的《胡床集》的體裁。

229 歌德的詩劇《在陶里斯的伊菲革涅亞》是根據歐里庇德斯的悲劇寫成的，卻隱射他自己和斯坦因夫人的關係。

230 佩脫拉克（Petrarch, 1304-1374），義大利詩人和文藝復興宣導人，《羅拉的生和死》十四行詩組是歐洲十四行詩的典型，其中羅拉（Laura）實有其人，但佩脫拉克並沒有能實現他的愛，她已經結了婚，死時已是十一個兒女的母親。

專家們固然認爲這種歷史上的珍奇事物爲著它們本身的價值也應搬上舞台去，而碰見聽眾對這些事物感到厭倦時，就罵聽眾的趣味低劣；但是藝術作品以及對藝術作品的直接欣賞並不是爲專家學者們，而是爲廣大的聽眾，批評家們就用不著那樣趾高氣揚，他們畢竟還是聽眾中的一部分，歷史細節的精確對於他們也就不應有什麼嚴肅的興趣。因爲這個緣故，英國人現在表演莎士比亞的歷史劇，只挑選那些本身優美而又易於了解的場面，他們沒有我們美學家的學究氣，不認爲一切已經變成生疏的、引不起同情的外在史實都要搬到觀眾的眼前。如果要把情節生疏的劇本搬上舞台表演，觀眾就有權利要求把它加以改編。就連最優美的作品在上演時也需要改編。人們固然可以說，凡是眞正優美的作品對於一切時代都是優美的，但是藝術作品都有它的帶時間性的可朽的一方面，要改編的正是這一方面。因爲美是顯現給旁人看的，它所要顯現給他們的那些人對於顯現的外在方面也必須感到熟悉親切才行。

藝術中所謂「反歷史主義」，就是從這種移植外來歷史材料之中找到根源和藉口。藝術家們通常把反歷史主義看作一個很大的缺點。這種反歷史主義首先出現在純然外在的事物方面。例如法斯塔夫[231]談到手槍，還無關緊要，如果把奧菲斯描繪成手執小提琴[232]，那就更不妥當了，因爲人人都知道像小提琴這種近代樂器在古代還沒有發明，小提琴與神話時代的矛盾就太刺眼了。因爲現在人們在舞台表演上非常注意這些事物，導演們都竭力要求在服裝和布景方面做到歷史的精確。例如人們在表演席勒的《奧蓮女郎》[233]時在這方面費了很多的勞力，但是在大多數情形之下，這種勞力是白費了的，因爲這方面本來只是相對的、不關重要的。比較嚴重的反歷史主義還不在於服裝之類外在事物方面，而在於在一部藝術作品中人物說話、表現情感和思想、推理和發出動作等等的方式，對於他們的時代、文化階段、宗教和世界觀來說，都是不可能有的、不可能發生的。人們往往把這種反歷史主義歸於妙肖自然的範疇，認爲所表現的人物如果不按照他們的時代去說話行事，那就是不自然。但是這種妙肖自然的要求，如果片面地堅持它，也會引入迷途。因爲藝術家在描寫人的心胸以及它的情緒和基本情慾時，一方面應該保持個性，另一方面卻又不應把這種心胸及其情緒和情慾等，寫成像它們在日常生活中天天出現的那樣，因爲藝術家只應該用適合的現象把每種情致表現出來。藝術家之所以爲藝術家，全在於他認識到眞實，而且把眞實放到正確的形式裡，供我們觀照，打動我們的情感。在這種表現過程中，藝術家應該注意到當代現存的文化、語言等等。在特洛伊戰爭的時代，語言表現方式，乃至於整個生活方式都還沒有達到我們在《伊利亞特》裡所見到的那樣高度的發展，希臘人民大眾和王室的出色人物，也沒有達到我們在讀埃斯庫羅斯的作品和更爲完美的索福克勒斯的作品時，所驚贊的那種高度發展的思想方式和

---

231 法斯塔夫（Falstaff），是莎士比亞的歷史劇《亨利四世》、《亨利五世》等中有名的丑角，十五世紀初的人物，當時火藥雖開始傳到歐洲，手槍卻還沒有發明。

232 奧菲斯（Orpheus），希臘神話中的樂神，他用的是豎琴。

233 這部悲劇寫十四世紀法國民族女英雄聖女貞德率領法國軍隊抵抗英國侵略的故事。

語言表現方式。這樣破壞所謂妙肖自然的原則，正是藝術所必有的反歷史主義。作品的內在實質並沒有改變，只是已進一步發展的文化使得語言表現和形象必然受到改變。另一種情形卻不能與此並論，那就是把宗教道德意識的較晚的發展階段中的觀點和觀念，強加於另一個時代或另一個民族，而這個時代或民族的全部世界觀是與這種新觀念相矛盾的。例如基督教產生了一些道德信條，這些信條對於古代希臘人就是很離奇的。例如在判斷什麼是好是壞時，良心的內省、內疚和懺悔都只屬於近代的道德修養；過去英雄時代的人物卻不知道始終不一致的懺悔是怎麼一回事；他做了的事就算做了。奧瑞斯特對於殺母的罪行毫不追悔，復仇的女神們固然要追捕他，但是她們只代表一些普遍的力量，不是代表奧瑞斯特的主觀良心的隱痛。一個時代和一個民族的這種實體性的核心或心理方面的基本特點，是詩人所必須知道的，只有在他在這種內在的中心點裡放進對立矛盾的東西時，他才算犯了一種較嚴重的反歷史主義。所以從這方面看，我們理應要求藝術家們對於過去時代和外國人民的精神能體驗入微，因爲這種有實體性的東西如果是眞實的，就會對於一切時代都是容易了解的；但是如果想要把古代灰燼中的純然外在現象的個別定性都很詳盡而精確地摹仿過來，那就只能算是一種稚氣的學究勾當，爲著一種本身純然外在的目的。從這方面來看，我們固然應該要求大體上的正確，但是不應剝奪藝術家徘徊於虛構與眞實之間的權利。

③這番話可以使我們深入了解——藝術移植過去時代的生疏的外在的事物所用的方式如何才是正確的，以及藝術作品如何才算具有眞正的客觀性。藝術作品應該揭示心靈和意志

的較高遠的旨趣，本身是人道的有力量的東西、內心的眞正的深處；它所應盡的主要功用，在於使這種內容[234]透過現象的一切外在因素而顯現出來，使這種內容的基調透過一切本來只是機械的無生氣的東西中發生聲響。所以如果把情致揭示出來，把一種情境的實體性的內容（意蘊），以及心靈的實體性的因素所藉以具有生氣並且表現爲實在事物的那種豐富的強有力的個性揭示出來，那就算達到眞正的客觀性。所以要表現這樣有實體性的內容，就要有一種適合的本身輪廓鮮明的具有定性的現實。如果找到了這樣一種內容並且按照理想原則把它揭示了出來，所產生的藝術作品就會是絕對客觀的，不管它是否符合外在的歷史細節。做到這樣，藝術作品也就能感動我們的眞正的主體方面，變成我們的財富。因爲題材在外表上雖是取自久已過去的時代，而這種作品的長存的基礎卻是心靈中人類所共有的東西，是眞正長存而且有力量的東西，不會不發生效果的，因爲這種客觀性正是我們自己內心生活的內容和實現。至於單純的歷史的外在事物卻是可消逝的一方面，讀古代作品時我們對這一方面只是勉強寬容，讀近代作品時我們也想把這一方面跳過不看。例如《舊約》中大衛熱烈歌頌上帝的仁慈和震怒的「詩篇」，以及先知們對巴比倫和耶路撒冷所表現的深刻的悲痛，至今對於我們還如在目前、令人感動；就連薩拉斯托在《魔笛》裡[235]所歌唱的道德教訓，也還能用它

---

234 這種內容指上文「心靈和意志的較高的旨趣」等，下文「它」亦指此。

235 薩拉斯托（Sarastro），疑即波斯祆教的始祖Zoroaster（Zarathustra），傳說他是西元前六世紀的人。《魔笛》是德國音樂家莫札特的一部著名的歌劇。

的歌調所表現的內在心靈去感動每一個人，連埃及人在內。

所以碰到具有這樣客觀性的藝術作品，讀者就應該不要提出錯誤的要求，要在作品中看到他自己的主體特點和細節。當席勒的《威廉泰爾》初次在魏瑪上演時，在場的瑞士人沒有一個感到滿意[236]。有許多人在最美的愛情詩歌裡找他們自己的情緒，找不到就說這些詩歌不眞實。這種看法不正確，正如另外一些人只是從小說傳奇中知道戀愛是怎麼回事，以爲沒有碰到書中所寫的那種情境和情緒，就還沒有在實際生活中嘗到戀愛的滋味一樣。[237]

三、藝術家

在這第一卷裡，我們首先討論了美的普遍理念是什麼；其次討論了在自然美裡美的普遍理念只得到有缺陷的客觀存在；第三從這兩點出發，才深入研究了理想，即美的充分的體現。關於理想，我們首先是按照它的普遍概念來討論的，其次才討論到理想如何出現於有定性的表現方式。藝術作品既然是由心靈產生出來的，它就需要一種主體的創造活動，它就是這種創造活動的產品；作爲這種產品，它是爲旁人的、爲聽眾的觀照和感受的。這種創造活動就是藝術家的想像。所以我們最後還要談一談理想的這第三方面，研究藝術作品如何屬於主體的內在生活，作爲這種內在生活的產品，它還沒有脫胎出來、投到現實界，而只是還停留在創造的主體性裡，在藝術家的才能和天才裡。但是我們應該提起，這一方面並不屬於哲學研究的範圍，我們對它至多只能提出一些概括性的原則——儘管現在人們常問到藝術家從哪裡得到他在創造作品時所表現的那種構思和表達的才能，以及他是怎樣創造藝術作品的。提出這樣問題就無異於想得到一種方單、一套規則，使人們如法炮製，就會把自己擺在適當的環境和情況裡，去產生像藝術家所能產生的那樣效果。亞力奧斯托寫成了《瘋狂的羅蘭》[238]，

---

236 威廉泰爾是傳說中的瑞士民族英雄，瑞士人對他都有自己的看法，所以對席勒的劇本不滿意。

237 黑格爾在本章以及在第三卷論戲劇體詩的部分，都著重地討論了文藝對群眾的密切關係。他明確提出：「藝術不是爲一小撮有文化修養的關在一個小圈子裡的學者，而是爲全國的人民大眾。」奉勸「罵聽眾趣味低劣」的人們「用不著那樣趾高氣揚」。這在當時藝術家們一般脫離現實、鄙視群眾，炫耀書本知識的風氣盛行時是有很大進步意義的。根據這個基本立場，他提出了一個對我們現在還有些意義的問題：文藝創作者能否運用以及如何運用歷史題材和外國題材？怎樣才算反歷史主義或怎樣才算對歷史忠實？他反對藝術家「忘去他自己的時代，眼裡只看到過去時代及其實在情況，使他的作品成爲過去時代的一幅忠實的圖畫」，主張「他不僅有權利而且有義務要只注意他自己的民族和時代，按照符合他自己的時代特點的觀點去創作他的作品」。既反對運用與現實毫無聯繫的陳舊材料而只強調歷史忠實，又反對完全按現代人的觀點歪曲古代社會。他的基本觀點是古爲今用，要辯證地看問題。但是他沒有擺脫唯心主義的人性論，認爲地方色彩、道德習俗和政治制度都是「外在事物」，隨時變動的，藝術家不必在這方面過求忠實，這些外在事物只是內在精神的表現，藝術家應忠實對待的只是這種內在精神。內在精神本是反映現實的，黑格爾的全部哲學都是倒果爲因，理先於事，而又堅持「人同此心，心同此理」，他不可能認識到正確的反映論和階級觀點。

238 亞力奧斯托（Ariosto, 1474-1533），義大利詩人，他的傑作《瘋狂的羅蘭》就是歌頌艾斯特家族的。

艾斯特主教就問他：「路易先生，你那些鬼東西是從哪裡得來的？」拉斐爾在一封有名的信裡回答向他提出同樣問題的人說，他在追求體現某一種思想。

我們可以從三個觀點來進一步討論藝術活動：

第一，確定藝術家的天才和靈感的概念；

第二，討論這種創造活動的客觀性；

第三，設法明確眞正獨創性的性質。

1. 想像、天才和靈感

要討論天才，就要給天才下一個較精確的定義，因爲天才這個名詞的意義很廣泛，不僅可以用到藝術家身上，也可以用到偉大的將領和國王們乃至於科學界的英雄們身上。在這裡我們也可以更明確地分三方面來說。

A. 想像[239]

第一關於藝術創造的一般的本領。如果談到本領，最傑出的藝術本領就是想像。但是我們同時要注意，不要把想像和純然被動的幻想混爲一事。想像是創造性的。

(1) 屬於這種創造活動的首先，是掌握現實及其形象的資稟和敏感，這種資稟和敏感通過常在注意的聽覺和視覺，把現實世界的豐富多彩的圖形印入心靈裡。此外，這種創造活動還要靠牢固的記憶力，能把這種多樣圖形的花花世界記住。從這方面看，藝術家就不能憑藉自己製造的幻想，而是要從膚淺的「理想」轉入現實。在藝術和詩裡，從「理想」開始總是很靠不住的，因爲藝術家創作所依靠的是生活的富裕，而不是抽象的普泛觀念的富裕。在藝術裡不像在哲學裡，創造的材料不是思想而是現實的外在形象。所以藝術家必須置身於這種材料裡，跟它建立親切的關係；他應該看得多、聽得多，而且記得多。一般地說，卓越的人物總是有超乎尋常的廣博的記憶。因爲對於人能引起興趣的東西，人才把它記住，而一個深廣的心靈總是把興趣的領域推廣到無數事物上去。例如歌德就是這樣開始的，而在他的一生中，他的觀照範圍天天在逐漸推廣。這種明確掌握現實世界中現實形象的資稟和興趣，再加上牢牢記住所觀察的事物，這就是創造活動的首要條件。有了這種對外在世界形狀的精確的知識，還要加上熟悉人的內心生活，各種心理狀況中的情慾以及人心中的各種意圖；在這雙重的知識之外還要加上一種知識，那就是熟悉心靈內在生活通過什麼方式才可以表現於實在界，才可以通過實在界的外在形狀而顯現出來。

(2) 其次，想像還不能停留在對外在現實與內在現實的單純的吸收，因爲理想的藝術作品，不僅要求內在心靈顯現於外在形象的現實界，而且還要求達到外在顯現的是現實事物的自在自爲的眞實性和理性。藝術家所選擇的某對象的這種理性，必須不僅是藝術家自己所意

---

239 想像（Phantasie），實即「形象思維」。

識到的和受到感動的，他對其中本質的眞實的東西，還必須按照其全部廣度與深度加以澈底體會。因爲沒有深思熟慮，人就不能把在他身心以內的東西搬到意識領域來，所以每一部偉大的藝術作品，都使人感到其中材料是經過作者從各方面長久深刻衡量過的、熟思過的。輕浮的想像絕不能產生有價值的作品。但是我們不能因此就說，藝術家應該以哲學思考的形式，去掌握形成宗教、哲學和藝術基礎的那一切事物中的眞實的東西。哲學對於藝術家是不必要的，如果藝術家按照哲學方式去思考，就知識的形式來說，他就是干預到一種正與藝術相對立的事情。因爲想像的任務，只在於把上述內在的理性化爲具體形象和個別現實事物去認識，而不是把它放在普泛命題和觀念的形式裡去認識。所以藝術家需用從外在界吸收來的各種現象的圖形，去把在他心裡活動著和醞釀著的東西表現出來，他需知道怎樣駕御這些現象的圖形，使它們服務於他的目的，它們也因而能把本身眞實的東西吸收進去，並且完滿地表現出來。在這種使理性內容和現實形象互相滲透融會的過程中，藝術家一方面要求助於常醒的理解力，另一方面也要求助於深厚的心胸和灌注生氣的情感。所以只有缺乏鑒賞力的人，才會認爲像荷馬所寫的那樣的詩，是詩人在睡夢中可以得到的。沒有思考和分辨，藝術家就無法駕御他所要表現的內容（意蘊）。認爲眞正的藝術家不知道自己在做什麼，這是一個錯誤的想法。此外，凝神專注對於藝術家也是必要的。

(3) 通過滲透到作品全體而且灌注生氣於作品全體的情感，藝術家才能使他的材料及其形狀的構成體現他的自我，體現他作爲主體的內在的特性。因爲有了可以觀照的圖形，每個內容（意蘊）就能得到外化或外射，成爲外在事物；只有情感才能使這種圖形與內在自我處於主體的統一。就這方面來說，藝術家不僅要在世界裡看得很多，熟悉外在的和內在的現象，而且還要把眾多的重大的東西擺在胸中玩味，深刻地被它們掌握和感動；他必須發出過很多的行動、得到過很多的經歷，有豐富的生活，然後才有能力用具體形象把生活中眞正深刻的東西表現出來。因此，天才儘管在青年時代就已露頭角，但是只有到了中年和老年，才能達到藝術作品的眞正的成熟，例如歌德和席勒就是如此。

B. 才能和天才

通過想像的創造活動，藝術家在內心中把絕對理性轉化爲現實形象，成爲最足以表現他自己的作品，這種活動就叫做「才能」、「天才」等等。

(1) 天才有哪些方面，我們在上文已經討論到了。天才是眞正能創造藝術作品的那種一般的本領，以及在培養和運用這種本領中所表現的活力。但是這種本領和活力都只是屬於主體的，因爲只有一個自覺的主體，一個把這種創造懸爲目標的主體，才能進行心靈性的創造。不過人們還要在天才和才能之中訂出一種更明確的分別。天才和才能在事實上固然不完全是一回事，但是二者的統一對於完美的藝術創作卻是必要的。就藝術一般需經過個性化，使它的產品外射爲現實現象來說，它需要一種不同的特殊的本領去達到這種實現[240]的特殊的

---

240 指上句「使它的產品外射爲現實現象」，即一般所謂「傳達」。

方式。這種特殊的本領就可以叫做「才能」，例如某人有演奏小提琴的才能，另一個人有歌唱的才能，如此等等。但是單純的才能只是在藝術的某一個別方面達到熟練，爲著達到本身的完備，就還需要只有天才才可以供給的那種一般性的藝術本領和灌注生氣的作用。所以沒有天才的才能總不免只停留在表面的熟練。

(2) 人們通常認爲才能和天才對於人都是天生的。這種看法從一方面看是正確的，從另一方面看卻也是錯誤的。因爲人作爲人，天生地就有對於宗教、思考和科學等方面的資稟，這就是說，人作爲人，就有能力去接受對於神的認識，去達到由思考得來的知識。要做到這一層，所需要的只是與生俱來的資稟，再加上教育、文化修養和勤勉。至於藝術則不然，它需要一種特殊的資質，其中天生的因素當然也起重要的作用。美本身既然是在感性的現實事物中實現了的理念，藝術作品既然把心靈性的東西，表現於目可見、耳可聞的直接的事物，藝術家就不能用純粹是思考的心靈活動形式，而是要守在感覺和情感的範圍裡，或是說得更精確一點，要用感性材料去表現心靈性的東西。因此，藝術創作，正如一般藝術一樣，包括直接的和天生自然的因素在內，這種因素不是藝術家憑自力所能產生的，而是本來在他身上就已直接存在的。只有在這個意義上我們才能說，天才和才能必然是天生的。

同理，各門藝術都或多或少是民族性的，與某一民族的天生自然的資稟密切相關。例如義大利人天生來就在歌曲方面擅長，北歐人民則不然，儘管我們在音樂和歌劇方面的訓練也得到很大的成功，這兩種藝術在我們中間畢竟像橘樹一樣，不能成爲完全土生土長的東西。

希臘人特別擅長於史詩和雕刻，而羅馬人則沒有一門專長的藝術，只是把希臘的藝術移植到本土來。範圍最廣的藝術是詩，因爲詩比起其他藝術，對感性材料及其形式的構成所要求的最少。而在詩之中，民間詩歌又是最屬於全民族範圍的，與天生自然方面結合最密切的，所以民間詩歌總是產生在精神文化比較不發達的時代，在大多數情況下保持天眞純樸的風味。歌德寫過各種各樣的詩，但是他的最足見內心深處的最像自然流露的作品，是他早年寫的歌。文化的痕跡在這些歌裡露得最少。近代希臘人仍然是一個擅長於做詩唱歌的民族。昨天或今天發生的某一個英勇事件、一個人的死亡及其致死的情境、一次喪葬、每一個冒險的事蹟、從土耳其方面來的某一次壓迫行動——總之，無論什麼事情一發生，他們就馬上把它編成歌；有很多的例子說明一場戰鬥發生了，當天歌頌新勝利的詩歌就出來了。佛利耶[241]編了一部希臘新詩集，入選的詩歌往往是從老太婆們、保姆們和小姑娘們口裡錄下來的，她們倒感到稀奇，佛利耶爲什麼對她們的歌那樣驚贊。從此可知，藝術和它的一定的創造方式是與某一民族的民族性密切相關的。例如臨時編唱是義大利人的家常便飯，他們在這方面顯出驚人的才能。至今一個義大利人還能臨時編唱出一部五幕劇，其中沒有一句是由記誦得來的，一切都從人類情慾及其情境的知識，以及當前的鼓舞力量湧出來的。有一次有一位窮編唱家

---

[241] 佛利耶（Fauriel, 1772-1844），巴黎大學教授，研究民間詩歌的專家。

編唱了很長一段時間之後，伸出一頂破帽子向四周聽眾收錢，同時還興高采烈、不停地編唱，不知手之舞之，把收來的錢都拋散了。

(3) 第三，天才還有一種本領也是屬於天生自然方面的，那就是在某些門類藝術裡，無論是在構成腹稿還是在傳達技巧方面，都現出一種輕巧靈活。在這方面人們常談到詩人受到音韻格律的束縛，畫家碰到素描、著色、安排光影等在構思和下筆時所造成的許多困難。關於這一點，我們應該說，各門藝術當然都需要廣泛的學習、堅持不懈的努力，以及多方面的從訓練得來的熟練；但是天才和才能愈卓越、愈豐富，他學習掌握創作所必須的技巧也就愈不費力。因爲眞正的藝術家都有一種天生自然的推動力，一種直接的需要，非把自己的情感思想馬上表現爲藝術形象不可。這種形象表現的方式正是他的感受和知覺的方式，他毫不費力地在自己身上找到這種方式，好像它就是特別適合他的一種器官一樣。例如一位音樂家只能用樂曲來表現在他胸中鼓動的最深刻的東西，凡是他所感到的，他馬上就把它變成一個曲調，正如畫家把他的情感馬上就變成形狀和顏色，詩人把他的情感馬上就變成詩的表象，用和諧的字句把他所創作的意思表達出來。藝術家的這種構造形象的能力，不僅是一種認識性的想像力、幻想力和感覺力，而且還是一種實踐性的感覺力，即實際完成作品的能力。這兩方面在眞正的藝術家身上是結合在一起的。凡是在他的想像中活著的東西，好像馬上就轉到手指頭上，就像凡是我們所想到的東西馬上就轉到口上說出來，或是我們一遇到最深處的思想、觀念和情感，馬上就由姿勢態度上現出一樣。從古以來眞正的天才，都感到完成作品所需要的技巧是輕而易舉的事，而且有本領迫使最枯燥和表面上最不易馴服的材料聽命就範，使它不得不接受想像中的內在形象而把它們表現出來。藝術家對於他的這種天生本領當然還要經過充分的練習，才能達到高度的熟練；但是很輕巧地完成作品的潛能，在他身上卻仍然是一種天生的資稟；否則只靠學來的熟練絕不能產生一種有生命的藝術作品。按照藝術的概念，這兩方面——心裡的構思與作品的完成（或傳達）是攜手並進的。

C. 靈感

第三，想像的活動和完成作品中技巧的運用，作爲藝術家的一種能力單獨來看，就是人們通常所說的靈感。

(1) 關於靈感，第一個問題就是關於它的起源，對這個問題有極多的不同的看法。

① 因爲天才與心靈現象和自然現象，通常都處在一種最緊密的關係中，人們就以爲通過感官的刺激就可以激發靈感。但是單靠心血來潮並不濟事，香檳酒產生不出詩來；例如馬蒙泰爾[242]說過，他坐在地窖裡面對著六千瓶香檳酒，可是沒有絲毫的詩意衝上他腦裡來。同理，最大的天才儘管朝朝暮暮躺在青草地上，讓微風吹來，眼望著天空，溫柔的靈感也始終不光顧他。

---

242 馬蒙泰爾（Marmontel, 1723-1799），法國作家。

②反之，單靠存心要創作的意願也召喚不出靈感來。誰要是胸中本來還沒有什麼內容在活躍鼓動，還要東張西望地蒐求材料，只是下定決心要得到靈感，好寫一首詩、畫一幅畫或是發明一個樂曲，那麼，不管他有多大才能，他也絕不能單憑這種意願，就可以抓住一個美好的意思或是產生一部有價值的作品。無論是感官的刺激，還是單純的意志和決心，都不能引起眞正的靈感。要採用這些辦法來引起靈感，這就足以說明心靈和想像還沒有抓住眞正有藝術意義的東西。反之，如果藝術的動力是正當的，這種眞正有藝術意義的東西，就會抓住一個明確的對象和內容（意蘊）而得到堅實的表現。

③因此，要煽起眞正的靈感，面前就應該先有一種明確的內容，即想像所抓住的並且要用藝術方式去表現的內容。靈感就是這種活躍地進行構造形象的情況本身（這一方面是就主體的內在的創作活動來說，另一方面也是就客觀的完成作品的活動來說，因爲這兩種活動都必須有靈感）。這裡又有一個問題：這種引起靈感的材料怎樣來到藝術家腦裡呢？關於這個問題也有各種不同的看法。我們常聽到人們提出這樣的要求：藝術家應該單從他本身吸取材料來創作。如果詩人「像鳥兒棲在樹枝上歌唱」那樣，這種要求當然是可以實現的。在這種情形之下，他自己的快樂就是創作的動力，這種從內心迸發出來的東西，本身就可以成爲作品的材料和內容，推動他對自己的喜悅進行藝術的欣賞。對於這樣的作品，我們就可以說：「從肺腑中迸發出來的歌本身就是一種豐富的酬勞。」但是從另一方面看，最偉大的藝術作品，也往往是應外在的機緣而創造出來的。例如品達的頌詩就有許多是應命製作的。建

築家和畫家們也往往需就指定的目的和對象進行工作，卻仍然可以得到靈感。我們時常聽到藝術家們埋怨說，他們缺乏可以工作的材料。其實，上面說的那種外在機緣及其對創作的推動力，就是天生自然性與直接性的因素，這因素對於才能的概念是不可少的，對於靈感的出現也是一個條件。就這一點來說，藝術家的地位是這樣：作爲一個天生地具有才能的人，他與一種碰到的現存的材料發生了關係，通過一種外緣、一個事件，或是像莎士比亞那樣，通過古老的民歌、故事和史傳，通過這一類事物的推動，他自覺有一種要求，要把這種材料表現出來，並且因此也表現他自己。所以創作的推動力可以完全是外來的，唯一重要的要求是：藝術家應該從外來材料中抓到眞正有藝術意義的東西，並且使對象在他心裡變成有生命的東西。在這種情形之下，天才的靈感就會不招自來了。一個眞正的有生命的藝術家，就會從這種生命裡找到無數的激發活動和靈感的機緣，這些機緣臨到了旁人就不發生影響，就輕易放過了。

(2) 如果我們進一步追問藝術的靈感究竟是什麼，我們可以說，它不是別的，就是完全沉浸在主題裡，不到把它表現爲完滿的藝術形象時絕不肯甘休的那種情況。

(3) 但是在藝術家這樣把對象完全變爲他自己的對象之後，他還要知道怎樣把他自己的主體的特殊癖性及其偶然的個別現象拋開，讓自己完全沉浸在主題裡面；這樣，他作爲主體，就好像只是形式，賦予形式於他所沉浸在裡面的那個內容。如果在一種靈感裡，主體作爲主體突出地冒出來發揮作用，而不是作爲主題本身所使用的器官和所引起的有生命的活動，這種靈感就是一種很壞的靈感。說到這裡，我們就要轉到所謂藝術創作的客觀性了。

2. 藝術表現的客觀性

A. 純然外在的客觀性

按照尋常的意義來說，「客觀性」這個名詞所指的是：藝術作品的一切內容都要採取原已存在的現實事物的形式，就以這種人所熟悉的外形出現在我們的面前。如果我們滿足於這種客觀性，考茨布也就算得上一個客觀的詩人了。在考茨布的作品裡，我們看到他依樣畫葫蘆地把平凡的現實完全抄寫一遍。但是藝術的目的是要在內容和表現兩方面都把日常的瑣屑的東西拋開，通過心靈的活動，把自在自爲的理性的東西從內在世界揭發出來，使它得到眞實的外在形象。純然外在的客觀性不能揭示內容的完滿的實體性，藝術家就不應致力於此。因爲儘管對現成的材料作這種客觀的掌握也可以見出極高度的生動性，而且像我們前面在歌德的早年作品中一些例子裡所已看到的，通過內在的生氣灌注，也可以產生巨大的效果，但是如果它缺乏眞正的內容（意蘊），它就還不能產生眞正的藝術美。

B. 尚未展現的內心生活

第二種客觀的表現方式並不以外在事物本身爲目的，在這種方式中，藝術家用以掌握對象的是他的深刻的內心生活。但是這內心生活還是隱蔽的、凝聚的，還不能掙扎出來，讓意識可以清楚地認識到，從而達到眞正的展現。情致的表達只限於通過與它共鳴的一些外在現象隱約地暗示出來，作者還沒有足夠的能力和文化修養，可以把內容的全部性質加以闡明。特別屬於這種表現方式的是民間詩歌。它們在外表上是簡單的，卻暗示出藏在骨子裡的一種較深較廣的情感，但是還不能把它明白表現出來，因爲民歌藝術本身還不夠完善，不能把它的內容（意蘊）透明地揭示出來，所以只得滿足於通過外在事物[243]，讓同情的人可以隱約感覺到它的內容（意蘊）。作者的心還是凝聚的、緊縮的，爲著要使旁人的心可以了解它，於是把自己反映到完全有限的外在的情況和現象上去，這些外在的情況和現象當然也有些表現力，不過它們對於所要表達的心情還只是一種隱約的暗示。歌德也用過這種方式寫出一些極優美的短歌。《牧羊人的怨歌》就是一個最美的例子，牧羊人的愁苦悵惘的心情流露於幾筆關於純然外在事物的描寫，它顯得是沉默的、發不出聲音的，但是他的極端凝聚的深刻的情感仍然在無言無語之中透出聲響來。在《魔王》以及許多其他的歌裡，這樣的聲調也是主調。這種聲調也可以墮落成爲枯燥粗野的東西，不能讓人認識到主題和情境的本質，只抓住一些生糙的或是低級趣味的外在事物。例如《兒童的魔笛》[244]裡有一首寫鼓手的夥伴叫喊出

---

[243] Äusserlichkeiten，俄譯本英譯本都作「外在象徵」。

[244] 德國的一部民間詩歌選集。

這樣的話來：「啊，絞首架呀，你這座高房子！」或是「再見吧，班長老爺」。有人還稱讚這種詩是最動人的。與此相反，歌德卻唱出這樣的歌：

願我親手摘來的這枝花，
朝朝暮暮承接你的芳顏！
幾多暮呀幾多朝，
我向它呀彎下腰，
幾多朝呀幾多暮，
我把它呀壓在心頭。

這裡內在的心情是用一種完全不同的方式暗示出來，供給我們觀照的不是什麼瑣屑的惹人嫌的東西。但是一般地說來，這一類的客觀性都缺乏情感與情慾的眞實而鮮明的表現。在眞正的藝術裡，這種情感與情慾不應該如上文所說的那樣禁閉在心靈的深處，只通過外在事物隱約地暗示出來，而是應該完完全全地把自己顯現出來，它所寄託的外在事物需是清晰的、完全透明的。例如席勒在表達情致時，就把他的整個靈魂而且是偉大的靈魂擺進去，這種靈魂對於事物的本質能體驗入微，而且能儘量用豐富而和諧的語言，自由地光彩煥發地把事物本質的深微處表現出來。

C. 真正的客觀性

關於這一層，我們可以按照理念的概念，從主體的外現方面來看，把眞正的客觀性定成這樣：使藝術家得到靈感的那種眞正的內容（意蘊），不能有絲毫部分仍保留在主體的內心裡，而是要完全揭示出來；而揭示的方式又要是這樣的：所選內容（意蘊）的普遍的靈魂和實體既很明確，它的個別形象本身也很圓滿，而整個表現出來的作品顯得有那靈魂和實體灌注在裡面。因爲最高尙最卓越的東西都不是什麼不可言說的東西，認爲詩人在作品裡所表現的之外，還有遠較深刻的東西，那是不正確的。作品就足以見出藝術家的最好的方面和眞實的方面；他是什麼樣人就是什麼樣人，凡是只留在內心裡的就還不是他。

3. 作風、風格和獨創性

但是儘管我們應該要求藝術家有上述意義的客觀性，表現出來的東西卻還是他的靈感的作品。因爲作爲主體，藝術家需使自己與對象完全融合在一起，根據他的心情和想像的內在的生命，去造成藝術的體現。藝術家的主體性與表現的眞正的客觀性這兩方面的統一就是我們所要略加研究的第三個要點，以前我們分裂爲天才與客觀性兩方面來看的東西，在這裡就可以統一起來。我們可以把這種統一稱爲眞正獨創性的概念。

但是在研究這個概念所含的因素之前，我們先要考慮到兩個項目，即主觀的作風和風格[245]；消除這兩個項目的片面性，才能達到眞正的獨創性。

A. 主觀的作風

單純的作風必須和獨創性分別開來。因爲作風只是藝術家的個別的因而也是偶然的特點，這些特點並不是主題本身及其理想的表現所要求的，而是在創作過程中流露出來的。

(1) 作這種意義了解的作風，也不同於藝術的一些普遍的類性，即按其本質需有不同表現方式的那些藝術類性，例如風景畫處理對象的方式不同於歷史畫家的方式，敘事詩人處理對象方式，也不同於抒情詩人或戲劇家的方式；至於作風則是特屬於某一藝術家的構思和完成作品時所現出的偶然的特點，它走到極端，可以與眞正的理想概念直接相矛盾。就這個意義來說，藝術家有了作風，就是揀取了一種最壞的東西，因爲有了作風，他就只是在聽任他個人的單純的狹隘的主體性的擺布。但是藝術家無論在內容方面還是在表現方面，都要消除偶然現象，所以它要求藝術家也要消除他的主體方面的一些偶然的個別的特點。

(2) 其次，因爲上述的緣故，作風並不是和眞正的藝術表現直接相對立，它只是在外在方面起作用。最容易見出作風的藝術是繪畫和音樂，因爲這兩種藝術在掌握題材方面和完成作品方面，都需藉助於極廣泛的外在因素。某一種特殊的表現方式由某一個別藝術家創造，由他的摹仿者和門徒的仿效、反覆沿襲，成爲習慣，這就形成了作風。這種作風可以朝下列兩個方向發展。

①第一個方向是掌握題材。例如在繪畫裡，氣氛、枝葉、光影的分配以及整個色調，都可以有無窮的變化。所以特別在著色和配光的方式上，畫家之中有極大的差別和極特別的掌握方式。在繪畫裡我們可以看到一種色調，是我們一般在自然界裡沒有注意到的，並非自然界沒有這種色調，而是我們視而不見。但是這種色調碰巧落到某個藝術家眼裡，他把它掌握住了，於是他就養成習慣，看一切事物和表現一切事物，都把它擺在這種色調裡。不但對著色如此，處理對象本身以及它們的組合、姿態動作等也還是如此。特別是在荷蘭畫家的作品裡我們常看到這種作風，例如梵・德・尼爾的《夜景》[246]對於月光的處理，或是梵・德・高陰[247]在許多作品裡對於沙丘的處理，其他畫家在許多作品裡常用絲綢的反光，也還是屬於這一類。

②其次，作風可以表現於藝術實踐方面，例如畫筆的運用以及塗色和配色的技巧之類。

③這種掌握題材和表現題材的特殊方式經過反覆沿襲，變成普泛化了，成爲藝術家的

---

245 作風（Manier）是個別作家們特有的；風格（Stil）是某一種藝術所特具的表現方式，例如繪畫和雕刻因所用媒介不同，在風格上也就不同。

246 梵・德・尼爾（Van der Neer, 1603-1677），荷蘭風景畫家。

247 梵・德・高陰（Van der Goyen, 1596-1666），荷蘭畫家，以畫海洋風景著名。

第二天性了，就有這樣一個危險：作風愈特殊，它就愈易退化爲一種沒有靈魂的因而是枯燥的重複和矯揉造作，再見不出藝術家的心情和靈感了。到了這種地步，藝術就要淪爲一種手藝和手工業式熟練，於是原來本身沒有多大壞處的作風就變成枯燥無生命了。

(3) 因此，比較正確的作風就得避免這種狹隘的特殊性，力求開闊，以免同樣的特殊處理方式僵化成爲呆板的習慣；藝術家要用比較一般的方式抓住題材的性質，學會掌握符合概念的比較一般的處理方式。就這個意義來說，我們可以說歌德也有一種作風，他不僅在社交詩裡而且在開始比較嚴肅的詩裡會用靈巧的轉折，轉到一種比較輕鬆愉快的情調來作結束，以便把處理方式或情境的嚴肅性沖淡。賀拉斯在他的書信體詩篇裡也是用這種作風。這種轉折是一般談話和社交活動中所常用的，爲著避免對所談的問題引起更進一步的爭論，就中途停住，很靈活地把嚴肅的話鋒逐漸轉到輕鬆愉快的話鋒上去。這種掌握方式也還是作風，屬於藝術處理的主體特點，但這也是比較一般性的主體特點，需運用得恰如其分，使它對於心中所懸想的表現方式顯得是必要的。從這個階段的作風我們就可以轉到風格的研究了。

B. 風格

法國人有一句名言：「風格就是人本身。」風格在這裡一般指的是個別藝術家在表現方式和筆調曲折等方面，完全見出他的人格的一些特點。呂莫爾（《義大利研究》卷一，八十七頁）卻提出另一個看法，他想把「風格」這個名詞解釋成爲：「一種逐漸形成習慣的對於題材的內在要求的適應，用這種適應，雕刻家雕成他的雕刻形象，畫家畫成他的繪畫。」關於這一點，他對於某種藝術，例如雕刻所用的感性材料[248]允許或不允許用某種表現方式，作了一些極重要的論斷。但是我們無須把風格這個名詞只限於感性材料這一方面，還可以把它推廣，用它來指藝術表現的一些定性和規律，即對象所藉以表現的那門藝術特性所產生的定性和規律。根據這個意義，人們在音樂中區分教堂音樂風格和歌劇音樂風格，在繪畫中區分歷史畫風格和風俗畫風格。依這樣看，風格就是服從所用材料的各種條件的一種表現方式，而且它還要適應一定藝術種類的要求和從主題概念生出的規律。如果在這個廣義的風格上有缺陷，那就是由於沒有能力掌握這種本身必要的表現方式，或是由於主觀任意，不肯符合規律，只聽任個人的癖好，用一種壞的作風來代替了眞正的風格。因此，像呂莫爾所已經指出的，我們不能把某一門藝術的風格規律應用到另一門藝術上去，像門斯[249]在他的阿爾巴尼別墅藝術館裡所做的那樣，「他所畫的阿波羅是按照雕刻的原則來構思和完成的」。同樣的缺點在杜勒[250]的許多圖畫裡也可以看到，他在畫裡特別是在衣褶方面採用了他所擅長的鐫刻畫的風格。

---

248 「感性材料」即藝術家所用的「媒介」，這裡所說的就是媒介決定風格。

249 見全書序論注26。

250 杜勒（Dürer, 1471-1528），德國名畫家。

C. 獨創性

最後，藝術家的獨創性不僅見於他服從風格的規律，而且還要見於他在主體方面得到了靈感，因而不只是聽命於個人的特殊的作風，而是能掌握住一種本身有理性的題材，受藝術家主體性的指導，把這題材表現出來，既符合所選藝術種類的本質和概念，又符合藝術理想的普遍概念。

(1) 因此，獨創性是和眞正的客觀性統一的，它把藝術表現裡的主體和對象兩方面融合在一起，使得這兩方面不再互相外在和對立。從一方面看，這種獨創性揭示出藝術家的最親切的內心生活；從另一方面看，它所給的卻又只是對象的性質，因而獨創性的特徵顯得只是對象本身的特徵，我們可以說獨創性是從對象的特徵來的，而對象的特徵又是從創造者的主體性來的。

(2) 因此，獨創性應該特別和偶然幻想的任意性分別開來。人們通常認爲獨創性只產生稀奇古怪的東西，只是某一藝術家所特有而沒有任何人能了解的東西。如果是這樣，獨創性就只是一種很壞的個別特性。如果這樣了解獨創性，世間就沒有人比英國人更富於獨創性了，他們每個人都以某一種愚蠢行爲自豪，這種愚蠢行爲不是任何一個有理性的人所能仿效的，因此他就自以爲這種愚蠢行爲有獨創性。

特別在近代才馳名的詼諧和幽默的獨創性也與上面這種看法有關。在詼諧和幽默裡，藝術家從他自己的主體性出發，走來走去，總是脫離不掉這種主體性，把所表現的眞正對象只看成一種外緣，讓詼諧、笑話、幻想、突如其來的俏皮話之類有儘量發揮作用的餘地。在這種情形之下，對象或客觀事物與這種主體性就互相脫節，藝術家對材料的處理是完全任意的，使得藝術家的個別特性可以成爲作品中主要的東西。這種幽默也可以見出機智和深刻的情感，通常有極大的誘惑力，但是實際上不像一般人所想像的那樣難能可貴。因爲這種作風經常打斷主題發展的合理進程，任意開頭、任意進展、任意結局，把許多五花八門的詼諧和情感雜湊在一起，因而產生一種幻想的滑稽畫；比起發展和完成一種顯示眞正理想的本身有價値的完整作品，這種做法要容易得多。現時流行的幽默往往喜歡展出粗俗才能的令人嫌惡的方面，從眞正的幽默降落到呆板虛僞的胡說八道。眞正的幽默從來是稀罕的，但是現在哪怕是最無聊的瑣屑不足道的東西，只要外表上像是幽默，人們就把它看作是聰明的、深刻的。莎士比亞的幽默是豐富而深刻的，但是就連他也偶爾不免流於呆板。尚・保羅[251]的幽默有時固然見出雋永的詼諧和優美的情感，令人驚贊，但是也有時與此相反，把本來不相干的事物很離奇地拼湊在一起，而它們由幽默拼湊成的關係又是很難捉摸的。即使作者是一個最大的幽默家，這種拼湊不是可以從記憶中取材的，所以尚・保羅的這種拼湊往往使人感到它

[251] 尚・保羅（Jean Paul, 1763-1825），德國浪漫派作家Richter的筆名。

不是得力於天才，而是外表的機械的黏合。因此，爲著時常有新材料，尙・保羅常翻閱性質最不同的書籍，例如植物學、法學、遊記、哲學等等，碰到可注意的東西馬上就記下來，並且寫下臨時的感想，到了創作的時候，就用外在的或機械的方式把極不相干的東西湊在一起——例如把巴西植物和德國高等法院湊在一起。人們特別把這種作風捧成獨創性或幽默，實際上這種幽默是不分皂白的。但是眞正的獨創性需絕對排除這種主觀任意性。

趁這個機會，我們還可以再研究一下滑稽。滑稽是對於任何內容都不持嚴肅態度，只是爲開玩笑而開玩笑，人們以爲這種滑稽就是最高的獨創性。但是這種滑稽在藝術表現裡把一大堆外在的東西湊在一起，而這些東西的內在意義卻由詩人秘而不宣。人們以爲這裡的妙處就在使想像有伸展的餘地，正是在這種外在方面的機械的拼湊中可以見出詩的精髓，一切最深刻最卓越的東西都被隱藏起，因爲它們深刻到無法表達出來。例如在弗列德里希・封・施萊格爾在自以爲是詩人的年代裡所寫的一些詩裡，這種未經說出的東西就被認爲是詩中最好的東西，而其實這種所謂「詩的精髓」只是最呆板的散文。

(3) 眞正的藝術作品必須免除這種怪誕的獨創性，要表現出眞正的獨創性，它就得顯現爲整一的心靈所創造的整一的親切的作品，不是從外面掇拾拼湊的，而是全體處於緊密的關係，從一個熔爐，採取一個調子，通過它本身產生出來的，其中各部分是統一的，正如主題本身是統一的。如果作品中情景和動作的推動力不是由自身生發的，而只是從外面拼湊的，它們的協調一致就沒有內在的必然性，它們就顯得是偶然的，由一種第三因素，即外在於它們的主體性，把它們聯繫在一起的。人們常驚讚歌德的《葛茲·馮·貝利欣根》，特別是因爲它有很大的獨創性。我們在上文已經說過，歌德在這部作品裡確實拿出了很大的勇氣，把當時美學理論所規定爲藝術規則的東西一腳踢開了。但是這部作品的寫作畢竟沒有見出眞正的獨創性。因爲我們在歌德的這部早年作品裡可以看出材料的貧乏，許多片段乃至於整幕情節不是從主題本身發展出來的，而是雜採當時一些時事，把它們從外面機械地湊合在一起。例如葛茲和修道士馬丁（暗指馬丁·路德）會談那一幕所含的觀念，都是由歌德從當時流行的觀念中採取來的。當時德國人又開始對僧侶的命運表示憐憫，僧侶們不能吃酒、睡大覺去消化他們的食品，因此不免引起一些邪念，而他們一般卻要持守難以容忍的三誡：即貧窮、貞潔和忠順。修道士馬丁卻不然，他很羨慕葛茲所過的騎士生活，羨慕葛茲背著從敵人掠奪來的勝利品回來的情形。葛茲追述經過說：「趁他還來不及開火，我就跳下馬，連人帶馬一起跑回來了。」他回到他的堡寨，碰見他的妻子，一面舉杯向她祝壽，一面揩眼睛。但是路得從前所想的卻不是這些塵世的事情，他本來是一個虔誠的僧侶，刻苦鑽研過聖奧古斯丁著作裡的一些深刻的宗教觀念和信條。接著來的一幕也有類似的情形，歌德談到當時特別是由巴斯朵夫[252]所提倡的教育觀點。他談到當時的兒童學的是許多沒有了解的東西，正確教育方

[252] 巴斯朵夫（Basedow, 1729-1790），德國哲學家和教育家，他想採用盧梭的學說來改良教育。

法則應根據對現實生活的直觀的經驗。例如卡爾，像歌德少年時代德國流行的辦法一樣，向他的父親這樣背誦：「雅哈特莊園是雅哈特河邊的一個村落和堡寨，兩百年以來都歸貝利欣根族的主子們管業。」葛茲問卡爾：「你認識貝利欣根族的主子嗎？」卡爾卻瞪著大眼望著他，儘管他背書背得很響亮，卻認不得自己的父親。葛茲又說他自己在學會一些河流、村莊和山的名稱以前，他早就把當地所有的關津路口都摸熟了。像這一類的東西都是與主題本身無關的贅瘤。還有一些地方，例如在葛茲和韋伊斯林的對話裡，本來是可以按照主題深入發展的，而歌德卻發表了一些關於時事的枯燥的散文氣息的感想。

在歌德的另一部作品《親和力》[253]裡，我們也看到同樣的題外雜拌，例如花園的修建、生動的圖畫、鐘擺的搖擺、金屬物的感覺、頭疼症，以及全部從化學借用來的關於化學親和力的描寫，都屬於這一類。如果一部傳奇中的故事發生在一種散文氣息的時代裡，在這裡面寫這類事物當然是可以允許的，特別是碰到歌德的那樣靈巧而愉快的筆調來利用它們，而且一件藝術作品也不能完全不涉及當時的文化；但是反映當時文化是一回事，拼湊與眞正主題無關的材料卻是另一回事。只有在受到本身眞實的內容（意蘊）的理性灌注生氣時，才能見出作品的眞正獨創性，也才能見出藝術家的眞正獨創性。只有在藝術家完全掌握了這種客觀的理性，不把它和從內來或從外來的不相干的個別情節混雜在一起時，他才能在所表現的對象裡同時也表現出他自己的最眞實的主體性，這最眞實的主體性就是過渡到獨立自足的藝術作品的橋梁。因爲在一切眞實的創作、思想和行爲裡，眞正的自由會讓有實體性的東西本身成爲一種統治的力量，而這種力量卻同時又是主體思想意志本身的最見本質的力量，所以在這雙方[254]的完滿協調裡沒有絲毫的衝突還留存下來。由此看來，藝術的獨創性固然要消除一切偶然的個別現象，但是所以要消除它們，只是爲著要使藝術家可以完全聽命於他的專從主題得到靈感的天才，使他能在按照眞實性來充分發展主題之中，也表現出他的眞實的自我，而不是只表現出個人的好惡和主觀任意性。不要有什麼作風，這才是從古以來唯一的偉大的作風，只有在這個意義上，荷馬、索福克勒斯、拉斐爾和莎士比亞才能說是有獨創性的。[255]

---

[253] 歌德的處理婚姻問題的小說。

[254] 「這雙方」俄譯本作：「主觀的自由與有實體性的東西。」

[255] 第一卷最後論藝術家這一大段所討論的是「藝術家從哪裡得到他在創造作品時，所表現的那種構思和表達的才能以及他怎樣創造藝術作品」。黑格爾承認「這一方面並不屬於哲學研究的範圍」，但是這問題所涉及的「想像、天才和靈感」以及「作風、風格和獨創性」之類項目，正是當時德國資產階級文藝理論家們爭論不休的問題，黑格爾也就從他的美學體系出發，提出他的一些看法，他認爲「天才」是生來就有的資稟，在藝術裡它是「藝術創造的一般的本領」，其中最重要的是，既有別於幻想又有別於哲學思維的想像，因爲藝術的任務是把精神內容表現於具體形象，這要靠「生活的富裕」，要「看得多、聽得多，而且記得多」，既要有「常醒的理解力」，又要有「深厚的心胸和灌注生氣的情感」，要「熟悉人的內心生活」，再加上創作的熟練技巧。所謂「靈感」不是什麼別的，就是「想像的活動和完成作品中技巧的運用」，也就是「完全沉浸在主題裡，不到把它表現爲完滿的藝術形象就絕不肯甘休的那種情況」。所以「天才」和「靈感」這類名詞，在黑格爾用來已擺脫了原有的神祕氣息和迷信色彩。但是他畢竟是個資產階級哲學家，看不出構成藝術家條件的除了需要生活和技巧之外，還要有正確的世界觀的指導作用。

名詞索引

三畫

四畫

五畫

六畫

七畫

八畫

九畫

十三畫

二十二畫

二十四畫

經典名著文庫034

美學　第一卷

Vorlesungen über die Ästhetik I

作　　者—— [德]黑格爾(G. W. F. Hegel)
譯　　者—— 朱光潛
發 行 人—— 楊榮川
總 經 理—— 楊士清
總 編 輯—— 楊秀麗
文庫策劃—— 楊榮川
副編編輯—— 蘇美嬌
特約編輯—— 朗　慧
封面設計—— 姚孝慈
著者繪像—— 莊河源
出 版 者—— **五南圖書出版股份有限公司**

地　　址—— 臺北市大安區106和平東路二段339號4樓
電　　話—— 02-27055066(代表號)
傳　　真—— 02-27066100
劃撥帳號—— 01068953
戶　　名—— 五南圖書出版股份有限公司
網　　址—— https://www.wunan.com.tw
電子郵件—— wunan@wunan.com.tw

法律顧問—— 林勝安律師事務所 林勝安律師
出版日期　　2018年10月初版一刷
—— 2022年 5 月初版二刷
定　　價　　550元

國家圖書館出版品預行編目資料

美學. 第一卷 / 黑格爾著 ; 朱光潛譯 . -- 初版. -- 臺北市 :
五南圖書出版股份有限公司,　2018.10
面 ;　公分
ISBN 978-957-11-9479-0 (平裝)

1. 美學

180　　106020554